创新之光
——施生缘学术论文集萃

施建军 等 著

对外经济贸易大学出版社
中国·北京

图书在版编目（CIP）数据

创新之光：施生缘学术论文集萃 / 施建军等著 .
北京：对外经济贸易大学出版社，2024. 10. --ISBN
978-7-5663-2633-1

I. F0-53

中国国家版本馆 CIP 数据核字第 2024WE9314 号

创新之光——施生缘学术论文集萃

施建军 等 著

责任编辑： 邱 悦

出版发行：对外经济贸易大学出版社
社　　址：北京市朝阳区惠新东街 10 号
网　　址：www.uibep.com
资源网址：www.uibepresources.com
邮政编码：100029
邮购电话：010 - 64492338
发行部电话：010 - 64492342
E-mail：uibep@126.com

成品尺寸：180mm×250mm
印　　张：24.75
字　　数：470 千字
ISBN 978-7-5663-2633-1
印　　刷：北京市泰锐印刷有限责任公司
版　　次：2024 年 10 月北京第 1 版
印　　次：2024 年 10 月第 1 次印刷
定　　价：70.00 元

前　言　FOREWORD

创新是新时代的财富源泉，也是人们精神价值的必然追求。经济发展中“抓创新就是抓发展，谋创新就是谋未来”已成为社会共识。只有学术上持续不断的创新，我们才可能在庞大的经济管理知识海洋中找到理论的真谛。寻求客观事物的规律，探索经济管理现象的逻辑线路，经济理论创新和企业管理创新一直是我高度关注的学术领域，无论在经济理论前沿探索，还是在企业管理实践发现，都在创新研究的范畴之内。以《创新之光》为书名，旨在说明本书是以经济理论创新和管理实践创新为研究对象，犹如在经济管理知识大海边找到了几只有价值的贝壳，在创新理论和企业管理实践研究上，发现几束智慧之光。

本书的篇章结构分成三个部分：

第一部分是宏观经济理论篇，由三篇经济理论研究的力作和五篇我指导的最新宏观经济领域研究的博士论文摘要组成。“新质生产力：以科技创新为核心的理论框架分析”从科技创新和数字经济时代的角度，积极探索新质生产力的跃升，探索新质生产力发展的动力机制及其实现路径，有深度地破解新质生产力的内涵和价值，为新质生产力的进一步提升指明发展方向。从封闭到开放是中国经济发展的重要源动力。中国 40 多年改革开放的经历，我一直认为开放的红利大于改革的红利。如何在不断变化的世界经济面前，在百年未有之大变局的动荡变化系统中，思考开放型经济的下一步发展战略，提出中国开放型经济的创新思考和发展对策。“中国开放型经济面临的挑战与创新”这篇论文原载 2018 年《管理世界》第 12 期，获选《世界经济年鉴》“全球宏观经济学 2018 年最佳中文论文 TOP 10”，至今还有较强的社会影响力。这是一个值得持续关注的学术领域。发表在《经济管理》2021 年第 3 期的“政府补助与企业创新能力：一个新的实证发现”，提出政府财政补助由于投入强度、投入时间、投入方向等多种因素影响，会对企业创新能力产生不同程度的影响，并运用中国企业发展的实际数据，验证得出一些有价值的研究结果，受到社会的广泛关注。该论文被中国人民大学报刊复印资料全文转载，被网络发现为超高被引的学术论文。近年来，我在宏观经济理论领域指导了几篇博士论文，都获得较大的社会影响力，是创新领域学术研究的前沿探索成果。例如，基于统计角度研究中美贸易不平衡的统计核算原理及解决办法；对整个社会技术技能型人力资源在经济波动不同时期的调节措施、调节机理和调节作用的实证研究，对人力资源的宏观政策有一定的指导价值；运用沪港通证券市场开通的实证数据，研究中国资本市场开放对企业创新的影响，说明资本市场开放的意义和价值，体现对企业创新的资本支持。“基于数据挖掘技术的智慧民生网络体系构建研究”是最新统计数据技术的运用，聚焦于智慧民生网络体系，发现数据挖掘技术的应用成果与价值，值得我们进一步思考与探索；“中国高等教育国际化及其效应研究”，对中国高等教育进一步扩大开放，加大国际学术交流的范围和深度，推进产生积极的国际化效应，为建设高等教育强国作出有价值的思考。

第二部分是微观经济理论篇，共由10篇博士论文构成。这些博士论文选题关注工商管理领域的最新研究动态，提出前沿性的学科题目，以期对于该学科发展起到领航和引路的作用。“基于共享经济的商业模式创新驱动因素研究”，对共享经济这一新生的商业模式进行了开创性研究。归纳总结刚刚兴起的共享经济发展模式，对其商业模式的创新要素进行实证研究，论文的对策研究对于共享经济企业有参考价值。“组织情境中工匠精神外因与结果的作用机理研究”是针对当前企业管理中渴求的工匠精神，进行有深度、有内涵、有价值的研究，研究工匠精神形成的机理以及工匠精神在现代制造业中的推广运用，论文提出了有价值的研究成果。“董事会治理与企业风险承担”，从公司治理角度，研究董事会的治理与企业风险的相关关系，提出董事会治理的价值和意义，为减少企业风险提出相应的对策。“并购双方知识相关性与企业创新绩效研究”，探索知识关联和知识传递对企业创新绩效的影响，是一个有价值的研究方向。“连锁董事社会资本对企业风险的影响效应研究”进一步探索了企业家社会资本对企业风险的影响。“战略差异、冗余资源与企业双元创新关系研究”，聚焦企业战略的不同对冗余资源的利用以及促进企业创新的关系的实证研究，选题角度新颖。ESG是指对公司在环境（Environment）、社会（Social）和公司治理（Governance）三个维度的表现情况。ESG发展理念强调重视公司股东价值创造方面的同时，兼顾环境保护、社会责任以及公司治理等要素。本书中有三篇论文，围绕着ESG理念展开，研究外籍董事能否提高上市公司的ESG表现，研究ESG表现与企业融资的关系，研究企业ESG实践的风险管理和控制机制以及ESG实践活动如何有助于提升企业创新能力，对上述问题的探讨，对于从企业管理角度，研究顺应国家社会发展需求、助力低碳绿色发展问题具有重要意义。微观经济研究最后一篇是对于商业银行授权问题进行实证研究，拓展了商业银行内部权力划分的管理原理，补充说明了现有理论研究的不足。

本书的第三部分是企业管理实践篇。企业管理理论和实践之间常常产生一些悖论。出现悖论的原因在于企业管理的理论不是用于指导企业管理实践的，而是滞后于企业管理的实践。事实上，企业管理实践之树长青。其长青的原因就在于企业面对日益竞争激烈的企业环境，创新已成为企业生命线。企业的每时每刻，每一个单位和部门都必须时时刻刻在创新中求发展，向创新要效益。创新是企业长青的密码。本书的三个企业案例研究是企业创新的真实示范，是企业管理案例的原理解析，是一本创业指导书。对于恒信诺金公司的新产品开发战略，进行了理论引导和实践经验的总结，为从事于节能服务的同类企业提供些许示范和参考。本书案例研究不仅是关注节能减排技术的新产品开发，也是结合市场实现、消费者的价值实现以及费用与成本节约，特别是新产品商业模式创新研究，提出全新的创新思路。这一思路不是单向思维，不是局部创新，不是线性创新，而是综合性、系统性的思考，是战略性、全局性的布局，是对新产品开发整体战略的统筹安排。从理念创新到技术创新，从管理创新到商业模式创新，本书案例研究有着极为可贵的理论价值和意义。人类要持续发展，必须要低碳生活，必须节能减排，必须为后代节约能源。这是能源约束发展的经济学基本规律。正是秉承这一理念，本人长期关注社会各类节能减排的新产品、新技术、新发明。因为理念的认同，我也以极大的兴趣关注朱延文董事长所从事节能减排和清洁能源开发的新产品。把流失废水中的能量逐级回收，恒信诺金公司努力开发出新产品，发明多项专利技术，把多少人想都不敢想，想干不敢干，干了也干不好的事情，想好了，干成了，干大了，真正做出了一件了不起的业绩，真正达到了“学校投资不花钱，浴室运营不亏损，学生澡票不涨价，学校后勤不烦心”，学校、企业、学生和国家四方面都受益的良好效果，取得了良好的经济效益、环境效益、节能效益和社会效益，探索出以合同能源管理为模式的商业模式创新。公司通过科技创新，把长期以来被人们熟视无睹且白白排放掉的洗浴废水再利用，并达到用一吨废水的废热制取一吨洗浴热水的目标。这项以洗浴废热制热水的项目，又是一个绿色能源开发的典范。本书的两个案例，分别详细介绍这一项目的创新路径和市场实现的成果。

退出校长岗位以后，我的学术轨迹依然在工商管理、经济统计学和教育经济领域，在学术前沿上大胆创新，在创新理论上努力探索。这本论文集萃就是近年来我和我的博士研究生们积极探索的部分代表性理论成果。论文集中还有我近年来深入企业，解剖企业实践案例，指导企业管理的有用知识。对于企业管理研究者和企业家们，相信一定会开卷有益。

施建军

2024 年 5 月

目 录 CONTENTS

第一部分

宏观经济理论篇

新质生产力：以科技创新为核心的理论框架分析

施建军[①]　李晓洁[②]

内容摘要：2023年9月，习近平总书记在黑龙江考察调研期间指出，整合科技创新资源，引领发展战略性新兴产业和未来产业，加快形成新质生产力。本文将新质生产力定义为一种更高层级的元概念，该概念旨在塑造、保持、发展、协调当前的各类生产力，以及与生产力相关的各种要素。在此基础上，分析新质生产力的理论结构：首先，分析新质生产力的内涵，从历史维度探讨新质生产力概念产生的必然性，以及当前学者对于新质生产力的认识，在此基础上，分析科技创新在新质生产力理论结构中的核心地位和意义，最后，提出新质生产力的发展路径。

关键词：新质生产力；生产力要素；科技创新

2023年9月，习近平总书记在黑龙江考察调研期间指出，整合科技创新资源，引领发展战略性新兴产业和未来产业，加快形成新质生产力。在此期间召开的新时代推动东北全面振兴座谈会上，习近平总书记强调，积极培育新能源、新材料、先进制造、电子信息等战略性新兴产业，积极培育未来产业，加快形成新质生产力，增强发展新动能（求是网，2023）。2023年12月，中央经济工作会议在“以科技创新引领现代化产业体系建设”方面，再次提到“新质生产力”——要以科技创新推动产业创新，特别是以颠覆性技术和前沿技术催生新产业、新模式、新动能，发展新质生产力（新华社，2023）。

本文尝试分析新质生产力的理论结构：首先，分析新质生产力的概念内涵以及当前学者对于新质生产力的认识，在此基础上，分析科技创新在新质生产力理论结构中的核心地位和意义，最后，提出新质生产力的发展路径。

① 施建军，作者简介详见封面，下同。
② 李晓洁，哲学博士，对外经济贸易大学马克思主义学院，副教授，邮箱：lixiaojie@uibe.edu.cn。

一、作为元概念的新质生产力

本文将新质生产力定义为一种更高层级的元概念，该概念旨在塑造、保持、发展、协调当前的各类生产力，以及与生产力相关的各种要素。本部分将探讨新质生产力概念提出的合理性，与已有概念的一致性及创新性。

物质生产活动是人类存在的第一活动，也是其他一切活动开展的基础，人们通过从事物质生产活动获取的生产物质资料的能力被称作生产力。当前，信息技术和人工智能的发展颠覆了传统的生产力发展模式，新质生产力正是习近平总书记根据生产力发展的客观规律，立足世界百年未有之大变局和中国经济高质量发展实际，对生产力新质化形态的准确界定和科学概括。

马克思指出，决定劳动生产力的因素包括劳动者技能的平均熟练程度、科学的发展水平和它在工艺上应用的程度、生产过程的社会结合、生产资料的规模和效能等（《资本论》，2004）。旧的生产力发展方式为，劳动者运用劳动工具，作用于劳动对象，生产物质产品的过程。而数字经济下生产力呈现爆发式增长，是一种质的飞跃，一种力的变革。新质生产力引发经济形态的根本性改变，注重无形数据要素。新质生产力下的劳动工具是大脑，是创新，是智慧，劳动对象是数据和 Artificial Intelligence（AI），人运用大脑，作用于数据，催生了新的市场价值创造和社会形态的升级，形成一个深深根植于社会基层无处不在的网络社会，真正实现数据共享，万物互联，价值创造。

因此，在数字经济时代，科技创新作为生产力发展核心的地位更加凸显，而依赖原有的生产力概念不能解释这一机制。新质生产力根植于邓小平同志提出的“科学技术是第一生产力”（《邓小平文选》，1994）的原理。这一原理概括了生产力质变的最强大动力和生产力发展的内涵规律。“第一”前置于生产力，表明邓小平同志高度重视科学技术对于生产力发展的重要作用。习近平总书记提出的新质生产力是对邓小平同志 1988 年提出的“科学技术是第一生产力”思想的进一步提升和创新，是对生产力发展全新的动能、业态、模式的根本变化的总结和概括。

基于此，新质生产力的概念内涵也更加明晰。我们整理了当前学界对于新质生产力的定义、内涵和特征的分析和概括，如表 1 所示，学界普遍认可新质生产力的核心在于科技创新和技术革命性突破，推动新价值创造、新产业发展，从而为新生产力爆发式增长带来新动能。“•”代表该研究明确指出某种方式作为新质生产力的实现路径，通过对比可以发现，提及较多的路径有科技创新（13 次）、产业（11 次）以及人才（8 次）。尽管学界普遍认可新质生产力以科技创新为核心，但缺乏对这一理论框架的深入分析，本文在以往文献基础上，提出新质生产力的三维理论框架。

表 1　当前学界对新质生产力定义、特征、实现路径的综述

作者	定义	特征		实现路径						
		新	质	科技	政府	人才	产业	绿色	数据	市场
中央财办负责人	技术革命性突破、生产要素创新性配置、产业深度转型升级而催生的先进生产力			•	•	•	•			
李政、廖晓东，2023		科技创新；知识创新及其传播应用；数字经济与新兴产业为载体		•			•			
高帆，2023	具有多个维度的内涵，表现在结果、要素、要素组合、产业形态、保障等方面	主要满足人们对发展型、享受型需要，要素范围扩展到数据等，强调要素质量，推动要素组合的组织、技术复杂程度高，出现新产业、政府与市场交织		•						
杜传中，2023	新质生产力是以科技创新作为主导力量的生产力，其形成和发展源自科技创新的推动。			•	•	•			•	
庞瑞芝，2023	以大数据、互联网、云计算、区块链及人工智能等工具体系为代表的生产力系统	生产体系数字化、产业发展融合化、生产过程绿色化、复杂技术交叉化		•		•				•
蒲清平，2023	经济新常态出现的生产力新质态	新时代，新经济，新产业	高素质劳动者，新质生产资料		•	•	•			

（续表）

作者	定义	特征		实现路径						
		新	质	科技	政府	人才	产业	绿色	数据	市场
任保平、王子月，2023	以高新科技驱动内涵式发展的生产力新形态，意味着传统生产力随着时代发展和社会环境变化发生了质变	新经济、新技术、新业态，基于知识、信息和创新的新经济体系	新质生产力的崛起代表生产方式的根本性转变，创新作为驱动要素	•		•	•	•		
杨丹辉，2023		四个发展趋向：能源转型和基础设施更新加快、科技创新日益活跃、产业载体不断扩大、创新集聚效应增强，产业国际竞争升级		•		•	•	•		
徐政、郑霖豪、程梦瑶，2024	生产力随着科技创新的提质增速和高端产业的勃兴融合呈现的高级形态	是高质量发展的理论内涵，内在联系		•	•		•			•
张乐，2023	新质生产力是以科技创新为主要驱动力量，以培育和形成战略性新兴产业和未来产业为主要支撑，以推动经济社会高效率、高质量可持续发展为目标的生产力			•		•	•			
李晓华，2023	新质生产力是相对于传统生产力而言的，表现为构成生产力的各种要素的质的变化，是生产力的巨大跃迁	颠覆性创新驱动，产业链条新	发展质量高，数字化，绿色化	•			•			

（续表）

作者	定义	特征		实现路径						
		新	质	科技	政府	人才	产业	绿色	数据	市场
魏崇辉，2023		科技创新	科技作为渗透性要素融入实体性要素	•	•	•	•		•	•
郭晗、侯雪花，2024	由高端生产要素构成，以颠覆性技术和前沿技术创新为主导引擎，以数字经济和智能经济为发展介质而形成的生产力新水准和新质态	理念新——将技术、管理等视为生产要素；重视科技创新	生产效率提升；生产效率评价标准的转变	•			•			•
钞小静、王清，2024	以新兴科技为主导，以新型生产要素为驱动，以战略性新兴产业和未来产业为载体，以人与自然和谐共生为目标的全新的，具有颠覆性的，能够显著提高生产效率和人类生活质量的力量	新技术、新经济、新业态	拓宽“物质变换”范畴	•			•			•

二、新质生产力的不同维度

如图 1 所示，新质生产力的核心是科技创新，实体经济、货币经济、网络经济分别代表了一维、二维、三维结构，三者两两对应，形成由实到虚的三个映像辐射。实体经济与货币经济易形成货币崇拜与实体虚幻，而网络经济的虚幻则更大，尤其是互联网金融。“互联网 +”时代，三维的经济形态具有一定的复杂性，但商业模式创新绝大多数依赖于三维经济形态的创新。新经济形态为创新提供了巨大空间，经济发展的实践结果表明，网络经济创造的财富增速或将远远超过实体经济和货币经济时代。

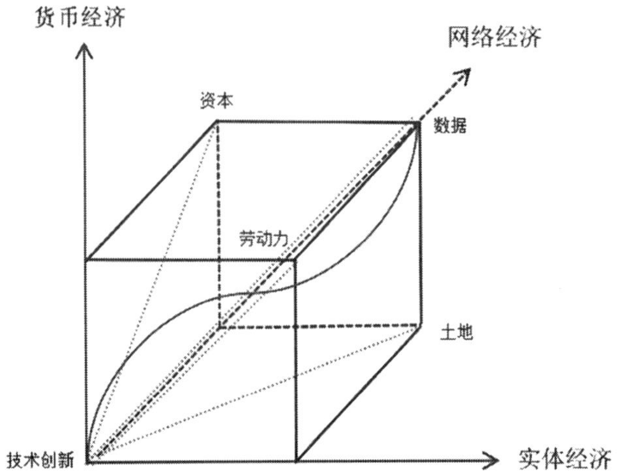

图 1　新质生产力动能系统

（一）新连接：生产力要素二维关联结构到三维关联结构

马克思在《资本论》中以资本主义生产方式为例，阐明生产力运作的系统中，形成了以生产资料为核心的狭义生产关系，扩展至整个社会时，在生产、分配、交换和消费各个环节形成了广义的生产关系。生产力系统是在各类生产要素联结的基础上建立起来的，各类要素的互相联结使得生产力以系统的方式得以运行。新的生产关系伴随着新的生产力的发展演变而成，“以一定的方式进行生产活动的一定的个人，发生一定的社会关系和政治关系。”（《马克思恩格斯全集》，2009）

在机器化大生产中，劳动者和生产资料的联结是平面的、二维的。马克思指出：“发达的机器体系——以使用机器为基础的生产体系——以工人聚集在同一个地点，以他们在空间上集中在资本家的指挥下为前提。这种集中式机器生产的条件。”（《机器、自然力和科学的应用》，1978）这种机器生产模式是“多数人，在同一生产过程中，或在不同但相互联系的诸生产过程中，按计划，在一起，一同进行劳动的劳动形式。”（《马克思恩格斯选集》，1963）这一时期生产力具有以下特征：

工业经济具有资本属性，劳动者互相协作，形成规模经济，生产的产品越多，效率越高。马克思认为，单是社会接触就会引起竞争心和特有的精力振奋，从而提高了个人的工作效率（《资本论》，2004）。同时，劳动者的密集节约了生产资料和生产费用，降低了产品价格，提高了效益。如福特公司通过更高效的汽车制造方法，降低汽车价格，扩大生产规模，同时激发更多创新和更好的生产方法。工业经济的规模效应对于价值的提升是逐步而线性的，低投入，低回报，高投入，高回报。并且，工业经济的规模效应是以消费者为单边市场，企业边界清楚，组织机构扁平式垂直结构，产品边际成本随数量线性递增，企业成长路径线性，盈利模式单一，企业发展成长呈现等差级数的发展原理。企业大体是以线性方式发展，新的生产力不会凭空出现，并且能在短短时间内改变一切。根据美国《统计摘要》数据显示，在20世纪50年代，诸如冰箱、时钟和洗衣机之类的畅销品，仅以每年2%的增长率稳步销售。要预测一个企业与新事物的未来，只需预测其目前的发展趋势即可，因此可得到一个假设：世界大体以线性方式缓慢发展（凯文·凯利，2014）。

二维到三维发生转变的核心在于数据生产要素，推动社会数据产业化，产业数据化，形成网络经济形态。网络经济包括互联网+、移动智能终端、认知计算、大数据、云存储等新兴技术，数字技术的加入导致了生产力的变革和升级。三维结构产生全新的经济形态——数字经济的三维经济网络经济与二维经济货币经济的区别在于，实体经济与货币经济是一种平面结构，它是一般性生产力形态，通过社会分工和商品流通，扩大了生产力的产出能力和交易规模，但是对生产力的质量并没有本质性或根本性的改变。而数字经济使得经济业态发生了升级版变化，是以数据资源为关键要素，以现代信息网络为主要载体，以信息通信技术融合应用、全要素数字化转型为重要推动力，促进产业和数据的充分融合，出现了新经济形态。数字经济带来整个经济规模的放大，范围经济的扩大，产品单位边际成本的缩小。数字经济通过高创新性、强渗透性、广覆盖性贯穿了经济发展的各领域，不仅提供了新的经济增长点，而且是改造提升传统产业的有力支点。用过去预测未来的理论也不再可行。数字经济时代作为市场主体的企业其主体不再明晰，数据和软件结合深入生产要素，数据经济生产力发生爆炸性、指数级增长。

（二）新内容：以数据实现生产力的创造性质变

智能时代的新质生产力呈现出新的劳动形态：智能化劳动过程不再局限于某一劳动资料和劳动工具，而是“在数字平台上进行开放式作业和虚拟化操作”，“数据成为最重要的生产要素之一，而对于数据的生产劳动成为典型的非物质劳动形态”（周丹，2022）。数字虚拟空间由数字平台、传输网络和硬件设备构成，是现实空间中的经济主体和经济运行逻辑的映射（李策划，2023）。

首先，以数据和信息为载体改变了人与人之间的互动关系与主体建构方式，重新定义了生产主体的价值观念与活动逻辑。在数字虚拟空间中，数据平台将供需双方连接，建构双边市场网络，需求方将个性化需求通过数字虚拟空间传递给企业，企业按照用户需求生产。

其次，数据要素带来管理模式和资源分配方式的革新。数字虚拟空间产生大量数据资源，企业可以对数据资源进行加工、创新，转化成产品。如对出行时间、人流量等数据的挖掘分析与应用，促进了共享单车、共享充电桩等共享经济模式的推广（蔡继明，2022）。数据虚拟空间具有共享属性，加速了全球化进程，不同国家劳动者通过网络共同协作，加速科技创新成果的转化和投入市场速度。

最后，数据与制造业结合，推动制造业转型，通过智能化检测、计划、管控，优化企业资源配置，提升生产效率，降低不确定性。与机器大工业时代相比，新质生产力中的“力”由“体力”转向“脑力”，福特制生产模式将逐渐被智能工厂和机器人制造所取代。科技创新对于企业发展变得更加重要，创造力成为决定产品价值的关键因素。因此，这也会造成部分体力性工作类别逐渐消失，而产生更多新“脑力”类职业需求。

（三）新分配方式：数字经济优化分配结构

马克思认为，“所谓的分配关系，是同生产过程的历史的规定的特殊社会形式，以及人们在他们的人类生活的再生产过程中相互所处的关系相适应的，而且是由这些形式和关系产生的。”（《马克思恩格斯选集》，1963）我国不断完善分配的形式和结构，党的十六大首次确立了劳动、资本、技术、管理等四大生产要素按贡献参与分配的原则，党的十七大又将生产要素按贡献参与分配提升为一种制度，党的十八届三中全会首次将“知识”纳入按贡献参与分配的生产要素范畴，党的十九届四中全会则进一步将劳动、资本、土地、知识、技术、管理、数据并列为按贡献参与分配的七大生产要素。

随着数字经济的快速发展，数据已成为关键生产要素，实现经济爆发式增长，盈利模式多样化。数字经济是自我增强的，遵循的是回报递增的原理，数字网络中的回报递增是整个网络一起创造并共同分享的。网络的代理商、用户和竞争者一起共同创造了网络价值，由“网络效应”产生了正向反馈，以平台为中心，多元主结构和流量为主，用户至上。

数字经济时代的分配方式更加注重公平和共享。传统的经济模式下，资源往往集中在少数人手中，导致贫富差距扩大。然而，在数字经济时代，信息的传播和共享变得更加便捷，资源也更加开放和透明。这使得更多的人能够参与经济发展，分享经济增长的成果。通过公平和共享的分配方式，数字经济时代有助于减少社会不公，促进社会和谐。

劳动者尤其是高技能知识工人可以通过脑力劳动，凭借其掌握的知识和技能共享剩余价值，打破生产资料与劳动力分割的间接雇佣劳动模式。知识和数据作为数字经济时代的劳动产品，具有较强复制性。因此通过提升劳动者数字素质的方式，可以让劳动者参与到剩余价值的分配中，完善分配模式。

三、科技创新在新质生产力中的核心地位

科技创新在新质生产力中起主导作用，原因在于生产力质量的跃迁需要新动能，这种动能需要将生产力要素从广度、深度和强度上进行全面革新，只有科技创新才能系统性推动生产力从一个形态向另一个形态演进。

从劳动实践过程角度来分析，传统生产力基本要素包括有目的的活动或劳动本身、劳动对象和劳动资料（《马克思恩格斯文集》，2009）。参与劳动实践的人是一种主观主体性存在，而包括自然物和人工物在内的劳动对象是客观性、物质性的存在，直接影响着劳动资料的水准。以科学技术为代表的非实体要素与生产力中的各要素结合，推动了生产力的发展。“生产力的这种发展……归结为脑力劳动特别是自然科学的发展。”（《马克思恩格斯文集》，2009）

一是新劳动者，不同于传统以简单重复劳动为主的普通技术工人，参与新质生产力的劳动者是具有知识快速迭代能力、熟练运用现代技术、参与研发高端先进设备的新型人才。劳动密集型重复工作将由智能机器取代，劳动者的创新性能力将更被看重。二是新劳动对象，与新质生产力相适应的劳动资料和劳动对象，不仅包括物质形态的高端智能设备，还包括数据、网络、人工智能等新型生产要素和新劳动对象。三是新劳动工具，如AI自动生成、机器手和机器人设备、自动化制造设备等。四是生产力要素的互联方式，人工智能技术让生产资料利用更高效的同时，也变革了劳动者与劳动资料、劳动资料之间的互联方式。在前人工智能时代，机器与机器之间的联结方式由人来完成；人工智能时代，生产者、生产对象和生产工具之间的联结与监测都可以由人工智能来完成（王钰、唐要家，2024）。

科学技术作为渗透到具体生产过程并与生产力要素结合的渗透性要素，将“生产过程从简单的劳动过程向科学过程的转化也就是向驱使自然力为自己服务并使它为人类的需要服务的过程的转化。”（《马克思恩格斯全集》，1980）科学技术直接改进生产要素质量。首先，通过对劳动者科学技术方面的培训，可以提高其知识和技能；其次，科学技术的发展可以产生新型的劳动生产工具；最后，科技发展一方面扩大人们对于自然物体内部结构、性能和变化规律的认识，另一方面，也可以生产新型材料，改善基础设施。

科学技术的进步会对生产力要素的联结模式带来变革。在历史发展的过程中，生产力要素的不同联结带来了生产力的跃迁。马克思指出，“劳动对象顺次通过一系列相互联结的不同的阶段过程”，工场手工业时期的生产活动由工人使用工具协作完成，机器工业时期由“发动机、传动机构、工具机或工作机”三类机器构成，机器的联合带来生产效率的提升和生产力的变革。马克思还发现了劳动者联结方式的历

史变迁，如在资本主义生产的早期，单个劳动者承担多项职能，联结规模小，而工场手工业时期，同种类的手工业分解成为独立操作的集合，工人形成了单一线性的联结。在机器大工业时期，工人之间的联结被机器联结取代，工人成为维持机器运转的附庸。机器生产也影响着劳动对象的数量和质量，经由劳动资料和劳动者在人类生产过程中发生改变。“劳动资料不仅是人类生产力发展的测量器，也是劳动借以进行的社会关系的指示器。”（《马克思恩格斯选集》，1995）

但也需要辩证看待生产力要素智能化带来的影响。人工智能的发展正在经历量变到质变的转折期，由于人工智能技术的高度专业性和复杂性，仅有少数人能从人工智能的发展中获益，而大部分劳动者则可能面临被边缘化的风险。同时，生产资料的智能化趋势导致传统的制造业面临转型和升级的困境，升级所需要的人才、资金和政策成本给中小企业带来挑战（蒋万胜、王嘉妮，2023）。如果中小企业因为资金、技术等因素没有参与到产业升级的洪流中，那么，随着社会生产力质量的跃迁，中小企业则会加速被边缘化和淘汰。

表 2　新旧生产力要素变迁

生产力发展阶段	劳动者	劳动对象	劳动工具	生产力要素互联方式
旧质生产力	简单重复劳动为主的普通技术工人	物质形态的机器、原材料	工作机、传动装置和电动机组成一体化的电器机器	机器与机器之间的联结方式由人来完成
新质生产力	具有知识快速迭代能力、熟练运用现代技术、参与研发高端先进设备的新型人才	不仅包括物质形态的高端智能设备，还包括数据、网络、人工智能等新型生产要素和新劳动对象	AI 自动生成、机器手和机器人设备、自动化制造设备等	生产者、生产对象和生产工具之间的联结与监测都可以由人工智能来完成

四、新质生产力的实现路径

新质生产力反映了我国经济高质量发展的需求，将经济增长方式由依赖数量增长转向依赖科技创新推动下的质变与飞跃。基于科技创新作为新质生产力核心的理论框架，本文将推动新质生产力发展的路径分为认识力、制造力和创造力的提升三方面。

（一）提升认知力

生产力首先体现的是人类认识自然规律的能力，表现为人类对生产生活知识、经验和技能的探索。认知力是指人们通过观察、思考、分析和判断等思维活动，对客观事物和现象的认识和理解能力。在新质生产力中，认知力的提升主要表现在以下几个方面：

第一，对科学技术的认识。新质生产力是以科技为引擎的生产力，随着科技的不断发展，新质生产力中的技术也在不断更新换代。在这个过程中，认知力来源于对于科学的不断更新的理解和新技术的掌握，这些至关重要。只有深入了解不断发展的新技术的本质、原理和应用，才能更好地发挥新技术的优势，推动新质生产力的发展。

第二，对生产力要素的认识。传统生产力中的生产要素是二维的、平面的。新质生产力强调提高生产力要素的三维网状联结，以提高生产力要素的组合质量。生产力要素在数字经济作用下实现整体质量的跃升，不仅出现新材料、新能源等新生产要素，还实现劳动对象的数智化、虚拟化，扩大了劳动对象的应用范围。

第三，对于劳动者的认识也需要更新。新质生产力条件下的劳动者应具有全新的科学技术知识和网络技术知识，通过网络掌握庞大复杂的知识体系。劳动者应改变传统的记忆式学习方法，更多地关注创造性劳动。劳动者创造性劳动应当成为各类价值创造的主要方式。网络技术的传播和 AI 的应用提升了人的智力平均水平，帮助我们解决了传统生产力时代无法解决的问题，大大提升了生产的效率和效能。特别是在人工智能的支持下，机器也具有人的思维能力，能够进行模拟化操作和重复性劳动，能够实现很多智能化操作的工业作业。

第四，对自然力的认识。在《资本论》及其手稿中，马克思将自然力定义为存在于任何人类社会以外的各种自然力量，包括自然资源、自然环境和自然规律等。“自然力，不论是瀑布，是富饶的矿山，是富于鱼类的湖沼，还是宜于建筑的地基，只要它能被独占，能对使用它的产业家保证一个剩余利润……”（《资本论》，2004）马克思将自然力看做生产力的内在要素，“作为要素加入生产但不需要代价的自然要素，不论在生产过程中起什么作用，都不是作为资本的组成部分加入生产，而是作为资本的无偿的自然力，也就是，作为劳动的无偿的自然生产力加入生产的。”（《资本论》，2004）马克思的自然力是人与自然和谐发展的生态自然力，是人认识自然、尊重自然、保护自然的前提下，利用自然，使人类和自然在和谐统一中相互转换物质能量和信息，实现人力与自然生态系统和谐发展的能力。新质生产力区别于旧质生产力依靠大量资源投入、高能耗的生产发展方式，坚持以生态保护优先，实现人与自然的和谐发展的新形态。

（二）提升制造力

制造力是人们将一定资源最大限度转化为产品的能力，提高制造力的方式为生产方式的优化、管理方式的优化，而使制造能力得到合理发挥的关键在于资源的合理配置。党的二十大报告指出，坚持把发展经济的着力点放在实体经济上，制造业是实体经济的基础。当前，“我国经济持续下行的根本原因在于以制造业为主的实体部门可持续发展能力的弱化。”（张杰、金岳，2020）

制造力的提升受到多种因素的影响，如生产效率和经济利润、用户需求变化、政府激励政策（江玉国，2020）、竞争环境等。制造力的提升需要制造业的高质量发展，要全面构建“科技创新、数字人才、现代金融”协同发展的现代化产业体系。

第一，建立新型举国体制，释放需求侧升级对制造力的驱动作用。中国制造业链条齐全，市场广阔，但在芯片、高端数控方面面临“卡脖子难题”，新产品研发能力、关键零配件和关键材料生产能力不足。导致以上现象的原因在于市场结构的失衡给制造业高质量发展带来阻碍。很多制造业企业过度依赖房地产行业和金融资产投资投机领域，导致产业结构虚拟化，产能过剩。新型举国体制科学把握政府与市场关系边界的动态逻辑，协同政府与市场功能。一方面，认清市场配置在技术创新中的局限性，基础性研究如果完全按照市场主导的竞争配置将无法解决当前中国产业链现代化提升动力不足的问题，要强化政府的战略导向作用，强化基础研究－应用研究－试验发展研究－技术产业化的链式集成创新模式，实现以技术创新为主导的生产资料和劳动对象等生产力要素协同创新；另一方面，从供给侧方面的创新激励，逐步转向需求侧的扩张升级，需求结构的换代升级是制造力质变的最根本的激励动力。激励需求侧消费结构的升级，充分释放需求结构升级换代对制造业高质量发展的驱动作用。

第二，加快数字经济与产业融合，明确制造力转型方向，合理规划制造业中长期发展。当前，制造业正与数字经济融合，新理念、新技术、新组织形式促进产业形态的变革，数字化、网络化、模块化、绿色化将成为制造业发展的方向。完善配套信息基础设施，构建数字产业与传统制造业企业沟通交流的平台，同时，强化知识产权保护，为制造业产业结构转型和升级提供制度保障。制造业的数字化转型依赖掌握核心数字技术的人才，缺乏支持数字技术的劳动力成为阻碍制造业转型的主要原因，要吸纳更多专业人才，形成集聚效应，激发企业的数字化潜能。

（三）提升创新力

创新力是指新劳动者、劳动对象、生产方式和管理能力的创新来推动和促进生产力的发展。创新是我国转型升级时代发展的必然要求。当前，我国产业仍然处于世界价值链中下端，外向经济中自主品牌仅占10%，以“多倍的简单劳动”换“单倍的复杂劳动”，在世界价值链上处于弱势地位；企业发展面临技术创新瓶颈，商业模式创新有所欠缺，产业结构向高级化、合理化转变需要创新的驱动。中国要从工业社会迈入数字社会，需要知识经济的快速发展，而知识经济不仅依赖于知识，更依赖于创新。驱动经济的引擎经历了从资源到资本再到创新的变化，用创新抢占制高点才能吸纳更多财富，以市场创新为龙头，以制度创新为基础，以管理创新为动力，以技术创新为推动力，以商业模式创新为根本，科学技术在生产力要素及其结构的组合演化中起到助推的作用，劳动者通过掌握科学技术，实现劳动资料和劳动对象的质变升级。

创新力的提升需要以下方面：第一，通过共享数据资源提升创新效率。从资源要素的角度看，一方面，数据作为新型生产要素在驱动创新活动中的重要性逐步增强，可以直接产生创新绩效（Nambisan et al., 2017）；另一方面，数据具有非竞争性，可以反复使用，同时，数据的低扩散成本和高扩散速度使得数据具有天然的流动属性（Ozalp, Cennamo, and Gawer, 2018），有助于创新主体获得更多资源。

第二，发挥网络的协同创新平台作用。从载体看，互联网平台带来规模经济、范围经济，降低了创新主体间的成本，促进了跨时空、远距离数据传输和信息共享，有效缓解区域创新系统中的供需矛盾，使得创新行为分散在不同网络空间（Nylén and Holmström, 2019）；

第三，促进数字经济与实体经济的融合。从技术创新看，人工智能、物联网、区块链等拓展实体经济技术空间，有助于实体经济产生更多创新理念和创新思维，倒逼实体经济主体持续开放新技术、构建新平台，从而促进实体经济的创新溢出和迭代升级（Miric, Boudreau, and Jeppesen, 2019）。

第四，畅通教育、科技、人才的良性循环，鼓励大胆创新的良好氛围。目前，我国以高校和科研院所作为育人主体，但这些机构往往以科研为主要目标，未能贯通产学研的壁垒，缺少聚焦创新精神、激发人才价值的土壤（王祥锋等，2023）。新型研发机构激活产教协同，推动教育、科技、人才的良性循环。比如，中国科学院深圳先进技术研究院建立联合实验室，合作对象覆盖企业、高校、科研院所，促进科学家和企业在创新全过程中的协同交流，开展协同创新，而这一做法与国家十一部委发文推动的“大中小企业联合高校院所，组建一批协同创新联合体”的方向契合（莎薇等，2023）。

参考文献

［1］MIRIC M, BOUDREAU K J, JEPPESEN L B. Protecting their digital assets：The use of formal & informal appropriability strategies by App developers［J］. Research policy, 2019, 48（8）：103738.

［2］NAMBISAN S, LYYTINEN K, MAJCHRZAK A, et al. Digital innovation management［J］. MIS quarterly, 2017, 41（1）：223–238.

［3］NYLÉN D, HOLMSTRÖM J. Digital innovation in context：Exploring serendipitous and unbounded digital innovation at the church of Sweden［J］. Information technology & people, 2019, 32（3）：696–714.

［4］OZALP H, CENNAMO C, GAWER A. Disruption in platform-based ecosystems［J］. Journal of management studies, 2018, 55（7）：1203–1241.

［5］蔡继明．厘清数据要素按贡献参与分配的理论认识［N］，中国社会科学报，2022–09–28.

［6］钞小静，王清．新质生产力驱动高质量发展的逻辑与路径［J］．西安财经大学学报，2024，37（01）：12–20.

［7］邓小平．邓小平文选，第3卷［M］．北京：人民出版社，1994.

［8］杜传忠，疏爽，李泽浩．新质生产力促进经济高质量发展的机制分析与实现路径［J］．经济纵横，2023，（12）：20–28.

［9］高帆．“新质生产力”的提出逻辑、多维内涵及时代意义［J］．政治经济学评论，2023，14（06）：127–145.

［10］郭晗，侯雪花．新质生产力推动现代化产业体系构建的理论逻辑与路径选择［J］．西安财经大学学报，2024，37（01）：21–30.

［11］江玉国．工业企业“智造”转型的动力机制研究［J］．科研管理，2020，41（02）：104–114.

［12］蒋万胜，王嘉妮．人工智能对现代社会生产力发展的影响——基于马克思劳动过程三要素思想的分析［J］．西北工业大学学报（社会科学版），2023，（02）：10–18.

［13］凯文·凯利．新经济，新规则［M］．北京：电子工业出版社，2014.

［14］李策划．数字生产方式变革视角下经济关系重塑研究［J］．技术经济与管理研究，2023（2）：12–17.

［15］李晓华．构建适应新质生产力发展的产业政策体系［J］．人民论坛·学术前沿，2024，（09）：35–42.

［16］李政，廖晓东．发展“新质生产力”的理论、历史和现实“三重”逻辑

［J］. 政治经济学评论，2023，14（06）：146–159.

［17］马克思 . 机器、自然力和科学的应用［M］，北京：人民出版社，1978.

［18］马克思 . 资本论，第 1 卷［M］. 北京：人民出版社 ，2004.

［19］马克思恩格斯选集：第 1 卷［M］. 北京：人民出版社，1963.

［20］马克思，恩格斯 . 马克思恩格斯文集，第 7 卷［M］. 北京：人民出版社，2009.

［21］马克思，恩格斯 . 马克思恩格斯全集，第 23 卷［M］. 北京：人民出版社，1980.

［22］马克思，恩格斯 . 马克思恩格斯全集，第 46 卷［M］. 北京：人民出版社，1980.

［23］马克思，恩格斯 . 马克思恩格斯选集：第 1 卷［M］. 北京：人民出版社，1995.

［24］庞瑞芝 . 新质生产力的核心产业形态及培育［J］. 人民论坛，2023，（21）：18–21.

［25］蒲清平 . 加快形成新质生产力的着力点［J］. 人民论坛，2023，（21）：34–37.

［26］任保平，王子月 . 数字新质生产力推动经济高质量发展的逻辑与路径［J］. 湘潭大学学报（哲学社会科学版），2023，47（06）：23–30.

［27］莎薇，黄科星，陈之瑶，等 . 新型研发机构科技成果转化的影响因素及作用机制模型——基于中国科学院深圳先进技术研究院的探索性案例研究［J］. 科技管理研究，2023，43（02）：127–133.

［28］申佳平 . 什么是新质生产力？中央财办最新解读，人民网［DB/OL］http：//finance.people.com.cn/n1/2023/1218/c1004-40141533.html#：~：text=

［29］王祥锋，秦江，陈绍文，等 . 新型研发机构框架下储能专业协同育人机制探索研究［J］. 高等工程教育研究，2023，（S1）：185–187.

［30］王钰，唐要家 . 人工智能应用如何影响企业创新宽度？［J］. 财经问题研究，2024，（02）：38–50.

［31］魏崇辉 . 新质生产力的基本意涵、历史演进与实践路径［J］. 理论与改革，2023，（06）：25–38.

［32］求是网 . 习近平主持召开新时代东北振兴座谈会强调牢牢把握东北的重要使命奋力谱写东北全面振兴新篇章［DB/OL］. http：//www.qstheory.cn/qshyjx/2023-09/10/c_1129855034.htm.

［33］徐政，郑霖豪，程梦瑶 . 新质生产力助力高质量发展：优势条件、关键问题和路径选择［J］. 西南大学学报（社会科学版），2023，49（06）：12–22.

［34］杨丹辉．科学把握新质生产力的发展趋向［J］．人民论坛，2023，（21）：31–33.

［35］张乐，新质生产力为中国式现代化提供新动能，人民论坛网，2023，http://www.rmlt.com.cn/2023/1123/688378.shtml

［36］新华社．中央经济工作会议在北京举行，习近平发表重要讲话［DB/OL］．https://www.gov.cn/yaowen/liebiao/202312/content_6919834.htm.

［37］周丹．智能时代的劳动与人的劳动解放［J］，人民论坛·学术前沿，2022（8）：63–69.

［38］邹伟，韩洁，姜琳，等．扎实推动经济高质量发展——以习近平同志为核心的党中央今年以来引领中国经济持续恢复，稳中求进述评，人民日报［N］，2023-08-03（1）．

New Quality Productivity: Scope, Essence and Implementation Path

Shi Jianjun, Li Xiaojie

Abstract: In September 2023, during his inspection tour in Heilongjiang, Xi Jinping pointed out that integrating scientific and technological innovation resources will lead the development of strategic emerging industries and future industries, and accelerate the formation of new productive forces. This article defines new productivity as a higher-level meta-concept that aims to shape, maintain, develop, and coordinate the current various types of productivity and various factors related to productivity. On this basis, this article analyzes the theoretical structure of new qualitative productivity. First, it analyzes the connotation of new qualitative productivity, explores the inevitability of the concept of new qualitative productivity from a historical perspective, and current scholars' understanding of new qualitative productivity. On this basis, it analyzes the core position and significance of technological innovation in the theoretical structure of new qualitative productivity. And finally, on this basis, the development path of new qualitative productivity is proposed.

Keywords: new quality productivity; productivity factors; scientific innovation

中国开放型经济面临的挑战与创新[①]

施建军　夏传信[②]　赵青霞[③]　卢林[④]

内容摘要：改革开放40年来，我国经济发展进入了新的阶段。随着供给侧结构性改革的深入，我国经济发展和改革取得了新成效，开放型经济新体制逐步健全，在全球经济格局中扮演的角色越来越重要。在参与和推动经济全球化进程中，如何在多边贸易体制下发展更高层次的开放型经济，实现习近平总书记提出的“五通”，需要在借鉴成功的国际开放型经济体经验的基础上，结合中国实际，延展开放布局、创新开放路径、整合开放资源，有层次有步骤地创新开放格局。

关键词：开放型经济；经济全球化；全球价值链；虚拟经济

一、引言

开放型经济是当前全球经济发展的重要特征。随着中国改革开放的深入，中国经济建设取得重大成就，坚持新常态发展理念，经济增长方式由粗放型向集约型转变，产业结构不断优化，经济发展质量和效益不断提升，经济增长由高速增长转为中高速增长。2017年全国国内生产总值达到了827 122亿元，比上年增长6.9%，继美国之后，稳居世界第二，对世界经济增长的贡献率高达30%左右。中国已经步入

① 本文全文发表于《管理世界》2018年第12期第13–18页，并获选《世界经济年鉴》“全球宏观经济学2018年最佳中文论文TOP10”。

② 夏传信，经济学博士，对外经济贸易大学统计学院2014级博士，北京大学光华管理学院博士后，商务部国际贸易经济合作研究院博士后，现任职于商务部国际贸易经济合作研究院欧洲所。

③ 赵青霞，经济学博士，对外经济贸易大学统计学院2016级博士，现任职于河北地质大学经济学院。

④ 卢林，经济学博士，副研究员，对外经济贸易大学教育与开放经济研究中心2016级博士，现任职于对外经济贸易大学。

开放型经济时代，开放型经济成为中国发展的新模式和新引擎，开放型经济对于一国或地区经济发展和增长具有重要的促进作用（Grossman and Helpman, 1991；Lucas, 2009）。习近平总书记在党的十九大报告①中提出，坚持打开国门搞建设，中国开放的大门不会关闭，只会越开越大。发展更高层次的开放型经济，必须实行更加积极主动的开放战略，以更广阔的视野统筹国内国际“两个大局”，谋划国内国际“两个市场”，全方位高层次推进对外开放进程，拓展新的开放领域和空间，进一步提升中国在全球化进程中的影响。开放型经济强调把国内经济和全球市场联系起来，尽可能充分地参与国际分工，发挥本国经济的比较优势。根据系统论的观点，没有能量交换的封闭系统不可能改变系统的旧貌，将使系统的不平衡加剧，最终导致系统混乱乃至消亡，新系统平衡与健康发展需要系统的开放，能够不断与外部进行能量交换。开放型经济国家即是一个开放系统，是由生产要素的双向流动，引发财富的双向流动，这需要政府、企业、个人的全方位多元化开放。发展中国家只有顺应经济全球化的潮流，制定正确的开放型发展战略，在参与国际分工和国际竞争中寻找发展机会，才能最终实现强国富民之梦，作为世界最大发展中国家的中国更应坚定不移地实行对外开放，推动开放型经济发展。

二、开放型经济：全球市场、虚拟经济与网络革命的一体化融合、协同发展

开放型经济与封闭型经济相对立，是一种经济发展新体制模式（宋泓，2015）。开放型经济下，以促进外部经济发展为主，鼓励出口，生产要素、商品与服务可以自由地进行跨国流动。开放型经济 = 全球市场 + 虚拟经济 + 网络革命。广义的全球市场不仅包括一般商品买卖活动的运动空间，还包括与对外贸易有关的货币结算、货物运输、货物保险等内容，以及在全球范围内的资本国际化、资源国际化、生产要素国际化、生产国际化、物流国际化、科技国际化及服务国际化。全球市场的形成使一国经济和社会的方方面面都纳入到全球性开放范畴，在国际化的系统内实现平衡。虚拟经济是一个新生词语，与实体经济相对立，主要指证券、股票等，最为普遍的是成思危给出的定义（成思危，1999，2001）。虚拟经济是指虚拟资本以网络系统为依托，金融系统为载体，不断交替融合、周而复始的经济活动。具体包括银行业、证券业、保险业、房地产业、资本市场、货币市场、外汇市场及诸如担保、对冲基金、证券、期货等金融衍生工具等，是一个涵盖金融业的概念。随着虚拟经

① 习近平“决胜全面建成小康社会夺取新时代中国特色社会主义伟大胜利——在中国共产党第十九次全国代表大会上的报告”（2017 年 10 月 18 日）。

济的发展，经济日益呈现出“虚拟五化”趋势，即经济金融化、财富金融化、金融全球化、金融证券化和危机经常化。网络革命也是开放型经济的重大表现。大数据时代，网络革命正在爆发，网络物流快速发展，以 B2B、B2C 和 C2C 为模式的电子商务发展如火如荼，物流产业革命初见端倪，信息流推动物流，物流信息化蓬勃发展；跨境电子商务和物流经济的发展正在逐渐改变传统贸易方式。跨国公司越来越重视使用线上外贸平台进行采购，国际采购方式已经逐渐向在线方式转变，倾向于小单多频与定制化。当前通过跨境电子商务实现的贸易量已经接近国际贸易量的10%。在经济全球化、知识化和信息化的背景下，开放型经济日益体现为全球市场、虚拟经济及网络革命的融合，从而使其被赋予了新的内涵，即：开放型经济是全球市场、虚拟经济、网络革命三者的有机组合、一体化融合，互为支撑、协同发展。

开放型经济是多元化的经济，绝不是少数国家单边化的经济。开放型经济是本国经济在全球经济生态系统中的良性互动与健康融合，它既不同于外向型经济，也不是简单开放与被动接受。在开放型经济中，进出口并重、分不清也不分主次地位，市场主导、政府不干预，完全竞争要素市场，关键在于发挥比较优势，属于优势决定理论。同时，对内对外投资受要素和政策影响小。随着全球范围内要素、商品与服务的流动性加强，全球经济的融合度与依赖度也提高，使得开放带来的输入型风险机会增加。因此，开放型经济是一种更高层次的开放，它在促进本国经济与全球经济融合的同时，又能在共同制定全球经济发展战略和风险防御机制时掌握一定话语权，建立与本国开放经济相配套的风险防御体系和健康循环机制，面对爆发性国际金融危机，不仅能够“止血”“输血”，而且具备自我“造血功能”，使开放型经济成为我国经济发展中跨越中等收入陷阱的一剂强心剂（蔡昉，2011），形成互利共赢、多元平衡、安全高效的开放型经济新体制。

三、后危机时代开放经济模式面临的挑战

经过 40 年的改革开放，我国开放型经济达到了新水平，经济总量和货物贸易进出口总额已跃居世界第二位，其中货物出口额居世界第一位。经济的高速发展很大程度上得益于我国开放型经济和全球化红利，但随着全球化深入发展，世界经济中的各种矛盾和问题愈加凸显，全球经济进入了经济低速增长、高失业率、对外贸易持续低迷的“新常态”过渡时期，传统开放经济模式面临瓶颈。

（一）全球价值链规律凸显，经济活动的国际竞争方式发生变化

全球价值链是贸易投资、服务、生产的一种综合体，所有生产要素本身及其周边产生的一系列价值、利益分配以及要素再生产等各链条的增值。同时，历史、文

化和经济基础的差异决定了不同国家整体的全球价值链层次，企业在本产业中的竞争能力差异，决定了其在全球价值链的等级。我国传统发展模式下的各种政府干预政策，不利于增强企业在全球价值链分工中的竞争力。我们特别不能忽视新技术、商业模式和组织方式的迅速变革。新技术的典型代表为新一代的信息技术产品、智能制造等；商业模式变革如电子商务、跨境电子商务和“互联网 +”；组织方式变革则包括外包、生产的一体化等。面对新的技术、商业模式和组织方式，我国企业、产业和政府应进一步吸收新变化，才能使我国生产和贸易活动进入价值链高附加值端。

（二）贸易保护主义升级，中美贸易摩擦愈演愈烈

当前全球贸易环境中，以关税壁垒为主要特点的传统贸易保护主义和以绿色壁垒、技术壁垒、反倾销、知识产权保护等非关税壁垒措施为特点的新贸易保护主义并行，冲击着全球自由贸易体系，贸易摩擦进入多发期。我国作为开放型经济体，经济发展面临较强的外部风险。在新一轮的贸易保护主义浪潮中，发达国家除了坚持对传统产业的保护，还扩大到新兴服务业、金融业、高技术产业以及知识产权等优势领域。与此同时，新贸易保护主义更多地运用其国内立法和行政干预手段，手段更趋多样化。尤其是美国逐步加大对本国制造业的扶植，加大对中国产品征收高额关税的规模，不仅给当前我国出口依赖大、内需不振的现状带来了较大危机，而且使以组织和法律为基础的 WTO 多边贸易体制和全球产业分工遭到破坏。

（三）生产要素成本上升，竞争加剧

广阔的国内市场、充足的资金和劳动力、储备丰富的自然资源，曾为我国参与经济全球化提供了有利条件。但随着我国迈入中等收入国家行列，国内特别是东部沿海地区的劳动力、土地、自然资源等各类要素成本进入集中上升期，同时，环境、劳工权益保障、安全等规制成本上升，削弱了低成本制造的传统优势，能源资源和生态环境约束强化。经济全球化和一体化视角下，越来越多的发展中国家融入进来，跨国公司不断地在全球开拓新兴市场、分散投资风险，实现全球资源优化配置，降低成本，为了占有全球市场，国际产业结构调整和转移开始向劳动力成本更低的新兴发展经济体转移（如越南、印度和菲律宾等）。成本更低的新兴经济体逐渐成为新一轮全球产业转移的承载体，中国将面临越来越多的来自新兴经济体的潜在竞争。东南亚等周边国家生产要素成本优势明显，在承接劳动密集型产业转移方面竞争力增强。

（四）国内结构调整、动能转换加快，传统开放经济面临“倒逼压力”

当前阶段，在全球经济疲软，经济下行压力增大的背景下，我国传统开放型经济增长“乏力”，对外贸易增长近年增速变缓，未达到预期增长目标（全毅，2018）。在外需持续低迷、结构调整、新旧动能转换、动力转换加快等多重因素“倒逼压力”下，中国开放型经济发展面临着由“中低端”向“中高端”攀升的迫切需求，迫切需要构建开放型经济新体制，推动全面开放新格局。高收入国家的劳动者技术成熟，更容易带来长期增长效应；低收入国家的劳动者具有工资方面的优势，也容易带来高的长期增长；然而中等收入国家，既无法与低收入国家竞争工资优势，又无法与高收入国家竞争技术优势，因此容易陷入“比较优势真空”或“产业断档”风险，即容易陷入“中等收入陷阱”（蔡昉、王美艳，2014；程文、张建华，2018）。目前我国正处在能否跨越“中等收入陷阱”的关键时期，构建开放型经济发展新体制，以开放促发展，加快动能转换成为当前最为紧迫的任务，新的比较优势是中国经济进一步融入全球分工体系并实现可持续发展的唯一出路。

（五）经济区域发展不平衡使得我国开放型经济的整体格局受制于“木桶效应”

近年来，尽管中西部地区发展速度超过了东部地区，但我国区域经济发展不平衡仍较明显。开放型经济追求的是均衡、全面、因地制宜地开放，如何使我国面积广大、人口众多的中西部地区获得真正的发展并从高水平的对外开放中获益，将直接关系到我国收入差距问题和区域发展不均衡问题的解决。我国地广人多，自然环境的多样性催生了产业结构的多样性和区域经济的复杂性，这是一把双刃剑，有效开启中西部地区的开放模式，将大大增强我国在抵御国际经济金融危机中的韧度。

四、着力构建开放型经济新格局

党的十八大以来，以习近平同志为核心的党中央对我国开放型经济进行了准确、精辟的论述，高屋建瓴地提出了“五通”等一系列对外开放战略，如何切实落实既定目标，构建开放型经济新格局显得尤为重要。目前，我国开放型经济水平全面提升，开放型经济新格局轮廓初现。

（一）实施新一轮高水平对外开放，全方位构建东中西协调发展、“一带一路”双向延伸、沿海沿边内陆相呼应的开放格局

1. 扩展沿海经济圈，打造开放新高地。

东部沿海地区走在改革开放的前列，东部地区国土面积不足全国的六分之一，人口数量占全国总人口四成，人均土地面积少，人口密度高。2018 年，东部地区与“一带一路”国家的进出口贸易额为 11 494.1 亿美元[①]，其中：出口额为 6 224.9 亿美元，进口额为 5 269.2 亿美元，分别占全国的 79.8%，80.4% 和 79.1%。2008 年全球爆发金融危机以来，东部地区的经济发展速度逐渐放缓。在全球市场疲软、产能过剩、能源紧缺、劳动力和土地成本上升的压力下，东部地区应主动嵌入“海上丝绸之路”的经济格局，将长三角经济带、珠三角经济带、环渤海经济带、京津冀城市群、雄安新区，打造成为服务全国、面向世界的国际化城市群和海上丝绸之路经济带。“海上丝绸之路”为东部沿海企业开拓了巨大的新兴市场，沿线国家主要为新兴经济体，为化解东部沿海地区的过剩产能提供了巨大空间。东部地区尤其是长三角、珠三角、京津冀地区等地区经济发展水平相对较高，绿色经济质量不断提升，传统产业应向西部地区和“一带一路”沿线国家转移，实现产业空间梯次配置，利用区位优势、技术优势，承接发达国家的新科技、新技术、新产品的研发和技术吸收。逐步建立以企业为主体，市场为导向，科技为支撑的创新体系，提高知识创新能力和科研成果转化能力。大力发展战略性新兴产业，增加出口贸易中高技术产业产值所占的比重。依托“海上丝绸之路”推动中国—东盟自由贸易区升级，发挥在海洋经济中与东盟各国的耦合作用。完善海洋经济空间布局，疏通资本、技术、人才等要素流动阻碍。建设特色海洋产业小镇，创建省级海洋经济创新示范园区，促进海洋产业集聚发展，拓展与沿线国家在海洋资源开发、海洋产业合作、深海技术研究等多方面合作的深度和广度。

2. 深化沿边试验区，培育开放新支点。

党的十八大报告提出了“全面提高我国的开放型经济水平”，沿边地区的开放是我国开放型经济体系的重要组成部分。我国沿边 9 个省区（辽宁、吉林、黑龙江、内蒙古、甘肃、新疆、云南、西藏和广西）与朝鲜、俄罗斯、蒙古、哈萨克斯坦、吉尔吉斯斯坦等 14 个国家边境接壤，内陆边境线长达 2.28 万公里（黄伟新、龚新蜀，2014）。近年来，发达国家经济增长缓慢、世界各国之间贸易摩擦不断增多，我国对外贸易增量正由沿海向内陆沿边转移。在内陆地区，建立综合保税区、跨境电商先行先试、第四方物流、优势产品进出口价格指数；在沿边地区，开发边境口岸经济区、边境经济合作试验区和跨境经济合作区，将与周边国家或地区之间的合作推向纵深发展。结合周边国家经济发展和本地区比较优势，因地制宜，加强东北三

① 国家信息中心“一带一路”大数据中心、大连瀚文咨询有限公司《2018“一带一路”贸易合作大数据报告》（2018 年 5 月）。

省、内蒙古与俄罗斯和蒙古国等国家的经贸合作与技术交流，打造“向北开放重要桥头堡”，将甘肃打造成“连接欧亚大陆桥的战略通道”，将新疆打造成“向西开放门户”，以云南为核心打造“向西南开放重要桥头堡”，以广西为核心打造“东盟合作高地”（雷小华，2013）。整合沿边地区优势资源、培育互市贸易规模由小变大、产品种类由单一向多元，加强与周边市场产业合作，逐步形成产业集群；沿边地区要积极发展特色旅游、跨境旅游和特色产品交易区；积极发展特色产业，承接沿海地区的出口产业转移，同时促进边境贸易向经济合作区转化升级。

3. 打造内陆城市群，完善开放新机制。

内陆城市要大力发展开放型经济，必须扬长避短、创造优势，秉承创新、协调、绿色、开放、共享的新发展理念，以“中国制造 2025”“互联网 +”“一带一路”等重大战略或倡议为契机，依托长江黄金水道，推动长江经济带发展，形成横贯东中西、联结南北方的对外经济走廊（贾继庆，2017）。积极承接境外和珠三角、长三角、环渤海产业转移，以内陆中心城市和城市群为依托，以经济开发区和产业聚集区为平台，发展高技术新型产业和高附加值商品的加工出口，承接高端制造业和高附加值的加工环节。开发园区是产业聚集的重要载体，应加快制定系统的园区布局规划，引导各地区各工业园区的发展方向，避免同质化，减少内耗，扩大差异化，发挥聚合倍增效应。加强综合保税区建设、完善综合保税区功能，逐步打造边检、检验检疫、海关、保税区一体化、全数据流对接，优化报检报关流程。

4. 推进“一带一路”，突破开放增长极。

西部地区经济发展起点低，相比中东部地区，基础设施建设水平相对落后。虽然在国家西部大开发政策的支持下，西部地区经济取得了显著进步，但在市场经济体制下，我国东部地区集聚效应强，西部劳动力、资金等生产要素不断向中东部地区集聚，进一步加剧了区域经济发展差距。深入发展开放型经济，消除东西部经济发展差距大的制约瓶颈，实施“一带一路”倡议，加快我国中西部地区开放步伐。“一带一路”建设拓展了西部开放的深度与广度，助推西部地区由对外开放的末梢变为前沿，向内、向外延伸了开放空间。“一带一路”建设重在通过构建周边命运共同体，打造开放、包容、均衡、普惠的区域经济合作架构，为扩大开放提供顶层设计和外围保障。其建设涵盖基础设施、贸易、投资、能源资源、金融、生态环保、人文等重要领域，将极大丰富开放内涵，夯实开放产业基础，拓展跨境经济合作空间（程艺等，2016）。依托中巴、孟中印缅经济走廊建设，通过公路铁路等基础设施网络，延伸产业链条，以沿线工业园区为平台，加速资本、劳动力、技术等生产要素集聚，以此实现丝绸之路沿线国家贸易加工区的分工与合作。

（二）打造开放型经济发展平台，提升全球物流通关能力

1. 深化自贸区建设，搭建对外投资合作平台。

高水平对外开放主要内涵如下：由注重打破贸易壁垒转变为增强要素流动，由鼓励出口转变为优化出口结构同时重视进口，由注重引进和利用外资转变为鼓励对外投资同时优化对外投资结构，由商贸领域的广泛合作转变为对国内产业和区域发展需求的精准对接，由依赖多边贸易体制转变为高水平自由贸易协定驱动等。因此，发展开放型经济的重要组成部分是搭建合作平台，完善相关合作机制和渠道。

加快实施自由贸易区战略，因地制宜建设若干自由贸易园区试点，发挥试点区的辐射作用，以点带面，逐步构筑起立足周边、辐射“一带一路”、面向全球的高标准自由贸易区网络。稳固推进中韩、中澳自由贸易区谈判成果，打造中国—东盟自由贸易区升级版，推进中国与有关国家自由贸易协定谈判和建设进程，稳步推进中欧自由贸易区和亚太自由贸易区建设。扩大服务业和先进制造业对外开放，形成促进投资和创新的政策支持体系。以自由贸易区为核心，整合资源，以优惠税收和海关特殊监管政策为主要手段，建设投资自由化、贸易便利化的对外投资合作平台。

2. 建设大口岸，优化大机场，推进大通关，构建大网络，以点带面，打造水陆空三位一体、点线面相结合的开放平台。

完善口岸设施和管理；完善风险管理，为企业提供便捷服务；加强区域通关合作，提高跨区域通关效率；提高机场连接性，吸引外航参与，争取第五航权开放，加强陆空联运建设；建立空港物流信息管理系统和信息共享平台，不断提升物流运作效率；依托机场，集聚高端制造业、现代服务业，构建空港经济区产业体系。促进通关无纸化改革，提供“一站式”服务，提高“大通关”效率，打造集水、陆、空三位一体的“大物流”信息平台；推进口岸与海关特殊监管区的“区港联动”“区区联动”。建设多式联运服务体系和集疏运体系；依托铁路口岸建立现代化物流园区。构建口岸旅游线，积极申报过境免签，扩展入境旅游市场。

3. 深入探索利用人工智能、区块链技术，搭建科技互联平台、信息数据共享平台。

在“一带一路”倡议引导下，搭建国内公共服务平台，完善与中华人民共和国国家发展和改革委员会开展的国际产能合作机制，促进信息对接、产业对接、项目对接和管理对接。充分利用与境外投资重点国别建立的双边和多边合作机制，搭建与重点国家和地区在装备制造、国际产能合作领域的平台制度化。发挥政府和非政府组织牵线搭桥等多种形式的互联作用，包括政府高层互访、企业合作沟通、社会商贸组织及海外华侨团体等非政府组织。在科技合作领域，探索搭建科技互联平台、大数据共享平台、区块链跨国贸易平台。通过区块链技术降低跨境支付成本、提高跨境支付效率，解决传统跨境支付体系成本高、时间长等难题。利用区块链底层协

议搭建分布式交易平台，融合人工智能技术，实现智能业务匹配、辅助定价、跨语种联动等，逐步淘汰以广告竞价为核心的业务匹配模式，从根本上解决市场上广泛存在的诸如虚假广告、恶意差评、刷单等信息不对称问题。

（三）加快现代金融体系建设和区域金融合作，创新金融服务监管工具，确保开放型经济稳速高质运行

金融合作一直是新兴经济体合作的薄弱环节，两次金融危机使亚洲的新兴经济体认识到，只有新兴国家联合起来才能抵御金融危机的冲击。因此，发展开放型经济要通过金融合作，以金融一体化促进区域一体化的发展。当前，中国经济正处于转型升级、新旧动能转换的关键时期，根据实体经济发展的客观需要，积极推动金融体制改革，鼓励金融创新，借助互联网、大数据、区块链、人工智能等提高金融体系竞争力和风险防御能力，构建多层次金融体系，才能满足不同发展阶段的实体经济和外向型经济的资金需求，提升实体经济和外向型经济的治理水平和市场竞争力。

1. 拓宽金融服务范围。开展外汇改革试点，实行跨国公司本外币资金集中运营管理制度。放宽跨境人民币和外币债券的审批与规模限制，开展利率市场化和人民币部分资本项目限额内可兑换试点，允许试点地区开展跨境人民币双向资金池业务。

2. 增强金融服务功能。推动金融机构发展贸易融资、内保外贷、外保内贷、外汇及人民币贷款、国际保理等综合金融服务，提升金融机构国际化经营水平和金融服务水平①。充分发挥内引外联作用，提供覆盖境内外全链条的离、在岸一体化服务，提高离岸金融跨境结算便利度。

3. 完善开放型金融支撑体系。开放型经济呼唤开放型金融，建立开放型金融体系是构建开放型经济新体制的关键突破口。借鉴发达国家金融改革经验，取消利率管制、放松金融市场的准入机制，完善境外投融资机制和股权结构，促进资本自由流动，为企业提供"外保内贷"的融资方式。发展境外投资基金，推进丝路基金、亚洲基础设施投资银行（亚投行）、金砖国家新开发银行的设立和有效运作，积极推进与"一带一路"沿线国家合作。

4. 扩大人民币跨境结算和使用，推动人民币国际化进程。在国际经济活动中，通过国际货币制度安排，提供全球通用的国际货币，既可以防止各国货币竞争性贬值，又能节约交易成本，便利国际贸易和资本流动，实现国际金融的有序发展。因此，中国必须尽快推动人民币国际化进程，推动人民币"走出去"战略，促使人民币清算业务渗透进亚洲区域内的贸易和资本流动，使人民币成为区域性的功能货币。稳步开放金融市场，扩大本币结算，建立多边结算体系与货币互换网络，推进本币

① 中共中央国务院《关于构建开放型经济新体制的若干意见》（2015 年 9 月 17 日）。

互换合作，进一步扩大经常项目人民币结算规模，支持跨国企业集团开展人民币资金集中运营业务。

5. 健全金融风险监管机制，防范金融风险。加强对金融风险的防范和识别，完善金融风险监测评估机制，建立金融监管协调机制。加强金融监管协调与合作，探索建立跨境资金流动风险监管机制，加强对短期投机性资本流动和跨境金融衍生品交易的监测，对企业跨境收支进行全面监测评价。

（四）加快对外开放顶层设计、把握国际需求机遇，多措并举，推动开放型经济绿色发展、科学发展、可持续发展

对外开放是系统工程，需要科学化、精细化设计。发展高质量开放型经济是新常态下中国对外开放的战略抉择，是对外开放战略的内在要求，发展高质量开放型经济要有科学的理解维度和指标引领，才能最终实现对外开放由弱到强、由量到质、由低端到高端的转型升级。

1. 进一步通过行政力量推进开放度，改革市场体制，完善市场机制，加大与国际经济接轨，主动迎接世界科技革命的浪潮，加快形成以技术、品牌、质量、服务为核心竞争力的新优势，构建更大范围、更广领域、更高层次的开放型经济体系。

2. 努力提升中国出口产品在世界产业价值链中的地位，审时度势、抢抓机遇、量力而行，参与国际新技术竞争，加大国际性产业转移力度，加快培育国际合作和竞争新优势，拓展新的开放领域，将对外开放与国内区域协调发展紧密结合起来，完善对外开放区域格局。

3. 做好开放战略的顶层设计和系统设计，重构新的有利于开放的制度体系：从全局的角度，对开放领域的各方面、各层次、各要素统筹规划，以集中有效资源，实现资源的优化配置，实现中国进一步扩大开放的战略目标，推动开放型经济绿色发展、科学发展、可持续发展。

参考文献

［1］GROSSMAN, G.M., E. HELPMAN. Innovation and growth in the global economy［M］. Cambridge, MA：The MIT Press, 1991.

［2］LUCAS, ROBERT E., JR. Trade and the diffusion of the industrial revolution［J］. American economic journal：macroeconomics, 2009, 1（1）：1–25.

［3］蔡昉．“中等收入陷阱”的理论、经验与针对性［J］. 经济学动态 . 2011,（12）：4–9.

［4］蔡昉，王美艳 . 中国面对的收入差距现实与中等收入陷阱风险［J］. 中国人民大学学报，2014，28（03）：2–7.

［5］成思危.虚拟经济五特性［J］.电力技术经济.1999，(04)：71.

［6］成思危.虚拟经济的特性与研究方法［J］.经济研究参考.2001，(31)：12.

［7］程艺，刘慧，公丕萍，等.中国边境地区外向型经济发展空间分异及影响因素［J］.经济地理，2016，36(09)：19-26.

［8］程文、张建华.收入水平、收入差距与自主创新——兼论"中等收入陷阱"的形成与跨越［J］.经济研究，2018，53(04)：47-62.

［9］黄伟新、龚新蜀.我国沿边地区开放型经济发展水平评价及影响因素的实证分析［J］.经济问题探索，2014，(01)：39-45.

［10］贾继庆.内陆城市开放型经济发展研究.湖北省社会科学院，2017.

［11］雷小华.中国沿海沿边内陆地区构建对东盟开放型经济分析——以广东、广西、云南、四川为例［J］.东南亚纵横，2013，(03)：49-54.

［12］全毅.改革开放40年中国对外开放理论创新与发展［J］.经济学家，2018，(11)：5-12.

［13］宋泓.中国是否到了全面推进开放型经济的新阶段？［J］.国际经济评论，2015，(04)：9-25+4.

Challenges and Innovations Faced by China's Open Economy

Shi Jianjun, Xia Chuanxin, Zhao Qingxia, Lu Lin

Abstract: Since the reform and opening-up 40 years ago, as an important part of China's economic transformation, the income distribution system has undergone major changes. In general, in the first 30 years of economic transformation, China's income gap continuously expanded, which was affected by the imperfect economic system transformation, as well as the development strategy choices and changes in government policies. In the latest 10 years, some factors that narrowed the income gap have become more apparent, curbing the momentum of the continuous widening of the income gap, and the stage of small fluctuations and high levels of income gap. It is undeniable that the reform of China's income distribution system is complicated and arduous. In the next 10 years, only to promote the reform of the income distribution system firmly, quickly and industriously can achieve sustainable economic and social development.

Keywords: open economy; economic globalisation; global value chain; virtual economy

政府补助与企业创新能力：一个新的实证发现[①]

施建军　栗晓云[②]

内容摘要：政府的财政政策是激励企业创新与发展的外在推动力。但政府的财政补助与企业创新效果之间究竟是怎样的关系呢？这一直是学术界与企业实践界争论的话题。一般认为政府补助会促进企业创新，但也有研究认为政府补助的数量规模、补助项目重点分布、补助时间等不同因素会对企业创新产生不同的影响。为此，本文在界定企业创新能力概念与维度的基础上，利用2010年–2018年中国A股上市公司数据，全面地考察了政府补助对企业创新的影响，并基于企业规模、产品市场竞争、知识产权保护进行了异质性检验。研究发现：政府补助规模与企业创新能力呈浅U形关系，即只有当补助规模超过适度值后，政府补助才能真正提高企业创新能力，具体表现为创新质量、创新效率及创新可持续性这三方面的整体提升；进一步的异质性检验结果显示，上述浅U形关系仅在大型企业及高知识产权保护下成立，高市场竞争强度下政府补助与创新质量之间是正向的线性关系。研究结果表明，政府补助发放的过程中应“抓重点、重质量、轻数量”，以避免由于补助规模较小所导致的负向影响；并且，政府补助可更多地向重点企业倾斜，如大型企业以及处于高市场竞争强度与高知识产权保护中的企业。

关键词：政府补助；企业创新；市场竞争

---

① 本文全文发表于《经济管理》2021年第3期第113–128页。2021年6月被人大复印报刊资料全文转载，2023年8月入选学术精要高PCSI论文、高被引论文。

② 作者简介：栗晓云，管理学博士，对外经济贸易大学商学院2016级博士，现任职于中国劳动关系学院劳动关系与人力资源学院，研究领域：企业创新与创业管理，电子邮箱：lixiaoyun_xixi@126.com。基金项目：本文系国家社会科学基金重大项目“我国发展的创新驱动战略研究”（项目编号：11 & ZD004）的研究成果。

一、引言

当今科技发展的速度越来越快，能够持续不断地创新已然成为企业的立足之本；同时基于国家科技发展的视角，企业又是科技创新的主体，企业创新水平的提升对建设创新型国家具有重要的意义。自党的十九大以来，创新驱动发展的战略高度大幅提升；在中共中央、国务院相继出台的各种政策文件中，均强调了政府在加快企业技术创新中所起到的重要作用。为此，政府必须做好财政资金的引导工作，合理发挥其杠杆作用，帮助企业灵活应对市场风险，切实增强其核心竞争力。就其本质而言，政府发放的财政补助的确在很大程度上推动了不少企业、产业以及地区的整体发展，如周燕、潘遥（2019）研究发现，政府补贴可显著增加新能源汽车产业中的企业总收入与净利润，进而使得国内企业不断朝着新能源价值链的高端发展。但不可否认的是，政府补助并非万金油，仍有相当数量的企业在获得补助后并未实现长期稳健的发展，甚至还出现了创新失败的结果，非但没有提高业绩，反倒降低了其对业绩经营的信心，更多地依赖盲目投资来寻租扭亏（步丹璐、黄杰，2013）。此外，还有很多学者在分析财政补助的微观效果时获得了不同的结果。

具体而言，一些学者认为政府补助可以促进企业创新，其理论基础主要是凯恩斯的经济学理论与熊彼特的技术创新理论，研究主要集中于政府补助可以促进企业创新。如，姚东旻、朱泳奕（2019）认为政府补助有助于提高企业创新投入、加快企业创新进程；章元、程郁、佘国满（2018）的研究认为，通过购买引进新技术可在很大程度上对企业产生短期的激励效果，提高其创新绩效；Velasquez, Erazo, and Gonzalez（2018）分析发现，在加大创新力度期间，无论是企业的产品，还是其提供的服务，都在海内外市场大获成功。但也有部分学者根据信息不对称、寻租以及委托代理等诸多理论，分析指出，政府补助并不一定能够带动企业创新。如，Boeing（2016）认为政府补助会在短时间内挤占企业用于研发的资金与资源；Bronzini and Iachini（2014）的研究结论显示，因受制于政府灌输，获得支持的企业大多只是以增加创新支出的方式来发挥其优势，而未形成长期有效的发展动力，因此，其创新产出的增幅并不明显，甚至还会反过来阻碍企业的创新，削弱企业的自主创新能力（Catozzella and Vivarelli, 2016）。另外，Liu et al.（2019）、毛其淋和许家云（2015）在其研究中指出政府补助与企业创新绩效之间存在非线性的关系，政府补助虽可在一定程度上促进企业的技术创新，但若补助过多，则会带来反作用，简而言之，即二者之间呈先升后降的倒 U 型关系；然而，Huang, Jiang, and Miao（2016）的研究发现，政府补助对企业创新效率的影响呈 U 形。此外，企业内外部情境的调节作用也是研究的焦点所在，比如企业规模（Bronzini and Piselli，2016）、所属行业（Choi and Lee, 2017）、发展阶段（Zhou, Gao, and Hao, 2017）、创新水平（Du and Li, 2019）、所在地的区域差异（姚东旻、朱泳奕，2019）等，特征各异的企业在获得补助之后，往往会结合自身的实际情况制定不一样的创新决策，进而显现出异质性。总体而言，政府补助可为企业的创新发展指明方向，使其创新进程有所加快，但在部分情况下，也有可能会引发政策失灵。因此，政府补助究竟是如何影响企业创新的呢？这种影响生效的触动条件是什么呢？本文将围绕这两个问题展开理论分析与实证探究，为之找出实际可行的应对之策。

综上所述，不难发现学术界至今尚未形成统一的观点，但在大部分学者看来，政府补助与企业创新之间存在线性或倒U形关系，仅有 Huang, Jiang, and Miao（2016）从《工业企业科技活动统计年鉴》获取的样本数据，分析指出二者存在U形关系。而在本文看来，创新特别是高质量的创新必然具备以下两个特点：一是高投入，二是高风险；故而，仅在政府补助规模较大时，企业认为创新回报高于风险时，才会做出真正的创新决策，这一点与现有的大部分研究结论存在差异。为此，本文首先界定企业创新能力的概念与测量维度，并将其作为全面评估政策影响与边界条件的重要指标，以提高评估结果的准确性，同时也能进一步丰富相关政策的微观效果研究，为今后制定政策提供一定的参考依据。

基于此，为更好地填补该课题的研究空白，本文将选取2010年–2018年的中国沪深A股上市公司数据，全面分析政府补助对企业创新能力带来的影响。结果表明，二者呈浅U形关系。通俗来说，只有在补助规模超过一定的数值后，企业的创新质量与效率才会得到提升，创新活动也会更加持久。本文的创新之处在于立足于企业规模、产品市场竞争以及知识产权保护三个层面深入考察了政府补助影响企业创新能力的内外部情境，进而补充了政府补助发挥作用的边界条件，为政府日后完善补助政策提供了实践证据。

二、理论分析与研究假设

（一）企业创新能力的概念与测度

企业创新能力指的是企业为提升创新水平所具备的各种能力的集合，这种能力通常会贯穿于企业发展的所有流程，比如研发、制造、市场营销、资源分配以及决策计划等（Guan and Ma, 2003）。也有学者将其解释如下：即企业为了充分吸收并掌握现有技术，对其进行改进与创新所必须具备的知识和能力（Lall, 1992）。Yam et al.（2004）进一步指出，企业创新能力可分为以下几种：一是学习能力，二是研发能力，三是制造能力，四是营销能力，五是组织创新能力，六是战略计划能力。这些能力最后都会体现在企业长期有效的创新活动上，且产出绩效十分出色。表1即为现有的主要的关于企业创新能力的测量维度研究。

表 1　企业创新能力的测量维度

代表文献	测量维度	不足之处
Zhang and Zhou (2016)	研发人员数量、正逆向工程、技术积累、创新产出	部分指标难以测度
Taghizadeh, Rahman, and Hossian (2018)	创新质量、创新速度	部分指标难以测度
曹淑媛、孙文琦、侯红航 (2019)	创新投入、创新产出、创新可持续性	不够全面

资料来源：作者整理

与此同时，还有相当数量的专家学者将创新能力直接与创新绩效等同，将专利数量、新产品产出作为测度指标，但这仅可揭示企业部分创新能力。另有一些学者通过建立创新能力指数的方式来对企业创新能力进行评价，表 2 即为现有的部分研究成果及其仍需改进的地方。

表 2　企业创新能力的评价体系

评价体系	研究结论	不足之处
企业自主创新能力评价体系（曹洪军、赵翔、黄少坚，2009）	从创新意识、创新实施和创新实现等角度全面构建评价体系，其中涉及 5 个二级指标和 27 个三级指标，此处的二级指标包括创新意识、创新投入强度、创新方式、创新产出强度以及创新活动管理能力	利用主观层次分析法确定权重，不够客观
中小企业创新能力评价体系（姜慧、曾群超，2014）	主要是从创新投入、创新基础、创新绩效等维度来构建评价体系，涉及 13 个评测指标	利用层次分析法对指标赋权，不够客观
上市公司创新能力评价指标体系（孙建军等，2016）	包括 5 个二级指标（创新强度、创新资源、创新效益、创新绩效、可持续性）及 21 个三级指标	利用层次分析法和德尔菲法确定权重，不仅不够客观，且权重不对外公开

资料来源：作者整理

由上表可知，这些评价体系的共同缺陷在于皆以层次分析法来确定不同指标的权重，不够客观，也未兼顾全面性、系统性等重要原则。因此，本文借鉴此表中的部分指标，并结合表 1 的测量维度，最终确定衡量企业创新能力的维度有以下三个：一是创新质量，二是创新效率，三是创新可持续性。详细来说，首先，创新质量可以反映出色的创新绩效，比如企业研发出了与众不同的新产品，推出了全新的服务，可以更好地满足企业利益相关者的需求，该维度重在解释创新产出的品质（Taghizadeh, Rahman, and Hossian, 2018）。鉴于政府补助与创新质量之间的关系，可从侧面论证前者是否能激发企业追求核心技术的积极性与动力，进而强化核心竞争力，在市场上获得超额利润。根据专利法的相关定义与已有的研究文献（黎文靖、郑曼妮，2016；孔东民、徐茗丽、孔高文，2017），本文选用能够凸显创新品质的发明专利数量作为衡量指标，该方法也经常在评价一个城市或国家的创新水平时应用。其次，创新效率可体现出企业创新的投入产出水平，创新效率的提高有以下两种情况：一是创新产出降幅较小，但总投入降幅较大；二是产出增幅较大，但总投入增幅较小。因此，当政府补贴增加但创新产出下降时，若其他投入来源的降幅更大，那么创新效率仍有提高的可能性。因该指标将企业创新的总投入纳入了分析范畴，所以在探究政府补助与创新效率之间的关系时可起到一定的证明意义。本文主要是以专利申请数量与当年及前两年研发总支出与企业资产之间的比值来加以衡量（Huang, Jiang, and Miao, 2016；姚立杰、周颖，2018）。最后，创新可持续性可反映出企业创新的连续性与长期性，究其原因在于，企业创新活动特别是高质量的创新往往需要很长时间进行，具有较高的不确定性，且对企业资金有很高的要求，因此检验二者关系是否可持续，能够证明政府补助是否可以有效平滑企业内部的财务波动，进而保证其创新的持续性。将企业的无形资产作为代理变量，这可归因于新会计准则中对无形资产的重新界定，其中不仅包括专利权、非专利技术，还涉及了商标权等，基本上涵盖了企业创新投入时可能涉及的各类活动信息，故而，可将其作为判断企业综合创新活动的结果（李健等，2018；鞠晓生、卢荻、虞义华，2013）。因此，本文可全面评估政府补助对企业创新的影响，以便于政策改进与完善。

（二）政府补助对企业创新能力的影响

考虑到政府补助可有效缓解市场失灵的情况，其为企业创新带来的好处可概括如下：首先，政府补助有利于减轻企业创新所面临的资金压力。因创新具有公共品的特征，企业可能会遇到研发投入在社会最优水平以下的问题，简单来说，即投资不足（Choi and Lee, 2017），再加之创新本身极具风险，一般来说成本、风险、收益等都很高（Fu, 2012），创新离不开前期的资本投入，而政府补助可为其承担部分资金压力，进而减少企业融资不足造成的阻碍，使其作出更加实际可行的创新决策。其次，政府补助可为企业购置新技术设备提供资金支持（刘斐然、胡立君、范小群，2020；卢圣华、汪晖，2020），有效地降低了企业资金压力；同时，较为直接的补贴类型包括稳岗补贴、专利费补助、企业培训补助、商标财政拨款等，这些补贴都能给企业利润带来直接的增长，促使企业使用中长期信贷（Carboni, 2017），并获得长期债务（Meuleman and De Maeseneire, 2012），从外部债务融资方面缓解了企业创新的资金压力。除此之外，结合信号传递理论，政府补助同样会给外部股权投资者传递出积极的利好信号，使其更愿意买入或增持这类企业的股票，加大其股权投资份额（Takalo and Tanayama, 2010），为企业带来更为可观的资金供给量，减少融资成本，从外部股权融资方面降低了创新的资金压力。结合上述证据，可知政府补助有助于缓解创新期间因投资不足而引发的市场失灵问题，进而强化企业创新主动性。

另外，政府补助可有效降低企业创新期间可能遭遇的风险。创新的开始意味着企业将会迎来各个领域的未知挑战，比如市场波动、财务危机、技术短板等，此时政府若为其发放补助，则能传递出积极的引导信号，这与产业政策的本质并无不同，即某些市场领域有更高的收益可能（Sun et al., 2019）；再比如研发税收返还政策，可为企业的研发部门吸引大量的资源，增加了相关领域的创新机遇。消费者也能从中捕捉积极信息，进而催生出更大的市场需求（Sopha, Klockner, and Febriantid, 2017），而这显然就是为企业获利奠定的基础，将其最初创新所投入的成本逐渐摊平，甚至可以激发企业自主创新的意愿。如此一来，企业的财务风险与市场风险也能得到一定的消除，技术风险随之被减弱。因为一方面，越多的消费者、更大的市场接触与运用新产品越早，就越有可能为企业提供更多反馈，帮助企业更及时发现新产品存在的问题，也就越有利于企业对产品或技术及时做出调整与改善，进而降低创新过程中的技术风险；另一方面，政府补助降低了企业的财务风险，增强了企业的创新动力与信心，并为企业持续创新提供了资金保障，解决了创新的后顾之忧，企业因此可以依靠政府支持加大创新投入，从而不断提升技术水平，解决可能存在的技术隐患，在一定程度上降低技术风险。由此可知，政府补助可大幅降低企业各方面的创新风险，使其更加积极主动地开展创新活动。

但实际上，政府在支持企业创新时，政府失灵的情况也不少见，致使企业创新难以维系，其中原因可概括为以下两点：一是补助发放期间存在挤出效应。所谓的挤出效应指的是企业原本打算用于投入到创新活动中的资金，可能会因为政府的补贴而被挤占，因为企业短期内的创新预算支出是既定不变的，这就使得企业的创新在短期内不会变化（袁航、朱承亮，2020）。更有甚者，政府补助可能会抑制企业创新能力的增长，因为一旦获得了政府的补助，企业就能向其潜在的投资者发出正向信号，为此，企业往往会为了获得这一资源，而支付不少寻租成本，进而减少了补助中可供创新使用的资金；再加之信息不对称现象的存在，获补助的公司可能仅增加了其创新支出，但并未对其创新质量作出真正意义上的提高，创新产出依旧未见改善（Catozzella and Vivarelli, 2016）。此外，政府补助发放期间可能存在逆向选择效应。究其根本而言，政府在选择资助企业时，可能会因为信息不对称而被部分企业伪造的假象所蒙蔽，进而做出错误的补助决策，导致真正需要补助的企业资金被占用，创新资源的配置效率明显降低，企业创新无法取得实际进展。

综上，政府补助主要是以缓解融资压力、降低创新风险等方式来保证企业创新资金，为企业带来源源不断的创新动力，但也可能会受到挤出效应和逆向选择效应的影响，致使创新资源错配，给企业创新带来严重阻碍。上述逻辑分析框架如图 1 所示。

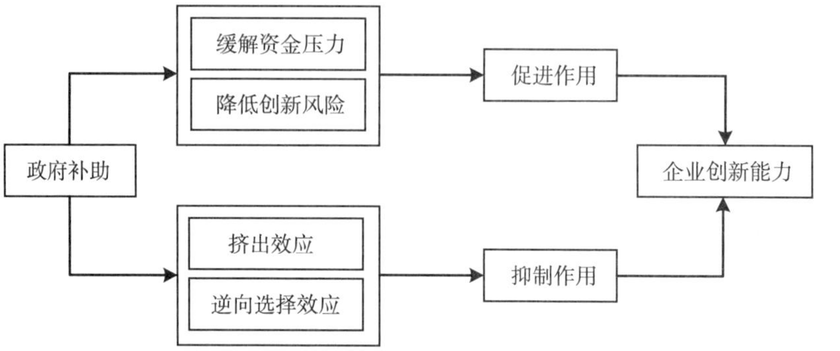

图 1　逻辑分析框架

资料来源：作者整理

实践中，到底哪种影响“更占上风”呢？考虑到企业创新决策实质上是一个根据当前资源条件所进行的决策权衡过程，政府补助对企业创新能力的影响不可一概而论，不同规模的补助对企业的创新决策有不同的影响。

当政府补助规模较小时，补助对于企业融资约束的缓解及创新风险的降低均不能发挥太大的作用，也就是说，这种情况下企业认为创新的风险仍然大于回报，小规模的补贴并不能为创新提供充足的资金保障，无法满足技术水平提升或产品质量改善等过程中需要的持续创新投入，无法在长期内改善财务风险、市场风险与技术风险，因此在权衡利弊后，企业的创新积极性与动力并没有增强，可能并不会因为获得部分政府补助而进行持续创新、不断提升创新水平与质量、增强创新能力。相反，可能还会因为政府补助不可避免的挤出与逆向选择效应而减少对创新能力的培育与发展。也就是说，当补助规模小于适度区间时，政府补助并不能真正起到激励企业提升创新能力的动机，甚至会使得企业主动放弃创新能力提升的机会，对企业创新能力的抑制作用大于促进作用，总体呈现出负向影响，并且随着额度的增加，进一步增加了企业的挤出动机，却仍然不足以促使企业做出创新决策。在这种情况下，政府补助对企业创新的负向效应随着规模的增加而增加。

当政府补助规模达到并超过适度区间时，补助对于企业融资约束的缓解及创新风险的降低均可以发挥出较为有效的作用。依据熊彼特的创新理论，企业家的天生职能就是实现创新，天生地为创新而存在、为追求超额利润而存在。此时，企业在权衡利弊后，认为创新的回报大于风险，就会因为获得政府补助而加大创新，并不断提升创新水平与能力以获取市场与利润，降低其创新挤出动机，这种形势下，在企业家看来寻租创新补助是“芝麻”，提升创新能力才是“西瓜”。即当补助规模较大时，政府补助对企业创新能力的促进作用大于抑制作用，政府补助对企业创新水平与能力的提升起到有效激励作用，并且随着补助规模的提高，企业增强创新能力的意愿也不断增加。因此，关于政府补助对企业创新能力的影响，本文提出如下假设：

H：政府补助规模与企业创新能力之间为浅 U 形关系。

三、样本选择与研究设计

（一）研究样本与数据来源

自 2010 年新会计准则实施后，无形资产等科目发生了明显变化，因此，本文将 2010 年–2018 年间中国非金融沪深 A 股上市公司作为初次筛选的研究样本，将其中交易状态为 ST 或 PT 以及数据有缺失的样本剔除，最终样本数量为 2 604 家上市公司。本文所选变量数据皆来自国泰安（CSMAR）数据库。另外，本文对连续变量实行双向 1% 水平的缩尾处理，以此来规避极端值带来的影响。

（二）变量定义

（1）被解释变量：企业创新能力。如第二部分所述，本文在研究期间主要选取了以下三个测量维度，依次为创新质量、创新效率与创新可持续性。创新质量使用期末发明专利申请数量的自然对数（Ln（发明专利申请数量 +1））来度量；创新效率使用期末专利申请数量除以当年及前两年研发支出之和与企业资产比值（Ln［专利申请数量 /（当年及前两年研发支出之和 / 期末总资产）+1］）来衡量；创新可持续性采用企业当年无形资产增量（单位：千万元）作为代理变量。

（2）解释变量：政府补助。使用企业当年获得的政府补助金额的自然对数来度量。

（3）控制变量。本文所涵盖的控制变量有以下几个：一是因为企业资本支出可在很大程度上反映出企业的创新绩效（Audretsch and Link, 2018），所以可能会对本文的研究结果产生一定的影响，故而将其作为控制变量。二是产品市场竞争可以有效激励治理结构薄弱的企业创新，减少管理层消极怠工的行为，避免代理问题的出现，且在竞争激烈的行业效果更为显著（Chen and Chang, 2010），所以本文将产品市场竞争作为控制变量，并结合国内外研究中使用频率较高的赫芬达尔 – 赫希曼指数（*HHI*）加以测量，*HHI* 越大，则说明市场集中程度越高，行业竞争水平越低。三是资源冗余，作为影响企业创新的一大因素，丰富的资源储备对企业创新的影响不容小视，所以本文将能够代表资源冗余的销售管理费用、企业杠杆水平以及现金流水平纳入控制变量（Hawn and Ioannou, 2016；van Essen et al., 2015；Andersen, 2012）。四是当企业两权分离时，其行为将会逐渐偏离利润最大化的根本目标，对企业创新与长足发展带来深远影响（Flammer and Bansal, 2017），故而，本文将两权分离度作为控制变量。五是企业规模（Revilla and Fernandez, 2012）与企业年龄（Zhou, Gao, and Hao, 2017）同样会影响企业创新。最后，鉴于我国独有的经济体制，国企较之民企更易获得资源与资金方面的支持，既有政治属性，也有经济属性，因此本文将其纳入控制变量。下表 3 即为本文所涉及的变量。

表 3　变量定义表

变量类型	变量名称	变量符号	测量方法
被解释变量	创新质量	*Quality*	Ln（发明专利申请数量 +1）
	创新效率	*Efficiency*	Ln［专利申请数量 /（当年及前两年研发支出之和 / 期末总资产）+1］
	创新可持续性	*Sustain*	期末无形资产增量（单位：千万元）
解释变量	政府补助	*Subsidy*	Ln（企业当年获得的政府补助金额）
控制变量	现金流水平	*CFR*	本年度经营活动产生的现金流量净额 / 期末总资产
	资本支出	*Cap*	期末资本支出 / 期末总资产
	杠杆水平	*LEV*	期末总负债 / 期末总资产
	销售管理费用	*SA*	（期末销售费用 + 期末管理费用）/ 期末总资产
	产品市场竞争程度	*HHI*	$HHI=\sum\left(\frac{X_i}{X}\right)^2$，其中，$X=\sum X$，$X_i$ 为行业内 i 的主营业务收入
	两权分离度	*Separation*	控制权 – 所有权
	公司规模	*Fsize*	Ln（期末总资产）
	公司年龄	*Fage*	样本观测年份 – 公司成立年份
	产权性质	*SOE*	国有企业：1；非国有企业：0

资料来源：作者整理

（三）实证模型

本文在研究过程中，构建了以下实证模型，以进一步检验主效应，式（1）中 Y 分别为创新质量、创新效率与创新可持续性，i 和 t 分别表示企业和年份。由于政府补助可能会因内生性因素而影响企业的创新能力，那些创新能力强的企业在获取政府补助上难度更小，这是因为其所传递出来的正向信号减少了政企之间的信息不对称，政府可以更加客观地根据企业创新水平发放政府补助，即二者之间可能互为因果关系（毛捷、吕冰洋、马光荣，2015；张彩江、陈璐，2016），因此本文将所选自变量滞后一期，以此来控制内生性的影响，期间也对创新的延迟性作出了相应的考量，式中 x 代表的是所有控制变量，α_i、μ_i 和 λ_t 分别表示区域、行业和年份固定效应，ε 为随机扰动项。

$$Y_{i,t+1}=\beta_1 Subsidy_{i,t}+\beta_2 Subsidy_{i,t}^2+\beta_k\sum_{k=1}^{9}x_{k,i,t}+\alpha_i+\mu_i+\lambda_t+\varepsilon_{i,t+1} \quad (1)$$

四、实证分析

（一）描述性统计与相关系数检验

结合本文所进行的变量描述性统计与相关性矩阵结果①，可知创新效率的均值与中位数存在较大的差距，这就意味着在 2010 年–2018 年间，我国非金融上市企业的创新效率分布十分不均衡，且中位数明显在均值以下，这就表明大多数企业的创新效率都很低。剩下的变量都介于正常区间，比如企业负债率（LEV）、企业规模、成立年限等均值依次为 42%、22、15.03。

关于相关性系数，除了企业负债率与企业规模之间的相关系数为 0.530 之外，其余各变量间的相关性系数都不足 0.5，变量之间没有明显的多重共线性。自变量与因变量的三个维度之间存在明显的正相关关系，后续本文将结合研究假设和实证模型，进一步检验其非线性关系。另外，控制变量与因变量均存在一定关联性，意味着本文所选取的控制变量较为恰当。

（二）基准回归

因专利数据具有左删失数据分布的特点，所以本文选用 Tobit 模型估计创新质量与创新效率；以 OLS 模型估计检验创新可持续性。回归结果如表 4 所示，列（1）、（3）和（5）报告了政府补助与企业创新能力的线性回归结果，可以看出，政府补助对创新质量与效率具有显著的正向促进作用，对创新可持续性无显著线性影响；列（2）、（4）和（6）为加入平方项的回归结果。

表 4　政府补助对企业创新能力的影响

	$Quality_{t+1}$		$Efficiency_{t+1}$		$Sustain_{t+1}$	
	（1）	（2）	（3）	（4）	（5）	（6）
Subsidy	0.165*** （0.0170）	−1.077*** （0.1419）	0.0774*** （0.0376）	−1.938*** （0.2856）	0.833 （0.5790）	−39.62*** （4.7826）

① 受篇幅限制，完整数据备索。

（续表）

	$Quality_{t+1}$		$Efficiency_{t+1}$		$Sustain_{t+1}$	
	（1）	（2）	（3）	（4）	（5）	（6）
$Subsidy^2$		0.0404^{***} （0.0046）		0.0651^{***} （0.0091）		1.309^{***} （0.1537）
CFR	-0.113^{**}	-0.120^{**}	0.122	0.0658	0.498	−0.0829
	（0.0497）	（0.0490）	（0.1319）	（0.1306）	（2.1248）	（2.1211）
Cap	1.087^{**}	0.912^{**}	1.742	1.507	120.6^{***}	119.7^{***}
	（0.4309）	（0.4249）	（1.0711）	（1.0596）	（16.6480）	（16.6102）
LEV	−0.0511	−0.0439	−0.00809	0.0614	−7.937	-8.371^{*}
	（0.1349）	（0.1329）	（0.3126）	（0.3093）	（5.0876）	（5.0761）
SA	2.391^{***}	2.134^{***}	0.474	0.0568	11.61	6.881
	（0.3076）	（0.3043）	（0.6999）	（0.6946）	（11.3133）	（11.3010）
HHI	−0.519	−0.643	2.305^{*}	1.654	38.62^{***}	33.01^{**}
	（0.4242）	（0.4180）	（1.2174）	（1.2073）	（13.9671）	（13.9506）
Separation	-0.00827^{***}	-0.00776^{***}	-0.0176^{***}	-0.0167^{***}	-0.286^{***}	-0.276^{***}
	（0.0025）	（0.0025）	（0.0059）	（0.0058）	（0.1001）	（0.0998）
Fsize	0.435^{***}	0.349^{***}	0.522^{***}	0.356^{***}	14.02^{***}	11.49^{***}
	（0.0271）	（0.0285）	（0.0613）	（0.0649）	（0.9375）	（0.9814）
Fage	-0.0158^{***}	-0.0147^{***}	−0.0159	−0.0139	-0.830^{***}	-0.873^{***}
	（0.0042）	（0.0042）	（0.0101）	（0.0100）	（0.1655）	（0.1652）
SOE	0.429^{***}	0.389^{***}	0.00584	−0.0504	1.603	0.806
	（0.0601）	（0.0593）	（0.1232）	（0.1220）	（2.2769）	（2.2736）
常数项	-9.768^{***}	1.556	-12.18^{***}	6.884^{**}	-299.9^{***}	62.96
	（0.4755）	（1.3674）	（1.4036）	（3.0163）	（43.6262）	（60.8902）
区域、行业、年份固定效应	控制	控制	控制	控制	控制	控制
N	2507	2507	2230	2230	15600	15600
伪 R^2	0.143	0.152	0.0419	0.0469		
调整 R^2					0.062	0.066

注：括号中数值为标准误；*** 、** 和 * 分别表示 $p<0.01$、$p<0.05$ 和 $p<0.1$，下同

资料来源：作者整理

列（2）、列（4）与列（6）的结果显示，政府补助的一次项（*Subsidy*）对企业创新质量、创新效率及创新可持续性的回归系数在 1% 的统计水平上显著为负，而政府补助的二次项（$Subsidy^2$）对三个因变量的回归系数在 1% 的统计水平上显著为正，说明政府补助规模与企业创新能力之间存在 U 形关系，假设成立。列（4）的结果与 Huang, Jiang, and Miao（2016）的结果吻合，Huang, Jiang, and Miao（2016）基于双元创新即探索式与利用式创新的视角来提出研究假设，认为这两种创新的区别主要在于企业会根据资金来源进行投资决策，政府补助提供了软预算约束，对企业施加的压力较小，因此当政府补助增加时，企业更有可能进行探索式创新从而提高创新效率，并且以 2006 年–2013 年期间的《工业企业科技活动统计年鉴》中的公司为研究对象对假设进行验证。而本文则补充讨论了政府补助对企业创新的抑制作用，提供了不同的研究视角。在当前中国情境下，只有当补助规模超过适度区间后才能真正发挥其缓解融资约束、降低创新风险的效用，从而提高企业创新质量、提升创新效率并增强创新可持续性；否则容易产生挤出企业自身研发投资、补助逆向选择等副作用，进而降低企业创新质量、创新效率与创新可持续性。

（三）稳健性检验

对于关键变量选用不同的衡量方法，可能会对结论的稳健性带来明显影响，本文将专利已授权数量代替上文的已申请数量进行检验，将当年的无形资产值取代无形资产增量作为创新可持续性的代理变量进行回归（李仲飞、杨亭亭，2015；程新生、赵旸，2019），同样对自变量进行滞后一期处理，回归结果如表 5 所示①，可见虽测度方法不同，但两者的浅 U 形关系依旧稳健。

表 5　关键变量敏感性的稳健性检验结果

	$Quality1_{t+1}$		$Efficiency1_{t+1}$		$Sustain1_{t+1}$	
	（1）	（2）	（3）	（4）	（5）	（6）
Subsidy	0.162***	–0.800***	0.0606***	–0.971***	7.470***	–332.5***
	（0.0143）	（0.1220）	（0.0210）	（0.1671）	（2.1659）	（17.3165）
$Subsidy^2$		0.0311***		0.0329***		11.07***
		（0.0039）		（0.0053）		（0.5597）
控制变量	控制	控制	控制	控制	控制	控制

① 限于篇幅，从此处开始将省略控制变量的具体结果，备索。

（续表）

	Quality1 $_{t+1}$		*Efficiency1* $_{t+1}$		*Sustain1* $_{t+1}$	
	（1）	（2）	（3）	（4）	（5）	（6）
常数项	−5.417***	3.298**	−10.06***	−0.348	−2242.3***	825.3***
	（0.7340）	（1.3172）	（0.9391）	（1.8182）	（157.2528）	（219.5075）
区域、行业、年份固定效应	控制	控制	控制	控制	控制	控制
N	4329	4329	3342	3342	15998	15998
伪 R^2	0.0856	0.0900	0.120	0.123		
调整 R^2					0.148	0.169

资料来源：作者整理

需要注意的是，本文在实证检验时将对所有自变量进行滞后一期处理，但其实部分创新所需时间可能在一年以上，具体见孔东民、徐茗丽、孔高文（2017），为此这里将自变量滞后两年，旨在验证政府补助对今后两年企业创新所造成的影响，详情可见表 6，结果吻合，这就说明本文所得研究结论具有一定的稳健性。

表 6　滞后两年的稳健性检验结果

	Quality $_{t+2}$		*Efficiency* $_{t+2}$		*Sustain* $_{t+2}$	
	（1）	（2）	（3）	（4）	（5）	（6）
Subsidy	0.213***	−1.177***	0.0683**	−2.854***	0.156	−40.20***
	（0.0208）	（0.1840）	（0.0331）	（0.2741）	（0.6757）	（5.6342）
Subsidy^2		0.0444***		0.0926***		1.299***
		（0.0058）		（0.0086）		（0.1800）
控制变量	控制	控制	控制	控制	控制	控制
常数项	−9.239***	3.276*	−12.04***	14.75***	−287.9***	71.37
	（0.5212）	（1.7242）	（0.8410）	（2.6271）	（45.6067）	（67.4624）
区域、行业、年份固定效应	控制	控制	控制	控制	控制	控制
N	2173	2173	2284	2284	13232	13232
伪 R^2	0.137	0.145	0.0510	0.0630		
调整 R^2					0.059	0.063

资料来源：作者整理

五、进一步研究

以上结果显示政府补助对企业创新能力的三个维度均呈浅U形影响，从多方面进行稳健性检验后，结论依然成立。在本部分，将进一步探讨这种影响是否依赖于某些特定的情境条件，即试图界定这种影响发挥作用的边界，以便能更全面地评估政府补助政策，进而提出更准确、更有针对性的政策建议。

（一）企业规模差异的分化效应

既有研究显示，政府补助在不同规模的企业中所发挥的作用不同。一些研究认为政府补助在大企业中的应用效果更好（康志勇，2018），因为小企业受制于自身资金与技术水平，政府补助对企业研发支出的挤出效应及逆向选择效应更强，很多中小企业只是单纯地为了补助而研发，“骗补贴”的新闻屡见不鲜，企业规模正向调节政府补助对企业创新的促进作用。然而，也有一些研究认为政府补助在小企业中的应用效果更好（Bronzini and Piselli, 2016），这主要有三方面的原因：一是大企业组织结构冗余、内部协调成本高昂，故而政府补助在大企业中的利用效率较低；二是大企业的管理层级多，在获得政府补助后的决策变更慢，甚至不会轻易改变获得补助前既定的决策；三是大企业资金相对充裕，因而政府补助对其创新决策的影响较小。

因此，为了检验企业规模对主效应的调节作用，本文以样本企业规模的均值为标准进行了分组回归，其中大于均值的即为大型企业，反之，则为中小型企业，所得回归结果如表7所示。分析列（1）与列（2）的结果，可知政府补助对企业创新质量的影响并不会因为企业规模的大小而有所区别。列（4）与列（7）的结果显示，中小型企业中的政府补助对创新效率与创新可持续没有U形影响。为了继续探究中小型企业中政府补助的影响，本文进一步检验它们的线性关系，政府补助对创新效率的回归结果如列（5）所示，自变量系数在5%的水平下显著为负，表明中小企业中政府补助会降低其创新效率；政府补助对创新可持续性的回归结果如列（8）所示，自变量系数不显著，表明中小企业中政府补助对其创新可持续性没有影响，可能是因为很多中小企业只是单纯地为了补助而研发，补助停发时创新也就停止；但中小企业中政府补助与创新质量仍然是浅U形关系，所以创新效率的降低也并非是因为挤出等负向机制，可能的解释是中小企业的研发能力有限，以至于当创新投入增加时，并没有更多地增加创新产出，进而在整体上呈现出了负向的线性关系。

表 7 考虑企业规模异质性的检验

	$Quality_{t+1}$		$Efficiency_{t+1}$			$Sustain_{t+1}$		
	大型企业	中小型企业	大型企业	中小型企业		大型企业	中小型企业	
	(1)	(2)	(3)	(4)	(5)	(6)	(7)	(8)
Subsidy	−1.884***	−1.011***	−2.723***	0.0176	−0.0362**	−32.94***	0.691	0.00753
	(0.2712)	(0.1928)	(0.5118)	(0.1578)	(0.0151)	(10.5120)	(0.6390)	(0.0606)
$Subsidy^2$	0.0676***	0.0402***	0.0955***	−0.00179		1.044***	−0.0232	
	(0.0082)	(0.0064)	(0.0155)	(0.0052)		(0.3247)	(0.0216)	
控制变量	控制	控制	控制	控制	控制	控制	控制	控制
常数项	15.24***	7.721***	18.98***	0.0641	0.466	−382.2**	−23.85***	−18.46***
	(2.2846)	(1.4556)	(4.3585)	(1.2310)	(0.3736)	(184.8673)	(6.6965)	(4.4336)
区域、行业、年份固定效应	控制	控制	控制	控制	控制	控制	控制	控制
N	867	1640	1049	1181	1181	6923	8677	8677
伪 R^2	0.137	0.0795	0.0462	0.0331	0.0330			
调整 R^2						0.085	0.017	0.017

资料来源：作者整理

上述结果说明，企业规模对政府补助与创新效率、创新可持续性具有异质性的影响，并且 U 形关系仅在大企业中成立，说明中小企业中在一定程度上存在为了补助而研发的现象，补助并不能真正地提升其创新效率与创新可持续性，这表明如果政府补助额度有限的话，可侧重于大型企业，并且要注意补助发放额度，因为如果补助小于适度值，反倒会降低其创新能力。

（二）不同市场竞争情境下的影响差异

夏清华、黄剑（2019）指出，产品市场竞争可以看作市场信号，政府补助可以看作政府信号，两种信号共同影响企业的创新决策。本文认为产品市场竞争强度可以激发企业的创新意愿，以便获得超额利润，可以预期竞争强度大的企业对政府补助的寻租动机更小。另外，高竞争强度企业的资金更为紧张，所以政府补助对其研发资金的缓解作用更佳。因此，为了检验市场竞争对主效应的调节作用，本文按照市场竞争程度大小进行分组回归，分组标准为样本企业市场竞争程度的均值，结果如表 8 所示。列（1）与列（4）的结果显示，处于高产品市场竞争的企业，其政府补助与创新质量、创新效率之间没有 U 形关系。为了继续探究高市场竞争强度下它们的关系，本文进一步做了线性检验，结果如列（2）与列（5）所示，列（2）正向显著，表明竞争强度可以缓解政府补助对企业创新质量的负向影响，从而使其呈现出正向的线性关系；列（5）不显著，说明政府补助与创新效率没有线性关系。列（7）与列（8）的结果意味着政府补助对企业创新可持续性的影响在不同市场竞争强度的企业中没有差别。

表 8　考虑产品市场竞争强度异质性的检验

	$Quality_{t+1}$			$Efficiency_{t+1}$			$Sustain_{t+1}$	
	高产品市场竞争		低产品市场竞争	高产品市场竞争		低产品市场竞争	高产品市场竞争	低产品市场竞争
	（1）	（2）	（3）	（4）	（5）	（6）	（7）	（8）
Subsidy	−0.328	0.0693**	−1.261***	−0.506	−0.0917	−2.375***	−48.46***	−34.03***
	（0.3417）	（0.0344）	（0.1538）	（0.4297）	（0.0610）	（0.3530）	（7.5040）	（6.1102）
$Subsidy^2$	0.0127		0.0474***	0.0136		0.0801***	1.568***	1.162***
	（0.0109）		（0.0050）	（0.0139）		（0.0113）	（0.2407）	（0.1964）
控制变量	控制	控制	控制	控制	控制	控制	控制	控制
常数项	−5.559*	−8.904***	3.123**	−7.096	−10.77***	11.34***	22.85	63.65
	（3.0427）	（1.0409）	（1.5074）	（4.4577）	（2.3747）	（3.7313）	（81.7352）	（58.7602）
区域、行业、年份固定效应	控制	控制	控制	控制	控制	控制	控制	控制
N	438	438	2069	429	429	1801	4106	11494
伪 R^2	0.197	0.196	0.162	0.0921	0.0915	0.0498		
调整 R^2							0.097	0.062

资料来源：作者整理

上述结果说明，产品市场竞争对政府补助与创新质量、创新效率具有异质性的影响，其中处于高产品市场竞争的企业，政府补助对创新质量是正向的线性影响，这表明当政府关注的重点是企业创新质量、并且补贴额度较小时，可倾向于选择市场竞争程度高的企业。

（三）知识产权保护程度差异下的影响异质性

通常情况下，创新过程中的知识与技术溢出可在一定程度上减少技术模仿者的创新成本，而技术模仿对企业创新有着至关重要的现实意义。简单来说，在创新期间，企业与企业之间具有一定程度的正外部性（Im and Shon, 2019），因此，当政府加大对知识产权的保护力度时，可有效减少技术模仿的现象，在无形之中提升企业的创新成本与门槛。据此可以预期在知识产权保护程度高的地区，企业需要在获得更多的补助后，才会倾向于做出创新决策。然而，在知识产权保护程度低的地区，企业所面临的创新风险更大，因为更容易被仿冒侵权，从而导致这类企业的自主创新意愿更弱。因此，为了检验不同知识产权保护程度下，政府补助对企业创新能力的影响，本文按照知识产权保护程度大小进行分组回归，此处所选用的测量方法是对史宇鹏、顾全林（2013）等人的借鉴，简而言之，以省级层面的专利侵权纠纷累计结案数与立案数之间的比值作为度量指标。该数据来源于 CSMAR 数据库，分组标准为样本企业知识产权保护程度的均值，回归结果如表 9 所示。列（2）与列（7）的结果显示，在知识产权保护水平低的地区，政府补助与企业的创新质量、创新可持续性之间不呈 U 形关系。为了继续探究它们的关系，本文进一步检验其线性关系，结果如列（3）与列（8）所示，在知识产权保护程度低的省份，政府补助可以提高企业创新质量，但会削弱企业的创新可持续性。创新可持续性可以体现企业的长期创新决策，这种结果可能意味着，在知识产权保护程度低的地区，政府补助在企业微观层面的长效机制会被削弱。列（4）与列（5）的结果意味着政府补助对企业创新效率的影响在不同知识产权保护的企业中没有差别。

表 9　考虑知识产权保护程度异质性的检验

	$Quality_{t+1}$			$Efficiency_{t+1}$		$Sustain_{t+1}$		
	高知识产权保护程度	低知识产权保护程度		高知识产权保护程度	低知识产权保护程度	高知识产权保护程度	低知识产权保护程度	
	（1）	（2）	（3）	（4）	（5）	（6）	（7）	（8）
Subsidy	−1.157***	−0.564	0.242***	−2.240***	−0.705***	−47.98***	−0.205	−2.934***
	（0.1517）	（0.3933）	（0.0379）	（0.3501）	（0.1699）	（5.5074）	（8.6752）	（1.0131）
$Subsidy^2$	0.0423***	0.0263**		0.0747***	0.0233***	1.610***	−0.0880	
	（0.0049）	（0.0128）		（0.0112）	（0.0056）	（0.1771）	（0.2780）	
控制变量	控制	控制	控制	控制	控制	控制	控制	控制

（续表）

	$Quality_{t+1}$			$Efficiency_{t+1}$		$Sustain_{t+1}$		
	高知识产权保护程度	低知识产权保护程度		高知识产权保护程度	低知识产权保护程度	高知识产权保护程度	低知识产权保护程度	
	（1）	（2）	（3）	（4）	（5）	（6）	（7）	（8）
常数项	1.795	−2.051	-9.237^{***}	8.508^{**}	0.867	137.7^{**}	-286.3^{***}	-261.4^{***}
	（1.4794）	（3.6465）	（1.0689）	（3.6527）	（1.7370）	（67.3766）	（84.0530）	（29.4445）
区域、行业、年份固定效应	控制	控制	控制	控制	控制	控制	控制	控制
N	2080	427	427	1839	391	12668	2932	2932
伪 R^2	0.153	0.201	0.198	0.0479	0.266			
调整 R^2						0.073	0.044	0.044

资料来源：作者整理

上述结果说明，政府补助对企业创新能力的 U 形影响仅在知识产权保护程度高的地区成立，这意味着大额的政府补助更适合选择位于高知识产权保护程度省份的企业。

六、结论与政策建议

随着科技的迅猛发展，创新驱动发展战略也被提升至国家战略高度，更多的人开始关注宏观经济政策对企业创新的影响。政府补助，作为一种常见的激励政策，已然在学术界引起了广泛的热议与研究。迄今为止，虽然有关政府补助与企业创新之间的关系的研究日益深入，但二者关系仍颇具争议。为此，本文基于中国 A 股上市公司数据，考察了政府补助对企业创新能力的影响。研究发现：政府补助规模与企业创新能力呈浅 U 形关系，只有当补助规模超过适度值后，政府补助才能真正发挥其缓解融资约束、降低创新风险的效用，否则容易导致挤出企业自身研发投资或补助出现逆向选择等副作用。进一步研究发现，企业规模、产品市场竞争、知识产权保护是上述浅 U 形关系的重要调节变量。具体而言，主效应的浅 U 形关系仅在大型企业及高知识产权保护下成立，中小型企业中的政府补助与创新效率之间是负向的线性关系，处于低知识产权保护下的企业中政府补助会削弱企业的创新可持续性；而高市场竞争强度下政府补助与创新质量之间是正向的线性关系，可能是因为这类企业的挤出效应更弱、创新意愿更强。

本文的研究结论表明政府补助与企业创新能力呈现U形关系，并且存在一定的异质性，因此需要注意补贴规模与配置结构两个方面，以保障政府补助对企业创新能力提升的正向推动效果。

（1）进一步优化补贴规模。首先，政府可以研究合适的补贴额度，尤其要注意大型企业及位于高知识产权保护地区的企业额度，构建分析与评价模型，尽可能适度以便补贴数额能跨越创新能力的抑制效应区间，使得政府补贴真正发挥积极的创新促进作用。其次，政府应对企业的研发、资金等与创新相关的指标水平进行度量与评级。当总的补贴额度固定时，根据评价结果，优选补贴企业，减少补贴企业的数量，增加特定企业可获得的补贴数额，也就是说在政府补助发放的过程中应“重质量、轻数量”，以增加单个企业的可获取额度，以保证企业获得的补助规模超过适度值，这样才能充分发挥政府补助对企业创新能力的积极推动作用，提升政府补贴配置创新资源的效率与效果。最后，当政府补助额度超过适度值时，补助可以促使企业做出侧重长期发展的创新决策，即政府补助可以在企业微观层面发挥出长效机制，这可能是因为在引导企业持续创新方面，政府补助可以传递出一个积极的向导信号。为此，政府可以进一步出台与完善相关的政策、制度以增强企业长期持续提升创新能力的动机，给予创新过程所需的保障与措施。

（2）进一步优化政府补贴的结构配置，向一些重点企业倾斜。本文的研究结果显示，在中小型企业及低知识产权保护下的企业中，补助并不能真正的提升其创新能力，说明这类企业可能在一定程度上存在为了补助而研发的现象，政府在选择补助对象时，可侧重于大型企业尤其是知识产权保护较好的企业。另外，在高市场竞争强度下政府补助与创新质量之间呈正向的线性关系，这说明在这类企业中，政府补助更容易发挥出正向的促进作用，可以增加对产品市场竞争强度高的企业的补助，以缓解其研发资金紧张给企业创新质量提升所造成的制约。

参考文献

［1］ANDERSEN, T.J. Multinational risk and performance outcomes：effects of knowledge intensity and industry context［J］. International business review, 2012, 21（2）：239–252.

［2］AUDRETSCH, D.B., and LINK A.N. Innovation capital［J］. Journal of technology transfer, 2018, 43（6）：1760–1767.

［3］BOEING, P. The allocation and effectiveness of China’s R&D subsidies—evidence from listed firms［J］. Research policy, 2016, 45（9）：1774–1789.

［4］BRONZINI, R., and IACHINI E. Are incentives for R&D effective? evidence from a regression discontinuity approach［J］. American economic journal-economic policy, 2014, 6（4）: 100–134.

［5］BRONZINI, R., and PISELLI P. The impact of R&D subsidies on firm innovation［J］. Research policy, 2016, 45（2）: 442–457.

［6］CARBONI, O.A. The effect of public support on investment and R&D: an empirical evaluation on European manufacturing firms［J］. Technological forecasting and social change, 2017, 117（4）: 282–295.

［7］CATOZZELLA, A., and VIVARELLI M. The possible adverse impact of innovation subsidies: some evidence from Italy［J］. International entrepreneurship and management journal, 2016, 12（2）: 351–368.

［8］CHEN, Y. S., and CHANG K. C. The relationship between a firm's patent quality and its market value—the case of US pharmaceutical industry［J］. Technological forecasting and social change, 2010, 77（1）: 20–33.

［9］CHOI, J., and LEE J. Repairing the R&D market failure: public R&D subsidy and the composition of private R&D［J］. Research policy, 2017, 46（8）: 1465–1478.

［10］LIU, D., CHEN T., LIU X., et al. Do more subsidies promote greater innovation? evidence from the Chinese electronic manufacturing industry［J］. Economic modelling, 2019（80）: 441–452.

［11］DU, W., and LI M. Government support and innovation for new energy firms in China［J］. Applied economics, 2019, 51（25）: 2754–2763.

［12］FLAMMER, C., and BANSAL P. Does a long-term orientation create value? evidence from a regression discontinuity［J］. Strategic management journal, 2017, 38（9）: 1827–1847.

［13］FU X. How does openness affect the importance of incentives for innovation?［J］. Research policy, 2012, 41（3）: 512–523.

［14］GUAN, J., and MA N. Innovative capability and export performance of Chinese firms［J］. Technovation, 2003, 23（9）: 737–747.

［15］HAWN, O., and IOANNOU I. Mind the gap: the interplay between external and internal actions in the case of corporate social responsibility［J］. Strategic management journal, 2016, 37（13）: 2569–2588.

［16］HUANAG, Q., JIANG M.S., and MIAO J. Effect of government subsidization on Chinese industrial firms' technological innovation efficiency: a stochastic frontier analysis [J] . Journal of business economics and management, 2016, 17 (2): 187–200.

[17] IM, H.J., and SHON J. The effect of technological imitation on corporate innovation: evidence from US patent data [J] . Research policy, 2019, 48 (9): 103802-.

[18] LALL, S. Technological capabilities and industrialization [J] . World development, 1992, 20 (2): 165–186.

[19] MEULEMAN, M., and DE MAESNEIRE W. Do R&D subsidies affect SMEs' access to external financing? [J] . Research policy, 2012, 41 (3): 580–591.

[20] REVILLA, A.J., and FERMANDEZ Z. The relation between firm size and R&D productivity in different technological regimes [J] . Technovation, 2012, 32 (11): 609–623.

[21] SOPHA, B.M., KLOCKNER C.A., and FEBRIANTID. Using agent-based modeling to explore policy options supporting adoption of natural gas vehicles in Indonesia [J] . Journal of environmental psychology, 2017, 52 (10): 149–165.

[22] SUN, X., LIU X., WANG Y., et al. The effects of public subsidies on emerging industry: an agent-based model of the electric vehicle industry [J] . Technological forecasting and social change, 2019, 140 (3): 281–295.

[23] TAGHIZADEH, S.K., RAHMAN, S.A. and HOSSAIN, M.M. Knowledge from customer, for customer or about customer: which triggers innovation capability the most? [J] . Journal of knowledge management, 2018, 22 (1): 162–182.

[24] TAKALO, T., and TANAYAMA T. Adverse selection and financing of innovation: is there a need for R&D subsidies? [J] . Journal of technology transfer, 2010, 35 (1): 16–41.

[25] VAN ESSEN, M., STRIKE V.M., CARNEY M., et al. The resilient family firm: stakeholder outcomes and institutional effects [J] . Corporate governance—an international review, 2015, 23 (3): 167–183.

[26] VELASQUEZ, E.M., ERAZO O, and GONZALEZ E.F. Innovation in the Colombian manufacturing industry 2013-2014 [J] . Dimension empresarial, 2018, 16 (1): 15–28.

[27] YAM, R.C.M., GUAN, J.C., PUN K.F., et al. An audit of technological innovation capabilities in Chinese firms: some empirical findings in Beijing, China [J] . Research policy, 2004, 33 (8): 1123–1140.

[28] ZHOU, K.Z., GAO, G.Y., and HAO, H.Z. State ownership and firm innovation in China: an integrated view of institutional and efficiency logics [J] . Administrative

science quarterly, 2017, 62（2）：375–404.

［29］ZHANG, G., and ZHOU, J. The effects of forward and reverse engineering on firm innovation performance in the stages of technology catch-up：an empirical study of China［J］. Technological forecasting and social change, 2016, 104（3）：212–222.

［30］步丹璐，黄杰．企业寻租与政府的利益输送——基于京东方的案例分析［J］．中国工业经济，2013，(6)：135–147.

［31］曹洪军，赵翔，黄少坚．企业自主创新能力评价体系研究［J］．中国工业经济，2009，(9)：105–114.

［32］曹淑媛，孙文琦，侯红航．政府补助对企业创新能力的影响——基于不同板块上市公司的对比研究［J］．价值工程，2019，(5)：25–27.

［33］程新生，赵旸．权威董事专业性、高管激励与创新活跃度研究［J］．管理科学学报，2019，(3)：40–52.

［34］姜慧，曾群超．区域中小企业创新指数体系构建研究［J］．科技管理研究，2014，(9)：35–41.

［35］鞠晓生，卢荻，虞义华．融资约束、营运资本管理与企业创新可持续性［J］．经济研究，2013，(1)：4–16.

［36］康志勇．政府补贴促进了企业专利质量提升吗？［J］．科学学研究，2018，(1)：69–80.

［37］孔东民，徐茗丽，孔高文．企业内部薪酬差距与创新［J］．经济研究，2017，(10)：144–157.

［38］黎文靖，郑曼妮．实质性创新还是策略性创新？——宏观产业政策对微观企业创新的影响［J］．经济研究，2016，(4)：60–73.

［39］李健，曹文文，乔嫣，等．经营期望落差、风险承担水平与创新可持续性——民营企业与非民营企业的比较研究［J］．中国软科学，2018，(2)：140–148.

［40］李仲飞，杨亭亭．专利质量对公司投资价值的作用及影响机制［J］．管理学报，2015，(8)：1230–1239.

［41］刘斐然，胡立君，范小群．产学研合作对企业创新质量的影响研究［J］．经济管理，2020，(10)：120–136.

［42］卢圣华，汪晖．政企网络关系、企业资源获取与经济效率——来自本地晋升官员离任的经验证据［J］．经济管理，2020，(10)：5–22.

［43］毛其淋，许家云．政府补贴对企业新产品创新的影响——基于补贴强度“适度区间”的视角［J］．中国工业经济，2015，(6)：94–107.

［44］毛捷，吕冰洋，马光荣．转移支付与政府扩张：基于“价格效应”的研究

[J]. 管理世界，2015,（7）：29–41+187.

[45] 史宇鹏，顾全林. 知识产权保护、异质性企业与创新：来自中国制造业的证据 [J]. 金融研究，2013,（8）：136–149.

[46] 孙建军，闵学勤，康乐乐，等. 2016 中国 A 股上市公司创新指数报告 [M]. 北京：中国社会科学出版社，2016.

[47] 夏清华，黄剑. 市场竞争、政府资源配置方式与企业创新投入——中国高新技术企业的证据 [J]. 经济管理，2019,（8）：5–20.

[48] 姚东旻，朱泳奕. 指引促进还是“锦上添花”？——我国财政补贴对企业创新投入的因果关系的再检验 [J]. 管理评论，2019,（6）：77–90.

[49] 姚立杰，周颖. 管理层能力、创新水平与创新效率 [J]. 会计研究，2018,（6）：70–77.

[50] 袁航，朱承亮. 政府研发补贴对中国产业结构转型升级的影响：推手还是拖累？[J]. 财经研究，2020,（9）：63–77.

[51] 张彩江，陈璐. 政府对企业创新的补助是越多越好吗？[J]. 科学学与科学技术管理，2016,（11）：11–19.

[52] 章元，程郁，佘国满. 政府补贴能否促进高新技术企业的自主创新？——来自中关村的证据 [J]. 金融研究，2018,（10）：123–140.

[53] 周燕，潘遥. 财政补贴与税收减免——交易费用视角下的新能源汽车产业政策分析 [J]. 北京：管理世界，2019,（10）：133–149.

Government Subsidies and Corporate Innovation Capability: A New Empirical Finding

Shi Jianjun, Li Xiaoyun

Abstract: As a common fiscal policy to encourage corporate innovation and development, do government subsidies really promote corporate innovation? At present, the academic circle and practice circle have not yet come to a unified conclusion. Therefore, this paper examines the actual impact of government subsidies from the perspective of corporate innovation capabilities. And the heterogeneity test is carried out based on enterprise scale, product market competition and intellectual property protection. The empirical results show that: (1) The scale of government subsidies has a shallow U-shaped relationship with the innovation capabilities. The U-shaped relationship means that only when the subsidies scale exceeds the appropriate value can the government subsidies truly play its role in alleviating financing constraints and reducing innovation risks, thereby improving the quality, efficiency and sustainability of corporate innovation. Otherwise, it is easy to produce negative effects such as squeezing out the company's own R&D investment and the company's rent-seeking subsidies, thereby reducing the corporate innovation capabilities. (2) The above shallow U-shaped relationship is only established under the protection of large enterprises and high intellectual property rights. The relationship between government subsidies and innovation quality under high market competition intensity is not a U-shaped relationship, but a positive linear relationship.

The research conclusions of this article show that government subsidies and corporate innovation capabilities present a U-shaped relationship, and there is some heterogeneity. So two aspects of subsidies scale and allocation structure need to be paid attention to ensure the positive effect of government subsidies on the improvement of corporate innovation capabilities.

First of all, in terms of the scale of subsidies, the government can further increase subsidies. If the total subsidy amount is fixed, then it should give priority to subsidizing companies and reduce the number of subsidized companies. In order to increase the available amount of a single enterprise, to ensure that the scale of subsidies obtained by the enterprise exceeds the appropriate value, so as to play to the positive role of government subsidies in promoting the corporate innovation capabilities. In addition, when the amount of government subsidies exceeds a moderate value, subsidies can prompt enterprises to make innovation decisions that focus on long-term development. That is, government subsidies can play a long-term mechanism at the micro level of enterprises. To this end, the government can further introduce and improve relevant policies and systems to enhance the motivation of enterprises to continuously improve their innovation capabilities in the long term, and provide guarantees and measures required for the innovation process.

Secondly, in terms of configuration structure, it can be more inclined to some enterprises. The findings of this article show that for small and medium-sized enterprises and enterprises under the protection of low intellectual property rights, subsidies cannot really enhance their innovation capabilities. This suggests that the government can select large enterprises and those under high intellectual property protection. In addition, under high market competition intensity, there is a positive linear relationship between government subsidies and innovation quality. This shows that in this type of companies, government subsidies are more likely to play a positive role in promoting. Therefore, we must increase subsidies for companies with high competition in the product market to ease the constraints on the improvement of corporate innovation quality caused by tight R&D funds.

Keywords: government subsidies; corporate innovation; market competition

基于统计视角理解中美贸易不平衡和中美贸易摩擦

赵青霞[①]　施建军

内容摘要：美国以巨额贸易逆差为由单方面挑起对华贸易战，出台一系列措施压制中国，然则巨大的贸易差额是否真正成为美国对中国发动贸易制裁的缘由呢？本文从统计视角理解中美贸易不平衡和贸易摩擦问题，首先介绍中美贸易统计方法，然后从计价方式、转口贸易及贸易加成、服务贸易等方面对中美贸易差额进行修正，分析中美贸易统计产生差异的统计缘起，进一步从所有权贸易统计下测度中美贸易差额。发现：中美贸易表面上看顺差记录在中国，但实际上美国从中国获得了巨大的贸易利益，甚至中美贸易被“顺差”，实则为逆差。2017 年中方统计的中美贸易顺差 2 758 亿美元，经过计价方式、转口贸易及贸易加成、服务贸易和所有权原则修正后，中美贸易差额为 –655.79 亿美元，实为贸易逆差；美方统计的美中贸易逆差为 3 743 亿美元，经修正后为 –727.54 亿美元，实为贸易顺差。

关键词：中美贸易摩擦；贸易不平衡；总贸易制；所有权原则

中国自改革开放以来经济飞速发展，取得了令全世界人民瞩目的成就，被称为“中国奇迹”。中国经济发展的同时，对外贸易也高速发展，特别是中国对美国的贸易发展。然而在中美贸易高速增长的同时，中美贸易不平衡问题也日益严重，导致中美贸易摩擦不断，成为中美经贸关系中不容忽视的问题。美中贸易逆差过大成为美国对中国发动贸易战的借口，影响了中美两国经贸关系的正常发展，给两国经济发展埋下了隐患，致使中国面临的外部经济和政治环境日益严峻（张波，2009），也影响了世界经济和国际经贸关系的健康发展。然而中美两国官方统计的中美贸易不平衡有着巨大差异，中国官方统计的贸易顺差远小于美国官方统计的贸易逆差，且

① 赵青霞，经济学博士，对外经济贸易大学统计学院 2016 级博士，现任职于河北地质大学经济学院。

有着不断扩大的趋势。本文从统计视角正确评估中美贸易不平衡问题，从计价方式、转口贸易级加成、服务贸易统计展开对中美贸易不平衡的修正，纳入所有权原则统计和增加值贸易统计测度中美贸易不平衡，更加理性地看待中美贸易问题。

一、中美贸易统计方法和贸易差额

中美两国都采用国际海关的 HS 分类标准和联合国统计司制定的 International Merchandise Trade Statistics（IMTS）对货物贸易进出口进行统计，中国货物进出口数据由中国海关总署统计公布，美国数据由美国商务部发布。双方均采用“总贸易制”统计，记录了中美之间货物跨境流动产生的总价值，即采用跨境原则统计，对进入或离开中美两国国境或特定关税区的所有货物进行统计，即使所有权仍属于国外企业，都将统计为该国的货物进出口。中美服务贸易进出口数据都采用 International Monetary Fund（IMF）制定的 the revised sixth edition of the Balance of Payments and International Investment Position Mannal（BPM6）统计。中国服务贸易进出口数据由国家外汇管理局统计发布，美国数据由美国商务部统计发布。

虽然中美两国都采用相同的贸易统计制度，并不表明两国统计的进出口贸易数据完全一致。对外贸易统计中贸易双方统计的数据存在一定差异是正常的，但是美国官方统计的美中贸易逆差远高于中国官方统计的中美货物贸易顺差，相差较大（如图 1 所示），导致中美双方对中美贸易不平衡问题产生巨大分歧，容易产生贸易摩擦，对华贸易冲突则是美国以巨额美中贸易逆差为由挑起。中美两国公布的贸易差额仅为货物贸易差额，没有包含服务贸易差额。

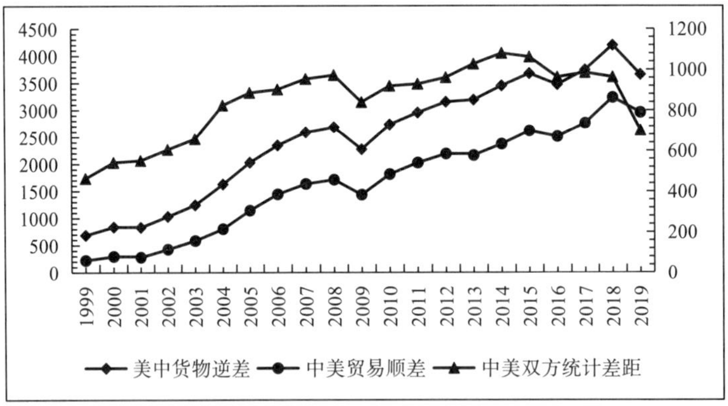

图 1　1999 年–2019 年中美货物贸易差额对比（单位：亿美元）

注：右轴表示中美双方统计差距

数据来源：美国商务部网站和中国国家统计局

中美双方统计的数据差异主要是由于中国对美货物出口统计与美国自华货物进口统计存在比较大的差异，这两者差异在中美两国的贸易差额统计中占比一度高于 90% 以上

（如图 2 所示）。导致两者之间差异的因素有很多，包括中美两国对于货物进出口统计的计价方式、转口贸易及贸易加成、对外直接投资（Foreign Direct Investment, FDI）以及旅行项目下包含的货物等所致（许宪春、余航，2018）。

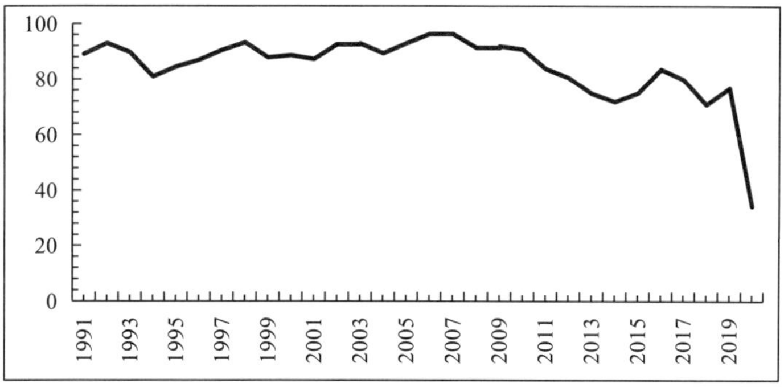

图 2　美国自华进口与中国对美出口差额占两国贸易差额的比例

资料来源：根据中美两国统计数据计算

二、总贸易制下中美双方贸易差额统计差异的缘起

（一）计价方式差异

各国在统计进出口时往往采取不同的计价方式，对于货物贸易统计，各国采用的国际贸易统计惯例为：按照离岸价（Free on Board, FOB）或者船边交易价格（Free Alongside Ship，FAS）统计货物出口；按照到岸价（Cost，Insurance and Freight，CIF）统计货物进口，即包含成本、运费、保险费及杂费的计价方式。FOB 也称船上交易价格，CIF 和 FOB 的差别在于 CIF 包括商品自出口国到进口国的保险费、运输费及杂费，FOB 不包括该项费用，因此 FOB 计价小于 CIF 计价。根据 IMF 估计，运输费和保险费及杂费等大约为 10%，即 FOB 与 CIF 可以换算为：CIF=FOB×（1+10%）。FOB 和 FAS 的差别在于 FOB 包含货物的装船费用，FAS 则不包括该项费用，这部分费用并不多，一般估计为 FAS 的 1%，即 FOB 与 FAS 可以换算为：FOB=FAS×（1+1%），FAS 计价小于 FOB 计价，但两者相差较小。

按照国际惯例，中国按照 FOB 计价方式统计货物出口，按照 CIF 计价方式统计货物进口；美国按照 FAS 计价统计货物出口，按照 CIF 计价统计货物进口。即美国按照 CIF 计价统计来自中国的货物进口时，包括从中国运到美国所发生的保险费、运输费及杂费等，中国按 FOB 计价统计对美国的货物出口时，不包括上述费用。因此中国统计的对美货物出口会小于美国统计的自华货物进口，计价方式造成的差异会随着中美贸易规模的扩大而增大。美国采用 FAS 计价统计对华货物出口时不包括装船费用、保险费、运输费及杂费等，中国采用 CIF 计价统计自美国货物进口时，包括了从美国运到中国发生的装船费、保险费、运输费及杂费等。因此美国统计的对华货物出口小于中国统计的自美国货物进口，同样计价方式造成的差异会随着中美贸易规模的扩大而增大。这种计价方式不同造成的差异不会被抵消，而随着中美贸易规模的增大只会扩大双方统计上的差异。

为了真实反映中美两国的贸易差额，需要将双方的计价方式折算成统一的计价方式，按照统一的计价方式测度中美双方的贸易差额，使得中美双方统计具有可比性。假定以 FOB 计价方式为基础，将 FAS 和 CIF 计价统一折算为 FOB 计价标准。由于中国采取 FOB 计价方式统计中国对美国出口，以此为标准进行调整，将按照 FOB 计价的中国对美国出口记为$EX_{C\to A}$，将按照 CIF 计价的中国自美进口记为$IM_{C\leftarrow A}$，按照 FOB 计价调整的中国自美进口为$IM^1{}_{C\leftarrow A}$，按照 FAS 计价的美国对华出口记为$EX_{A\to C}$，按照 CIF 计价的美国自华进口为$IM_{A\leftarrow C}$，按照 FOB 计价调整的美国对华出口为$EX^1{}_{A\to C}$，按 FOB 计价调整的美国自华进口为$IM^1{}_{A\leftarrow C}$，则：

$$IM^1{}_{C\leftarrow A}=\frac{IM_{C\leftarrow A}}{1+10\%}\quad EX^1{}_{A\to C}=EX_{A\to C}\cdot(1+1\%)\quad IM^1{}_{A\leftarrow C}=\frac{IM_{A\leftarrow C}}{1+10\%}\tag{1}$$

修正后的中美贸易顺差（TB_{CA}）和美中贸易逆差（TB_{AC}）分别表示为：

$$TB_{CA}=EX_{C\to A}-IM^1{}_{C\leftarrow A}\quad TB_{AC}=IM^1{}_{A\leftarrow C}-EX^1{}_{A\to C}\tag{2}$$

将中美两国官方统计的中美双边货物进出口按照式（1）统一折算为 FOB 计价方式，进而计算出中美双方的双边货物贸易差额（如图 3 所示）。

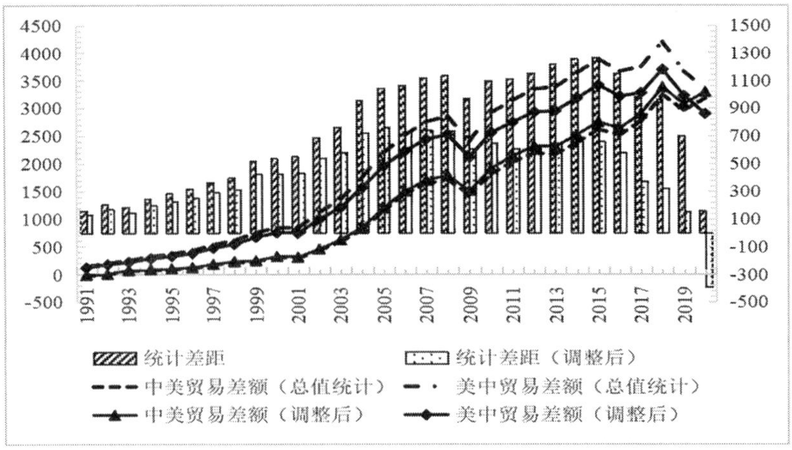

图 3　1991 年–2020 年经计价调整后中美货物贸易差额统计

资料来源：根据中国统计和美国统计的官方数据计算并绘制

图 3 显示：经计价方式调整后中美双方统计的贸易差额之间的差距缩小，减小了双方统计的差异。经计价方式调整后，2017 年中美贸易顺差为 2 897.8 亿美元，美中贸易逆差为 3 269.47 亿美元，两者差距由原来的 984.8 亿美元减少到 371.67 亿美元，相比调整前缩减 62.25%，2018 年两者差距由 963.29 亿美元减少到 318.89 亿美元，减少 66.9%，2019 年两者差距由 700.7 亿美元减少到 148.8 亿美元，减少比例高达 78.76%，2020 年折算后美中贸易逆差低于中国统计的贸易顺差 394.61 亿美元。

（二）转口贸易及转口加成差异

中美贸易统计之间产生差异的另一原因在于中美双方对转口贸易及贸易加成统计不同。中美货物进出口统计都采用原产地和最终目的地标准，以原产地规则作为货物进口统计规则，以最终目的地作为货物出口统计规则。原产地规则并没有对转口贸易做出统计规定，商品原产地是根据一个国家（地区）是否对该商品经过实质性加工来判定的，由于转口贸易往往是第三国（地区）通过低买高卖的方式完成，并未对商品进行实质性加工，而是通过转口交易在生产国（地区）和消费国（地区）之间赚取一定的利润加成，因此在对外贸易统计中，如果发生转口贸易，例如途经香港的转口贸易，中国以香港作为出口最终目的地，统计为对香港的出口，但是当货物经香港转口到美国时，由于香港并没有对商品进行实质性加工，美国对从香港转口过来的中国货物根据原产地规则统计到自中国的进口中。同样中国从美国进口的货物商品也有一部分是通过香港转口来的，这部分货物在美国的统计中记录为美国对香港的出口。考虑到转口贸易在中美两国贸易往来中占有较高比例，1993 年以后中国海关对转口贸易统计方法进行了改进，试图通过区分出口到香港的商品的最终目的地改进转口贸易统计，将通过香港间接出口到美国的商品剔除中间贸易加成后，记录在中国对美出口中，因此中国对美出口在 1993 年之后有了显著提高。但是两国依然在统计数据上存在较大差异，主要是因为两国对香港转口贸易统计存在分歧。中国海关不能准确记录对香港出口的货物中有哪些被转口到了美国，同样对于中国内地从香港的进口也存在这样的问题，很难准确区分从香港进口的商品中哪些商品是美国经香港转口到中国的。同样美国在统计时也会面临如此问题，在统计对中国出口时也无法准确统计经香港转口到中国内地的货物价值。美国在统计进口时严格按照原产地规则统计，美国自华进口数据包括了中美两国的直接对外交易和经香港转口过来的进口。

香港作为一个港口，对外贸易中以转口贸易为主导模式，香港对外贸易出口中转口贸易所占比重越来越高（如图 4 所示）。香港的转口贸易对中美两国对外贸易发展有着重要作用（如图 5 所示）。香港转口贸易中最终出口中国的商品所占比重不断提高，1991 年占 30.7%，到 2017 年提高到 54.5%，香港转口贸易中原产国是中国的商品所占比重一直在 60% 左右，即中国出口的商品很大一部分是通过香港的转口贸易出口到其他国家或地区的。因此香港转口贸易在中美双边贸易中有着重要地位，是影响中美贸易不平衡的重要因素。

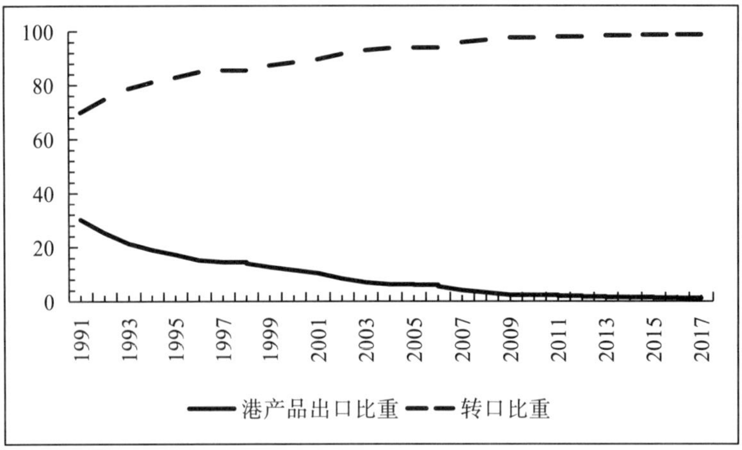

图 4　1991 年–2017 年香港出口中港产品出口和转口贸易比重

资料来源：根据历年《香港对外商品贸易》数据计算

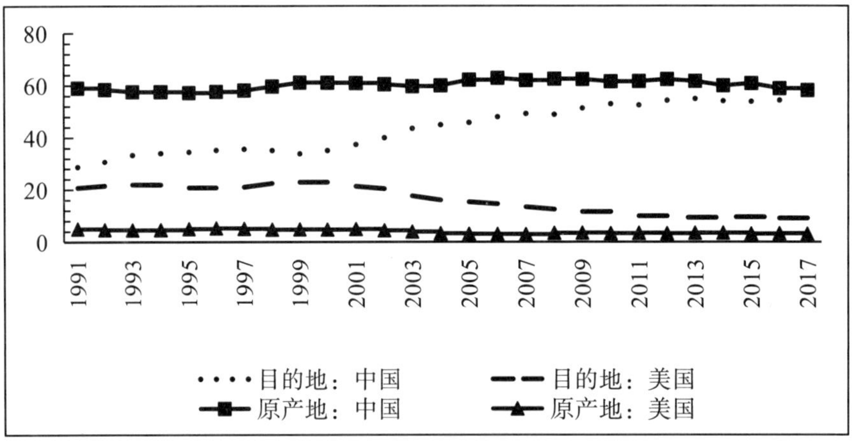

图 5　香港转口贸易中按目的地和原产地统计的中美两国商品比重

资料来源：根据历年《香港对外商品贸易》数据计算

转口贸易通常是通过低买高卖完成，因此会产生转口贸易加成。转口贸易加成通常有两种方式：一种是中国将货物出口到香港，然后香港作为中间商以更高的价格转手卖给第三方买家（美国），香港作为中间商在转口贸易中类似零售商角色，这部分商品转口至美国时，美国以更高的价格（包含转口加成）统计到自中国的进口中；另一种是中国货物商品出口至香港，香港经过简单加工产生了增加值，但并没有改变商品的基本性质，然后再经香港转口至美国而发生的加价行为。美国按照加价后的价格将其统计到自中国的进口中。而这部分增加值没有包括在中国统计的对美国出口中，美国统计的数据会高估自中国的货物进口，这也是中美货物贸易统计产生差异的重要因素[①]，转口贸易加成会扩大两国统计的贸易差额差距，同样，对于美国经香港转口至中国的货物统计也会存在如此问题。经香港转口的贸易及贸易加成对中美贸易有着很重要的影响。因此中美贸易进出口统计需要用香港转口贸易数据进行调整。

1. 对美国统计的自华进口数据的调整

第一步：根据香港统计的中国经香港转口至美国的转口货物贸易额，按照中国商品经香港转口的增值率（借鉴 Fung et al.（2006）的方法根据香港转口货物的总增值率进行估算，公式如式（3））进行调整，剔除香港的转口收益，修正美国自中国的进口，用式（4）进行估算：

$$\text{转口增值率}=\frac{\text{转口贸易收益}}{\text{进口}-\text{自留进口}}\times 100\% =\frac{\text{转口贸易额}-(\text{进口}-\text{自留进口})}{\text{进口}-\text{自留进口}}\times 100\% \tag{3}$$

$$X_1=\text{中国经香港转口美国的实际值}=\frac{\text{中国经香港转口美国的转口额}}{1+\text{中国商品的转口增值率}} \tag{4}$$

这部分货物价值香港是按照 CIF 统计的，而中国则是按照 FOB 统计在对美国的出口中，假定中国到香港的保险费及运输费率为 4%（Fung et al.，2006），则中国统计的这部分出口为：$X_2=X_1/(1+4\%)$。

第二步，美国在统计经香港转口美国的自华进口时按照 CIF 计价统计，假定香港到美国的保险费及运输费率为 10%，计算公式为：

$$X_3=\text{中国经香港转口美国的转口额}\times(1+10\%) \tag{5}$$

第三步，调整美国自华进口，X_3-X_2 则为美国自华进口中多统计的部分，将其从美国自华进口中扣除则为经转口及转口加价调整后的美国自华进口。

2. 对美国统计的对华出口数据的调整

第一步，估计香港自留的美国进口，香港在统计自美国进口时按照 CIF 统计，将其统一折算为 FOB 计价方式。根据香港统计的美国经香港转口的转口贸易额，按照美国商品经香港转口的增值率进行调整，估计出香港自美国进口中经香港转口的实际值，用香港统计的自美国进口额减去美国经香港转口的实际进口即为香港自留的美国进口。计算公式为：

① 《中美货物贸易统计差异研究》第二阶段报告 . 2012，中国商务部：http：//www.mofcom.gov.cn.

$$X^1=（香港自美进口额-\frac{原产于美国的经香港转口}{1+中国商品的转口增值率}）/（1+10\%） \quad (6)$$

第二步，估计按 FOB 计价的美国经香港转口中国的出口额，先估算美国经香港转口的出口额，美国在统计对香港出口时按照 FAS 统计，按照公式 X^2= 美国对香港出口 ×（1+1%）将其折算成 FOB 计价，再减去香港自留的美国进口即可；然后计算美国经香港转口到中国的商品在美国经香港转口的所有商品中占的比重，再乘以美国经香港转口的所有商品额即可得到按照 FOB 计价的美国经香港转口至中国的出口额，这部分对华出口在中国统计的自美进口中也是没有被统计的，需要调整自中国的自美进口中。

$$X^3=（X^2-X^1）\times\frac{香港统计的原产美国转口中国的商品额}{香港统计的原产美国商品的转口额} \quad (7)$$

3. 对中国统计的自美进口和出口数据的调整

首先是对中国自美国进口数据的调整，中国统计自美进口按照 CIF 统计，先将其折算为 FOB 计价的中国自美进口，按前述方法估计美国经香港转口中国的转口额，两者相加即可。其次是对中国对美国出口的数据进行调整，中国统计对美出口按照 FOB 统计，包含直接对美国出口和中国统计的经香港转口的对美出口。中国统计对香港出口货物，其中一部分被香港自留在香港进行消费，还有一部分被香港转口到其他地区。香港统计的自中国进口，其中一部分被香港作为自留进口在香港消费，剩下的则是经香港转口到其他国家（地区）的，因此需要估算中国没有统计到的这部分转口中有多少被转口到了美国。采用前述方法，首先估计香港自留的中国进口，然后估计出中国经香港转口美国的出口额，进而修正中国的出口数据，假定中国到香港的运输费率为 4%。

对中美双方统计的中美双边进出口贸易数据按照香港转口贸易及贸易加成调整方法（式（3）– 式（7））进行调整，进而计算出中美双方的双边货物贸易差额（如图 6 所示）

图 6 显示：通过计价方式、香港转口贸易及贸易加成调整后，两国统计的数据差异大大缩小，修正后美中贸易逆差略高于中美贸易顺差。2017 年，按照美国官方统计的对华贸易逆差为 3 742.6 亿美元，中国官方统计的对美贸易顺差为 2 758 亿美元，两者相差 984.6 亿美元。经调整后，美国的对华贸易逆差为 2 978 亿美元，中国的对美贸易顺差为 3 050 亿美元，两者相差 –73 亿美元，修正后的美国对华贸易逆差低于中国统计的对美贸易顺差。

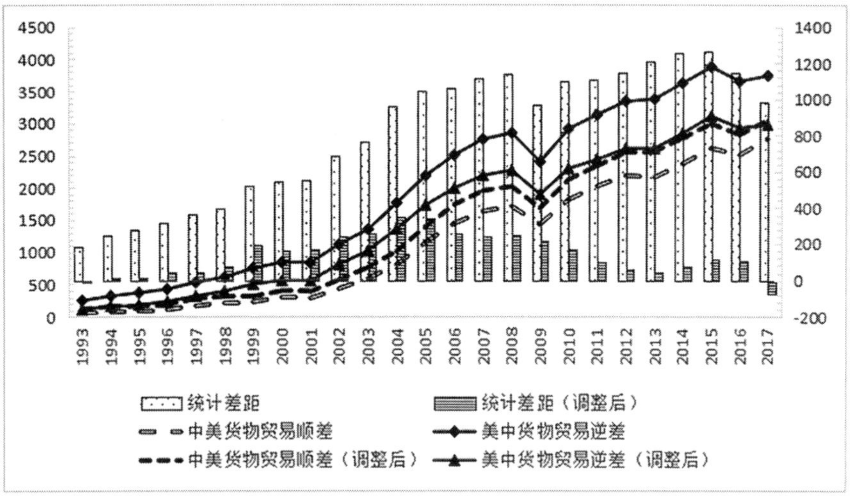

图 6　1993 年–2017 年经计价及转口贸易调整后中美货物贸易差额

注：坐标左轴表示贸易差额，坐标右轴表示统计差距

资料来源：根据中美官方公布数据及历年《香港对外商品贸易》数据计算

（三）服务贸易对贸易差额的修正

近年来，中国对外贸易中服务贸易发展迅速，且对外服务贸易逆差迅速扩大，尤其是对美服务贸易逆差快速增长（如图 7 所示）。2008 年至 2019 年中国自美服务贸易进口由 149 亿美元增加到 594 亿美元，增长近 3 倍，年均增速 13.4%；中美服务贸易逆差由 40.6 亿美元增加至 395.4 亿美元，增长近 9 倍，年均增速 23%。因此在中美双边贸易差额中仅考虑货物贸易是不全面的。

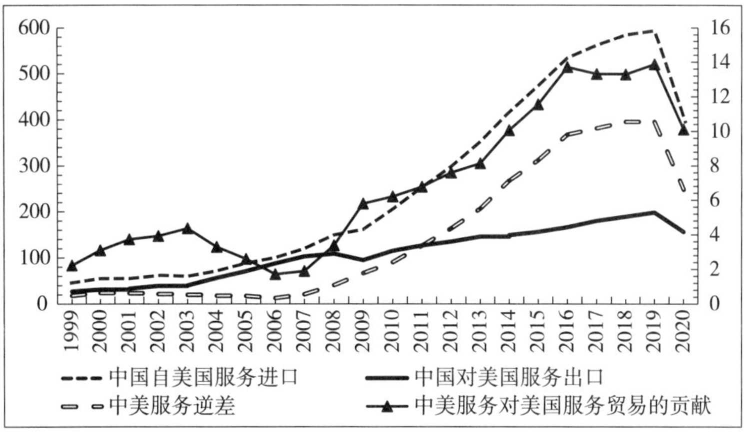

图 7　1999 年–2020 年中美服务贸易进出口（单位：亿美元）

资料来源：美国经济分析局 . https：//www.bea.gov

从中美服务贸易构成看，旅行项目进口是中国自美服务贸易进口中第一大项，美国是中国出境旅游、留学第一选择，旅行项目（包含教育）进口在中国自美服务贸易进口占有较大比重。旅行项目逆差成为中美服务贸易逆差的最大来源，2017年对美旅行服务逆差占中美服务贸易逆差的69.5%。另外，随着中国居民出境旅行增多，在旅行期间会在当地大量购买商品，直接带回或通过行邮等方式寄往国内，因此在旅行项目下包括了大量的货物进口，而这部分货物由于没有通过关境，没有计入货物贸易进口，而是被隐藏到服务贸易进口统计中，从而低估了中国自美国的货物进口，扩大了中国对美货物贸易顺差（许宪春，2018）。因此，隐藏在服务贸易中这部分货物进口也会导致美中货物贸易逆差被高估，在统计美中贸易逆差时忽略服务贸易上的顺差，会夸大中美两国的贸易不平衡（谢康、李赞，2000），将中美服务贸易考虑到两国的双边对外贸易中，中美贸易顺差则会进一步缩小。

三、基于所有权原则测度中美双方贸易不平衡

（一）FDI对中国对外贸易的影响

基于“总贸易制统计”表面上看顺差记录在中国，逆差记录在美国，但是中国在中美双边贸易中是否真正获得了巨额贸易利益呢？随着经济全球化的发展，以跨国公司为载体的外商直接投资（FDI）迅速发展，中国对外开放政策、广阔的市场和丰富的廉价劳动力资源，使得发达国家纷纷来中国投资设厂，中美贸易中不仅包含中国内资企业对美国的进出口贸易，还包含大量中国境内的外商投资企业，特别是美国在华投资跨国公司的进出口贸易。FDI的迅速发展颠覆了传统贸易统计中关于生产要素不能跨国流动的假设，以“跨境”为核算标准，以“居民”为核算单位的传统贸易统计核算方法无法揭示FDI和国际贸易之间的联系，无法真实反映各国从对外贸易中获得的贸易利益。

外商投资企业对外货物贸易顺差成为中国货物贸易顺差的重要贡献者（如图8所示），其贡献率一度超过50%，2011年最高达到84.29%，2011年之后不断下降，依然超过1/4，中美贸易摩擦的加剧叠加新冠疫情的影响，2020年下降为12.78%。而外商投资企业中美国在华直接投资起步较早发展迅速，美国在华直接投资规模远高于中国在美直接投资规模（如图9所示）。总贸易制下，美在华投资的外资企业出口记录在中国出口中，对中美贸易顺差贡献很大。同时外商投资企业为母国创造了丰富的跨国利润，增加了母国的国民收入，因此在中美贸易中，FDI是造成美中贸易逆差的主要原因，对美中贸易逆差的贡献超过50%（张炜、张文婷，2013；姜鸿等，2014；林玲等，2014，邓璐、沈伟林，2021），因此仅考虑总贸易制下的中美贸易差额，忽视FDI对中美贸易统计的影响，不能正确评估和理解中美贸易不平衡和中美贸易争端问题。

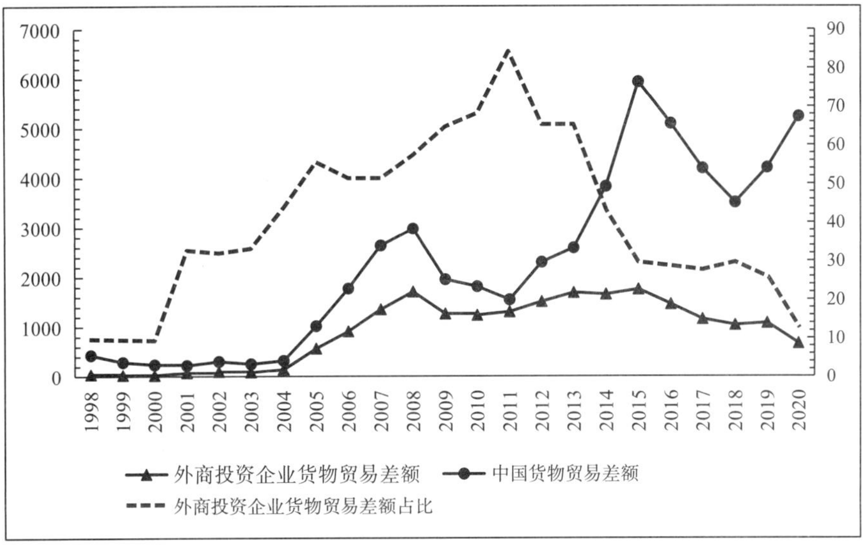

图 8　1998 年–2020 年外商投资企业货物贸易差额及其与中国货物贸易差额之比

资料来源：中国国家统计局，http：//www.stats.gov.cn

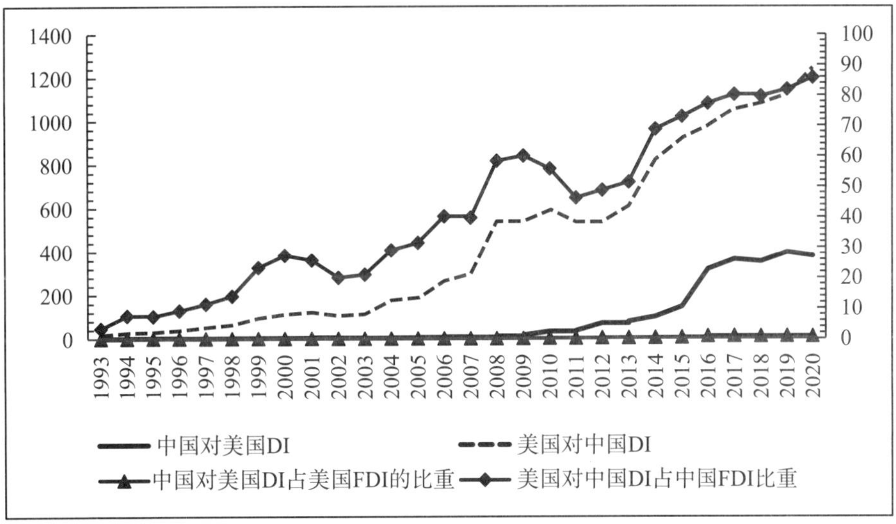

图 9　1993 年–2020 年中美两国双边投资发展

资料来源：中国国家统计局，http：//www.stats.gov.cn；
美国经济分析局，https：//www.bea.gov

（二）所有权原则贸易统计模型

假设世界上有三个国家，*A* 代表美国，*C* 代表中国，*O* 代表除美国和中国之外的其他国家；每个国家都有两种类型的企业：*D* 代表内资企业，*F* 代表外资企业。因此每个国家都有三种所有权不同的企业，中国的企业记为：D_C、F^A_C和F^O_C，所有权分别属于中国、美国和第三国；美国的企业记为：D_A、F^C_A和F^O_A，所有权分别属于美国、中国和第三国；第三国（O）的企业记为：D_O、F^C_O和F^A_O，所有权分别属于第三国、中国和美国。符号中的下角标表示企业所在国家，外资企业F的上角标表示企业所有权所属国家。传统的原产地规则和所有权原则下中美两国对外贸易如图 10 所示。

可以看出，传统原产地规则下的贸易统计基于跨境贸易来统计对外贸易进出口，其中包含了本国的外商投资企业的进出口，从所有权上看这部分进出口中一部分属于跨国公司的内部贸易，一部分属于第三国的进出口，不应该计入本国的进出口中，夸大了本国的进出口。而且原产地规则忽略了外商投资企业在东道国国内的销售和采购，以及本国在外国投资企业在东道国的销售和采购，这部分应该属于本国进出口。基于所有权原则进行贸易统计核算更能反映一国国民的真正福利，将 FDI 纳入对外贸易核算中，有利于评价 FDI 对一国对外贸易进出口总额、贸易差额和贸易结构的影响，可以解释一国的对外贸易利益中有多少是由本国获得，有多少是外资企业获得。所有权贸易统计是传统原产地规则下跨境贸易统计的一种很好的补充，在统计一国的进出口贸易时，不仅以“跨境”原则统计一国内资企业与另一国的直接贸易，同时还以“跨国民”原则统计本国境内的跨国公司及其海外设立的跨国公司的销售与采购。

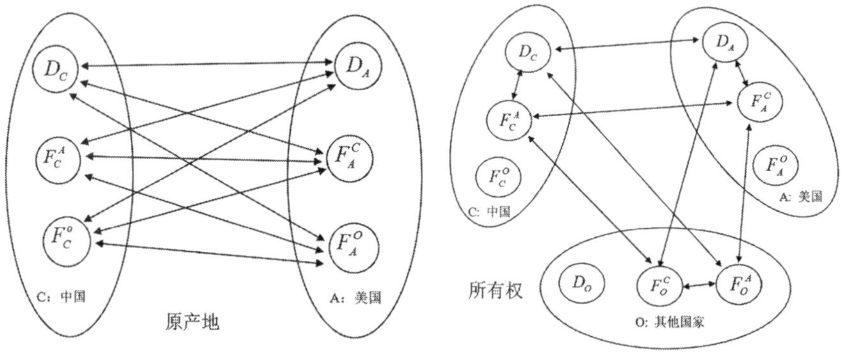

图 10　原产地规则和所有权原则下中美双边贸易示意图

基于所有权原则统计中美货物贸易进出口，不仅需要中美两国内资企业、中美两国在对方国家投资的跨国公司之间的贸易数据，还需要中美两国及第三国在对方国家投资的跨国公司贸易数据，而第三国跨国公司贸易数据相对较难获得。由于跨国公司的主要贸易对象为东道国市场和母国市场，对第三国的贸易相对较少，因此忽略第三国对中美两国贸易的影响，即忽略中国内资企业与在美国投资的其他国家（第三国）跨国公司的进出口贸易、中国在其他国家投资的跨国公司与美国内资企业之间的进出口贸易、中国在美国投资的跨国公司对美国其他外资企业的销售与采购以及美国在中国投资的跨国公司与中国其他外资企业之间的销售与采购等，忽略第三国对中美两国贸易的影响之后，所有权原则下中美贸易示意图如图 11 所示。

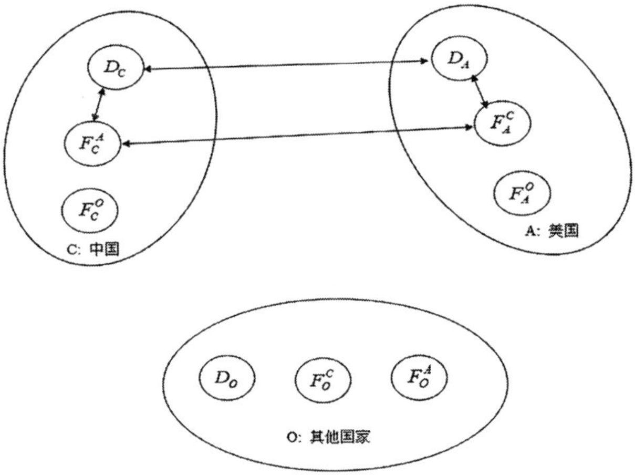

图 11　所有权原则下中美双边贸易简化示意图

按照上述所有权原则贸易统计模型，中国对美国的进出口可以表示为：

所有权原则统计的中国对美国出口 = 传统的中国对美国出口 – 中国内资企业对美国外资企业的出口 – 中国外资企业对美国的出口 + 中国在美国投资的跨国公司在美国的销售 + 美国在中国投资的跨国公司在中国的采购

= 传统的中国对美国出口 – 中国内资企业对美国外资企业的出口 – 中国外资企业对美国的出口 +（中国在美国投资的跨国公司的销售 – 中国在美国投资的跨国公司的出口）+ 美国在中国投资的跨国公司在中国的采购

所有权原则统计的中国自美国进口 = 传统的中国对美国进口 – 中国内资企业自美国外资企业的进口 – 中国外资企业自美国的进口 + 美国在中国投资的跨国公司对中国内资企业的销售 + 中国在美国投资的跨国公司在美国的采购

= 传统的中国对美国进口 – 中国内资企业自美国外资企业的进口 – 中国外资企业自美国的进口 +（美国在中国投资的跨国公司在中国国内的销售 – 美国在中国投资的跨国公司对中国其他外资跨国公司的销售）+ 中国在美国投资的跨国公司在美国的采购

（三）数据来源

1. 直接来源数据：中美两国进出口数据来源于中国国家统计局网站和联合国商品贸易数据库，并经过计价、转口贸易调整；中国在美国投资的跨国公司在美国的销售、中国在美国投资的跨国公司的出口、美国在中国投资的跨国公司在中国的销售、美国在中国投资的跨国公司对中国其他外资跨国公司的销售数据来源于美国经济分析局公布的在美国的外国直接投资数据以及美国的海外直接投资数据。

2. 间接来源数据：中国的外资企业对美国的进出口数据，根据国家统计局公布的外资企业进出口数据乘以在中国进出口中中国对美国进出口所占的比例进行估算；中国内资企业对美国外资企业的进出口使用美国经济分析局公布的在美国的外国直接投资数据中中国母公司和中国在美国投资的跨国公司之间的进出口数据替代；美国在中国投资的跨国公司在中国的采购和中国在美国投资的跨国公司在美国的采购无直接统计数据，借鉴姜鸿等（2014）的做法，采用估算方法，计算公式为：美国在中国投资的跨国公司在中国的采购 = 美国在中国投资的跨国公司的销售成本、一般费用及行政管理费用 × 原材料及半成品比重 × 原材料及半成品的国内采购率，其中美国在中国投资的跨国公司的销售成本、一般费用及行政管理费用来源于美国经济分析局公布的在美国的外国直接投资数据，原材料及半成品比重依据工业企业调查数据取 0.8，原材料及半成品的国内采购率取 0.4；中国在美国投资的跨国公司在美国的采购 = 中国在美国投资的跨国公司在美国的销售成本、一般费用及行政管理费用 ×0.8– 中国在美国投资的跨国公司的进口 ×0.9，其中，中国在美国投资的跨国公司在美国的销售成本、一般费用及行政管理费用和中国在美国投资的跨国公司的进口来源于美国经济分析局公布的美国的外国直接投资数据。

（四）结果估计及分析

基于上述所有权原则模型对中国和美国公布的中美双边贸易进出口数据进行调整，结果如表 1 和图 12 所示。

表 1　所有权原则估计的中美两国双边贸易进出口及贸易差额

年份	中国				美国			
	（1）	（2）	（3）	（4）	（5）	（6）	（7）	（8）
1999	412.84	316.04	96.81	224.69	282.99	572.16	289.17	746.57
2000	488.64	381.01	107.63	297.36	355.38	622.62	267.24	838.28
2001	516.88	455.41	61.47	280.80	426.98	658.68	231.70	830.85
2002	644.38	528.29	116.08	427.08	518.97	874.23	355.27	1113.83
2003	768.69	620.46	148.23	586.01	613.17	1017.76	404.59	1349.46

（续表）

年份	中国				美国			
	（1）	（2）	（3）	（4）	（5）	（6）	（7）	（8）
2004	975.74	770.20	205.54	802.85	724.35	1280.01	555.65	1760.72
2005	1198.11	861.82	336.28	1142.69	848.76	1522.39	673.63	2186.45
2006	1449.38	1028.28	421.09	1442.37	1061.57	1737.39	675.81	2505.55
2007	1654.57	1394.41	260.16	1632.86	1437.15	1936.12	498.97	2748.69
2008	1808.99	1490.43	318.55	1710.24	1489.86	2057.89	568.04	2848.48
2009	1640.83	1573.51	67.32	1433.42	1587.15	1868.28	281.14	2399.55
2010	2080.93	1915.52	165.41	1811.88	1933.49	2269.18	335.68	2910.54
2011	3192.32	2689.21	503.11	2023.24	2650.15	3254.40	604.24	3132.19
2012	3701.08	3254.64	446.44	2188.79	3182.20	3687.37	505.17	3338.69
2013	3566.59	3751.91	–185.32	2160.64	3620.81	3481.02	–139.79	3373.87
2014	4108.43	4419.03	–310.61	2370.02	4247.69	4011.99	–235.71	3626.21
2015	4244.60	4573.55	–328.95	2614.05	4423.23	4208.41	–214.82	3879.56
2016	4081.80	4519.01	–437.21	2508.26	4485.41	4152.00	–333.40	3657.16
2017	4482.53	5135.52	–652.99	2757.85	5088.36	4360.82	–727.54	3742.65
2018	4210.69	5276.68	–1065.99	3232.73	5170.71	4156.94	–1013.77	4196.02
2019	4634.46	5152.33	–517.87	2957.68	5079.23	4587.02	–492.21	3658.38

注:（1）所有权原则下中国对美国的货物和服务出口;（2）所有权原则下中国自美国的货物和服务进口;（3）基于所有权原则的中美贸易顺差;（4）中国官方公布的中美贸易顺差;（5）基于所有权原则的美国对中国货物和服务出口;（6）基于所有权原则的美国自中国货物和服务进口;（7）所有权原则下美中贸易逆差;（8）美国官方公布的美中贸易逆差。

经过所有权原则修正后中国对美国的出口减少，中国自美国的进口大幅增加，使得经过所有权修正后，中美贸易顺差大大降低。传统的中美贸易顺差高于所有权原则统计下的中美贸易顺差，两者统计差距不断扩大，甚至从 2013 年开始中美贸易呈现贸易逆差状态，表面上看贸易顺差记录在中国，但实际上美国从中国获得了巨大的贸易利益。2017 年总贸易制下，中方统计的中美贸易顺差为 2 758 亿美元，经过计价方式、转口贸易及贸易加成、服务贸易和所有权原则修正后，中美贸易差额为 –655.79 亿美元，实为贸易逆差；美方统计的美中贸易逆差为 3 743 亿美元，经修正后为 –727.54 亿美元，实为贸易顺差，实质上美国从美中贸易中获得巨大的贸易利益。

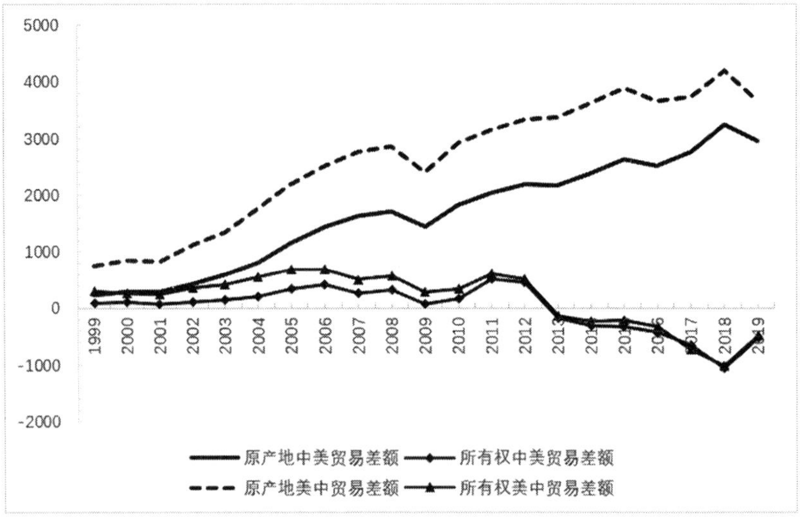

图 12　原产地和所有权下中美贸易差额比较

四、结语

自中美恢复贸易往来以来，中美贸易在不断地摩擦中向前发展，巨额贸易逆差是导致中美贸易摩擦不断甚至美国挑起对华贸易争端的直接原因，但是传统的总贸易制夸大了美中贸易逆差，表面上看中美贸易顺差记录在中国，但实质上美国从中国获得巨大的贸易利益。伴随着中国改革开放政策的实施，外商投资企业在中国发展迅速，特别是美国在中国投资的外资企业为母国带去了巨额贸易利益，产生了贸易转移效应。事实上，中美贸易存在很大的互补性，美中贸易逆差实质上是美国对华出口高技术产品管制造成的（陈继勇，2018）。因此仅用总贸易制下的美中贸易逆差来评价中美贸易是不全面的，美国基于总贸易制下的美中逆差不断挑起贸易摩擦甚至升级为贸易冲突，其真实目的是遏制中国由大国向强国的转变，遏制中国的快速发展。中国应积极改进和完善贸易统计核算方法，在扩大和深化对外开放的同时促进中国对外投资的发展，加强科技自主创新，优化产业结构和贸易结构，提升中国企业的国际竞争力，进一步加强与其他贸易国的贸易外来，扩大对美国以外的贸易往来国的出口，开拓对外贸易新市场，降低对美国市场的贸易依赖程度，释放中美贸易摩擦给中国带来的贸易压力。

参考文献：

［1］FUNG K C，LAU L J，XIONG Y. Adjusted estimates of United States-China bilateral trade balances：an update［J］. Pacific Economic Review，2006，11（3）：299–314.

［2］邓路，沈伟林 . 贸易顺差该为中美贸易摩擦负责吗？——基于所有权原则再核算的视角［J］. 统计与管理，2021，36（03）：18–23.

［3］姜鸿，张艺影，梅雪松 . 基于资产所有权的贸易统计方法与中美双边贸易额矫正［J］. 财贸经济，2014（02）：96–102.

［4］亢梅玲 . 中美贸易不平衡原因分析［J］. 世界经济研究，2006（04）：4–10.

［5］林玲，葛明，赵素萍 . 属权贸易统计与中美贸易差额重估［J］. 国际贸易问题，2014（06）：61–70.

［6］唐晓彬，王亚男 . 基于统计视角看中美贸易失衡问题的研究综述［J］. 调研世界，2019（06）：49–52.

［7］万光彩，刘莉 ."原产地"统计原则、"所有权"统计原则与中美贸易不平衡［J］. 财贸经济，2007（01）：116–122.

［8］谢康，李赞 . 货物贸易与服务贸易互补性的实证分析——兼论中美贸易不平衡的实质［J］. 国际贸易问题，2000，（09）：47–52.

［9］许宪春，余航 . 理解中美贸易不平衡：统计视角［J］. 经济学动态，2018（07）：27–36

［10］杨汝岱 . 香港转口贸易及其对中美贸易平衡的影响［J］. 经济科学，2008（02）：65–77.

［11］张波 . 中美贸易失衡问题研究［D］. 东北财经大学，2009.

［12］张玮，张文婷 . 中美、中日、中欧贸易差额研究——基于所有权视角［J］. 管理世界，2013，（11）：170–171.

Understanding Sino-US Trade Imbalance and Trade Frictions from the Statistical Perspective

Zhao Qingxia, Shi Jianjun

Abstract: The United States initiated the Sino-US trade war on the ground of a huge trade deficit and launched a series of measures to suppress China. However, does the huge trade imbalance truly become the reason for the United

States to start a trade war against China? This paper understands the issue of Sino-US trade imbalance and the trade war from the perspective of statistics. First, it introduces the Sino-US trade statistics methods, and then modifies the Sino-US trade imbalance from aspects such as the pricing methods, Entrepot Trade and Entrepot Trade markups behavior, service trade statistics, and analyzes the statistical origin of the differences in Sino-US trade statistics. Furthermore, it measures the Sino-US trade imbalance under the ownership trade statistics. It is found that on the surface, the trade surplus is recorded in China in Sino-US trade, but in fact, the United States has obtained huge trade benefits from China. Even the Sino-US trade is recorded as a “surplus”, but it is actually a deficit. In 2017, the trade surplus between China and the United States as recorded by the Chinese side was 275.8 billion US dollars. After corrections based on the pricing methods, Entrepot Trade and Entrepot Trade markups, service trade statistics and the principle of ownership, the Sino-US trade imbalance was -65.579 billion US dollars, which was actually a trade deficit. The trade deficit between the United States and China as recorded by the US side was 374.3 billion US dollars. After corrections, it was-72.754 billion US dollars, which was actually a trade surplus.

Keywords: Sino-US trade war; trade imbalance; gross trade system; principle of ownership

技术技能型人力资本的逆周期调节作用分析
——基于"人力资本－技术创新－经济增长/波动"关系的实证研究

卢林[①] 施建军

内容摘要：技术创新是经济下行期推动经济复苏的根本动力。本文实证分析了技术技能型人力资本的有效供给通过促进技术创新对经济增长/波动发挥作用的机制。实证回归结果显示：在"人力资本－技术创新－经济增长"的作用路径中，技术创新具有中介效应，人力资本具有调节效应，并且其作用的发挥存在门槛。在以技术创新为主要驱动因素的经济波动的不同阶段，回归结果存在异质性，技术创新的中介作用和人力资本的调节作用在"技术慢跑阶段"（2001年–2006年）均高于"技术快跑阶段"（2007年–2019年），人力资本门槛值在"技术快跑阶段"（2007年–2019年）大于"技术慢跑阶段"（2001年–2006年）；区域异质性回归结果显示，技术创新的中介效应在中部地区最强，人力资本在东部地区的门槛值最高。本文结论认为"教育与技术的赛跑效应""发展阶段技术差异效应""雁阵区域技术差异效应"是导致上述异质性的重要原因。因此，加速"研究型－应用型"高等教育双轨制改革，促进技术技能型人力资本积累和结构调整，是经济波动下行阶段促进技术创新并推动经济复苏的重要举措。

关键词：人力资本；技术创新；经济增长/波动；赛跑效应

一、引言和文献综述

2018年6月中央外事工作会议上，习近平总书记指出"当前，我国处于近代以来最好的发展时期，世界处于百年未有之大变局，两者同步交织，相互激荡。"世界

① 卢林，经济学博士，副研究员，对外经济贸易大学教育与开放经济研究中心2016级博士，现就职于对外经济贸易大学，电子信箱：lulin@uibe.edu.cn。

在变化，世界经济在波动起伏中演进。以经济全球化、区域一体化、贸易自由化、金融国际化为表现形式的全球经济联系日益紧密，同时，受金融危机持续影响和新冠疫情冲击，各国经济均呈现出不同幅度的经济下行波动。为了缓释经济下行压力并尽快实现经济复苏和转型，世界主要发达国家和新兴经济体均制定了技术创新计划和人力资本改革计划。如何在世界经济大潮的起伏中发挥中国的独特优势，抓住百年变局中的科技和人才机遇，成为我国面临的时代课题。

当前在由工业经济向数字经济转型和新旧动能转换过程中，技术创新是影响人力资本结构调整的重要因素。根据创新周期理论，技术创新的非连续性是造成经济波动的主要原因，旧技术应用的饱和与新技术的兴起往往伴随着上一轮经济下行和下一轮经济复苏的过程。教育作为人力资本投资的主要途径，在对抗经济下行、促进经济复苏的过程中表现出了明显的抗周期性甚至是逆周期性。当经济遭遇下行冲击，我国高等教育几次大规模扩招发挥了“缓冲器”和“蓄水池”的重要作用，但通用型人力资本相对过剩和技术技能型人力资本有效供给不足仍在一定程度上制约了产业转型和技术进步。因此，探究人力资本、技术创新、经济增长或经济波动三者之间的关系，对于技术技能型人力资本开发和异质型人力资本体系构建具有重要意义。

在“人力资本－技术创新－经济增长／波动”的作用路径中，一方面，国内外学者对技术创新对经济波动的抑制作用进行了大量验证，例如：黄海霞（2015）研究发现，在2008年全球经济危机中中国未表现出明显的衰退并较快实现复苏的主要原因是与信息技术产业的主导技术相关的前期大量投资带来的增长效应抵消了部分经济下行压力；平力群（2021）发现渐进性国家创新体系是日本完成工业化后经济增长相对稳定、经济波动相对平缓的重要原因；Leonid et al.（2017）发现技术创新对美国经济总量和全要素生产率产生的波动影响是长期的。学者们的研究结论一致认为我国技术创新对经济波动具有一定抑制作用（欧阳秋珍、陈昭，2013；杨艳美，2015；宾莎莎，2017；丁任重、徐志向，2018；窦玉蕾，2020；冯云廷 、计利群，2020），新时期技术创新对我国经济波动的影响更是表现出了使经济周期长度缩短、波动幅度减小、平均位势上升、波动频率降低的“缓升缓降”的新特征（冯云廷 、计利群，2020）。不同学者将技术创新的作用机制进一步细分，但对能够发挥抑制经济波动作用的具体技术途径存在不同见解，例如：欧阳秋珍、陈昭（2013）认为外商直接投资（FDI）和进口产生的技术溢出对经济波动的抑制作用要强于国内创新对经济波动的抑制作用；杨艳美（2015）认为进口渠道技术冲击会加剧中国经济波动，专利、FDI渠道技术冲击、信息技术冲击、国内自主创新可以降低中国经济波动，且非物化渠道技术冲击比物化渠道技术冲击对中国经济波动的影响更显著；宾莎莎（2017）认为，鼓励要素偏向型技术自主创新是应对经济波动的主要技术创新途径；张啸天（2019）将技术进步分为跨越式和平阶式两种形式，缺乏促进生产力和改变生产方式的跨越式技术进步和过分依赖提高生产率的平阶式技术进步是加速经济波动的原因。总之，技术创新对经济波动有平抑作用，但不同技术形式所产生的作用有所差异。

另一方面，人力资本对技术创新的作用也得到了学者的广泛研究。国外学者Benhabib and Spiegel（1994，2005）较早对人力资本通过技术创新对经济增长的作用机制进行了研究，他将技术创新和技术模仿归结为人力资本通过技术创新对经济增长产生作用的两种主要作用机制。人力资本聚集、人力资本结构、人力资本配置和人力资本迁移都对我国技术创新起到了不同程度的促进作用，但人力资本对技术创新的促进作用存在地区差异、层级结构差异、部门配置效率差异和地区配置效率差异。具体而言，在当前阶段，人力资本聚集密度对东部和西部的区域创新作用更加显著，高等教育比初等和中等教育对创新的促进作用更加明显，市场部门的人力资本比政府部门和垄断部门的人力资本创新效率更高，人力资本迁移对一、二线城市的创新促进作用更加明显（赖德胜、纪雯雯，2015；纪雯雯、赖德胜，2016；王春杨等，2020；张爱芹、赖德胜，2021）。

已有研究密集分布于人力资本对技术创新的促进作用和技术创新对经济波动的抑制作用，但关于“人力资本－技术创新－经济增长／波动”作用机制缺少较为系统的理论分析和联合检验。近年来，随着人力资本结构高级化通过促进技术转型升级和技术溢出对经济高质量增长发挥了越来越重要作用（景维民、王瑶、莫龙炯，2019；杨伊、胡俊男、谭宁，2021），人力资本通过促进技术创新对经济复苏的推动机制亟需探究。本文的边际贡献在于以创新周期理论为基础，实证分析了人力资本通过促进技术创新对经济增长或经济波动的作用机制，并使用“教育与技术的赛跑效应”解释了以技术为主要驱动要素的经济波动的不同阶段人力资本发挥异质性作用的原因和机制。

二、机制分析与研究假设

（一）机制分析

“人力资本－技术创新－经济增长”作用机制传导路径中，技术创新是经济增长的动力，人力资本是影响经济增长的重要因素之一，全要素生产率对一国经济增长具有核心作用。人力资本对全要素生产率的作用主要通过两种途径实现：一是通过影响技术创新能力直接影响生产效率（Romer, 1990），二是通过影响技术模仿和扩散速度对生产效率发挥作用（Phelps, 1966）。无论人力资本通过何种途径影响生产效率，全要素生产率在人力资本对经济增长的促进作用中发挥了重要的中介作用。在影响经济增长的诸多因素中，许多变量作用的发挥受人力资本要素的制约，人力资本发挥了重要的调节作用，如果人力资本有效供给充足，则中间变量能够对经济增长产生更强的促进作用，反之，人力资本会成为制约因素。除此之外，人力资本作用的发挥具有门槛。国内外学者对人力资本通过作用于技术创新从而促进经济增长的门槛效应进行了验证，例如：Apergis（2009）实证发现只有人力资本水平高于门槛值的国家才能获得更高的生产效率，对于落后经济体，Benhabib and Spiegel（1994）认为人力资本存量达到一定的门槛值是其技术进步增长率趋同于世界技术增长率的前提。Miller and Upadhyay（2000）认为人力资本在促进技术创新的过程中存在收入门槛。人力资本积累到一定程度后能够通过规模效应促进回报率提升从而促进经济增长（Dias and Mcdermott, 2011）。就国内技术模仿和技术创新而言，人力资本的门槛水平存在差异：我们整体人力资本水平已经达到技术模仿的临界值，但现有人力资本尚未跨越技术创新的门槛（杨俊、李晓羽、杨尘，2007），同时，企业家人力资本尚未达到门槛值也在一定程度上制约了技术自主创新（陆倩，2013），国内区域创新收敛与人力资本的门槛效应相关（孙建、齐建国，2009）。总之，人力资本积累到一定阶段并达到门槛值后通过激发技术创新的中介作用对经济增长发挥作用，但人力资本异质性分化（技能型人力资本和非技能型人力资本）使教育边际作用的发挥存在差异（Vandenbussche, Aghion and Meghir, 2006, 2015），“教育与技术的赛跑”是解释上述差异的重要机制（Claudia and Lawrence, 2015）（见图 1）。

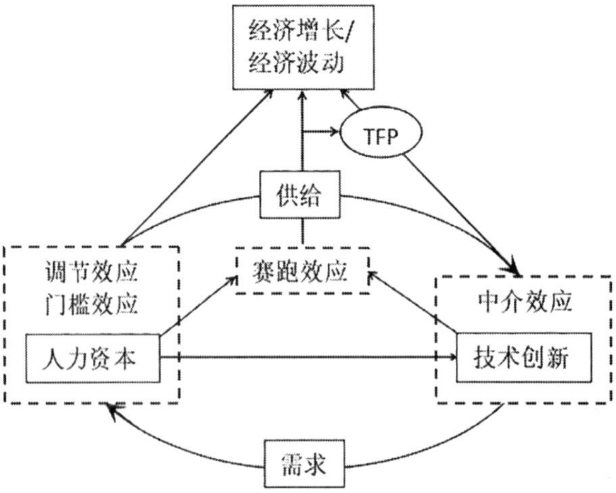

图 1 “人力资本 – 技术创新 – 经济增长 / 波动”作用机制

资料来源：作者绘制

所谓教育与技术的赛跑是指这样一种情形：在“技术慢跑阶段”，经济发展处于较低水平，以技术模仿为主的产业路线引致出劳动力市场对非技术性人力资本的需求，此时即使是较低的教育水平也能满足劳动力市场需求；在“技术快跑阶段”，经济发展和产业升级加速，劳动力市场对技术技能型人力资本的需求增大，直至超过了非技术型人力资本，此时较低的教育水平或教育仍维持在原有水平将难以适应技术进步的需要。因此，教育与技术赛跑的实质是技术变革加速过程中人力资本的有效供给问题。本文使用 2001 年–2019 年省级面板数据对以上机制进行实证检验，其中，2001 年–2006 年是“技术慢跑阶段”，此阶段处于以技术为主要驱动因素的经济波动上行期（图 2），呈现出以技术模仿为主的阶段性特点，中国经济增长很大程度上依靠要素驱动（吴延瑞，2008），除少数行业外，中国经济依然停留在低技术“中国制造”阶段（夏良科，2010）；2007 年–2019 年是“技术快跑阶段”，此阶段处于以技术为主要驱动因素的经济波动下行期（图 2），呈现出以移动互联网、人工智能、大数据为代表的新技术转换加速的阶段性特点。在此过程中，人力资本作为替代人口红利的重要支撑因素，对技术创新的作用日益重要。

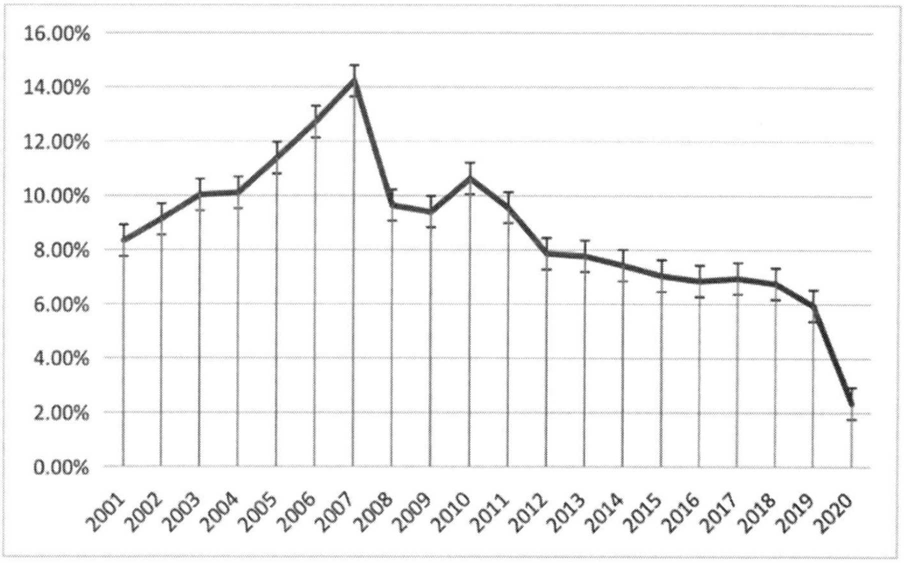

图 2　2001 年–2020 年 GDP 增长率

数据来源：EPS 数据库

表 1 呈现了 2001 年–2006 年和 2007 年–2019 年两个阶段经济增长主要驱动因素指标变化情况。 2001 年中国加入 WTO 后依靠外向型出口加工贸易的拉动和相对充足的国内要素支撑，使经济保持了持续高速增长，但在此阶段以出口加工为主的低附加值劳动密集型产业仍处于全球价值链中低端位置，对技术创新要求较低。自

2007 年经济增长达到阶段波峰后，中国经济增长方式逐步发生转变，在提高全要素生产率的因素中，人口红利、对外贸易等外源性因素的作用在下降（图 3），而以技术创新和技术效率改进为主的内源性因素的作用在上升，人力资本质量提高正在代替劳动力数量扩张的作用（王小鲁、樊纲、刘鹏，2009）。此后 2008 年金融危机冲击使中国经济增长的内外环境发生改变，加速了经济转型和技术转换的进程。随着中国经济增速放缓并进入结构调整阶段，我国人力资本和技术创新指标均呈上升趋势。

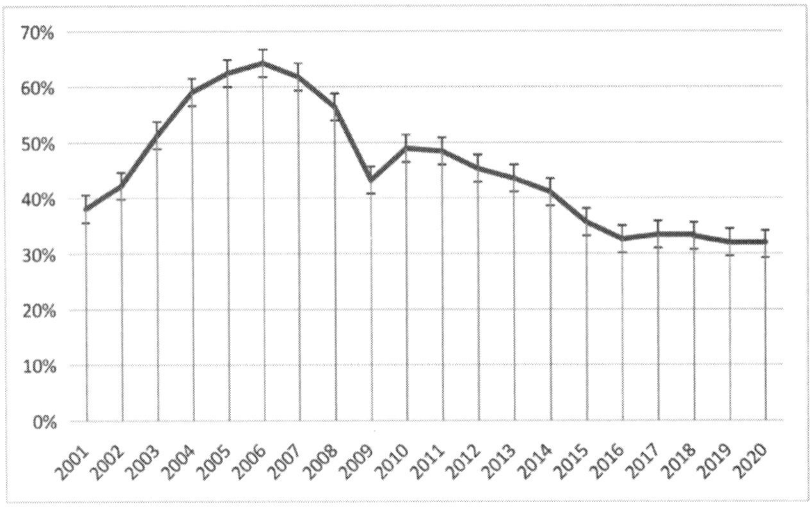

图 3　2001 年–2020 年外贸依存度

数据来源：EPS 数据库

表 1　经济增长主要指标分阶段平均值及变化趋势

指标	2001–2006	2007–2019	变化趋势
宏观经济指标			
GDP 增长率（%）	10.25	8.39	↓
固定资产投资增长率（%）	22.4	13.97	↓
资本形成率（%）	38.97	44.32	↑
最终消费率（%）	57.29	52.36	↓
外贸依存度（%）	52.87	42.73	↓
外商直接投资额增长率（%）	7.73	6.5	↓
人口指标			
老年抚养比（%）	10.57	13.65	↑
人口自然增长率（‰）	6.08	5.4	↓

（续表）

指标	2001–2006	2007–2019	变化趋势
人力资本指标			
大专及以上人口占比（%）	6.24	14.22	↑
平均受教育年限	8.61	9.87	↑
技术创新指标			
技术市场成交额（万）	1242.58	8757.47	↑
专利申请授权数（万）	18.35	133.38	↑
科技拨款占公共财政支出比重（%）	3.87	4.3	↑
RD 全时当量（万人年）	118.44	329.02	↑
RD 经费内部支出（亿元）	1881.53	11870.31	↑

数据来源：EPS 数据库

（二）研究假设

基于以上作用机制分析，我们提出如下研究假设：

假设 1：在人力资本促进经济增长的路径中技术创新发挥了一定的中介作用，并且在以技术为主要驱动因素的经济波动的不同阶段和技术发展水平不同的雁阵区域，技术创新的中介作用存在差异。

假设 2：在技术创新促进经济增长的过程中，人力资本发挥了一定的调节作用，并且在以技术为主要驱动因素的经济波动的不同阶段，人力资本的调节作用存在差异。

假设 3：在“人力资本 – 技术创新 – 经济增长”路径中，人力资本对经济增长的促进作用存在门槛，并且在以技术为主要驱动因素的经济波动的不同阶段，人力资本对经济增长发挥作用的门槛存在差异。

具体而言，在“技术慢跑阶段”，经济发展对技术创新要求较低，人力资本供给更容易满足技术模仿的需求，人力资本通过提高全要素生产率对经济增长的边际作用更大，从而技术创新的中介作用更强；反之，在“技术快跑阶段”，技术转换加速对技术技能型人力资本提出了更高要求，如果人力资本水平仍然停留在原来的阶段，则人力资本对全要素生产率的边际作用降低，从而技术创新的中介作用减弱。同样，在“技术慢跑阶段”，人力资本作用于技术进步促进经济增长的调节效应较强，发挥作用的门槛较低；在“技术快跑阶段”，教育难以同步追赶技术，人力资本的调节效应减弱，同时，发挥作用的门槛提高。下面我们将使用中介效应模型、调节效应模型和门槛效应模型对以上假设进行验证。

三、实证分析

（一）数据来源、基本模型与变量说明

1. 数据来源及说明

为验证以上假设，本文使用 2001 年–2019 年包含中国 31 个省市的省级面板数据，分析“人力资本 – 技术创新 – 经济增长 / 波动”作用路径中技术创新的中介作用、人力资本的调节作用和人力资本的门槛效应，并在此基础上进行分阶段和分区域的异质性分析，本文使用全要素生产率（TFP）衡量技术创新。数据来源于 EPS 数据库、《中国统计年鉴》和《中国人力资本报告》。

2. 基本模型

我们借鉴 Miller and Upadhyay（2000）的思路，以如下形式的科布 – 道格拉斯生产函数为基础。

$$Y_{it}=A_{it}K_{it}^{\alpha}\ L_{it}^{\beta}\ H_{it}^{\gamma} \tag{1}$$

其中，i 是个体省份，t 是时间，Y 是产出，K 是物质资本投入，L 是劳动力投入，H 是人力资本，A 是技术进步水平，α、β、γ 是弹性系数，且满足 $0<\alpha<1, 0<\beta<1, 0<\gamma<1$。两边取对数：

$$\ln Y_{it}=\ln A_{it}+\alpha\ln K_{it}+\beta\ln K_{it}+\gamma\ln H_{it} \tag{2}$$

主要变量及变量的描述性统计如表 2 和表 3 所示。

表 2　变量描述性统计结果

变量	变量含义	计算方法
GDP	经济增长	名义 GDP 取对数
TFP	全要素生产率	SFA 法计算
H	人力资本	大专及以上人口占比
L	劳动力	就业人数取对数
K	物质资本	固定资产投资占 GDP 比重

表 3　分阶段分区域的变量描述性统计结果

变量	观测值	平均值	标准差	最小值	最大值
阶段	2001–2006				
GDP	186	8.13	1.046	4.984	10.188

（续表）

变量	观测值	平均值	标准差	最小值	最大值
TFP	186	1.485	0.766	0.05	2.98
H	186	0.08	0.05	0.02	0.31
K	186	0.45	0.123	0.26	0.81
L	186	6.018	0.843	3.174	7.523
阶段	2007–2019				
GDP	403	9.475	1.053	5.833	11.587
TFP	403	1.516	0.75	0.07	2.9
H	403	0.16	0.08	0.06	0.55
K	403	0.793	0.283	0.21	1.6
L	341	6.531	0.892	3.718	8.615
阶段	2001–2019				
GDP	589	9.05	1.222	4.984	11.587
TFP	589	1.506	0.755	0.05	2.98
H	589	0.14	0.08	0.02	0.55
K	527	6.35	0.908	3.174	8.615
L	589	0.685	0.292	0.21	1.6
地区	东部				
GDP	228	9.593	1.064	6.325	11.587
TFP	228	1.522	0.76	0.05	2.98
H	228	0.167	0.101	0.04	0.55
K	228	0.568	0.261	0.21	1.31
L	204	6.74	0.806	4.684	8.615
地区	中部				
GDP	171	9.257	0.803	7.446	10.902
TFP	171	1.476	0.733	0.05	2.85
H	171	0.122	0.054	0.04	0.27

（续表）

变量	观测值	平均值	标准差	最小值	最大值
K	171	0.72	0.282	0.26	1.45
L	153	6.568	0.411	5.839	7.716
地区	西部				
GDP	190	8.213	1.268	4.984	10.75
TFP	190	1.515	0.77	0.11	2.96
H	190	0.113	0.05	0.02	0.27
K	190	0.794	0.287	0.34	1.6
L	170	5.685	0.981	3.174	7.561

（二）中介效应检验

1. 模型设定

我们在基本模型基础上使用三步回归法对全要素生产率在人力资本与经济增长之间的中介效应进行检验。三步回归检验基本模型如下：

$$\begin{aligned} GDP_{it} &= \mu_i + cH_{it} + \delta_1 X'_{it} + \gamma_{1i} + \varepsilon_{1it} \\ TFP_{it} &= \lambda_i + aH_{it} + \delta_2 X'_{it} + \gamma_{2i} + \varepsilon_{2it} \\ GDP_{it} &= \Phi_i + c'\ H_{it} + bTFP_{it} + \delta_3 X'_{it} + \gamma_{3i} + \varepsilon_{3it} \end{aligned} \tag{3}$$

其中，i 表示省份，t 表示年份。TFP_{it} 是中介变量——全要素生产率，H_{it} 是人力资本水平，X'_{it} 是一组控制变量，γ_{it} 为随年份变化的省份固定效应，ε_{it} 表示随机扰动项。

同时，为了增加检验结果的稳健性并估计间接效应与直接效应之比，我们使用 Sobel-Goodman 系数乘积法，构造 Z 统计量进行中介效应检验。其中，原假设为 H_0 ： $ab=0$（不存在中介效应）

$$z = \frac{\widehat{a}\widehat{b} - ab}{s\widehat{e}(\widehat{a}\widehat{b})} = \frac{\widehat{a}\widehat{b}}{\sqrt{\widehat{a}^2 s\widehat{e}(\widehat{b})^2 + \widehat{b}^2 s\widehat{e}(\widehat{a})^2}} \sim N(0,1) \tag{4}$$

2. 实证结果分析

使用 2001 年–2019 年的省级面板数据得到的实证结果如表 4 所示，结果显示，自 2001 年–2019 年，在“人力资本 – 全要素生产率 – 经济增长”路径中，全要素生产率的中介作用显著，Sobel 检验结果显示，间接效应与直接效应之比为 0.0216，验证了假设 1。

表 4 中介效应检验结果

检验方法		三步回归检验			Sobel 检验	
	（1）	（2）	（3）	（4）	（5）	（6）
变量	GDP	TFP	GDP	GDP	TFP	GDP
TFP			0.0467***			0.0545***
			（0.0102）			（0.0155）
H	7.275***	2.677	7.150***	2.128***	0.826*	2.083***
	（0.382）	（1.658）	（0.376）	（0.176）	（0.492）	（0.174）
K	0.978***	−0.135	0.984***	0.851***	0.130	0.844***
	（0.0476）	（0.206）	（0.0467）	（0.042）	（0.118）	（0.0418）
L	0.500***	0.0243	0.499***	1.231***	0.031	1.230***
	（0.0517）	（0.224）	（0.0507）	（0.014）	（0.039）	（0.0137）
Cons	4.190***	1.029	4.142***	0.283***	1.046***	0.226**
	（0.283）	（1.230）	（0.278）	（0.092）	（0.258）	（0.0928）
N	527	527	527	527	527	527
R^2（within）	0.940	0.021	0.942	0.9513	0.0129	0.952
间接效应与直接效应之比					0.0216	

注：***、**、* 分别表示在 1%、5% 和 10% 以内的显著性水平上显著

我们进一步对“技术慢跑阶段”（2001 年–2006 年）和“技术快跑阶段”（2007 年–2019 年）全要素生产率的中介效应进行了分阶段的异质性检验。表 5 和表 6 分别使用三步回归法和 Sobel 检验法进行了回归分析。结果显示，在 2001 年–2006 年和 2007 年–2019 年，全要素生产率对人力资本促进经济增长均存在显著的中介效应，但间接效应与直接效应之比显示，全要素生产率的中介作用在“技术快跑阶段”（0.0477）低于“技术慢跑阶段”（0.4637），进一步验证了假设 1。可能的原因在于，在“技术快跑阶段”，当异质性人力资本分化速度无法赶超技术更迭速度时，人力资本对全要素生产率的边际作用会下降。

表 5　分阶段的中介效应三步回归检验结果

三步回归检验						
阶段		2001–2006			2007–2019	
	（1）	（2）	（3）	（4）	（5）	（6）
变量	GDP	TFP	GDP	GDP	TFP	GDP
TFP			0.0902***			0.0497***
			（0.0118）			（0.00772）
H	10.90***	17.43***	9.328***	4.701***	7.269***	4.340***
	（0.948）	（5.542）	（0.833）	（0.348）	（2.420）	（0.332）
K	1.366***	3.202***	1.077***	0.532***	–0.349	0.550***
	（0.119）	（0.696）	（0.108）	（0.0430）	（0.298）	（0.0405）
L	0.592***	2.314***	0.383***	0.610***	–0.00705	0.611***
	（0.104）	（0.611）	（0.0931）	（0.0490）	（0.340）	（0.0460）
Cons	3.088***	–15.26***	4.466***	4.260***	0.613	4.229***
	（0.586）	（3.427）	（0.531）	（0.265）	（1.845）	（0.250）
N	186	186	186	341	341	341
R^2	0.897	0.564	0.926	0.927	0.076	0.936

注：***、**、* 分别表示在 1%、5% 和 10% 以内的显著性水平上显著

表 6　分阶段的中介效应 Sobel 检验结果

Sobel 检验						
阶段		2001–2006			2007–2019	
	（1）	（2）	（3）	（4）	（5）	（6）
变量	GDP	TFP	GDP	GDP	TFP	GDP
TFP			0.153***			0.0506***
			（0.0283）			（0.0152）
H	1.194***	2.479**	0.816**	1.332***	1.197**	1.271***
	（0.423）	（1.030）	（0.400）	（0.169）	（0.597）	（0.167）

（续表）

Sobel 检验						
K	1.131***	3.590***	0.583***	0.446***	0.257*	0.433***
	（0.198）	（0.483）	（0.211）	（0.043）	（0.153）	（0.0427）
L	1.273***	0.326***	1.223***	1.158***	0.072	1.154***
	（0.029）	（0.071）	（0.0286）	（0.014）	（0.049）	（0.0136）
Cons	−0.134	−2.288***	0.215	1.270***	0.545	1.243***
	（0.235）	（0.573）	（0.228）	（0.105）	（0.373）	（0.104）
N	186	186	186	341	341	341
R^2	0.9338	0.2700	0.943	0.9610	0.0252	0.962
（within）间接效应与直接效应之比		0.4637			0.0477	

注：***、**、* 分别表示在 1%、5% 和 10% 以内的显著性水平上显著

同时，我们对全要素生产率的中介效应进行了分地区的异质性检验。表 7 和表 8 分别使用三步回归法和 Sobel 检验法进行了回归分析。结果显示，在东部、中部、西部，全要素生产率对人力资本促进经济增长均存在显著的中介效应，但间接效应与直接效应之比显示，全要素生产率的区域中介效应由强到弱依次是中部、西部、东部，进一步验证了假设 1。中部地区人力资本对全要素生产率较高的边际促进作用与该段时期内中部地区的政策机遇、资源禀赋、区域发展宏观布局等因素相关。在国家区域经济发展的宏观布局中，继东部率先发展、西部大开发战略之后，2004 年中部崛起成为区域协调发展的重要战略决策。与其他区域相比，中部地区劳动力、土地等资源要素具有比较优势。随着东部沿海地区人口老龄化、土地资源紧张等问题凸显，中部地区在区域协调发展和产业转移升级的国内雁阵区域布局中起到了承东启西的重要承接作用。同时，在 2008 年金融危机冲击下，欧美市场国际贸易萎缩，得益于重要的地理位置和交通枢纽优势，中部地区成为开拓“一带一路”沿线贸易的重要内陆腹地。近年来，随着中美贸易摩擦升级和新冠疫情导致国际循环受阻，中部地区进一步成为发展国内大循环的重要支撑，尤其包括欧洲货运专列在内的高铁的发展和延伸，带动了沿线城市物流业和制造业发展。与此同时，与中部地区产业承接和战略布局相适应的正在增强的人力资本供给能力和人才吸引能力，使中部地区人力资本对技术创新的边际作用高于东部和西部地区。东部地区虽然具有人才聚集优势，但在人才与技术的赛跑追赶中，技术技能型人力资本分化速度难以迅速适应技术

变革速度，因此，人力资本对全要素生产率的边际促进作用不及中部地区。而西部地区较低的人力资本和技术水平，使得人力资本对全要素生产率的促进作用有限。

表 7 分区域的中介效应三步回归检验结果

三步回归检验									
	东部			中部			西部		
	（1）	（2）	（3）	（1）	（2）	（3）	（1）	（2）	（3）
变量	GDP	TFP	GDP	GDP	TFP	GDP	GDP	TFP	GDP
TFP			0.0324**			0.0758***			0.0337
			（0.0134）			（0.0185）			（0.0207）
H	6.074***	2.665	5.988***	9.593***	6.942	9.067***	9.591***	4.374	9.444***
	（0.435）	（2.338）	（0.431）	（1.082）	（4.673）	（1.034）	（0.906）	（3.477）	（0.906）
K	0.884***	0.0468	0.882***	0.839***	−0.710	0.893***	0.870***	−0.551	0.889***
	（0.0613）	（0.330）	（0.0606）	（0.119）	（0.516）	（0.114）	（0.114）	（0.439）	（0.114）
L	0.625***	−0.171	0.631***	0.301**	−0.0331	0.303***	0.406***	0.222	0.398***
	（0.0650）	（0.350）	（0.0643）	（0.117）	（0.505）	（0.111）	（0.101）	（0.388）	（0.101）
Cons	3.837***	2.159	3.767***	5.523***	1.353	5.421***	4.096***	0.131	4.092***
	（0.374）	（2.009）	（0.370）	（0.687）	（2.970）	（0.652）	（0.486）	（1.864）	（0.483）
N	204	204	204	153	153	153	170	170	170
R^2	0.955	0.015	0.957	0.945	0.039	0.951	0.930	0.037	0.931

注：***、**、* 分别表示在 1%、5% 和 10% 以内的显著性水平上显著

表 8 分区域的中介效应 Sobel 检验结果

Sobel 检验			
地区	东部	中部	西部
	（1）	（2）	（3）
变量	GDP	GDP	GDP
TFP	0.0384	0.0879***	0.0440*
	（0.0239）	（0.0246）	（0.0257）
H	1.449***	2.666***	2.267***
	（0.197）	（0.809）	（0.653）

（续表）

Sobel 检验			
K	0.908***	0.885***	0.906***
	（0.0711）	（0.114）	（0.102）
L	1.184***	1.252***	1.175***
	（0.0228）	（0.0516）	（0.0239）
Cons	0.724***	–0.109	0.408***
	（0.160）	（0.319）	（0.149）
N	204	153	170
R^2	0.941	0.922	0.960
间接效应与直接效应之比	0.0158	0.1058	0.05

注：***、**、* 分别表示在 1%、5% 和 10% 以内的显著性水平上显著

3. 稳健性检验

上述实证研究表明，全要素生产率在人力资本对经济增长的促进作用中发挥了一定的中介作用。但是中介作用的大小与技术发展阶段、区域技术发展水平和地区支撑条件相关，因此存在阶段异质性和区域异质性。为了使上述研究结果更加稳健，本文使用替换核心解释变量的方法检验上述结论的稳健性。在上述分析中，核心解释变量是大专及以上人口占比，我们使用人均实际人力资本水平（H1）替换原有解释变量进行固定效应回归，实际人均人力资本水平的数据来源于《中国人力资本报告》[①]。表 9 显示了使用三步回归检验和 Sobel 检验两种方法检验的 2001 年–2019 年全要素生产率的中介效应估计结果。表 10 和表 11 是使用两种方法检验的分阶段的全要素生产率中介效应估计结果。表 12 和表 13 是使用两种方法检验的分区域的全要素生产率中介效应估计结果。回归结果依然稳健支持了上述结论。

表 9　替换核心解释变量的稳健性分析结果

检验方法		三步回归检验			Sobel 检验	
	（1）	（2）	（3）	（4）	（5）	（6）
变量	GDP	TFP	GDP	GDP	TFP	GDP
TFP			0.0250***			0.0434***

① 数据来源：中央财经大学人力资本与劳动经济研究中心

（续表）

检验方法		三步回归检验			Sobel 检验	
	（1）	（2）	（3）	（4）	（5）	（6）
			（0.00770）			（0.0134）
H1	1.369***	0.795***	1.349***	0.467***	0.173**	0.459***
	（0.0421）	（0.244）	（0.0421）	（0.024）	（0.078）	（0.0241）
K	0.352***	−0.545**	0.366***	0.645***	0.055	0.643***
	（0.0430）	（0.249）	（0.0428）	（0.039）	（0.127）	（0.0390）
L	0.162***	−0.335	0.171***	1.131***	−0.006	1.131***
	（0.0416）	（0.241）	（0.0413）	（0.014）	（0.045）	（0.0138）
Cons	0.303**	−0.360	0.312**	−1.185***	0.497	−1.207***
	（0.138）	（0.799）	（0.136）	（0.103）	（0.332）	（0.102）
R^2（within）	0.967	0.037	0.968	0.964	0.0168	0.964
N			527			
间接效应与直接效应之比				0.0164		

注：***、**、* 分别表示在 1%、5% 和 10% 以内的显著性水平上显著

表 10　关于阶段异质性的稳健性分析结果（三步回归检验）

三步回归检验						
阶段		2001–2006			2007–2019	
	（1）	（2）	（3）	（4）	（5）	（6）
变量	GDP	TFP	GDP	GDP	TFP	GDP
TFP			0.0572***			0.0504***
			（0.00889）			（0.00687）
H1	1.332***	2.569***	1.185***	0.835***	0.939**	0.787***
	（0.0630）	（0.511）	（0.0605）	（0.0495）	（0.380）	（0.0462）
K	0.631***	1.548*	0.542***	0.304***	−0.609*	0.335***
	（0.0979）	（0.794）	（0.0881）	（0.0412）	（0.316）	（0.0383）

（续表）

三步回归检验						
L	0.280***	1.458**	0.196***	0.443***	0.0217	0.442***
	（0.0753）	（0.611）	（0.0682）	（0.0492）	（0.377）	（0.0454）
Cons	−0.402	−20.65***	0.779**	1.545***	−3.550***	1.724***
R^2	（0.323）	（2.616）	（0.340）	（0.164）	（1.258）	（0.153）
（within）	0.951	0.602	0.962	0.940	0.068	0.949
N		186			341	

注：***、**、* 分别表示在 1%、5% 和 10% 以内的显著性水平上显著

表 11　关于阶段异质性的稳健性分析结果（Sobel 检验）

Sobel 检验						
阶段		2001–2006			2007–2019	
	（1）	（2）	（3）	（4）	（5）	（6）
变量	GDP	TFP	GDP	GDP	TFP	GDP
TFP			0.0993***			0.0474***
			（0.0233）			（0.0146）
H1	0.518***	0.519***	0.466***	0.278***	0.220**	0.268***
	（0.046）	（0.139）	（0.0454）	（0.029）	（0.105）	（0.0283）
K	0.784***	3.318***	0.455***	0.385***	0.205	0.375***
	（0.158）	（0.482）	（0.170）	（0.041）	（0.152）	（0.0409）
L	1.165***	0.233***	1.142***	1.107***	0.035	1.106***
	（0.025）	（0.076）	（0.0244）	（0.015）	（0.055）	（0.0148）
Cons	−1.785***	−3.967***	−1.392***	0.282*	−0.231	0.293**
	（0.234）	（0.712）	（0.242）	（0.148）	（0.545 ）	（0.146）
R^2	0.940	0.068	0.949	0.964	0.0264	0.965
N	186			341		
间接效应与直接效应之比	0.1105			0.039		

注：***、**、* 分别表示在 1%、5% 和 10% 以内的显著性水平上显著

表 12 关于地区异质性的稳健性分析结果（三步回归检验）

三步回归检验			
	（1）	（2）	（3）
变量	GDP	GDP	GDP
TFP	0.0324**	0.0758***	0.0337
	（0.0134）	（0.0185）	（0.0207）
H1	5.988***	9.067***	9.444***
	（0.431）	（1.034）	（0.906）
K	0.882***	0.893***	0.889***
	（0.0606）	（0.114）	（0.114）
L	0.631***	0.303***	0.398***
	（0.0643）	（0.111）	（0.101）
Cons	3.767***	5.421***	4.092***
	（0.370）	（0.652）	（0.483）
N	204	153	170
	0.957	0.951	0.931

注：***、**、* 分别表示在 1%、5% 和 10% 以内的显著性水平上显著

表 13 关于地区异质性的稳健性分析结果（Sobel 检验）

Sobel 检验			
地区	东部	中部	西部
	（1）	（2）	（3）
变量	lnGDP3	lnGDP3	lnGDP3
TFP	0.0357*	0.0740***	0.0282
	（0.0206）	（0.0247）	（0.0239）
H1	0.370***	0.475***	0.471***
	（0.0311）	（0.117）	（0.0711）
K	0.772***	0.661***	0.641***
	（0.0621）	（0.146）	（0.102）

（续表）

Sobel 检验			
地区	东部	中部	西部
	（1）	（2）	（3）
变量	lnGDP3	lnGDP3	lnGDP3
L	1.122***	1.118***	1.104***
	（0.0208）	（0.0693）	（0.0255）
Cons	−0.646***	−1.287***	−1.132***
	（0.180）	（0.333）	（0.232）
N	204	153	170
R^2	0.956	0.924	0.966
间接效应与直接效应之比	0.0092	0.162	0.028

注：***、**、* 分别表示在 1%、5% 和 10% 以内的显著性水平上显著

（三）调节效应检验

在基准模型基础上，我们加入人力资本与全要素生产率的交互项，以检验人力资本在全要素生产率促进经济增长过程中的调节作用。调节效应基本模型如下：

$$GDP_{it}=\beta_0+\beta_1 TFP_{it}+\beta_2 \ln H_{it}+\beta_3 TFP_{it}\times \ln H_{it}+\beta_4 X'_{it}+\gamma_i+\varepsilon_{it} \tag{5}$$

其中，i 表示省份，t 表示年份，GDP_{it} 是地区经济增长水平，TFP_{it} 是全要素生产率，H_{it} 是人力资本水平，$TFP_{it}\times \ln H_{it}$ 是交互项，表示人力资本对全要素生产率的调节作用，X'_{it} 是一组控制变量，主要包括物质资本和劳动力水平。

回归结果显示（表 14），在 2001 年–2019 年，人力资本对全要素生产率的调节作用为正，但并不显著，分阶段的异质性检验结果显示，2001 年–2006 年，人力资本在 1% 的显著性水平上对全要素生产率起到了正向调节作用，2007 年–2019 年人力资本并未对全要素生产率起到正向调节作用。可能的原因与前文分析一致，即 2001 年–2006 年以技术模仿为主的低技术要求阶段，人力资本供给满足了技术进步的需求，从而通过提高全要素生产率对经济增长产生了正向调节作用。而 2007 年–2019 年，技术创新要求提高、技术转换加速导致对技术技能型人力资本需求增加，而技术技能型人力资本供给不足或滞后导致人力资本并未能通过提升生产效率对经济增长产生显著的正向调节作用。

表 14　调节效应回归结果

	（1）	（2）	（3）
阶段	2001–2019	2001–2006	2007–2019
变量	GDP	GDP	GDP
TFP	0.0297***	0.137***	0.0448***
	（0.00728）	（0.0226）	（0.00913）
lnH	1.111***	0.811***	0.834***
	（0.0736）	（0.105）	（0.0761）
Interact	0.00314	0.0962***	–0.0212
	（0.0206）	（0.0266）	（0.0167）
K	0.595***	0.846***	0.381***
	（0.134）	（0.129）	（0.0880）
L	0.376***	0.384***	0.524***
	（0.0945）	（0.113）	（0.0724）
Cons	8.562***	7.379***	7.232***
	（0.658）	（0.858）	（0.575）
R^2（within）	0.953	0.928	0.948
N	527	186	341

注：***、**、* 分别表示在 1%、5% 和 10% 以内的显著性水平上显著

（四）门槛效应检验

1. 基本模型

$$GDP_{it}=\eta_0+\alpha TFP_{it}+\beta_1 H_{it}\cdot I(H_{it}\leqslant\gamma_1)+\beta_2 \mathrm{H}_{it}\cdot I(\gamma_1<H_{it}\leqslant\gamma_2)+\cdots+ \beta_n H_{it}\cdot I(\gamma_{n-1}<H_{it}\leqslant\gamma_n)+\beta_{n+1}H_{it}\cdot I(H_{it}>\gamma_n)+\rho X'_{it}+\varepsilon_{it} \tag{6}$$

2. 门槛存在性检验

门槛存在性检验结果显示（表 15），就全国范围而言，2001 年–2019 年，人力资本存在双门槛效应。分阶段门槛存在性检验结果显示，2001 年–2006 年和 2007 年–2019 年，人力资本分别存在单门槛效应。分区域门槛存在性检验结果显示，中部存在三门槛效应，东部和西部分别存在单门槛效应。

表 15　门槛效应存在性检验结果

阶段	门槛个数	F 值	P 值	10% 临界水平	5% 临界水平	1% 临界水平
2001–2006	单门槛	30.73	0.0000	18.8012	20.4247	23.8595
	双门槛	10.97	0.5500	61.9701	76.7056	109.3160
	三门槛	9.23	0.4200	17.8660	21.0229	47.7778
2007–2019	单门槛	37.16	0.0200	18.2376	21.9603	39.8583
	双门槛	15.62	0.1900	19.6289	42.9392	63.0901
	三门槛	10.40	0.7200	33.9925	43.0968	51.0327
2001–2019	单门槛	37.77	0.0500	30.7512	36.2131	44.5086
	双门槛	31.64	0.0400	24.0839	29.4509	37.9579
	三门槛	11.26	0.6400	26.9704	34.1459	42.0980
东部	单门槛	24.52	0.04	23.1279	24.1212	37.0963
	双门槛	11.15	0.35	17.8839	22.8931	35.9722
	三门槛	4.75	0.83	25.1632	28.8085	46.7872
中部	单门槛	11.98	0.51	19.7496	23.0716	29.6712
	双门槛	0.24	1	10.9157	13.4048	18.3885
	三门槛	9.31	0.07	7.6383	12.2718	18.6754
西部	单门槛	28.7	0.01	19.0108	20.6425	23.6757
	双门槛	3.71	0.91	14.9971	16.9460	27.2185
	三门槛	2.59	0.92	16.3997	18.7427	24.0085

3. 门槛效应回归结果分析

实证结果显示，就全国范围而言，2001 年–2019 年，人力资本存在双门槛效应，门槛值分别为 0.1 和 0.31。当人力资本水平低于 0.1 时，全要素生产率并未对经济增长产生正向促进作用；当人力资本水平介于 0.1 和 0.31 之间或大于 0.31 时，全要素生产率在 1% 的显著水平上均正向促进经济增长；但当人力资本水平越过第二个门槛值后，全要素生产率对经济增长的边际作用系数由 0.0813 增加为 0.303，促进作用显著增强。可能的原因在于，在该段时间，就人力资本平均水平而言，人力资本门槛作用的发挥需要一定的积累程度和规模效应，当人力资本积累程度较低时，持续的人力资本投资并未获得相应的较大规模的人力资本回报，相反，较长周期的前期投入和人才稀缺带来的用人成本增加，反而在短期内降低了生产效率和经济效益。只有当人力资本积累达到一定门槛时，人力资本通过促进技术应用和模仿使生产效率普遍提升，并对经济增长产生了显著的正向促进作用。当人力资本继续积累并到门槛 2 时，人力资本对技术创新的促进作用和对技术应用的普及作用开始释放规模效应，通过提高生产效率进而促进经济增长的作用进一步增强。

4. 分阶段的门槛效应异质性分析

表 16 的分阶段的异质性实证结果显示，在“技术慢跑阶段”（2001 年–2006 年）和“技术快跑阶段”（2007 年–2019 年）两个阶段，人力资本通过提升全要素生产率促进经济增长的过程中均存在单门槛效应。但两个阶段的单门槛效应存在显著差异，后一阶段的门槛值（0.1）高于前一阶段的门槛值（0.07）（如图 4 所示），这符合前文分析逻辑，即随着 2007 年之后进入技术转换阶段，技术创新对人力资本水平产生了更高的要求，因此，在技术转换阶段人力资本门槛值明显高于技术模仿阶段。门槛回归系数显示，在人力资本积累未达到门槛值时，前一阶段全要素生产率对经济增长的促进作用依然显著为正，而后一阶段为负，可能的原因与前文的分析一致，即在以技术模仿为主的低技术要求阶段，人力资本水平提高对技术模仿带来的边际作用为正，随着技术转换阶段对人力资本技术创新能力的要求提高，只有当人力资本积累到一定程度时才会释放规模效应和促进作用。

表 16　分阶段的门槛效应回归结果

	（1）	（2）	（3）
阶段	2001–2006	2007–2019	2001–2019
变量	GDP	GDP	GDP
K	0.689***	0.369***	0.811***
	（0.0584）	（0.0386）	（0.0382）
L	0.882***	1.057***	1.110***
	（0.0999）	（0.0351）	（0.0405）
TFP（H<η_1）	0.0884***	–0.0257	–0.0148
TFP（η_1 ≤ H<η_2） TFP（H ≥ η_2）	（0.0157） 0.154*** （0.0161）	（0.0179） 0.0699*** （0.00914）	（0.0149） 0.0813*** （0.0139） 0.303*** （0.0412）

（续表）

	（1）	（2）	（3）
Constant	3.225***	2.525***	2.227***
	（0.596）	（0.235）	（0.268）
门槛值 1	0.0700	0.1000	0.1000
置信区间	［0.0550 0.0800］	［0.0900 0.1100］	［0.0900 0.1100］
门槛值 2			0.3100
置信区间			［0.2900 0.3200］
N	186	341	527
R^2（within）	0.883	0.908	0.919

注：***、**、* 分别表示在 1%、5% 和 10% 以内的显著性水平上显著

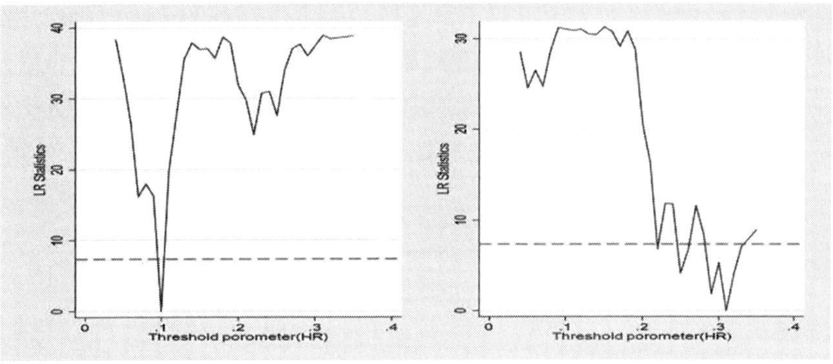

2001–2019 年

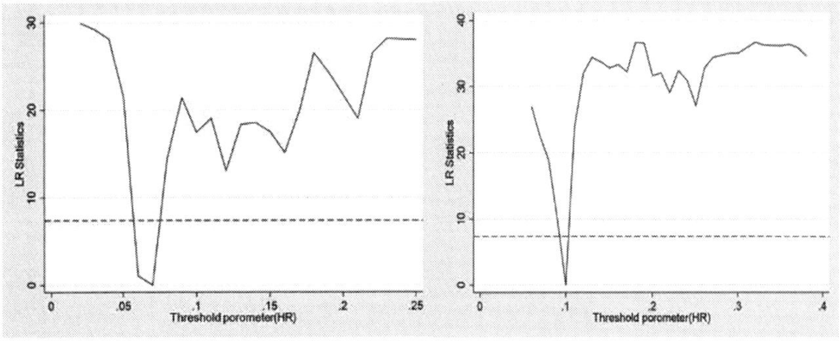

2001–2006 年　　2007–2019 年

图 4　分阶段的门槛参数图

5. 分区域的门槛效应异质性分析

分区域的异质性实证结果显示，东部和西部地区均存在人力资本单门槛效应，中部地区存在人力资本三门槛效应。从门槛起始值比较分析，东部地区的门槛起始值最大（0.25），即在技术基础水平和发展程度较高的区域，要想通过提升技术水平和生产效率进一步促进经济增长，需要达到更高的人力资本门槛，才能发挥人力资本的边际促进作用。与东部地区相比，中西部地区相对落后的经济发展和较低的技术要求水平，导致其人力资本积累的门槛值较低（0.1）。虽然实证结果显示中部和西部地区的人力资本门槛起始值持平（0.1），但与西部不同，中部地区人力资本积累的过程经历了三重门槛，且三次门槛作用系数呈倒 U 形变化，即人力资本积累在第一门槛产生了显著促进作用，在第二门槛促进作用进一步增强，在第三门槛促进作用有所减弱（如表 17 所示）。

基于前文分析，我们有理由推测中部地区人力资本三门槛系数呈倒 U 形变化的原因如下：中部地区在承接东部产业转移过程中扩大了对通用型人力资本需求，同时不断增强的人力资本供给能力，相对匹配的人力资本供需变化是前两次人力资本积累发生跳跃式促进作用的重要原因之一。但随着金融危机后中国制造业的升级和转型，技术转换的需求也逐步由东部向内陆渗透，中部地区在崛起过程中同样面临技术转换的需求，虽然就目前而言，人力资本对中部地区全要素生产率的边际促进作用高于其他区域，但与第二次门槛阶段相比，第三次门槛的边际作用有下降趋势，也就是说中部地区在加速人力资本积累和人才吸引过程中，也要同时进行技术技能型人力资本的培育和储备，以应对新技术转换和后期产业升级对技术技能型人力资本需求的扩张。

表 17　分地区的门槛效应回归结果

变量	（1）	（2）	（3）
	东部	中部	西部
	GDP	GDP	GDP
K	0.596***	0.996***	1.166***
	（0.0530）	（0.0521）	（0.0950）
L	1.334***	0.838***	0.813***
	（0.0495）	（0.0802）	（0.0836）
TFP（$H<\eta_1$）	0.0180	0.0170	–0.0267
TFP（$\eta_1 \leqslant H<\eta_2$） TFP（$\eta_2 \leqslant H<\eta_3$） TFP（$H \geqslant \eta_3$）	（0.0192） 0.192*** （0.0353）	（0.0226） 0.0986*** （0.0209） 0.212*** （0.0415） 0.142*** （0.0378）	（0.0242） 0.117*** （0.0257）

（续表）

变量	（1）	（2）	（3）
	东部	中部	西部
	GDP	GDP	GDP
Cons	0.841**	3.987***	3.786***
	（0.356）	（0.539）	（0.498）
门槛 1	0.25	0.1	0.1
置信区间	［0.225　0.285］	［0.07　0.11］	［0.09　0.11］
门槛 2		0.18	
置信区间		［0.11　0.19］	
门槛 3		0.16	
置信区间		［0.145　0.18］	
N	204	153	170
R^2	0.916	0.954	0.927

注：***、**、* 分别表示在 1%、5% 和 10% 以内的显著性水平上显著

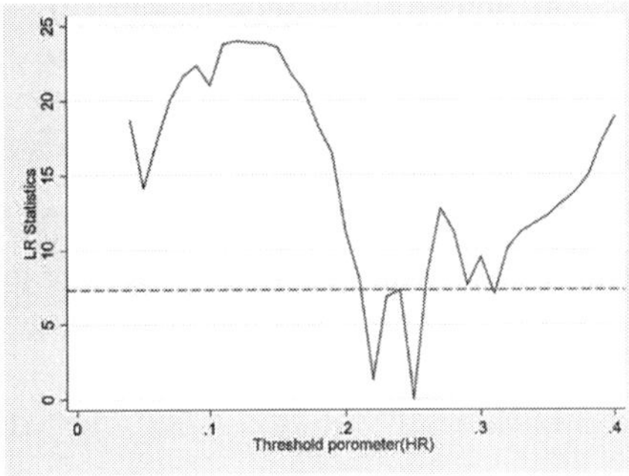

东部

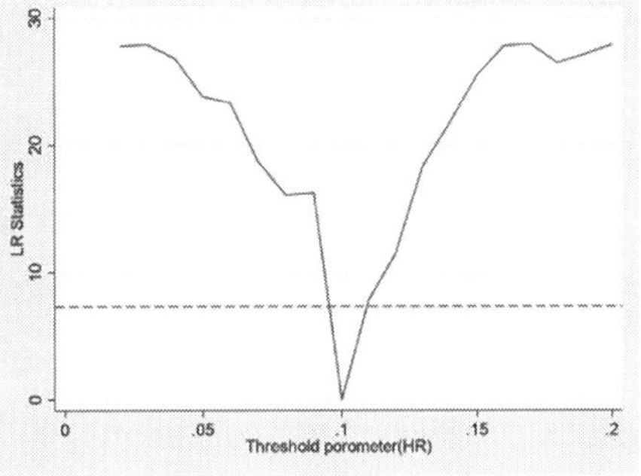

西部

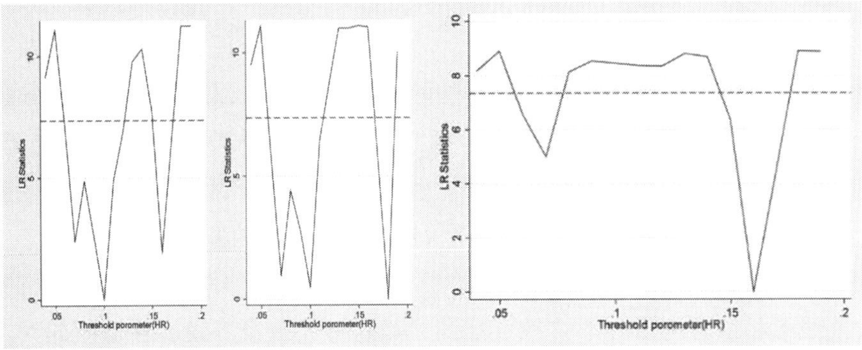

中部

图 5　分地区的门槛参数图

四、结论和启示

本文研究结论显示：2001 年–2019 年，在“人力资本 – 技术创新 – 经济增长 / 波动”作用路径中，以全要素生产率为代表的技术创新发挥了一定的中介作用，并且其中介作用的发挥存在阶段异质性和区域异质性。具体而言，技术创新的中介效应在“技术慢跑阶段”（2001 年–2006 年）大于“技术快跑阶段”（2007 年–2019 年），中部地区的中介效应高于东部和西部地区；人力资本发挥了重要的调节作用，调节作用的发挥在“技术慢跑阶段”（2001 年–2006 年）大于“技术快跑阶段”（2007 年–2019 年）；人力资本作用的发挥存在门槛，具体而言，“技术慢跑阶段”（2001 年–2006 年）和“技术快跑阶段”（2007 年–2019 年）均存在单门槛，且后一阶段的门槛值高于前一阶段，中部地区存在三门槛，且门槛值呈倒 U 形分布，东部和西部均存在单门槛。基于以上研究结论，我们提出以下政策建议：

1. 充分发挥技术创新的先导和引力作用，加快人力资本对技术创新的追赶速度，以教育和技术的加速赛跑助力国际国内双循环发展格局建设。在国际大循环建设中，以技术创新能力为标准，鼓励以技术能力上游国家为方向的国际人力资本流动。在国内大循环建设中，通过人才宏观布局和吸引政策引导形成与国内区域和产业雁阵格局相适应的人力资本雁阵布局。

2. 构建包括通用型人力资本、技术技能型人力资本、创新战略型人力资本在内的异质性人力资本体系，并加速与之相适应的人力资本结构调整和技术技能型人力资本分化。以就业市场需求和技术转换为导向，以“产教融合”和“产学研相结合”为发展契机，适时调整人力资本结构，通过政策引导推动建立企业、高校、受教育者技术技能转换的三方联动协同机制，缩短人力资本调整的滞后区间，增加以技术技能型为主的应用型人力资本。

3. 深入推进高等教育“研究型 – 应用型”分轨制改革，深化现代职业教育体系建设。在研究型大学中，深化学术学位和专业学位分类管理，继续增加专业学位比重并进一步完善专业学位培养体系，增加除专业硕士学位以外的专业本科学位和专业博士学位。加快建设应用型大学，并确立其与研究型大学同等重要的法律地位。同时，加快建立现代职业教育体系，设立包括职业专科、职业本科、职业硕士、职业博士在内的职业教育培养体系，促进高等职业院校向应用型大学升级。

4. 以新技术赋能终身教育体系建设，打通人力资本价值增值和价值实现的通道。通过线上线下相结合的多种形式教育培训，建立与数字经济发展相适应的人力资本支撑，推进流空间内人力资本价值创造和传输。通过 5G 技术和区块链技术拓展和保障线上教育和培训、线上招聘、线上医疗等人力资本活动的流空间价值创造和传输。

参考文献

［1］APERGISN. Technology, human capital and growth：further evidence from threshold co-integration［J］. The open economics journal, 2009, 2（1）.

［2］BENHABIB J, SPIEGEL M.M. The role of human capital in economic development evidence from aggregate cross-country data［J］. Journal of monetary economics, 1994, 34（2）：143–173.

［3］BENHABIB J, SPIEGEL M.M. Human capital and technology diffusion［J］. Handbook of economic growth, 2005, 935–966.

［4］ROMER P.M. Endogenous technological change［J］. Journal of political economy, 1990, 98（5）：71–102.

［5］CLAUDIA G., LAWRENCE F.K. The race between education and technology［M］. Cambridge：Harvard University Press, 2015, 395–486.

［6］DIAS J., MCDERMOTT J. Aggregate threshold effects in the generation of human capital［J］. Carmem Aparecida Feijo, 2011, 67–78.

［7］LEONID K., DIMITRIS P., AMITS. et al. Technological innovation, resource allocation, and growth［J］. The quarterly journal of economics, 2017, 132（2）：665–712.

［8］MILLER S.M., UPADHYAY M.P. The effects of openness, trade orientation, and human capital on total factor productivity［J］. Journal of development economics, 2000, 63（2）：399–423.

［9］NELSONRR, PHELPSES. Investment in humans, technological diffusion, and economic growth［J］. The American economic review, 1966, 69–75.

［10］VANDENBUSSCHE J, AGHION P, MEGHIR C. Growth, distance of frontier and composition of human capital［J］Journal of economic growth, 2006, 11（2）：97–127.

［11］宾莎莎．要素偏向型技术进步对我国经济波动的影响研究［D］．湖南大学，2017.

［12］丁任重，徐志向．新时期技术创新与我国经济周期性波动的再思考［J］．南京大学学报（哲学·人文科学·社会科学），2018，55（01）：26–40+157–158.

［13］窦玉蕾．技术创新、货币政策、跨期消费选择对宏观经济影响研究［D］．河北师范大学，2020. DOI：10. 27110/d. cnki. ghsfu. 2020. 000394.

［14］冯云廷，计利群．技术创新与城市经济增长波动——基于我国15个副省级

城市面板数据的实证研究［J］. 工业技术经济，2020，39（01）：41–49.

［15］黄海霞 . 新技术经济范式下经济长波运行规律研究［D］. 陕西师范大学，2015.

［16］纪雯雯，赖德胜 . 人力资本结构与创新［J］. 北京师范大学学报（社会科学版），2016，5.

［17］景维民，王瑶，莫龙炯 . 教育人力资本结构、技术转型升级与地区经济高质量发展［J］. 宏观质量研究，2019，7（04）：18–32.DOI：10.13948/j.cnki.hgzlyj.2019.04.002.

［18］陆倩 . 人力资本对自主创新的门槛效应［D］. 南京大学，2013.

［19］赖德胜，纪雯雯 . 人力资本配置与创新［J］. 经济学动态，2015，3.

［20］欧阳秋珍，陈昭 . 技术溢出、自主创新与我国经济波动［J］. 经济经纬，2013，5.

［21］平力群 . 探析日本经济波动的制度因素——基于国家创新体系的视角［J］. 日本学刊，2021，（03）：21–53+157+160.

［22］孙建，齐建国 . 人力资本门槛与中国区域创新收敛性研究［J］. 科研管理，2009，30（06）：31–38.DOI：10.19571/j. cnki.1000–2995. 2009. 06. 005.

［23］王小鲁，樊纲，刘鹏 . 中国经济增长方式转换和增长可持续性［J］. 经济研究，2009，44（01）：4–16.

［24］吴延瑞 . 生产率对中国经济增长的贡献：新的估计［J］. 经济学（季刊），2008，（03）：827–842.

［25］王春杨，兰宗敏，张超 等 . 高铁建设、人力资本迁移与区域创新［J］. 中国工业经济，2020，（12）：102–120.DOI：10.19581/j. cnki. ciejournal. 2020. 12. 005.

［26］夏良科 . 人力资本与 R&D 如何影响全要素生产率——基于中国大中型工业企业的经验分析［J］. 数量经济技术经济研究，2010，27（04）：78–94.DOI：10.13653/j.cnki.jqte.2010.04.007.

［27］杨艳美 . 技术冲击与我国经济波动［D］. 广东外语外贸大学，2015.

［28］杨伊，胡俊男，谭宁 . 高等教育投入、人力资本结构对区域经济增长影响的外溢性研究［J］. 黑龙江高教研究，2021，39（09）：36–44.DOI：10.19903/j.cnki.cn23–1074/g.2021.09.006.

［29］杨俊，李晓羽，杨尘 . 技术模仿、人力资本积累与自主创新——基于中国省际面板数据的实证分析［J］. 财经研究，2007，（05）：18–28. DOI：10.16538/j.cnki.jfe.2007.05.002.

［30］张爱芹，赖德胜 . 人力资本密度对我国区域创新的影响——基于我国省级

数据的实证分析［J］. 中国流通经济，2021，35（11）：67–77.DOI：10.14089/j.cnki.cn11–3664/f.2021.11.007.

［31］张啸天. 经济长波中技术进步作用的再研究［D］. 贵州财经大学，2019.

Analysis on the Countercyclical Adjustment Effect of Technical and Skilled Human Capital

—An Empirical Study on the Relationship between Human Capital–Technological Innovation–Economic Growth/Fluctuation

Lu Lin, Shi Jianjun

Abstract: Technological innovation is the fundamental driving force of economic recovery in the downtrend period. This paper empirically analyzes the mechanism that the effective supply of skilled human capital plays a role in economic growth/fluctuation through promoting technological innovation. The empirical regression results show that technological innovation has a mediating effect and human capital has a moderating effect in the path of "human capital-technological innovation-economic growth", and there is a threshold to play its role. In different stages of economic fluctuation driven by technological innovation, there is heterogeneity in the regression results. The mediating role of technological innovation and the moderating role of human capital are both higher in the "technological jogging stage" (2001–2006) than in the "technological fast running stage" (2007–2019). The threshold value of human capital in "technological fast running stage" (2007–2019) is greater than that in "technological jogging stage" (2001–2006). The results of regional heterogeneity regression show that the mediating effect of technological innovation is the strongest in the central region, and the threshold value of human capital is the highest in the eastern region. This paper concludes that "race effect between education and technology", "technology difference effect in development stage" and "technology difference effect in flying geese region" are the important reasons for the above heterogeneity. Therefore, accelerating the reform of "research-oriented and application-oriented" higher education system and promoting the accumulation of technical and skilled human capital and structural adjustment are important measures to promote technological innovation and economic recovery in the downward stage of economic fluctuations.

Keywords: human capital; technological innovation; economic growth/ fluctuation; race effect

资本市场开放对企业创新的影响[①]

——来自沪港通开通的证据

路易（LOUIS）[②]　施建军

改革开放40多年以来，我国经济持续性发展态势良好，成果较为显著，进展尤为可观。伴随对外开放逐渐扩大，对外开放水平逐渐提升，我国发展不断迈向新征程，获得新成就，对外开放有着不可磨灭的价值意义。资本市场是我国对外开放的重要方式，提高资本市场开放水平既需要秉承新发展阶段宗旨，构建完备新发展格局，贯彻落实新发展理念，还需要深化推进金融体制机制革新以及强化金融服务实体经济能力水平。近年来，政府部门也在助力资本市场开放，将以往的单向开放转为双向开放，将以往的局部管道式开放转为全面开放，资本市场取得了突飞猛进的发展。随着经济全球化进程逐渐加快，我国资本市场面临越来越多的机遇与挑战，因此，资本市场开放水平的稳步提升并且与国际资本市场接轨已经成为大势所趋。“沪港通”互联互通机制作为有代表性的重大金融创新政策，是内地与香港资本市场之间迈向双向开放的重要标志。当前，我国推动以创新驱动经济发展的新模式替代粗放的以投资去拉动经济发展的旧模式成为当务之急。与此同时，国家经济发展和未来的发展方向受到企业创新意愿和能力的影响，企业创新作为推动国家经济增长的主要驱动力，提升企业创新水平，激励企业开展创新活动，为企业创新提供创新资本是未来实现经济高质量发展的重要方向。而资本市场开放作为金融市场环境中推动企业创新发展的重要因素，探究两者之间的作用关系和路径具有较强的现实意义。

基于此，本研究在“沪港通”开通的证据背景下研究资本市场开放对企业创新

① 本文是路易博士的学位论文摘要。

② 路易，美国留学生，系对外经济贸易大学国际商学院2015级博士研究生，现任职于对外经济贸易大学英语学院。

的影响。具体研究内容主要包括以下几个部分：第一部分，梳理相关概念界定和国内外研究现状，认识资本市场开放和企业创新概念，对国内外学者针对资本市场开放与企业创新的相关研究进行梳理，为本文继续拓展提供方向；第二部分，分别利用有效市场假说理论、委托代理理论、新贸易理论、金融摩擦理论和企业创新理论进行理论分析，理论基础是研究问题的前提，在此基础上分析资本市场开放与企业创新影响之间的作用机制，深入探究作用路径；第三部分，结合我国发展现实背景，对资本市场开放与企业创新进行现状分析；第四部分，通过构建 DID 模型和 PSM-DID 模型实证分析模型检验资本市场开放对企业创新的影响及作用机制，并进一步分析资本市场开放对企业创新影响的异质性；第五部分，根据理论分析和实证结果，结合发展现状提出政策建议。本文的创新点主要表现在以下几个方面：研究内容方面新，考虑到企业创新的不同阶段、不同表现特征等，从创新产出、投入、效率、质量、模式多维度衡量企业创新，全面地检验了沪港通交易制度实施对企业创新产生的影响，能够更加深入认识资本市场开放对企业创新活动的作用特征；研究视角方面，本文分别基于宏观视角和微观视角，从企业家短视主义、资本成本和公司治理三个视角出发，探究资本市场开放对企业创新的影响通过三条路径发挥的作用；研究方法方面，本文利用文本分析和机器学习，测度企业家短视主义；关于公司治理的测度，采用主成分分析法计算多指标的综合得分，能够更加科学地反映公司治理水平。通过构建连续渐进式 DID 模型和 PSM-DID 模型去做因果识别，检验资本市场开放对企业创新的影响。

本文的主要研究结论为：资本市场开放能够显著提升企业创新水平，分别对企业创新投入、企业创新产出、企业创新效率、企业创新质量具有积极正效应，并且能够有效抑制企业策略性创新，推动企业实现实证性创新；企业家短视主义、资本成本和公司治理在资本市场开放与企业创新之间具有中介效应，资本市场开放能够通过缓解企业家短视主义推动企业创新，通过降低融资成本提升企业创新研发投入，通过加强公司治理提升企业创新水平；融资约束、外部治理和市场化程度在资本市场开放与企业创新表现出显著调节作用，其中融资约束具有负向调节作用，外部治理具有正向调节作用，市场化程度具有正向调节作用。

针对上述研究结论，本文提出如下政策建议：

第一、进一步扩大资本市场开放，推动企业创新发展。

本文实证分析结果表明资本市场开放对企业创新表现出积极作用，因此，应持续扩大资本市场开放，践行资本市场开放给企业带来的创新红利，推动企业实现创新发展。政府层面，持续加快推进资本市场开放的情况下要关注国家金融安全，在保证国家金融安全的前提下加强资本市场开放力度。金融管制方面，资本市场开放主要通过境外投资者为国内企业带来更加丰富的资金，是有效解决企业融资问题的重要方式，在吸引境外投资者的同时加大金融监管力度同等重要，打造更加丰富多样化的资本市场。

第二、推进资本市场基本制度建设，激发企业创新活力。

1. 对于政府而言，首先，中国资本市场对外开放的成功实践可以为发展中国家的金融市场发展提供借鉴；同时，中国应继续推进资本市场核心制度建设，进一步扩大资本市场双向开放，深化资本市场改革，提高上市公司管理水平，提升上市公司质量。其次，中国应继续完善沪港通交易制度，简化交易流程，提高“沪港通”每日额度，扩大“沪港通”的投资范围和公司对象，降低外国投资者的准入门槛；推动沪伦通、中日 ETF 通等开放措施，提高 A 股在国际指数的比重。为加快推进衍生品市场建设，畅通境外机构投资者直接进入股票债券市场的渠道，应进一步扩大期货品种开放范围，方便外资进入证券、期货、基金行业；我们一直努力探索新的合作模式，促进中国和全球市场的互联互通。再次，中国应继续引进各种类型的外国投资者，优化投资者结构，加强投资者教育和引导，提供长期投资和投资价值的文化。最后，我们应该积极培育金融信息中介机构，确保中介机构的责任。建立具有相应权利和责任的资本市场中介体系，提高其在信息获取、分析和传递方面的作用。

2. 对于上市公司而言，首先，资本市场开放引入大量境外投资者参与 A 股市场，这些境外投资者往往对公司的信息披露数量和质量的需求较高，因此上市公司需要增强信息披露的有效性和及时性，提高信息披露质量，加强与境外投资者的沟通，妥善处理与外部投资者的关系。其次，上市公司需进一步完善公司治理结构，鼓励机构投资者参与本公司治理，提高公司治理水平，以吸引更多的境外投资者关注。最后，积极面对资本市场开放对公司所带来的挑战，加强公司的风险防范能力。

3. 对于投资者来说，首先要保持长期投资和价值投资的理念，注重对公司基本面的分析，不能仅关注目前市场热点题材，盲目追涨杀跌。其次，随着资本市场对外开放政策的不断实施，外国投资者的参与将影响市场的风险偏好和投资风格，投资者应适应市场环境的变化。最后，投资者应加强对专业知识的学习，在投资港股通时注意两地市场法规和交易规则的差异，控制风险，避免不必要的损失。

第三、加强企业管理，营造良好的内外部融资环境。

企业应建立一个全面的系统，评估管理层在投资决策中的行为，并从投资项目的净现值和管理层的投资动机等不同角度分析这一投资决策的可行性，以改善因问题而造成的管理投资效率低下的现象。同时，在未来国有企业改革的过程中，还应关注国有企业的投资行为，在投融资方面深入市场化。

关键词： 资本市场开放；企业创新；“沪港通”；DID 模型

The Impact of Capital Market Opening on Enterprise Innovation: Evidence from the Opening of Shanghai-Hong Kong Stock Connect

Louis, Shi Jianjun

Abstract: This paper studies the impact of capital market opening on enterprise innovation in the context of the evidence of the opening of the Shanghai-Hong Kong Stock Connect. The specific research content mainly includes the following parts: In the first part, the definition of relevant concepts and research status at home and abroad are summarized, the concepts of capital market opening and enterprise innovation are understood, and the relevant research of domestic and foreign scholars on capital market opening and enterprise innovation is summarized, which provides directions for further development of this paper. The second part makes theoretical analysis from the efficient market hypothesis theory, principal-agent theory, new trade theory, financial friction theory and firm innovation theory. The theoretical basis is the premise of the research problem. On this basis, it analyzes the action mechanism between the opening of capital market and the influence of firm innovation, and explores the action path in depth. The third part analyzes the current situation of capital market opening and enterprise innovation in combination with the development background. In the fourth part, the DID model and PSM-DID model are constructed to empirically analyze the impact and mechanism of capital market opening on enterprise innovation, and the heterogeneity of the impact of capital market opening on enterprise innovation is further analyzed. The fifth part, according to the theoretical analysis and empirical results, combined with the development status of the policy recommendations. The main conclusions of this paper are as follows: Capital market opening can significantly improve the level of enterprise innovation, which has positive effects on enterprise innovation input, enterprise innovation output, enterprise innovation efficiency and enterprise innovation quality, and can effectively restrain enterprise strategic innovation and promote enterprise to achieve empirical innovation.

Keywords: capital market opening; enterprise innovation; the Shanghai-Hong Kong Stock Connect; DID the model

基于数据挖掘技术的智慧民生网络体系构建研究

夏传信[①]　施建军

内容摘要：本文首先从智慧城市出现与建设发展的现状，以及我国城市推进智慧城市建设的必要性和重要性出发，提出“什么是智慧城市”这一重要研究问题，并分析研究这一问题的重要意义，进而推出论文研究的核心——构建智慧民生网络体系，之后基于统计模型方法包括分层模型、谱聚类方式等提出智慧民生网络体系模型的概念，分析智慧民生体系的要素及其结构层次，利用数据挖掘手段有效地讨论内在要素的各个关联关系。研究发现：必须完善相关统计制度以及各种评价体系，如经济发展评价指标体系、民生测度评价标准等，保证科学决策的基础。

关键词：数据挖掘；智慧民生；社交网络分析；聚类分析；文本挖掘

一、引言

城市作为人类的交易和聚集的中心，是经济社会发展到一定程度时的产物；代表着人类社会步入了文明时代，同时它也代表着人类群居生活的高级形式。现如今由于城市化进程速度在一直上升，城市人口数量急速增加、城市的规模也在不断地壮大，作为区域经济和政治中心，城市的地位在不断增强。人类生产力水平的提高一方面推动城市的形态和功能不断演变，另一方面，城市的加速建设进程中，涌现了交通拥堵、管理效率低、环境监测不到位、教育资源分配不合理以及应急系统不通畅等诸多问题。如今大数据与数据科学兴起，引发城市信息化浪潮，以数据为中心的智慧城市应运而生，并且已经成为发展的新理念和新实践。区块链、大数据、

① 夏传信，统计学博士，对外经济贸易大学统计学院 2014 级博士，现任职于商务部国际贸易经济合作研究院欧洲研究所，研究领域：数字统计。

数据活化和数据挖掘等数据管理、应用与分析技术构建数据驱动的智慧民生体系将在智慧城市发展中发挥重要作用。

20世纪90年代开始，中国的城市化率高速增长，目前城镇化率已经高达近52%。在城市高速化发展进程中，依然面临着巨大的挑战，智慧城市的出现，尤其是智慧民生网络体系的构建为我国解决城市发展难题，推进城市的发展和建设提供了有效的解决方案。根据统计年鉴资料显示①，2013年，我国已达到城市型社会标准。联合国有关机构预测，我国到2030年时城市化率将达到70%左右。

王广斌、张雷、刘洪磊（2013）认为，21世纪以来，以互联网技术为驱动力的“智慧城市”逐渐成为新兴起来的关于未来城市发展方向的一个方向，成为继数字城市、生态城市、智能城市之后，在全世界范围内引领城市建设和发展的新理念。科技作为第一生产力，在智慧城市建设和发展进程中，科学技术是主要的推动力，特别是信息技术的突飞猛进，汪芳等（2011）等认为物联网、云计算、大数据挖掘等技术的出现，成为推进城市智慧化的重要手段。他们认为，物联网技术和云计算能力为智慧城市提供技术支撑，大数据挖掘技术为城市中各种复杂状态间的关联体系提供支撑。张振刚、丁卓、田帅（2016）认为，智慧城市是运用物联网、大数据、云计算、空间地理信息等新一代信息技术，在全面感知城市信息的基础上，达到基础设施完善、科技信息化水平高、协同运作能力强、人与自然相和谐的良性状态。随着科学技术，特别是信息技术的发展，以信息化和城市化高度融合为主要特征的智慧城市建设已在全球范围内广泛展开，在人类城市社会发展历程上具有里程碑意义。

对于智慧民生的研究和实践，目前仍处于起步阶段。本文关于“什么是智慧民生，智慧民生包括哪些层级，层级之间的关联性又如何”这一现实问题进行研究，但并不局限于此问题，也针对所探讨的智慧民生的定义进一步构建智慧民生网络结构体系，即本文主要侧重对以下几个问题进行深入研究和剖析：

一是什么样的城市称之为智慧城市，智慧城市的创建有什么样的意义？如何通过统计方法、统计模型认识并度量这一体系复杂的新事物？

二是智慧民生网络体系由哪些基本要素构成，这些要素具有怎样的结构特征，各结构之间的层次关系如何体现？怎么利用统计方法刻画层次间的不同关系？

三是在智慧民生网络体系中，不同的要素如何在相互联系中按照特定的结构层次构成智慧城市系统这一整体的？各个要素间具有怎样的关联关系，如何运用数据挖掘手段有效度量这种关联关系，并构建一个和谐稳定统一的整体。

为解决这三个问题，本文的第一要素欲构建北京市的智慧民生的网络体系模型，

① 数据来源：《2013年国家统计年鉴》中华人民共和国统计局网站 . http://www.stats.gov.cn/tjsj/ndsj/.

试图找到智慧民生体系中的不同层级，并从智慧环境、智慧交通、智慧医疗、智慧教育等角度探讨如何打造安全、稳定、高效的智慧民生网络体系，并试图利用概率图模型的方式挖掘各个要素间的关联关系。而在智慧城市环境下，随着物联网、云计算和大数据技术的应用，全面透彻的城市感知带来了大量的实时数据，越来越多的要素之间产生了更多的联系，这也激发本文进一步探究这种关系。故本文的第二个侧重点欲利用数据挖掘技术、统计模型方法根据所获得的实时数据更有效地捕捉智慧民生体系中各个复杂状态间的关联关系，使得各要素间能可视化、智能化、统一化，如何让它行之有效地运行，保证人们生活更有保障，使得人与自然之间的关系更加和谐，达到一个新的高度。

二、文献综述

智慧民生涵盖很多内容，智慧交通、智慧教育、智慧资源、智慧环境、智慧医疗、智慧社区、智慧舆情、智慧养老、智慧政府等都属于智慧民生建设范畴。本文选取智慧民生中可以测度的智慧交通、智慧教育、智慧资源、智慧环境以及智慧医疗进行研究。

社会民生关系到广大人民群众的切身利益，建立健全覆盖城乡的社会保障体系也是各级政府部门的重大责任，借助互联网及物联网的发展，运用多种信息化手段，使各级民生机构互联互通、资源共享，打造满足社会发展的民生管理信息平台。智慧民生是在互联网发展模式下提出的一种全新理念，综合运用物联网、云计算、大数据等最新的信息科技手段，通过把人和公共服务连接起来，在惠及民生方面提供更加文明、方便、快捷的处理，实现开放、协助、互联的智慧民生体系。智慧民生建设原则是以民生内容为核心、民政建设为基础，通过信息资源整合，优化业务流程、改进管理方式、转变工作方法、提高工作效率，构建完备的民政信息化建设体系，使各级政府部门更好地为人民群众提供福利、救助、救灾等社会事务。十八大报告①指出：加强社会建设，必须以保障和改善民生工程为重点。新时期，关注民生、重视民生、保障民生、改善民生，成为党和政府所有工作的出发点和归宿点。为贯彻落实中央决策部署，提升民生保障水平，增强公共服务能力，让改革发展成果更多地惠及广大人民群众，从维护广大人民根本利益的高度，加快健全基本公共服务体系，加强和创新社会管理，推动社会主义和谐社会建设。

城市智慧民生体系构建的根本目标②如下：

① 中国共产党第十八次全国代表大会关于十七届中央委员会报告的决议（2012 年 11 月 14 日中国共产党第十八次全国代表大会通过）［J］. 党的生活：云南，2012（23）：18-19.

② 智慧民生 – 智慧城市建设的真正核心 _ 中国城市文化网 http：//www.citure.net.

第一，信息海量集中、实时共享：集中存储海量的城市级基础信息资源，同时实现以政府为主体的信息资源获取和共享。

第二，信息化应用高效协同：实现以市民基本信息为中心，以活动信息为线索的一体化信息化生活环境。

第三，随时随地服务获取：以无线城市、宽带城市建设为基础，以各类通信与信息化应用终端为载体，实现市民对各类信息化服务的随时随地获取。

建设智慧城市的最终目标就是要让民众共享智慧城市发展的成果，即构建智慧民生体系。因此，在智慧城市深入发展进程中，仍然要将智慧城市建设的重点放在与民众生活息息相关、社会高度关注的领域，特别要加强现代信息技术在社会管理、交通、医疗、教育、环保、食品安全等民生重要领域的应用。要在这些领域不断攻坚克难，以更大程度地提高民众幸福指数和获得感。要进一步推广网格化管理，积极构建适应特大型城市发展要求的数字化、智能化、精细化管理体系，全面提升城市运行服务水平和质量[①]。

三、基于分层模型和图模型的智慧民生网络体系构建

（一）智慧民生体系构建方法及估计

分层线性模型（hierarchical linear modeling，HLM）方法近年来得到了极大的发展，在各个领域（社会科学、经济、教育、心理、医疗等）均有广泛的应用。该方法的出现较好地克服了传统线性回归技术的缺陷，能够处理具有层次结构特点的数据，含有嵌套关系的多水平（multilevel）数据。传统回归方法一般仅从单一的宏观整体层次或微观局部层次对数据进行分析，很少考虑数据的嵌套层级关系，这极大忽视了对数据的解读。而在组织管理中，为对组织进行更好管理分配，需要层次化和结构的观点，需要考虑两种情形：一是意识群体、组织及其他情境因素是怎样自上而下地影响到个体层面的结果变量；二是个人态度、知觉及其行为又是如何自下而上地最终形成群体与组织。于是分层线性模型是对于本文所使用的具有嵌套结构的大数据一个好的处理工具。故本文首先以分层线性模型为基础将复杂的数据关系梳理出来，并进一步搭建智慧民生体系模型。

① 智慧城市发展指数统计评价研究课题组，杨京英，陈彦玲，等．“十二五”时期北京智慧城市发展指数（SCDI）统计评价研究报告［J］. 中国信息界，2016（2）：73-80.

（二）模型设定

根据本文的设计及本文给出的智慧民生的根本目标，智慧民生网络体系具体的搭建层级，由下至上，重要性逐层递加，如表 1 所示。

表 1　智慧民生网络体系不同层级表

层次	示例分层级别	变量
层次 3	战略指导层	战略任务（基础设施任务、信息技术任务、智能系统任务、智慧产业发展任务） 战略重点（经济、社会等领域信息化建设、城市各领域互联互通） 战略执行（组织领导、政策法规、信息安全、人才建设、标准规范）
层次 2	民生过渡层	智慧交通 智慧教育 智慧资源与环境 智慧医疗
层次 1	基本要素层	各要素存在形式 各要素联系方式 各要素运动形式 各要素的新变化 各要素的发展趋势

首先由表 1 根据智慧城市及智慧民生的概念，我们可以建立如下层次结构关系：第一层级，由最基本的人构成，为智慧民生的基本要素层级，基本要素层级主要反映了智慧民生中物质要素的存在形式、联系方式、运动形式及其呈现的物理形态出现的新的变化和发展趋势。

第二层，民生过渡层级，民生过渡层主要反映了智慧民生中人类活动所呈现的智慧新形态。主要包括企业与个人的相互作用形态，基本要素层实现了物与物、人与物之间的互联互通，民生过渡层在基本要素层基础上实现了更加广泛的人与人之间的互联互通，并推动人类社会经济活动不断演绎出各种智慧新形态。特别地，在智慧民生系统下，这些智慧新形态包括智慧交通、智慧教育、智慧医疗、智慧资源与环境等；智慧民生系统中民生过渡层比基本要素层涌现的“智慧”特征主要可以概括为，人们能够更加科学、高效、智慧、合理、有序地开展各类社会经济活动，主要体现在社会活动领域和经济活动领域。

第三层级，智慧民生系统是智慧民生的核心，中枢系统，一切实际运作和系统操作以及应用基础全部依靠在此完成操作，积累各种数据仓。政府通过公共基础设施及时地搜集与民生相关的数据，集成公共服务部门和企业的信息及服务，为公众提供解决其方方面面生活问题的应用，包括智慧交通、智慧医疗、智慧教育、智慧环境等服务。以政府为中心，让第三方开发者参与移动应用的开发，从而向公众提供更优秀的便民应用。同时，政府构建了灵活的、可扩展的智慧民生云服务，实现海量信息的资源获取和共享、以活动为线索的服务集成，让公众随时随地以各种方式获得信息和服务，让政府更及时地了解公众所需、公众所想。

具体建模操作步骤如下：

第一步，基于不同层级收集到的特征，利用谱聚类的方式聚集成少数几个重要性的综合指标；

第二步，根据实际数据及不同层级的指标构建智慧民生体系结构，如图 1 所示。

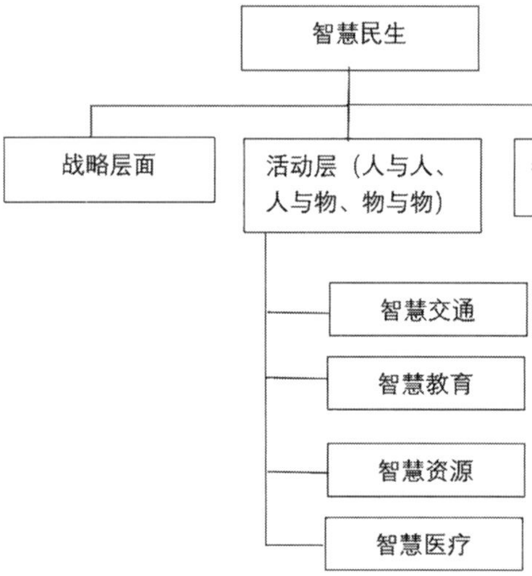

图 1　智慧民生体系结构

（三）分层模型估计结果

首先，我们根据结果得到智慧民生网络体系的层间关系，利用 R_{Wg} 对模型的检验结果见表 2。关于层内一致性（方差大小）的问题，研究者们通常使用 R_{Wg} 测定一致性问题，高一致性反映了同一层级内的个体对总体的一致性很高，反之亦然。

$$R_{WG(J)} = \frac{J\left[1-(S_{xj}^2 / \sigma_{EU}^2)\right]}{J\left[1-(S_{xj}^2 / \sigma_{EU}^2)\right]+(S_{xj}^2 / \sigma_{EU}^2)} \tag{1}$$

其中，J 表示测量某一个层级一致性所包含变量的数目，S_{xj}^2为 j 个变量对应观测值的平均变异（方差）大小，σ_{EU}^2为对应的期望变异（方差）。

一般而言，R_{Wg} 的临界标准为 0.70，而 ICC 的中位数是 0.12。

表 2　层内一致性系数表

层级	最小值	最大值	平均值	<0.7 百分比
基本要素层	0.18	1	0.90	1.81
民生过渡层	0.35	1	0.94	3.42
战略指导层	0.57	1	0.98	1.81

表 2 说明本文构建的智慧民生系统各层次内部具有一致性，满足本研究分层模型应用条件；进一步考虑层间的一致性问题，见表 3。

表 3　层间一致性系数表

具体层级	均方成分		ICC	F 值
	层次间	层次内		
基本要素层	0.63	0.36	0.15	1.76**
民生过渡层	1.19	0.62	0.17	1.93**
战略指导层	0.62	0.25	0.26	2.52**

对三个层次变量进行 ICC 和单因素的方差分析，其中 ICC 代表评分者信度（intraclass coefficient），通常如果 ICC 的值大表明个体评分可以相对较好地代表群体平均值；反之如果 ICC 取值较小，则表明需要多个个体评分才能较好地替代群体平均值，ICC 定义如下。

$$ICC = (MSB - MSW) / (MSB + [(k-1) \times MSW]) \quad (2)$$

其中，MSB 代表层间均方，MSW 为层内均方，K 为群体大小，该公式为方差分析 ANOVA 中估计层内变异和层间变异的简单方法。表 3 表明，ICC 值均在 0.15 至 0.26 之间，方差分析的 F 值均显著。说明层间存在足够的变异，利用分层模型进行分析是有效的。以下我们对分层模型的系数给出估计值，并与传统线性回归模型进行比较。以下为说明本文的分层线性模型的合理性。考虑不同变量的线性关系，见图 2。可以看到不同变量间呈现一定的线性关系，并且呈现出层级嵌套的结构，故利用分层线性模型进行建模和拟合是合理的。

图 2 给出了在智慧民生系统中各因素的相关分析图，可以看到不同层级的变量之间具有一定的相关性，本文在后续部分利用分层线性模型及线性模型两种方式对模型中参数进行估计，并加以比较，结果见表 4。

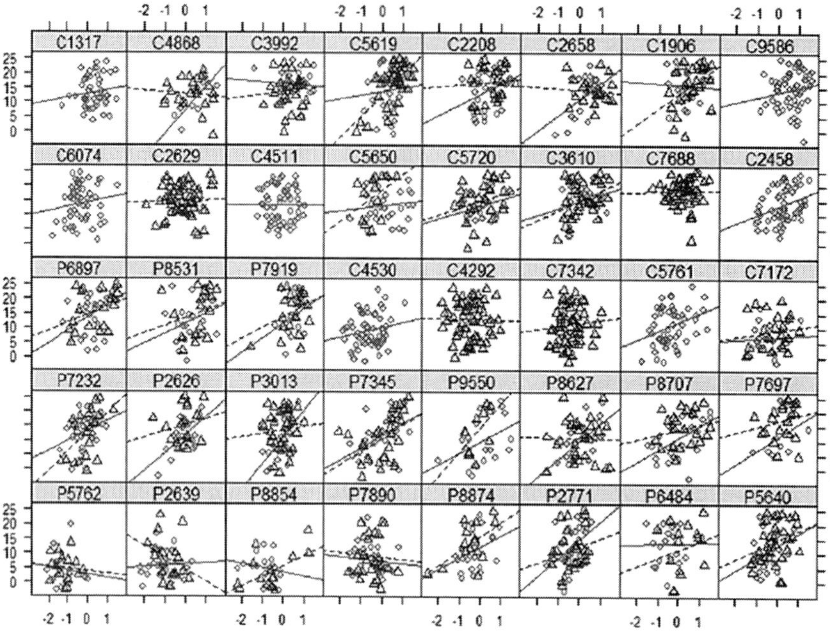

图 2　各因素相关分析图

表 4 HLM 参数估计与线性回归对比

	HLM		传统回归	
	系数	*t* 值	系数	*t* 值
基本要素层	0.1099**	2.20	0.151	1.51
民生过渡层	0.1254	1.39	0.188*	1.71
智慧交通	0.1367**	1.95	0.117	1.17
智慧医疗	0.1494***	2.99	0.086	1.43
智慧教育	0.1418**	2.36	0.206***	3.43
智慧资源	0.1214**	2.43	0.203***	2.90
战略指导层	0.0854	1.07	0.170**	2.13

* 表示 p 值 <0.1，** 表示 p 值 <0.05，*** 表示 p 值 <0.01

从表 4 中可知，用传统的回归方法分析结果与分层模型分析结果有一定的相似性，但分层回归结果更好，更能说明问题。对比两种结果发现，第三层的决策性对于智慧民生的构建起到决定性作用。并且第二层级内部的智慧交通、智慧医疗、智慧教育、智慧资源等因素具有相关性。

综上表明，智慧民生系统整体是自下而上的分层系统。基本要素层是组成智慧民生网络体系结构的基础，是民生过渡层的基础要素。基本要素层内各要素之间的广泛联系、互动和发展演化出了民生过渡层多种多样的民生形态，从而产生了不同形态的智慧民生需求，加速全新的智慧民生形态的形成。例如，基本要素层中人与人之间发生的教育与被教育关系使得社会产生了智慧教育的需求，为满足社会中的智慧教育需求，民生过渡层需要产生相应的智慧教育方案。

民生过渡层是智慧民生体现的具体集合，为战略指导层的战略部署提供了基础的需求和数据支持，为战略指导层做出正确的战略部署提供依据。同时，民生过渡层对战略指导层具有重要的反馈作用，用于战略指导层依据实际情况，客观高效地调整战略部署，加速民生过渡层的策略实施和发展，从而促进智慧民生的进步。

四、智慧交通实证分析——以北京市智慧出行为例

（一）背景及需求分析

出租车是城市居民的重要出行方式之一，尤其诸如北京、上海、深圳等大城市需求更高。但是因为传统出租车长期处于垄断地位，出租车打车难、价格高、服务水平降低等问题逐渐成为城市居民关注的热点问题。随着互联网技术发展与共享经济的出现，大量网约车平台应运而生。网约车进入市场在一定程度缓解了出租车行业的供需不平衡问题，同时打车软件也为乘客和出租车司机提供了信息交换平台，提高了人们的出行效率。网约车一度成为市民最为偏好的出行方式，也是智慧出行的途径之一。

因此，本节以网约车为例探讨北京市的智慧出行情况，而乘客投诉数据是网约车平台了解乘客心声最直接有效的方式，乘客可以通过投诉热线、投诉短信、网约车 APP 评论等方式对出租车的各项服务进行评论和投诉，通过这些评论数据，网约车平台能够了解乘客需求与不满，进而改善出租车以及司机服务，提高乘客的满意度，最终争取到更多的乘客。如何去找到影响投诉率的因素以及解决这些数据中反映的问题成为网约车平台亟待解决的难题。而随着大数据挖掘技术的发展，对成批量数据的处理分析成为可能。

（二）数据来源及分析

本节利用 2017 年 12 月 11 日至 2017 年 12 月 17 日一周北京市的某打车软件的打车数据，共约 50 万条从两个方面对司机和乘客投诉行为进行研究。一方面，选用与投诉重要相关的变量建立投诉分类模型，起到预警的作用；同时，利用关联分析挖

掘可能导致投诉发生的规则；另一方面，通过对文本的分词处理，利用分类算法和LDA主题模型方法对文本主题进行分类建模，实现投诉文本快速分类的目的。本节所有数据分析建模均利用R软件完成。

（三）出租车投诉模型研究

原始数据有订单ID、订单类型、起始点经纬度等32个字段，见表5。

表5 订单数据字段表

序号	字段名称	字段解释
1	order_id	订单ID
2	order_type	订单类型
3	order_status	订单状态
4	is_online_pay	是否线上支付
5	is_succ_order	是否成功订单数
6	passenger_id	乘客ID
7	driver_id	司机ID
8	starting_lng	起点经度
9	starting_lat	起点维度
10	dest_lng	终点经度
11	dest_lat	终点维度
12	starting_name	起点名称
13	dest_name	终点名称
14	driver_start_distance	司机与出发地的直线距离
15	start_dest_distance	出发地与终点的直线距离
16	create_time	订单创建时间
17	strive_time	抢单时间
18	reach_nearby_time	司机点击“我已到达附近”的时间
19	aboard_time	乘客上车的时间
20	reach_dest_time	司机点击“我已到达目的地”的时间

（续表）

序号	字段名称	字段解释
21	driver_push_order_time	司机主动发起收款的时间
22	passenger_pay_online_time	乘客线上支付完成的时间
23	driver_receive_rmb_time	司机点击“我已现金收款”的时间
24	passenger_into_orderpage_time	乘客进入支付页面的时间
25	passenger_into_paypage_time	乘客进入支付成功页面的时间
26	pay_complete_time	支付完成时间
27	cancel_time	取消时间
28	cancel_type	取消者类型 1：被乘客 2：被司机取消
29	score	订单星级
30	content	乘客评论
31	customer_type	用户类型 1 乘客 2 司机
32	content	投诉内容

对原始数据进行预处理后，最终得到 13 个变量，参见表 6。其中 6 个属性变量（1、2、4、5、6、10），剩余 7 个数值变量。

表 6　订单数据字段表

序号	变量名称	变量解释
1	is_complain	是否被投诉
2	is_succ_order	订单是否成功
3	driver_start_distance	司机接驾距离
4	start_dest_distance	订单行程距离
5	cancel_type	取消订单类型
6	is_online_pay	是否在线支付
7	answertime	应答订单时间
8	canceltime	取消订单时间
9	shijianduan	订单发生的时间段

（续表）

序号	变量名称	变量解释
10	area	订单发生的区域
11	api	订单发生的即时空气质量
12	windspeed	订单发生的即时风速
13	airemp	订单发生的即时温度

对异常值进行处理。一是删除应答时间和取消时间为负数的订单；二是删除距离为 0 的订单。

（四）投诉文本分析

当一个订单发生时，不免会遇到这样那样的问题，而当司机和乘客遇到当下解决不了或者事后不能当面解决的事情，就会产生投诉。记录投诉内容的文本有很大的利用价值，接下来我们会对投诉文本加以分析，得到文本分类模型：

（1）关键词提取

利用 R 语言，绘制投诉文本出现频繁的关键词词云，见图 3。字体越大代表在投诉文本中出现越多。

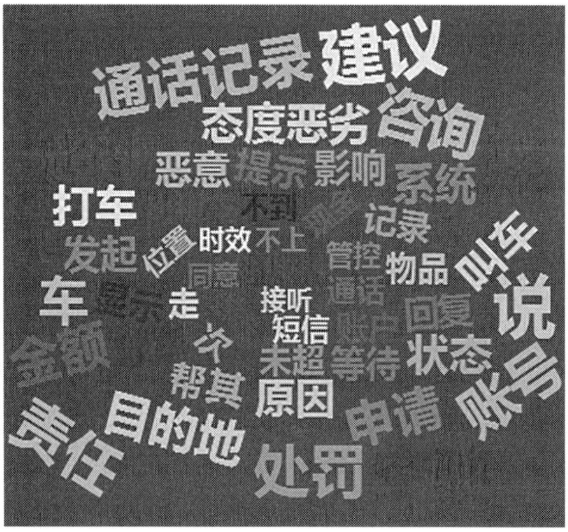

图 3　词云 & 特征提取

图 3 表明，投诉内容中经常会投诉如下内容，主要包括驾驶行为、驾驶态度以及支付方式等“空驶”、通话记录、超时、断线、“恶意”、责任、“态度恶劣”、“现

金”等词语，这也提示司机需要在这些方面多加注意，避免投诉行为发生。

（2）文本聚类

文本聚类（text clustering）所依据的假设如下：同类文档的相似度较大，不同类的文档相比于同类文档而言，相似度较小。聚类方法作为一种无监督学习方法，它不需要训练过程，也不用事先手工标注文档类别，因此聚类方法具有较高的自动化处理能力以及灵活性，现在聚类方法已成为处理文本信息的重要方法，为越来越多的研究人员所关注。

利用 K–means 算法，我们分别取 K=3，4，5，6，7，8，9，10，得到下表结果。

表 7 中 K 是代表聚类的数量，聚类优度是指组内平方和占总平方和的比值，代表聚类效果好坏，1–10 代表聚类结果每一类的数量占比，但是每一类 1–10 并不是一一对应的，只是一个类别代表。

表 7 K–means 算法的聚类优度汇总表

K	聚类优度	1	2	3	4	5	6	7	8	9	10
3	3.3%	1.26%	97.53%	1.21%							
4	4.1%	1.63%	97.98%	0.10%	0.29%						
5	7.8%	0.60%	75.26%	11.23%	0.29%	12.34%					
6	6.3%	66.12%	10.25%	0.29%	0.13%	23.14%	0.06%				
7	6.8%	0.19%	1.43%	0.52%	0.43%	61.06%	12.87%	23.50%			
8	16.0%	1.49%	0.87%	1.52%	95.16%	0.56%	0.09%	0.02%	0.29%		
9	19.7%	10.17%	0.17%	2.49%	21.48%	2.51%	1.49%	51.54%	1.43%	8.71%	
10	19.5%	0.17%	1.49%	0.60%	2.40%	0.04%	60.40%	9.35%	3.33%	0.06%	2.17%

（3）LDA 文本主题建模

传统方法中判断两个文档的相似性主要通过查看两个文档中同时出现的单词的多少，如 TF–IDF 等，但是这种方法忽视了对文字背后语义关联的考量，对于两个相似的文档，可能会出现这两个文档中共同出现的单词极少甚至没有的情况。本节利用 LDA 主题模型，试图从投诉内容中获取重要的关键词及主题内容，主题结果见表 8，表中给出每一类的十个热词。但是大量的无用词导致结果仍需进一步改进。

表 8　LDA 主题文本模型结果

Topic 1	Topic 2	Topic 3	Topic 4	Topic 5	Topic 6	Topic 7	Topic 8	Topic 9
取消	支付	接	车费	支付	结束	申诉	线	车
安抚	结束	车	未	呼	目的地	爽约	进	帮
补偿	安抚	物品	支付	外_呼	咨询	判定	进_线	耐心_等待
爽约	发起	说	支付_车费	外	取消	爽约_判定	核实	核实
会对	恶意	遗失	未_支付	现金	滴	判定_申诉	结束	关
到达	时效	物品_遗失	车费_金额	车费	米	申诉_结束	态度	禁
上车	恶意_发起	出租	金额	专人	远	结束	断线	封_禁
安抚_会对	发起_支付	出租_车	状态	现金支付	滴_米	取消	恶劣	封
管制	车	打电话	超	笔	公里	记录	态度恶劣	遗失
驶	超过	收费	车费_车费	接	返	通话	断	三方

（4）文本分类

文本分类问题是将目标文本根据其特征分配到事先设定好的类别中，具体的类别可以是两类，也可以是多类。文本分类问题是机器学习领域中监督学习的一类重要应用。需要重点说明的是，首先，在文本分类问题中需要预先确定文本类别体系。一旦类别体系发生变化，就需要重新对文本分类体系进行构建；其次，文本分类问题并不要求一个文本只能归属于某一个类别，比如在基于主题的分类中，每篇文本可能会被同时分到多个不同的类别中，因此文本分类具有一定的主观性。

本节所利用的订单数据中每一条投诉订单都含有大量的投诉内容，每一条投诉文本的长度在 1–100 个字节左右，共有 12 600 条投诉文本数据。如何快速应对各种投诉问题并给予及时的准确的妥善处理方式，需要将这些投诉文本进行适当归类。表 9 为词频相对频数较高的词，表 9 表明组合一起的词也会出现，这是由于我们增加文字信息量 n–gram，设置 n=2。

表 9　外呼词汇频率汇总

	term	term_count	doc_count
2 662	申诉	232	114
1 584	结束	200	199
2 449	支付	198	111
862	爽约	160	141
2 743	车费	139	84
1 642	取消	133	114
1 593	安抚	112	105
620	判定	107	101
1 853	未	104	77
1 834	车费	98	88
265	爽约 _ 判定	96	96
1 499	接	95	78
1 182	判定 _ 结束	92	92
988	申诉 _ 结束	86	86
695	线	72	64
2 575	外	65	50
1 139	外 _ 呼	64	49
1 209	呼	64	49
553	支付 _ 车费	62	57
2 599	上车	60	58
1 353	进	54	52
1 761	进 _ 线	51	49

表 10 为各个机器分类算法经过训练模型得到测试集的结果。表中使用精确率、召回率以及 F1 值来衡量分类效果。但实质上这些算法效果均一般，这也是未来需要提升改进的方面。

表 10　不同模型算法精度结果比较

算法类型	精确率	召回率	F1 值
SVM（支持向量机）	0.524	0.434	0.434
Slda（大规模线性判别）	0.431	0.442	0.431
logitBoost（提升算法）	0.551	0.524	0.512
Bagging（装袋算法）	0.461	0.452	0.436
Forests（随机森林）	0.469	0.431	0.419
Glmnet	0.451	0.451	0.432
Tree（回归树）	0.418	0.399	0.399
Nnetwork（神经网络）	0.382	0.361	0.307
Maxentropy（最大熵模型）	0.479	0.470	0.459

表 11 是整体效果评价（ensemble agreement）。可以看出算法总数很少的时候，覆盖率很大，同时召回率较小，当分类个数达到 9 时，较低的文档百分比就可以实现较高的召回率。

表 11　整体效果评价结果

整体效果评价	n_ensemble Coverage	n_ensemble Recall
n>=1	1.00	0.46
n>=2	1.00	0.46
n>=3	1.00	0.46
n>=4	0.94	0.47
n>=5	0.76	0.54
n>=6	0.67	0.60
n>=7	0.52	0.67
n>=8	0.38	0.76
n>=9	0.15	0.93

五、结论与启示

（一）研究结论

本文在以下几个方面展开研究，并得到一系列可喜的研究结果，总结如下：

第一，基于分层模型构建多层智慧民生网络体系。智慧民生系统是由各要素、子系统复合而成的复杂系统，从结构方面来看，智慧民生系统具有一定的层次化结构特征，主要体现为它具有复杂程度由低到高的基本要素层、民生过渡层、战略指导层三大层次。本文利用聚类方法将一系列影响因素聚合成不同层次的影响因素，进一步在基于此构建层次模型。本文进一步发现智慧民生网络体系各层级间有自底向上的关系。

基本要素层是组成智慧民生网络体系结构的基础，是搭建民生过渡层的基础要素。基本要素层内各要素之间的广泛联系、互动和发展逐步演化出了民生过渡层多种多样的民生形态，从而产生了不同形态的智慧民生需求，加速全新的智慧民生形态的形成。例如，基本要素层中人与人之间发生的教育与被教育关系使得社会产生了智慧教育的需求，为满足社会中的智慧教育需求，民生过渡层需要产生相应的智慧教育方案。

民生过渡层是智慧民生体现的具体集合，为战略指导层的战略部署提供了基础的需求和数据支持，为战略指导层做出正确的战略部署提供依据。同时，民生过渡层对战略指导层具有重要的反馈作用，用于战略指导层依据实际情况，客观高效地调整战略部署，加速民生过渡层的策略实施和发展，从而促进智慧民生的进步。

第二，基于无向图模型探究影响智慧民生因素的相关结构。民生过渡层主要包括智慧交通、智慧教育、智慧资源与环境和智慧医疗。这些民生过渡层内的要素之间的关系总体上可以划分为相关关系和因果关系。人口的急剧增长，最先体现的是资源的短缺，包括公共交通资源的匮乏，教育资源的不平衡，以及医疗资源的紧张；而交通拥堵又会极大地影响一个城市的环境，造成污染，影响人的健康，进而影响医疗；而教育资源的匮乏，将会影响市民的素质，进而作用于交通等。故可以看到对相关影响因素关联结构分析至关重要。

第三，基于有向图模型给出影响智慧民生因素的因果关系。层次内部的各个智慧元素之间还存在一定的因果关系。智慧民生中的智慧一词源于其依托于科技的发展，运用先进的技术得以实施。例如智慧交通需要运用物联网、云计算、互联网、人工智能等技术，通过高新技术汇集交通信息，对交通管理、交通运输、公众出行等交通领域全方面以及交通建设管理全过程进行管控支撑。而先进技术的由来，从根本上源于先进的教育。由此，可以说智慧教育是其他智慧元素的因，而智慧教育产出的先进技术并且将这些技术应用于其他智慧元素中，是其他智慧元素得以发展的果。同理，智慧资源为其他智慧元素的发展提供了物质基础。而基础的优劣决定了上层发展是否可以得以顺利进行。因此，从物质需求方面看，智慧资源与其他智慧元素之间也构成了因果关系。

（二）研究启示

本文基于实证部分，也给出了如下针对北京发展的政策建议：

第一，以保障和改善民生作为智慧城市建设的目标与落脚点，智慧城市是城市发展与现代信息技术高度融合的产物，建设智慧城市的最终目标就是要让民众共享智慧城市发展的成果，即构建智慧民生体系。因此，在智慧城市深入发展进程中，仍然要将智慧城市建设的重点放在与民生息息相关、社会高度关注的领域，如社会管理、交通、医疗、教育、环保、食品安全等与民生相关重要领域的应用，极大提高民众幸福指数和满足感。

第二，在对智慧民生的实证中可以看出人才是第一生产力，是经济发展的主要源泉，激发智慧创新活力，提高城市综合竞争优势是互联网＋时代下智慧民生发展的动力和推动力，在智慧民生建设进程中，应激发智慧创新的活力，重视科技投入和高素质人才的投入。

第三，根据实证发现，必须完善相关统计制度以及各种评价体系，如经济发展评价指标体系、民生测度评价标准等，保证科学决策的基础。

参考文献：

［1］汪芳，张云勇，房秉毅，等．物联网、云计算构建智慧城市信息系统［J］．移动通信，2011，35（15）：49–53.

［2］王广斌，张雷，刘洪磊．国内外智慧城市理论研究与实践思考［J］．科技进步与对策，2013，30（19）：153–160.

［3］张振刚，丁卓，田帅．智慧城市视角下电力消费的空间相关性与动态增长路径：基于长三角地区动态空间面板数据的实证研究［J］. 管理工程学报，2016，30（03）：99–105.

Research on the Construction of Smart Livelihood Network System Based on Data Mining Technology

Xia Chuanxin, Shi Jianjun

Abstract: This paper firstly starts from the status quo of the emergence and construction development of smart city, and the necessity and importance of promoting the construction of smart city in Chinese cities, puts forward the important research question of "what is a smart city", and analyzes the significance of researching this question, and then launches the core of the paper's research—building a smart livelihood network system. After that, based on the statistical modeling method, including hierarchical model and spectral clustering method, we put forward the concept of smart livelihood network system model, analyze the elements of smart livelihood system and its structural hierarchy, and use data mining to effectively discuss the correlation relationship of the internal elements. The study found that it is necessary to improve the relevant statistical system as well as various evaluation systems, such as the economic development evaluation index system and the livelihood measurement and evaluation standards, to ensure the basis for scientific decision-making.

Keywords: data mining; smart livelihoods; social network analysis; cluster analysis; text mining

中国高等教育国际化及其效应研究[①]

王伟伟[②] 施建军

经济的全球化发展带动了高等教育的国际化，高等教育国际化不仅具有服务外交、促进教育交流合作与发展的作用，还对我国的经济社会发展、人文文化交流等都具有重要的促进作用。学生国际交流作为高等教育国际化的重要表现，不仅能带来直接的经济收益，促进教育服务贸易发展，还能对优化产业结构、促进外商投资和对外直接投资、提升人力资本和缓解就业等起到重要作用。此外，高等教育国际化还通过学生教师的国际化、科研交流合作、高校的国际知名度等影响中外文化交流。作为一种服务外交的手段，高等教育国际化在政治方面还有助于国家提高国际竞争力，增强国际理解，扩大国际交往范围，建立新型政治伙伴关系等。在经济全球化大背景下，做好高等教育的国际化，建立适应国家社会、经济、政治发展的高等教育国际化体系，尽快推进我国高校的“双一流”建设，是我国政府和高校面临的重要任务，也是为提高我国综合实力和国际竞争力做贡献。

我国高等教育发展历程几经曲折，在经历初创期、快速发展期、全面停滞期和改革开放以后快速发展期等多个阶段的发展后，我国高等教育国际化已经初见成效。但是，从总体来看，相对于发达国家取得的成就，我国高等教育国际化依然不够成熟，面临的问题也依然众多，比如教育服务贸易逆差严重、高等教育质量与发达国家依然有差距、国际知名度不高、留学生层次和结构构成差、地区分布不均匀等，这些都会使我国不能完全开发出高等教育国际化的经济收益，同时由于高等院校的国际知名度不高，在国际化进程的激烈竞争中没有优势，文化软实力缺乏国际竞争力。鉴于我国目前高等教育质量的局限，我国在高等教育国际化竞争中处于劣势，国际化形势不容乐观。随着全球化进程的不断加快，我国高等教育国际化发展可谓

① 本文是王伟伟博士的学位论文摘要。

② 王伟伟，经济学博士，对外经济贸易大学教育与开放经济研究中心 2014 级博士研究生。

机遇和挑战并存。

基于上述研究背景和现实基础，本研究主要以高等教育国际化及其效应为研究对象，首先分析了目前对高等教育国际化概念的争论，在总结对比了多位学者的观点之后，文章给出了一个比较全面的高等教育国际化的定义；并且回顾了我国高等教育国际化的整个发展历程，同时对我国高等教育国际化所面临的国际国内环境进行了分析。

其次，从高等教育国际化与经济、社会宏观关系的角度出发，理论上分析了高等教育国际化的效应，并将高等教育国际化效应分为经济效应、文化效应、社会效应和政治效应四个方面进行论述，并着重分析了高等教育国际化的经济效应和文化效应。在对高等教育国际化的经济效应进行分析时，通过将学生国际流动引入到内生经济增长模型中，在一系列假设的前提下，本研究理论分析了学生国际流动对流出国和流入国总体的经济效应以及经济利益在两国间的分配问题。结果发现，在一个简化为两国的内生经济增长模型中，高等教育国际化对整体来说是有益的。但是收益需要在两国之间进行分配。国家是否受益于其高等教育国际化由众多参数共同决定，主要包括留学生人数占比、留学归国人数占比等。模型中还分别论述了学生国际流动的短期水平效应和长期增长效应。短期的水平效应是指短期内收入可能会降低，但是长期来讲，还是会带来收益。比如，国外学生大量流向国内，对于东道国而言，首先要支付大量培养费用，会在短期内降低收入，但是因为长期增长效用的存在，在长期中东道国会因为接受大量留学生而受益，如果学生学成后留在东道国就业，那么长期增长效应需要的时间就会缩短。因此，国家在对留学生出台政策决策时，要分清短期效益和长期效益，为正确选择高等教育国际化策略提供理论支撑。

再次，基于全国宏观统计数据，对高等教育国际化的经济效应和文化效应进行了实证分析。

（1）使用中介效应模型，研究高等教育国际化如何通过中介变量对经济发展产生影响，结果发现：来华留学生人数对第三产业增加量的中介效应主要表现在通过影响服务贸易总额、外商投资额、生师比、失业率对经济增长产生影响；出国留学生人数对第三产业增加量的中介效应主要表现在通过影响服务贸易总额、外商投资额和失业率三个中介变量对经济增长产生影响；留学生归国人数对第三产业增加量的中介效应表现在通过对服务贸易总额、外商投资额、生师比和失业率的影响来影响经济增长；

（2）使用 VAR 模型，研究在扰动项的冲击下，高等教育国际化对经济增长的脉冲响应。结果可以发现，当在以第三产业增加值、来华留学人数、出国留学人数以及留学归国人数为基础构建的 VAR 模型中分别加入服务贸易额、外商投资额以及生师比为干扰项后，其自变量对因变量的影响方向没有改变，即来华留学人数对第三产业增加值始终是明显的正向促进影响；出国留学人数对第三产业增加值始终是明显的负向阻碍影响；出国留学生回归人数对第三产业增加值始终是明显的正向促进影响；

（3）使用结构方程模型，对高等教育国际化的文化效应进行了统计分析。结果表明，学生的国际化和科研国际化都与中外文化交流正相关，教师国际流动对中外文化交流直接影响不明显，但可以通过影响学生国际化和科研国际化来促进中外文化交流。

最后，对比分析主要发达国家高等教育国际化的历程，总结其经验，根据我国现在经济发展和教育国际化的实际情况，提出了切合实际、可操作的政策措施建议，以期对中国高等教育国际化更好发展做出贡献。具体措施主要包括以下几点：

（1）制定正确的高等教育国际化理念和战略目标。

（2）在国际化理念和目标的指导下，构建“本土国际化”培养体系。例如：加强师资的国际化，促进国际化教学课堂，提高教学水平；鼓励参与国际认证，加强专业体系、课程体系以及教材的国际化；构建与国际接轨的大学管理体制、努力加强学校国际化校园氛围和环境的建设。

（3）加强国际学术的交流与合作。

（4）改进外语教学，加快汉语国际推广。

关键词： 高等教育国际化；经济效应；文化效应；国际比较

Research on the Internationalization of Chinese Higher Education and Its Effect

Wang Weiwei, Shi Jianjun

Abstract: The globalization of economy has driven the internationalization of higher education. The internationalization of higher education not only plays the role of serving diplomacy and promoting educational exchange, cooperation and development, but also plays an important role in promoting China's economic and social development and cultural flow. Based on the above research background and reality, this study mainly focuses on the internationalization of higher education and its effects. Firstly, it analyzes the current concept of the internationalization of higher education, and analyzes the international and domestic environment faced by the internationalization of higher education in China. Secondly, from the perspective of the macro relationship between higher education internationalization and economy and society, this paper analyzes the effect of higher education internationalization theoretically, and discusses the effect of higher education internationalization into four aspects: economic effect, cultural effect, social effect and political effect. Thirdly, based on the national macro statistical data, the economic and cultural effects of the internationalization of higher education are analyzed effectively. It compares the process of the internationalization of higher education in major developed countries, summarizes its experience, and according to the actual situation of economic development and the internationalization of education, this paper put forward practical and operable policies and measures.

Keywords: education internationalization; international student communication; economic growth, human resource

第二部分

微观经济理论篇

基于共享经济的商业模式创新驱动因素研究[①]

袁丽萌（MARINA ARTEMYEVA）[②]　施建军

随着大数据、云计算、移动互联网技术的兴起，各种新兴业态不断出现。传统经济商业模式已无法满足新时代的发展需求，共享经济逐渐进入了人们的视野，并在全球各国消费市场上迅速崛起，成为一种能够创造巨大价值的经济模式。共享经济借助移动互联网的力量，通过第三方平台将相互隔绝的卖家和买家联系在一起，是实现社会闲置资源的最佳配置的一种新型的商业模式。与传统模式相比，这种新的商业模式具有一系列优势，因此短短几年内，共享经济的浪潮席卷了全球多个领域，颠覆了传统的交通、医疗、租赁等行业，并得到国家政府的认可，逐步走向了正轨。

近年来，中国诞生了许多新创的共享经济企业。然而，随着共享经济的迅速发展，各种弊端开始显现，甚至众多共享企业相继出现资金链断裂，从而造成企业破产的局面。为了在多边市场竞争环境中获得竞争优势，多数共享类企业开始对其商业模式进行创新。商业模式创新作为企业发展的重要组成部分，在新的经济环境下迎来了新的机遇与挑战。

本研究在参考已有的研究成果的基础上，首先，本文以共享经济背景为切入点，阐述与分析了共享经济、商业模式创新的内容与研究现状。其次，本文对共享经济与商业模式创新的内涵提出了自己的观点，具体分析了共享经济模式与传统经济模式的区别，突出了共享经济商业模式的创新点，将 Osterwalder 九要素模型与共享经济企业的特点相结合，总结了共享经济企业商业模式要素模型，并为后续模型的构建奠定了理论基础。再次，本文选取 107 家比较有代表性的共享型企业作为研究样本，收集了企业近 5 年的数据参数。最后，根据各方资料分析归纳了国内外关于商业模式构成要素的研究文献，并在此基础上为共享经济背景下的企业商业模式创新

① 本文是袁丽萌博士的学位论文摘要。

② 袁丽萌，俄罗斯留学生，对外经济贸易大学国际商学院 2015 级博士研究生。

以及共享经济商业模式的影响因素提出自己的观点，将技术创新、企业家精神以及外部竞争力作为影响商业模式创新的关键因素，构建了基于共享经济驱动下企业商业模式创新影响因素的研究模型，研究了共享经济下商业模式在价值主张、关键资源与能力、渠道通路以及盈利模式维度上的创新表现，并通过 Stata14 分析软件进行了相关性分析与回归分析，完成了假设检验。

研究结果表明：(1) 共享企业商业模式创新受到技术创新、企业家精神和外部竞争压力不同程度的影响，而在这三个变量中，技术创新对共享企业商业模式创新四个维度的影响程度最大，其次依序是外部竞争压力与企业家精神；(2) 在共享经济模式下，技术创新对关键资源与能力以及渠道通路的促进作用尤其突出；(3) 企业家精神会促进共享型企业商业模式价值主张创新，并对盈利模式创新产生负向影响，但如果共享型企业更侧重于关键资源与能力创新或渠道通路创新，那么企业家精神可能就不需要纳入考虑的范围之内了；(4) 外部竞争压力对共享型企业的关键资源与能力创新、渠道通路创新以及盈利模式创新有显著的阻碍效应，但其对价值主张创新的影响作用并不明显。因此，如果共享型企业更侧重于价值主张的创新，那么外部竞争压力可能就不需要纳入考虑的范围之内了。

最后，基于研究结果，本文对共享型企业进行商业模式创新工作提出了对策与建议，并对本研究的不足之处与研究展望做了说明。

1. 加强企业自身的创新能力

共享经济是新时代信息技术催生的产物。如果企业能够掌握核心技术，其不仅可以更好地应对市场的变化，核心技术还有助于企业提高运营效率和优化运营机制。对从事共享领域的企业而言，技术创新更是一个重中之重。企业应该通过不断创新把运营成本和风险降到最低，提高战略灵活性，并充分发挥自身的核心能力。无论是在用户规模、用户满意度方面，还是在营销渠道与营销手段方面，企业的创新能力都会起到关键性的促进作用，更有利于企业缩短投资回收期，有利于其未来的成长与发展。

2. 时刻关注市场动态的变化，增强危机意识

共享经济环境为企业带来了新的机遇，与此同时，市场环境的不确定性、不可预测性以及快速变化的特质可能会阻碍商业模式创新。无论是同行竞争对手，还是供应商或消费者等价值链上的参与者，甚至是其他看似无关联的企业，在共享经济环境中都有可能在某种程度上给企业造成威胁。共享经济驱动下，企业的主体、信息来源以及营销模式等都发生了极大的变化，越来越多的企业都在建平台、建生态圈，共享型企业商业模式也随之面临着不确定性、易变性、模糊性和复杂性。

3. 共享企业应抓住时机进行转型整合

在共享经济市场竞争中，有共享业务的企业选择合适的时机进行转型，通过战略转型升级来整合优质资源，不仅对企业的长远发展，而且对企业股东和员工的利益都具有积极意义。

4. 企业家要突破“中年创新瓶颈”

在企业，尤其是民营企业，企业家经常能够左右企业的发展路径。在共享经济时代，众多企业家凭借自己的能力和胆识成为了行业领袖，并带领了自己的企业创造了辉煌的业绩。企业家的创新思维、冒险精神和前瞻性都会影响企业商业模式。本文的实证研究表明，对共享企业商业模式不同维度的创新，企业家的年龄会产生促进效应和阻滞效应。具体来说，随着年龄的增长和经验的积累，企业家的认知能力会提高、管理经验会更加丰富。与此同时，企业家的年龄效应对创新精神可能会产生消极的影响。随着年龄的增加，企业家体力会退化，知识结构也会慢慢老化与固化，使其掌握新观点、学习新知识的能力以及信息整合能力减弱。此外，企业家由于年龄增加带来的风险偏好降低。年长的企业家常常会缺乏充足的动力和信心改变原有的计划和战略，行为决策趋于保守。本研究分析结果显示，在共享经济模式下，年长的企业家并不一定比年轻的企业家拥有更多的社会资本，包括人力资本和物质资本。共享型企业的管理者要突破“中年创新瓶颈”，就需要将更多的资源和精力投入到生产活动以及产品优化中，充分发挥自身的经验优势，加大创新研发投入，提升创新产出效率，以适应新的经济环境和新形势。

5. 加大网络营销推广，拓宽企业营销渠道

在网络经济时代，市场竞争日益激烈，而且消费者需求越来越多样化、个性化。不同于传统模式的企业，共享型企业不能仅仅关注产品质量，为了适应新环境带来的变化，有共享业务的企业需要更加重视如何提升自己的营销能力并调整自己的营销策略，从网络推广中提升企业知名度和市场影响力。在新经济的市场竞争中，社交媒体发挥着越来越重要的作用，并日益成为企业获取竞争优势的重要基础。基于此，企业应建立更适合于新经济模式的营销格局，建立与维护高效的、稳定的营销渠道体系，并将营销渠道作为自己的重要的战略资源。

6. 重视产品服务，迎合消费者心理，提升用户的消费体验

在商业模式的基本要素中，最受认同的要素是顾客价值主张。在共享经济环境中，顾客价值主张是企业进行商业模式创新时的首要考虑因素。消费者往往因为追求多样化、个性化 、廉价的产品或服务，且追求便捷心理，更倾向于在网上进行交易。而作为共享经济，更需要注重产品与服务，因为这是提升用户的消费体验、提升企业商业模式竞争力的最主要和最直接的入口。共享企业在制定和实施战略时，不仅需要通过规模经济搭建共享平台，对闲置资源的供需双方进行匹配和对接，从而实现资源使用权的高效转移。与此同时，还应注意供给方和需求方之间的匹配过程所产生的新需求，并利用更先进的信息技术和研发来识别、收集、整合与分析大量的用户评论数据和诉求，并针对收集到的关于产品和服务的用户评价数据进行服务追踪，增加用户的黏性。

总之，本文通过实证分析研究了共享经济驱动下的企业商业模式创新问题。研究成果将有助于更好地理解共享企业商业模式的创新机制，对共享经济领域内企业商业模式的形成和企业管理实践具有参考价值。

关键词：共享经济；商业模式创新；共享经济企业商业模式创新

Research on Driving Factors of Business Model Innovation Based on Sharing Economy

Marina Artemyeva, Shi Jianjun

Abstract: Based on the existing research results, firstly, taking the background of sharing economy as the starting point, this paper expounds and analyzes the content and characteristics, and development status of sharing economy and business model innovation. Secondly, this paper puts forward its view on the connotation of sharing economy and business model innovation, specifically analyzes the differences between sharing economy model and traditional economic model, highlights the innovation of sharing economy business model, combines Osterwalder nine elements business model canvas with the characteristics of sharing economy enterprises, summarizes the elements business model of sharing economy enterprises, laid a theoretical foundation for the construction of the research model. Thirdly, this paper selected 107 representative sharing economy enterprises from different industries in China as the research sample and collected the data parameters. This paper constructs a research model based on the influencing factors of enterprise business model innovation driven by sharing economy and divides the innovation performance of business model into four dimensions: value proposition, core resources and capabilities, channel pathway, and profit model. The correlation analysis and regression analysis were carried out by the STATA14.2 to test the hypothesized relationships of the study. The empirical results show that: Technological innovations, entrepreneurship, and external competitive pressure impact on business model innovation of sharing economy enterprises at different levels. Among these three variables, technological innovation has the greatest significant impact on the four dimensions of business model innovation, followed by external competitive pressure and entrepreneurship, business model driven by sharing economy. The research conclusions will help to better understand the innovation mechanism of sharing enterprise business model, and provide useful references and practical guidance for sharing economy enterprises to innovate their business model.

Keywords: sharing economy; business model innovation; business model; innovation of sharing economy enterprises

组织情境中工匠精神外因与结果的作用机理研究

刘莹[①]　施建军

内容摘要： 本研究以自我决定理论为视角，分析了组织情境下工匠精神形成的外在影响因素以及工匠精神在组织和个体两个层次产生的影响，构建了工匠精神形成及其作用的跨层次中介模型。本研究以 53 家服务业、制造业的企业为对象，调查了 184 名管理者、492 名员工，对回收的 387 份有效匹配问卷进行数据整理和分析。结果表明：高承诺工作系统、积极的组织文化对员工个体以及整体的工匠精神都有显著性的正向影响；高承诺工作系统、积极的组织文化可以通过工匠精神的中介作用，在组织层次对员工整体的工作投入、角色外绩效产生正向影响，在个体层次对员工个人的工作投入、创造力产生正向影响。本研究同时发现，在一个组织内员工个体的工匠精神与组织整体的工匠精神正相关。研究结果从理论上识别了推动工匠精神形成和发展的组织管理实践外因，有助于指导实践界构建目标明确、以培育工匠精神为核心的人力资源管理实践体系。

关键词： 工匠精神；人力资源管理；自我决定理论

一、引言

自 2016 年“工匠精神”首次出现在《政府工作报告》中，学界对工匠精神的研究日渐活跃。本研究应用可视化工具 Citespace 5.3 R1，以共现图谱分析工匠精神领域研究的热点与前沿，发现在 2010 年–2019 年关键词“工匠精神”的共现网络图中（图 1），“工匠精神”与高职院校、职业教育、中国制造、精益求精、传承等相关关键词共现，培育、弘扬工匠精神既是实施中国制造 2025 的重要议题，也已经成为工

① 刘莹，管理学博士，南京医科大学医学教育研究所 2016 级博士，现任职于南京医科大学。

匠精神研究领域中一项非常重要的课题。

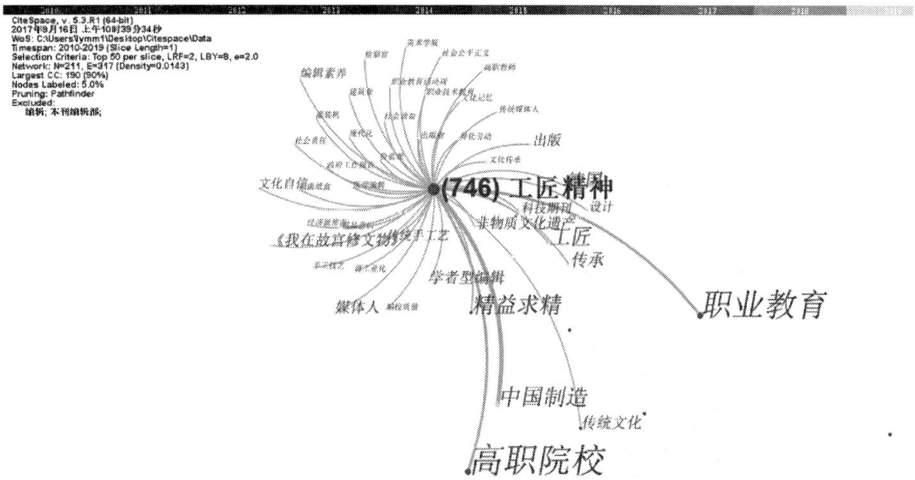

图 1 关键词“工匠精神”的共现网络图谱

Figure . 1 Co-occurrence network atlas of the keyword “craftsmanship”

在对工匠精神培育的研究中，多数学者们从历史经验与个体案例出发，在宏观政策、制度规范、教育模式等方面提出了一系列具体的举措建议，如改革就业体制和就业观念，树立榜样引领示范，保护工匠、技师合法利益，完善双元制、双导师制加强工匠培育等[25, 33]；少部分学者如曾颢、赵曙明[34]基于烙印理论以师徒制为切入点探索工匠精神培育的机理机制；邓志华、肖小虹、杨均[22]依据自我决定理论提出精神型领导行为既能直接显著影响员工工匠精神，也可以通过员工自主、胜任和关系三种需求满足的中介影响员工工匠精神；王弘钰、赵迪、李孟燃[30]从自我决定理论的角度提出高承诺工作系统对工匠行为有正向促进作用。本研究总结发现，目前针对工匠精神培育开展的研究多是立足于员工自身特征和内在驱动力的角度，较少有研究将工匠精神与其他组织管理理论相结合，或通过实证研究分析组织层面的外在因素对工匠精神产生的影响，并将工匠精神作为中介变量讨论分析其对组织和个体的影响结果。工匠精神源于个体对工作本身深厚持久的热爱[1]，个体依托于组织之中，努力实现组织的目标是个体适应组织或在组织中生存的唯一标准[24]，其工匠精神的产生则必然会受到组织层面因素的影响。理论指导实践并服务于实践，探寻什么样的组织因素能够促进工匠精神的产生，明确工匠精神对组织和个体层面的不同影响，不仅有助于丰富工匠精神研究的理论，更将对培育和弘扬工匠精神产生重要的实践指导意义。基于上述分析，本文在研究中把工匠精神放到组织情境中，并识别出与工匠精神形成的心理机制最相关、组织最常用的两个因素：组织文化与人力资源管理实践。理论阐述分析组织文化、高承诺工作系统与工匠精神的关系，通过开展跨层次实证研究，立足于讨论并回答两个主要问题：（1）现实工作中，组织如何形成和发展员工的工匠精神，积极的组织文化和高承诺工作系统对工匠精神的形成分别有什么样的外在影响？（2）工匠精神在组织与个体两个层次分别会产生怎样的结果影响？

围绕上述两个研究问题，本文基于心理机制的视角，依据自我决定理论构建了工匠精神形成及其作用的跨层次中介模型，并以53家服务业、制造业的企业为研究对象，探讨组织情境下影响工匠精神形成的外在因素及其影响结果，根据对387份有效匹配问卷的数据分析，研究发现：高承诺工作系统、积极的组织文化可以显著正向影响员工个体及整体的工匠精神；此外，通过工匠精神的中介作用，在组织层次高承诺工作系统、积极的组织文化正向影响员工整体的工作投入与角色外绩效，在个体层次正向影响员工个人的工作投入、创造力。研究从理论上识别了工匠精神形成和发展的外因组织管理实践，将组织文化、高承诺工作系统等重要的管理学概念与工匠精神建立理论联系，并通过实证研究予以检验，以此为依据提出建设以激发员工内在工作动机为导向的人力资源管理体系是培育员工工匠精神的重要途径。

二、理论基础和研究假设

（一）理论基础：自我决定理论

心理学根据对于人类精神起源的研究，提出精神的来源是人的动机。Ryan和Deci曾指出工作行为的产生源于两个基本的原因，即内在的驱动（内部动机）与外在的需要（外部动机）[2]。内部动机指由工作本身的趣味或对工作的热爱等驱动而产生的工作欲望；外部动机则指因报酬、他人的承认等其他工作本身价值以外的因素而产生的工作愿望。明晰外部动机与内部动机的关系，是探讨个体行为、加强对个体管理的重要基础。在众多的心理动机理论中，自我决定理论是一个研究人类动机和人格的宏观理论，由美国学者Deci和Ryan最早提出，该理论假设人具有积极的自我整合、完善以及不断学习的倾向。与其他动机理论相比，自我决定理论尤其强调个体与环境之间互动的重要性，并将这种有机互动的关系作为对个体行为、经验和成长的预测基础[26]。自我决定理论提出自主、能力与归属需要是人类普遍的、共有的基础性需要，并阐述了外在干预影响个体动机的有效路径。自主需要是指个体用能够自主选择活动且不受他人控制的需要；能力需要是指个体有从能力上可以胜任所从事活动的需要；归属需要是指个体需要与他人保持联系。当内外环境不能满足自主、能力和归属三种基本需求，而是满足某些外在需要时，产生的是外部动机。当个体的自主、能力、归属这三种需求在工作过程中逐步得到满足，即个人所在的内外环境能够满足个人的基本需求时，就会产生内部动机，并带来高效的行为。在此期间，个体对所从事工作 / 活动的规则、价值进行内化和整合的程度不同是造成个体间行为差异的最主要原因，“内化”指个体吸收了工作的价值和规则，外部动机向内部动机转化，但内化并不会必然发生，其前提是要满足自主、能力与归属这三大心理需求；“整合”则是指进一步将这些规则视为自己的一部分，并映射到对自我的感觉中，以自我行为的方式表达出来；内化整合的最高阶段是内部调节（内部动机）阶段，此时个人从事某种活动完全是其本身的有趣性，体现了个体高度自主和自我决定的状态，工作活动已经成为自身和谐而不可分割的一部分。

工匠精神的实质是人对工作的主导性，其内核包括爱岗敬业、专注、踏实的高度职业化认知[34]，产生的前提是“建立了做好事情与个人身份感之间的联系”[32]，实质是人对工作的主导性，内核包括爱岗敬业、专注、踏实的高度职业化认知，这都突显了具有工匠精神的个体对自主、能力以及归属的心理需求。从自我决定理论的视角来说，工匠精神体现的不仅是一种职业精神与职业行为，也代表了个体在所属领域内对工作的胜任能力水平，以及个体与职业之间建立的使命归属。综合现有研究对工匠精神内涵的分析，从自我决定理论的角度，本文识别出有关工匠精神的几个重要信息：（1）工匠精神是内在动机驱动下个体自愿、主动的行为；（2）高超精湛的技艺水平是工匠精神的核心前提，没有工作能力做支撑，工匠精神就失去了实践价值；（3）追求完美、精益求精、不断创新等体现了个体追求职业使命的工作价值取向。具体来说，当个人的工作行为由热爱工作的内在动机所驱动，工作不再是谋生手段，而是使命，个体会拥有强烈的职业自豪感和忠诚度，并因此不断地提升个人的工作能力，对工作精益求精、追求完美，以实现其职业的使命价值，这是工匠精神的完美体现。因此，本文对工匠精神的内涵界定如下：工匠精神是在职业过程中产生的自觉行为，以精湛的技艺为基础，在精益求精、不断追求卓越中实现职业责任和价值。同时需要强调的是，工匠精神的产生是一个长期的、基于实践的、动态发展的社会化过程，其形成是人们对工作的外在价值及内在价值不断认识与整合，直到完全把工作内在价值整合于个体价值观之中的过程，工作动机的内化程度、从业人员的工作价值观取向体现了工匠精神发展形成的程度，期间，组织层面的因素将通过影响个体的工作价值观以及工作动机等，进而影响到工匠精神的形成。

（二）研究假设

组织因素较多，但从员工工匠精神产生的自我决定机制来考虑，本文选择聚集于组织最常用的、非常相关的两个因素：组织文化、人力资源管理实践，主要分析这两大类因素如何通过自我决定机制，影响员工工匠精神的形成和发展。

1. 组织文化与工匠精神

在讨论工匠精神的组织外因时，组织文化作为组织最突出的经营和管理理念是必然要讨论的一个重要因素。组织文化是组织在长期生产经营中形成的特定文化观念、价值体系、道德规范、风俗习惯，以及与此相联系的生产观念[29]，是指组织成员在处理外部适应性与内部整合性问题时，形成的一套共享的关于基本问题的假设[15]，是“一个由指导人们行动的共同期望构成的社会控制系统”[11]。

组织文化是组织在不断解决两类有关生存的问题过程中，学习积累而成的。Schein 把这两类有关生存的问题概括为：组织适应外部环境，以及整合组织内部流程和资源以确保不断适应和持续生存发展[15]，简言之，内部整合和外部适应两大问题。组织文化的内部整合维度表现在员工发展、团队建设、绩效制度等方面[17]。内部整合做得好的组织，其文化强调公平公正、程序清晰、宽恕包容、团结合作和团队精神，并把这些当作组织的价值观和规范。建立在正式的制度和文化规范基础上的组织对员工的尊重和对其价值的发挥，可以体现在员工职业的各个阶段：比如对新进或年轻员工，他们将感知并获得自我效能，乐于融入组织并认为组织有其一席之地，因此他们会获得对组织和对从事的职业的一种心理所有权；随着员工职业的发展，他们进一步感知并获得胜任能力感和归属感，能够通过协作自主解决工作上的问题，从而把自己内化于组织和所从事的职业。研究综述也表明，对员工友好的组织环境，如关爱、协作、投入等，能够激发起员工对工作和对组织的积极态度[3]。组织文化的外部适应维度表现在顾客至上、社会责任、创新、敢于冒险、对机遇和竞争的积极响应等方面[15][17][3]。外部适应做得好的组织，对外部环境和社会期望很敏感，因此其文化在管理方面强调结构灵活性，在员工方面强调主动性和试验性，如此保证积极适应。管理方面的灵活性以及强调员工主动性和敢于尝试，这些是员工对工作形成心理所有权和内在化的心理需求条件。一方面鼓励员工主动尝试，另一方面组织在结构上给予支持，因此，员工不断学习、尝试和投入，从而形成对所做工作的心理所有权，同时员工能够自主地确定工作目标的内容，调整自己的行为，从而产生自我决定感，把所从事的工作内化于自己。

本文将内部整合和外部适应都做得好的组织文化界定为积极的组织文化，并认为积极的组织文化会影响员工工作价值取向以及工作动机的变化，加快员工工匠精神的形成与确立，因此，本文提出假设：

H1：积极的组织文化与员工整体的工匠精神正相关。

2. 高承诺工作系统与工匠精神

组织的人力资源管理是指由一系列活动构成的系统[6]。工作系统则是指组织采用人力资源管理工作实践的“包”（bundling），不仅实现单个实践的积极效应，而且实现“实践包”的协同效应[10]。高承诺工作系统是一种关注员工长期发展、给予员工人文关怀的人力资源管理实践，包括工作设计、招聘与选拔、培训、激励、绩效管理、晋升、参与和授权、信息共享和沟通、团队合作、工作保障和雇佣安全等若干方面的人力资源管理工作[35]。拥有高承诺工作系统的组织强调承诺于员工，注重培养其与员工间的信任关系，期望通过提供支持性环境激发员工工作动机，进而激励员工努力实现组织目标。已有研究结果表明，高承诺工作系统通过提供公平的职业发展路径、健全的评价与激励政策以及开放平等的工作环境等，提升员工的归属感与价值感，从而激发其工作动机[21]。王弘钰、赵迪、李孟燃[30]在研究中提出高承诺工作系统通过满足员工的自主需要激发员工自主创新、满足员工胜任需要促使员工精益求精、满足员工关系需要增强员工职业使命，从而对员工改良创新、精益求精、职业使命的工匠行为产生正向影响。

基于自我决定理论，本研究认为高承诺工作系统提供的透明严格的招聘选拔程序与标准、丰富的培训、信息共享与沟通、发展目的导向的绩效管理等一系列政策和措施，能够满足员工在工匠精神发展阶段中的心理需求。比如"招聘与选拔工作实践"，组织拥有透明的招聘程序、严格的选拔标准、多样的招聘办法，会给求职及现有员工对未来的工作带来积极的感知，使员工产生自我效能感，以及对工作的所有感和归属认同感。丰富的培训、岗位轮换、有效的内部晋升机制等，提升了员工的能力，加强了员工与团队、组织之间的信息沟通，这些能使员工获得强烈的自主性、胜任感与归属感。从工作价值取向理论的角度来看，高承诺工作系统强调透明、公平、严格、能力、合作等的人力资源管理措施让员工不断认识到工作的内在价值，并把工作内在价值不断整合和内化，使自己与工作成为一个有意义、有趣的整体，工作价值取向由谋生最终转向事业取向，并进而建立工匠精神。因此，本文提出假设：

H2：企业的高承诺工作系统与员工整体的工匠精神正相关。

3. 工匠精神在组织层面和个体层面的影响

本文认为工匠精神形成的过程是工作内在价值逐渐内化为员工的个人价值观，组织的价值观与个人价值观逐渐融合为一体的过程。价值观是组织身份的核心特征之一。已有研究提出，当组织的价值观和目标内化为员工的个人价值观和个人目标，员工为了实现组织与个人目标就会表现出更多的组织公民行为；工作价值观中的积极因素对工作行为表现、工作投入、组织公民行为等都有促进作用[23, 28]。Schaufeli 等[14]在研究中提出，工匠精神会激发个体为了追求工作的高阶目标而不懈努力，从而表现出以活力、奉献和专注等代表工作投入的情感认知状态。

前文提出，工匠精神是在职业过程中产生的自觉行为，以精湛的技艺为基础，在精益求精、不断追求卓越中实现职业责任和价值。在内在动机驱动下，具有工匠精神的员工会表现出诸如首创行为、创新行为等工作行为，对工作设计、方式、流程等自发地持续进行优化或创新，主动追求工作的精益求精。在自主性动机下的行为伴随着员工的自我选择，所获得的自主性支持越多，感受到基本心理需求的满足就更多，员工在活动中就会越主动，相应也有更高的绩效表现。工匠精神意味着领域内高水平的专业能力，代表着热爱等强动机驱动下的工作行为，员工在高能力与强动机下对卓越职业的不懈追求，必然会带来工作绩效的提升。本研究认为，强调个体自主、能力与归属需求的满足，以内在动机驱动的工匠精神对工作投入、组织公民行为（角色外绩效）有促进作用。

综上分析，在个体层面本文提出假设：

H3a：员工的工匠精神与员工个体的工作投入正相关；

H3b：员工的工匠精神与员工个体的创造力正相关；

H3c：员工的工匠精神与员工个体的角色内绩效正相关；

H3d：员工的工匠精神与员工个体的角色外绩效正相关。

从社会信息加工理论的视角来看，本研究认为在一个组织中员工的工匠精神与组织整体的工匠精神正相关，且相互影响。社会信息加工理论[13]认为员工会搜索并运用组织情境中的信息，如价值观、规范、期望、行为和行为结果等，来指导自己的行为，这解释了员工工匠精神与组织层面的工匠精神相互影响的内在机制。如果组织中有具有工匠精神的员工，其他员工会观察到他们的行为及其行为结果（假设是积极结果），那么员工就会因此来指导自己的行为，形成和发展工匠精神。这样的话，组织中具有工匠精神的员工会越来越多，从而组织整体工匠精神会越高。反过来，如果组织整体工匠精神高，组织崇尚工匠精神，并以此作为规范，那么员工会根据此价值观和规范来指导自己的行为，形成和发展工匠精神，相应地，组织中员工个体的工匠精神也越来越高，具有工匠精神的员工会越来越多。因此，可以认为在一个组织中，员工的工匠精神与组织整体的工匠精神正相关，相互影响。

因此，在组织层面本文提出假设：

H4a：企业层面的工匠精神与员工整体的工作投入正相关；

H4b：企业层面的工匠精神与员工整体的创造力正相关；

H4c：企业层面的工匠精神与员工整体的角色内绩效正相关；

H4d：企业层面的工匠精神与员工整体的角色外绩效正相关。

4. 工匠精神的中介效应

研究提出工匠精神是在个体的自主、胜任与归属的需求被满足后，工作内在价值与个人价值观完全融合，工作外在动机完全内化，由工作的内在动机所驱动产生的。前文已讨论过，高承诺工作系统通过建立组织与员工之间的心理联系，增强员工对组织的归属与认同感，激发员工参与工作的动机，改善员工的态度与行为，最终形成工匠精神并产生高质量的工作行为，促进组织绩效的提升以及组织创新行为。从这个角度考虑，本文认为工匠精神在高承诺工作系统与工作投入、角色内绩效、创造力与组织公民行为之间发挥着中介作用。

组织文化虽然不会直接给企业带来经济效益，但大量研究已经证实，具有积极意义的组织文化能通过影响组织中利益相关者的态度行为，正向影响组织绩效与创新，且当存在中介变量时，这种正相关关系会更加显著[29]。根据前文分析，积极的组织文化能够促进满足员工自主、胜任与归属的基本需求，加速工匠精神的发展形成。员工是企业建设发展的重要利益相关者，基于这一点，本文认为组织文化能通过影响工匠精神的形成正向影响组织绩效与创新。

综合上述分析，在组织层次提出以下假设：

H5a：高承诺工作系统通过企业层面的工匠精神正向影响员工整体的工作投入；

H5b：高承诺工作系统通过企业层面的工匠精神正向影响员工整体的创造力；

H5c：高承诺工作系统通过企业层面的工匠精神正向影响员工整体的角色内绩效；

H5d：高承诺工作系统通过企业层面的工匠精神正向影响员工整体的角色外绩效。

H6a：积极的组织文化通过企业层面的工匠精神正向影响员工整体的工作投入；

H6b：积极的组织文化通过企业层面的工匠精神正向影响员工整体的创造力；

H6c：积极的组织文化通过企业层面的工匠精神正向影响员工整体的角色内绩效；

H6d：积极的组织文化通过企业层面的工匠精神正向影响员工整体的角色外绩效。

基于上述分析，初步构建了研究的理论模型。见图 2。

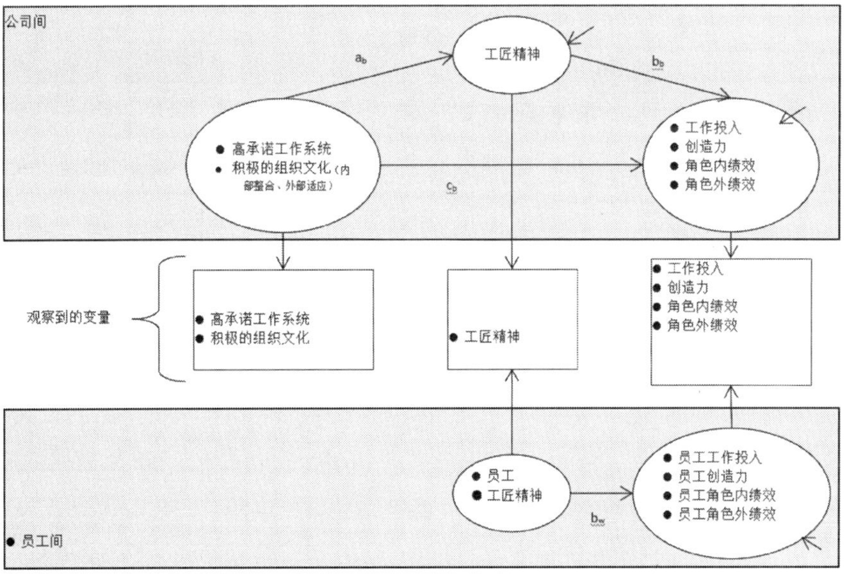

注：该模型图是根据 Preacher，Zhang 和 Zyphur（2011）的研究而绘制的[12]。

图 2　多层次结构方程模型（MSEM）：2–1–1 多层次中介模型

Figure 2：Multi–level structural equation model（MSEM）: 2–1–1 multi–level mediational model

三、研究方法

（一）研究数据收集

调研对象为服务业与制造业的 53 家企业，数据收集分三个时点，前后两个相隔 1 周。时点 1：调研企业的高承诺工作系统与组织文化、员工的工作动机。高承诺工作系统和组织文化选择对企业的文化、人力资源管理比较熟悉的管理者进行报告，共有 184 名管理者参与调研；员工的工作动机由员工自己报告，458 名员工参与调研。时点 2：调研企业员工的工匠精神。工匠精神由员工自己报告，492 名员工参与调研。时点 3：调研企业员工的工作投入、员工的创造力、员工的角色内绩效与角色外绩效，工作投入由员工自己报告，492 名员工参与调研；员工的创造力、角色内绩效与角色外绩效的调研由员工所在部门的主管评价，55 名部门主管参与调研。具体情况见表 1。

由员工自己报告的问卷均有一条识别码，请填答者填写手机尾号的最后四位和公司名称，根据手机尾号的最后四位和公司名称进行匹配，共有 387 份问卷匹配。

表 1　参与调研的企业及其管理者、部门主管、员工的基本情况

Table 1：Basic information of the enterprises and their managers, department heads and employees involved in the survey

企业			%	调研对象		管理者	%	部门主管	%	员工	%
行业	服务业	21	39.6	性别	女	57	31	11	20	157	31.9
	制造业	32	60.4		男	127	69	44	80	335	68.1
	小计	53	100		小计	184	100	55	100	492	100
企业性质a	内资有限或股份企业（非国有控股）	4	7.5	教育程度	高中、技校、职校	2	1.1			7	1.4
	国有或国有控股	19	35.8		专科	15	8.2	1	1.8	56	11.4
	内资私营企业	14	26.4		本科	103	56	5	9.1	305	62
	外商控股合资	5	9.4		硕士	64	34.8	48	87.3	119	24.2
	外商独资	11	20.8		博士			1	1.8	5	0.9
	小计	53	100		小计	184	100	55	100	492	100

（续表）

	回答数	最小值	最大值	均值	标准差
企业年龄	53	3	107	19.415	17.251
企业员工数	53	15	311133	21862.81	58831.9
管理者年龄	184	27	59	37.71	6.947
管理者工作年限	184	1.08	37	15.865	7.509
管理者公司工作年限	184	0.25	37	9.178	6.811
部门主管年龄	55	29	49	38.09	5.149
部门主管工作年限	55	3.25	28.58	15.774	5.787
部门主管公司工作年限	55	0.17	21.58	8.409	5.606
员工年龄	492	18	60	33.8	7.058
员工工作年限	492	0.42	47.5	11.628	7.86
员工公司工作年限	492	0.08	34	6.882	6.173

[a] 在正式分析中，企业性质分成三类，国有企业（即国有或国有控股）、私营企业（即内资非国有控股的有限或股份企业、内资私营企业）、外资或合资企业（即外商控制、外商独资企业）。

（二）测量工具

本研究所有量表（工作绩效量表除外）均采用 Likert-6 点量表计分，1 表示完全不同意，6 表示完全同意。工作绩效量表（创造力、角色外绩效、角色内绩效）采用 Likert-5 点量表计分，1 表示低于平均水平，5 表示高于平均水平。

1. 工匠精神的测量

工匠精神测量使用的是本研究先期开发的量表。研究主要遵循 Hinkin[7]、MacKenzie，Podsakoff 和 Podsakoff[9]、罗胜强、姜嬿[27] 的量表开发步骤，开展了工匠精神量表开发的研究工作。首先，经过归纳生成 183 条和经过演绎产生 38 条，共计 221 条量表的初始条目；其次，遵循 Farh, Earley 和 Lin[4] 和王辉等[31] 的方法，对条目根据语义进行开放式分类后形成 45 个类别共 52 个条目，作为问卷的测量条目，同时为了避免测量条目字面上的晦涩难懂、歧义多义，保证测量工具的内容效度，对 52 个条目逐条进行语义评价，最终删除了 25 条，保留 27 条；开展探索性因子分析，根据因子分析结果，删除 12 个条目，保留 15 个条目，最终得出的工匠精神量表共包含 3 个因子，即三个维度：精湛技艺、精益求精、职业责任，其中精湛技艺有3个条目，解释18.10%的变异，精益求精包含8个条目，可以解释27.45%的变异，职业责任有4个条目，解释21.13%的变异，15个条目因子载荷在0.57–0.84之间，累计解释变异量为66.68%，MSA为0.921；最后，在对工匠精神量表的维度结构进行初步分析的基础上，向53家企业的492名员工发放网络问卷，进一步对3个因子、15个分析项的维度结构进行验证性因子分析（CFA），CFA数据拟合结果良好：15个题项的因子载荷系数值均大于0.7，AVE值均大于0.5，CR值均大于0.7；χ_2=355.269，df=87，p<.000，RMSEA=0.079，GFI=0.912，CFI=0.952，TLI=0.940。经过探索性因子分析与验证性因子分析，本研究最终形成了具有较好信效度的工匠精神测量量表，共包含15个条目。

2. 高承诺工作系统的测量

高承诺工作系统测量量表来源于Xiao和Björkman[18]论文中包含17条题项的高承诺工作系统量表，其中有1条重复，不适合本调研，删除后变成16个题项的量表，在本研究中信度系数为0.893。

3. 组织文化的测量

组织文化测量量表的23个测量题项改编自Tsui等的组织文化量表[17]。

Tsui，Wang和Xin在中国组织文化的研究中开发了包含23条题项的组织文化量表，主要包含5个维度：员工发展（Employee development，5项）、和谐（Harmony，5项）、顾客导向（Customer orientation，5项）、社会责任（Social responsibility，4项）、创新（Innovation，4项），RMSEA=0.07，NNFI=0.90，CFI=0.91，IFI=0.92。

Tsui等（2006）对组织文化的测量量表来源于Tsui等人5个维度包括24项题项的量表[19]，员工导向（Empolyee orientation，8项）、顾客导向（Customer focus，5项）、创新（Innovativeness，4项）、系统管理与控制（Systematic management and control，4项）和社会责任（Social responsibility, 3项），并在研究中进行了探索性因子分析和验证性因子分析，RMSEA=0.07，NNFI=0.90，CFI=0.91，IFI=0.91。

综合分析上述两个测量组织文化的量表，本研究将组织文化确定为6个维度，在题项选择上，保留了两个量表中重复的题项，删除了同一维度里意思重复的题项，最终形成了包含6个维度：员工发展（Employee development，4项）、和谐（Harmony，4项）、顾客导向（Customer orientation，4项）、社会责任（Social responsibility，3项）、系统管理与控制（Systematic management and control，4项）与创新（Innovativeness，4项），共计23条题项的组织文化量表，在本研究中信度系数为0.957。

4. 工作投入的测量

工作投入采用UWES–17量表，包含活力、奉献和专注3个维度。活力维度由

6个条目来评估高能量、高韧性水平、付出努力的意愿、不易疲惫和面对困难时的坚持；奉献维度通过5个条目来测量一个人从工作中感到的意义感、对工作的激情和自豪；专注维度通过6个条目评价一个人完全快乐地沉浸在工作中，共计17个题项，在本研究中信度系数为0.961。

5. **工作绩效（创造力、角色内绩效、角色外绩效）的测量**

工作绩效的测量一共有16条题项，包括角色内绩效、创造性和角色外绩效。角色内绩效即基本的任务绩效，一共有5条题项测量，来源于Tsui等[16]的研究；创造性一共包含6条测量题项，其中4条来源于Farmer，Tierney和Kung-Mcintyre[5]（2003），2条来源于Leenders，van Engelen和Kratzer（2003）的研究[8]；角色外绩效，即组织公民行为，一共有5条题项，同样来源于Tsui等的文章[16]。在本研究中，创造力信度系数为0.913；角色内绩效信度系数为0.913；角色外绩效信度系数为0.879。

6. **控制变量**

在公司层次的模型中，控制了公司年龄、员工数（取对数）、性质（国有、私营，外资和中外合资作为参照组）、行业（制造业=1，其他=0），以及员工性别（女=0，男=1）、年龄（取对数）、教育程度、工作动机。测量工作动机的量表，来源于Gagné等（2010）论文中的量表，共12个条目。采用Likert 6点尺度，从1表示“完全不符合”，到6表示“完全符合”。在本研究中信度系数为0.928。在员工层次的模型中，控制了员工性别（女=0，男=1）、年龄（取对数）、教育程度、工作动机。

由于员工年龄与其工作年限高度相关（0.976），所以不论在公司层次还是员工层次，均没有控制员工工作年限。

四、数据分析与结果

运行SPSS，得出表2。从表中可以看到，高承诺工作系统与员工的工匠精神（r=0.299，p<0.05）、创造力（r=0.297，p<0.05）、角色内绩效（r=0.452，p<0.01）、角色外绩效（r=0.317，p<0.05）呈显著正相关；组织文化与员工工匠精神（r=0.288，p<0.05）、角色内绩效（r=0.425，p<0.01）、角色外绩效（r=0.273，p<0.05）呈显著正相关。员工的工作动机与工匠精神（r=0.581，p<0.01）显著正相关，员工的工匠精神与个体的工作投入（r=0.552，p<0.01）、创造力（r=0.105，p<0.05）呈显著正相关。本研究各变量之间存在着较好的关联性，相关性质与理论模型基本一致。

表 2　变量的均值、标准差和相关系数 [a]

Table 2：Mean value, standard deviation and correlation coefficient of variables[a]

公司层次	均值	标准差	1	2	3	4	5	6	7	8
1. 公司年龄	19.415	17.251		0.711^{**}	0.182	−0.101	−0.086	−0.050	0.111	$0.262^{\dagger}$
2. 公司员工数	21863	58832			0.038	0.185	−0.231	−0.190	−0.027	0.223
3. 性质 1（国有 =1，其他 =0）	0.358	0.484				-0.536^{**}	-0.492^{**}	-0.279^{*}	0.451^{**}	0.369^{**}
4. 性质 2（私营 =1，其他 =0）	0.340	0.478					-0.472^{**}	−0.071	-0.362^{**}	−0.224
5. 性质 3（外资或合资 =1，其他 =0）	0.302	0.463						0.365^{**}	−0.098	−0.154
6. 行业（制造业 =1，其他 =0）	0.604	0.494							−0.017	0.018
7. 高承诺工作系统（时点 1）[b]	4.344	0.546								0.830^{**}
8. 组织文化（时点 1）[b]	4.900	0.492								
员工层次	均值	标准差	1	2	3	4	5	6	7	8
9. 性别（女 =0，男 =1）	0.682	0.466	−0.010	0.055	−0.087	0.074	0.015	−0.174	−0.051	−0.087
10. 年龄	33.778	7.115	0.162	−0.149	0.049	−0.155	0.109	0.029	0.238	0.156
11. 教育程度	4.132	0.660	0.132	0.126	0.292^{*}	−0.222	−0.077	−0.024	0.198	0.130
12. 工作年限	11.602	7.972	0.167	−0.130	0.037	−0.120	0.085	0.008	0.250	0.181
13. 工作动机（时点 1）[c]	4.319	0.881	−0.167	−0.198	0.025	−0.037	0.011	0.124	0.313^{*}	0.292^{*}
14. 工匠精神（时点 2）[d]	4.707	0.808	0.033	−0.011	0.040	−0.049	0.009	0.137	0.299^{*}	0.288^{*}
15. 工作投入（时点 3）[e]	3.868	0.941	−0.184	−0.256	−0.078	0.083	−0.005	0.147	0.145	0.146
16. 创造力	3.423	0.681	0.052	−0.088	0.203	−0.091	−0.118	−.011	0.297^{*}	0.258
17. 角色内绩效（时点 3）[f]	3.794	0.700	0.066	0.083	0.329^{*}	−0.034	-0.308^{*}	−.127	0.452^{**}	0.425^{**}

（续表）

公司层次	均值	标准差	1	2	3	4	5	6	7	8
18. 角色外绩效（时点 3）[f]	3.741	0.668	−0.047	−0.143	0.118	0.044	−0.168	−0.067	0.317*	.273*
员工层次	9	10	11	12	13	14	15	16	17	18
9. 性别（女 =0，男 =1）		0.160	−0.091	0.144	−0.054	−0.185	0.066	−0.157	−0.145	−.124
10. 年龄	0.146**		−0.035	0.976**	0.128	0.235	0.120	−0.115	0.030	.116
11. 教育程度	−0.015	−.009		−0.151	−0.057	−0.191	−0.104	0.169	0.333*	.165
12. 工作年限	0.127*	0.961**	−0.110*		0.133	0.277*	0.127	−.099	0.053	.134
13. 工作动机（时点 1）[c]	0.056	0.014	0.049	0.001		0.584**	0.717**	−.010	0.033	.058
14. 工匠精神（时点 2）[d]	0.074	0.166**	0.020	0.146**	0.581**		0.646**	0.153	0.226	.239
15. 工作投入（时点 3）[e]	0.185**	0.058	0.049	0.029	0.661**	0.552**		0.161	0.168	.187
16. 创造力	−0.001	0.014	0.313**	−0.006	0.034	0.105*	0.128*		0.700**	.836**
17. 角色内绩效（时点 3）[f]	−0.026	0.082	0.281**	0.074	−0.006	0.057	0.069	0.727**		.725**
18. 角色外绩效（时点 3）[f]	−0.089	0.072	0.215**	0.063	0.062	0.097	0.126*	0.746**	0.684**	

注：$^{\dagger}p<.10$，$^{*}p<.05$，$^{**}p<.01$。

[a] 此表有上中下三块。上块全部是公司层次变量间的相关系数（n=53）；中块是公司层次和员工层次变量间的相关系数，员工层次数据平均到公司层次，计算而得（n=53）；下块的对角线上半部分是把员工层次变量平均到公司层次计算而得的相关系数（n=53），下块的对角线下半部分是员工层次变量间的相关系数（n=387）。

[b] 高承诺工作系统和组织文化是在时点 1，由公司管理者报告，184 位管理者参与调研，每家公司平均 3.4 位，最少 1 位（2 家企业），最多 9 位（1 家企业）。

[c] 工作动机，在时点 1 由员工自己报告。

[d] 工匠精神，在时点 2 由员工自己报告。

[e] 工作投入，在时点 3 由员工自己报告。

[f] 员工创造力、员工的角色内绩效和角色外绩效，在时点 3 由员工所在部门的主管评价。三个时点，每个间隔 1 周。

（一）高承诺工作系统、组织文化对工匠精神的关系

由表4可知，高承诺工作系统与员工工匠精神呈显著正相关（路径 a_b，$p<0.05$），假设H1成立，说明在一个高承诺的工作系统中，员工更有可能产生工匠精神；由表5可知，积极的组织文化与员工工匠精神呈正相关（路径 a_b，$p<0.1$），假设H2成立，说明在积极的组织文化影响下，员工更有可能产生工匠精神。

（二）工匠精神与工作行为和绩效的关系

由表3可知，员工工匠精神对员工工作投入（$\beta=0.260$，$p<0.01$）、员工创造力（$\beta=0.086$，$p<0.05$）均呈显著的正向影响，但对员工角色内绩效、角色外绩效影响不具有统计学显著。由表4、表5可知，员工层次工匠精神（路径 b_w）对员工工作投入（$p<0.01$）、员工创造力（$p<0.05$）呈显著的正向影响；公司层次工匠精神（路径 b_b）对员工工作投入（$p<0.01$）、角色外绩效（$p<0.05$）呈显著的正向影响。

因此，假设H3a、H3b得到验证，假设成立；H3c、H3d未得到验证，假设不成立。假设H4a、H4d得到验证，假设成立；H4b、H4c未得到验证，假设不成立。

表3　员工工匠精神对工作投入、创造力、角色内绩效、角色外绩效的影响

Table 3：The impact of employee craftsmanship on job engagement, creativity, in-role performance and out-of-role performance

	因变量：员工工作投入		因变量：员工创造力		因变量：员工角色内绩效		因变量：员工角色外绩效	
	系数	标准误	系数	标准误	系数	标准误	系数	标准误
截距项	3.840**	0.058	3.387**	0.058	3.786**	0.058	3.719**	0.070
性别（女=0，男=1）	0.256**	0.086	0.084	0.057	0.007	0.061	−0.069	0.051
年龄（取对数）	0.054	0.191	0.242	0.188	0.534**	0.202	0.219	0.135
教育程度	0.052	0.068	0.286**	0.048	0.210**	0.048	0.132**	0.045
员工工作动机	0.562**	0.068	−0.027	0.034	−0.030	0.033	0.031	0.032
员工工匠精神	0.260**	0.077	0.086*	0.040	0.034	0.043	0.041	0.038

注：$^{\dagger}p<.10$，$^{*}p<.05$，$^{**}p<.01$。本表考虑公司层次方差后在员工层次计算。

（三）工匠精神在高承诺工作系统与工作行为和绩效关系间的中介作用

从表4可以看出，高承诺工作系统通过工匠精神对员工工作投入（96%CI=［0.010，0.367］）、角色外绩效（93%CI=［0.009，1.854］）有显著的正向影响。

因此，假设 H5a、H5d 得到验证，假设成立；假设 H5b、H5c 未得到验证，假设不成立。

表 4　多层次中介模型（2–1–1）：高承诺工作系统通过工匠精神对员工行为的影响 [a]

Table 4：Multi–level mediation model（2–1–1）：The effect of high commitment work system on employee behavior through craftsmanship

	因变量：工作投入		因变量：创造力		因变量：角色内绩效		因变量：角色外绩效	
参数	系数	标准误	系数	标准误	系数	标准误	系数	标准误
公司层次								
因变量截距项	−4.325†	2.4458	3.047	7.265	−0.547	6.353	−3.800	7.928
中介变量截距项 [b]	0.632	1.429	1.260	1.655	0.884	1.676	1.044	1.655
路径 a_b	0.128*	0.058	0.149*	0.068	0.144*	0.067	0.144*	0.068
路径 b_b	1.342**	0.218	4.064	3.723	3.395	5.281	5.152*	2.412
路径 c_b	−0.165	0.105	−0.248	0.606	−0.192	0.719	−0.350	0.448
间接效应（a_b*b_b）	0.172*	0.085	0.606	0.652	0.490	0.762	0.744	0.496
间接效应蒙特卡罗参数自助法 [c]	96%CI=［0.010，0.367］		70%CI=［0.009，1.324］		45%CI=［0.015，0.841］		93%CI=［0.009，1.854］	
因变量残方差	0.005	0.027	0.028	0.277	0.022	0.204	0.038	0.371
中介变量残方差 [b]	0.001	0.041	0.003	0.009	0.003	0.010	0.005	0.008
员工层次								
路径 b_w	0.257**	0.074	0.088*	0.040	0.040	0.042	0.041	0.037
因变量残方差	0.408**	0.054	0.286**	0.034	0.330**	0.035	0.210**	0.026

注：† $p < .10$，* $p < .05$，** $p < .01$。

[a] 表中均为固定斜率（fixed slope）模型，公司层次 n=387，员工层次 n=53，运用最大似然估计方法。平均每家公司的员工数为 7.302。路径 a_b、b_b、c_b、b_w 均为图 2 所示，其中路径 a_b 是高承诺工作系统 à 工匠精神，路径 b_b 是公司层次工匠精神 à 工作投入（或创造力，或角色内绩效，或角色外绩效），路径 c_b 是高承诺工作系统 à 工作投入（或创造力，或角色内绩效，或角色外绩效），路径 b_w 是员工层次工匠精神 à 工作投入（或创造力，或角色内绩效，或角色外绩效）。

[b] 中介变量是工匠精神。

[c] 根据 Preacher，Zhang 和 Zyphur（2011：180）的建议，我们利用蒙特卡罗参数自助法计算间接效应的较为精确（如 96%、93% 等）的置信区间（CI）。对于样本分布偏态，尤其是小样本的情况，这种方法的估计更加准确。我们利用 Selig 和 Preacher（2008）所生成的 R 语言，计算置信区间。

（四）工匠精神在组织文化与工作行为和绩效关系间的中介作用

从表 5 可以看出，积极的组织文化通过工匠精神对员工工作投入（92%CI=［0.006，0.407］）有显著的正向影响，对角色外绩效的影响在 88% 的置信区间，接近 90%，我们也认为组织文化通过工匠精神对员工工作投入有正向影响。

因此，假设 H6a、H6d 得到验证，假设成立；假设 H6b、H6c 未得到验证，假设不成立。

表 5　多层次中介模型（2–1–1）：组织文化通过工匠精神对员工行为的影响 [a]

Table 4：Multi-level mediation model（2–1–1）：
The effect of organizational culture on employee behavior through craftsmanship

	因变量：工作投入		因变量：创造力		因变量：角色内绩效		因变量：角色外绩效	
参数	系数	标准误	系数	标准误	系数	标准误	系数	标准误
公司层次								
因变量截距项	$-3.670^{\dagger}$	2.224	3.672	6.528	0.101	5.264	−2.710	7.594
中介变量截距项 [b]	0.217	1.462	0.669	1.718	0.324	1.677	0.488	1.732
路径 a_b	$0.140^{\dagger}$	0.071	$0.142^{\dagger}$	0.084	$0.143^{\dagger}$	0.081	$0.140^{\dagger}$	0.083
路径 b_b	1.319^{**}	0.319	4.160	2.751	3.402	3.166	5.132^{*}	2.249
路径 c_b	−0.099	0.103	−0.121	0.444	−0.075	0.405	−0.179	0.430
间接效应（a_b*b_b）	$0.185^{\dagger}$	0.106	0.591	0.510	0.486	0.450	0.718	0.437
间接效应蒙特卡罗参数自助法 [c]	92%CI=［0.006，0.407］		81%CI=［0.003，1.591］		67%CI=［0.004，1.112］		88%CI=［0.012，1.844］	
因变量残方差	0.005	0.024	0.028	0.262	0.020	0.150	0.038	0.376
中介变量残方差 [b]	0.001	0.040	0.004	0.009	0.003	0.008	0.005	0.008
员工层次								
路径 b_w	0.257^{**}	0.075	$0.087^{\dagger}$	0.046	0.039	0.042	0.041	0.038
因变量残方差	0.408^{**}	0.054	0.286^{**}	0.034	0.330^{**}	0.035	0.210^{**}	0.026

注：$^{\dagger}p < .10$，$^{*}p < .05$，$^{**}p < .01$。与表 3 仅一点不同，即用“组织文化”代替“高承诺工作系统”，所有注释同表 4。

五、结论与讨论

本文的研究结论主要有三个：一是高承诺工作系统、积极的组织文化是工匠精神重要的外因变量。二是高承诺工作系统、积极的组织文化通过工匠精神的中介作用，对员工整体的工作投入、角色外绩效存在正向影响。三是工匠精神在个人层次、公司层次的影响存在差别：在个人层次，员工的工匠精神对员工工作投入、员工创造力存在正向影响；在公司层次，员工整体的工匠精神对工作投入、角色外绩效存在正向影响。

（一）理论贡献

本文的理论贡献在于，从心理机制的视角，基于自我决定理论提出了工匠精神的概念，并讨论识别出组织层面可能会影响工匠精神形成的两个重要外在影响因素：高承诺工作系统与组织文化，并通过实证研究验证了高承诺工作系统、积极的组织文化对工匠精神的显著正向影响。本文研究将工匠精神与管理学中的概念建立起理论联系，这不仅有助于进一步推进工匠精神的研究，从理论角度更深入地探讨组织层面影响工匠精神形成的重要因素，同时也为企业培育员工工匠精神提供了理论依据。

其次，本研究讨论了工匠精神与工作投入之间的相关性，研究结果有助于进一步明晰工匠精神形成的心理机制。本文提出工匠精神的形成建立在个体对工作自主、能力与归属需求都被满足的基础之上。工作投入是指与工作有关的一种积极、满意的状态，已有的研究证实自我效能感、自主性与角色清晰度等是工作投入的重要预测指标[36]。本文的研究也发现不论在个体层次还是在组织层次，工匠精神都能正向影响员工（群体）的工作投入，这在一定程度上验证了本文提出的工匠精神形成的心理机制，丰富了工匠精神的理论研究成果。

（二）管理启示

本研究提出工匠精神由内在动机驱动，而工作动机内化关键在于个体的自主、能力与归属的需求在工作中能否得到满足，同时明确了高承诺工作系统、组织文化对工匠精神的形成具有显著的正向影响。高承诺工作系统与积极的组织文化重视并支持员工的职业发展，拥有和睦融洽的组织氛围，强调社会责任并坚持服务顾客，这些措施加强了员工与组织之间的联系，建立起良好的组织认同与归属感，能够激发员工的工作自主性与主动性，不断提高员工的工作胜任感，并进而改变员工的行为态度，这是工匠精神形成的内在心理基础。

本研究据此提出，以激发员工内在工作动机为导向的人力资源管理体系有利于培育工匠精神。建设高承诺工作系统，提供透明严格的招聘选拔程序与标准、丰富的培训、信息共享、发展导向的绩效管理等一系列政策和措施，能够满足员工在工匠精神发展不同阶段对于"自主、胜任、关系"的不同心理需求，促使员工将工作内在价值与自己的价值观整合，使自己与工作成为一个和谐的整体。建设重视员工发展、坚持顾客导向、强调社会责任、创新导向、管理规范、氛围和睦融洽的组织文化，能够促使员工关注工作本身，主动加强与工作的联系，激发员工的工作自主性与主动性，不断加强提升自己的能力，以匹配组织的价值观要求，加快员工工匠精神的形成与确立。

（三）局限性及未来研究方向

本研究虽然构建了工匠精神形成及作用的跨层次中介模型，但仅讨论分析了高承诺工作系统、组织文化、工作投入、创造力、角色内绩效、角色外绩效 6 个变量与工匠精神的关系，对于工匠精神的前因与结果研究仍比较局限，同时未能有效解释工匠精神在组织和个人层次不同的作用机制。

工匠精神在个体层次与组织层次对工作行为和绩效的影响存在差别，后续研究可以进一步分别探寻工匠精神在组织层面、个体层面的内涵及影响机制。对于工匠精神的前因，未来研究可以从人口特征、人格倾向、心理特质等个体因素进行深入分析，同时也要考虑领导风格等组织因素对工匠精神的影响。对于工匠精神结果的研究，既要注意深入探讨工匠精神对于工作绩效、主动性行为的影响，更要对工匠精神的跨层次机理进行更深入的研究，明确工匠精神在组织层次与个体层次的内涵与机制。

参考文献

[1] BAER, M. & SHAW, J. D. Falling in love again with what we do：academic craftsmanship in the management sciences [J]. Academy of management journal, 2017, 60（4）：1213–1217.

[2] DECI, E. L., & RYAN, R. M. The "what" and "why" of goal pursuits：human needs and the self-determination of behavior [J]. Psychological inquiry, 2000, 11（4）：227-268.

[3] DE MENEZES, L. M. D., & KELLIHER, C. Flexible working and performance：a systematic review of the evidence for a business case [J]. International journal of management reviews, 2011, 13（4）：452–474.

［4］FARH, J-L., EARLEY, P. C., & LIN, S-C. Impetus for action：a cultural analysis of justice and organizational citizenship behavior in Chinese society［J］. Administrative science quarterly, 1997, 42（3）：421–444.

［5］FARMER, S. M., TIERNEY, P., & KUNG-MCINTYRE, K. Employee creativity in Taiwan：an application of role identity theory［J］. Academy of management journal, 2003, 46：618–630.

［6］HUSELID, M. A. The impact of human resource management practices on turnover, productivity, and corporate financial performance［J］. Academy of management journal, 1995, 38（3）：635–672.

［7］HINKIN, T. R. A review of scale development practices in the study of organizations［J］. Journal of management, 1995, 21（5）：967–988.

［8］LEENDERS, R. T. A. J., VAN ENGELEN, J. M. L., & KRATZER, J. Virtuality, communication, and new product team creativity：a social network perspective［J］. Journal of engineering and technology management, 2003, 20：69–92.

［9］MACKENZIE, S. B., PODSAKOFF, P. M., & PODSAKOFF, N. P. Construct measurement and validation procedures in MIS and behavioral research：integrating new and existing techniques［J］. MIS quarterly, 2011, 35（2）, 293–334.

［10］MACDUFFIE, J. P. Human resource bundles and manufacturing performance：organizational logic and flexible production systems in the world auto industry［J］. Industrial and labor relations review, 1995, 48（2）：197–221.

［11］O'REILLY, C., & PFEFFER, J. Hidden value：how great companies achieve extraordinary results with ordinary people［M］. Boston：Harvard Business School Press, 2000.

［12］PREACHER, K.J., ZHANG, Z., ZYPHUR, M.J. Alternative methods for assessing mediation in multilevel data：the advantages of multilevel SEM［J］. Structural equation modeling a multidisciplinary journal, 2011, 18（2）：161–182.

［13］SALANCIK, G. J., & PFEFFER, J. A social information processing approach to job attitudes and task design［J］. Administrative science quarterly, 1978, 23（2）：224–253.

［14］SCHAUFELI, W. B., SALANOVA, M., GONZÁLEZROMÁ, V., & BAKKER, A. B. The measurement of engagement and burnout：a two sample confirmatory factor analytic approach［J］. Journal of happiness studies, 2002, 3（1）：71–92.

［15］SCHEIN, E. H. Organizational culture and leadership（2nd ed.）［M］. San Francisco：Jossey-Bass, 1992.

［16］TSUI, A. S., PEARCE, J. L., PORTER, L. W., & TRIPOLI, A. M. Alternative approaches to the employee-organization relationship：does investment pay off?［J］. Academy of management journal, 1997, 40（5）：1089–1121.

［17］TSUI, A. S., WANG, H., & XIN, K. R. Organizational culture in China：an analysis of culture dimensions and culture types［J］. Management and organization review, 2006, 2（3）：345–376.

［18］ZHIXING XIAO, INGMAR BJÖRKMAN. High commitment work systems in Chinese organizations：a preliminary measure［J］. Management and organization review, 2006, 2（3）：403–422.

［19］WANG, D., TSUI, A. S., ZHANG, Y., & MA, L. Employment relationships and firm performance：evidence from an emerging economy［J］. Journal of organizational behavior, 2003, 24（5）：511–535.

［20］SALANOVA, M., LLORENS, S., & SCHAUFELI, W. B. "Yes, I can, I feel good, and I just do it!" on gain cycles and spirals of efficacy beliefs, affect, and engagement［J］. Applied psychology, 2011, 60（2）, 255–285.

［21］曹曼，席猛，赵曙明．高绩效工作系统对员工幸福感的影响——基于自我决定理论的跨层次模型［J］, 南开管理评论，2019，22（2）：176–185.

［22］邓志华，肖小虹，杨均．精神型领导对员工工匠精神的影响研究——心理需求满足和工作价值观的不同作用［J］. 华东经济管理，2021，35（2）：120–128.

［23］葛建华，苏雪梅．员工社会化、组织认同与组织公民行为——基于中国科技制造企业的实证研究［J］. 南开管理评论，2010，13（1），42–49.

［24］韩晓路．工作投入的内涵及提升策略——基于自我决定理论的视角［J］. 中国人力资源开发，2011，3：52–55.

［25］理查德·桑内特．匠人［M］, 李继宏译，上海：上海译文出版社，2015.

［26］刘靖东，钟伯光，姒刚彦．自我决定理论在中国人人群的应用［J］. 心理科学进展，2013，10：1803–1813.

［27］罗胜强，姜嬿．管理学问卷调查研究方法［M］. 重庆：重庆大学出版社，2014.

［28］苏晓艳，苏俊，田海英．员工–组织价值观匹配的代际差异及其挑战性组织公民行为的影响［J］. 管理工程学报，2021，35（5）：26–40.

［29］田遇春，孙雪．组织文化的界定、测量和作用机制述评［J］. 公共管理，2020，57–60.

［30］王弘钰，赵迪，李孟燃．高承诺工作系统能否培育工匠行为——一个有调

节的中介模型［J］.江苏社会科学，2020，1：99–106.

［31］王辉，武朝艳，张燕等.领导授权赋能行为的维度确认与测量［J］.心理学报，2008，12：1297–1305.

［32］肖龙，陈鹏.技术哲学视域下工匠精神的生成与培育［J］.职教论坛，2016，4：15–20.

［33］叶美兰，陈桂香.工匠精神的当代价值意蕴及其实现路径的选择［J］.高教探索，2016，10：27–31.

［34］曾颢，赵曙明.工匠精神的企业行为与省际实践［J］.改革，2017，(4)：125–136.

［35］张正堂，李瑞.企业高绩效工作系统的内容结构与测量［J］.管理世界，2015，5：100–106.

Study on the Mechanism of External Causes and Results of Craftsmanship in Organizational Context

Liu Ying, Shi Jianjun

Abstract: Carrying forward craftsmanship is to practice craftsmanship and give play to its role in economic and social development. Based on the perspective of self-determination theory, this study takes 184 managers and 492 employees from 53 enterprises as samples to analyze the external causes of craftsmanship formation in the organizational situation and the results of craftsmanship in the organization and individual levels. The results show that high commitment work system and positive organizational culture are important external causes for the formation of craftsmanship, and have a positive impact on the overall work engagement of employees through the mediating effect of craftsmanship. The results theoretically identify the external causes of organizational management practices that promote the formation and development of the craftsmanship, and propose the construction of an enterprise human resource management practice system oriented by stimulating the intrinsic motivation of employees.

Keywords: craftsmanship, human resource management, self-determination theory

董事会治理与企业风险承担
——基于社会网络的视角

吴　超[①]　施建军

内容摘要： 本文基于社会网络的视角，以我国2008年–2018年A股上市公司为研究对象，探究董事会治理与企业风险承担之间的关系。依据董事是否具有独立性的特征，将董事会分为内部董事和独立董事两大类，并构建企业间内部董事网络和独立董事网络，分别探讨内部董事网络和独立董事网络对企业风险承担的影响。研究发现，目标企业所处的内部董事网络位置越趋于中心，企业风险承担水平越高；目标企业所处的独立董事网络位置越趋于中心，企业风险承担水平越低。

关键词： 董事网络；企业风险承担；内部董事；独立董事；网络中心度

一、问题提出

随着转型经济的发展，新技术、新业态和新经济为企业带来无限商机的同时，也使得企业面临着较大的风险和不确定性[20][6]。在这样的背景下，企业既要通过承担风险不断吸收新变化实现突破性发展，同时也要增强抵御和控制风险的能力以应对外部环境的变化。风险是企业生存和发展过程中必须面对的课题，风险承担表示企业在追逐高利润的过程中愿意付出代价的程度[12]，企业通过承担高风险实现高收益。实践证明，承担风险是企业通往成功的必经之路[13]。合理的风险承担有助于加快企业资本积累和技术创新，提高企业在行业内的竞争优势，促进企业绩效的增长，

① 吴超，管理学博士，南京大学商学院2014级博士生，现就职于江苏经贸职业技术学院，邮箱：chaonicewu@163.com。

推动经济社会持续发展[1][15]。然而，企业的风险承担行为具有较大的资源消耗性、信息不对称性和较高的不确定性。资源或信息的缺失都极有可能导致风险决策的失败[26]，而企业决策执行者对风险决策结果的高度不确定性也增强了企业的风险决策难度。因此，企业是否拥有获取信息和资源的渠道，能否有能力抵御风险决策的不确定性是影响企业风险承担的重要因素。

在现代公司治理领域，董事会是公司治理的核心，处于企业战略决策的最高层，企业的诸多战略决策都是在董事会上决定并通过的，这其中就包括企业的风险决策。因此，企业的风险承担水平受到董事会相关特征的影响。随着我国公司治理机制的逐步完善，董事在不同企业交叉任职的现象越来越普遍，田高良等统计发现，我国A股上市公司中80%以上的企业存在董事兼任现象，由此构成了我国上市公司之间规模巨大的董事网络[21]。董事网络是指通过企业间董事－董事兼任而建立的直接和间接的联结集合[23]。根据社会网络理论，网络是社会资本的载体，处于董事网络中的企业可以通过董事网络关系获取资源、信息和知识，从而提高企业的风险承担能力；相较于处于边缘位置的企业，处于网络中心位置的企业因其关联的企业较多，能够获取的信息和资源总量更多。这其中就包括与企业风险决策相关的关键信息，关键信息的获取使目标企业在风险决策中处于信息不对称优势位置，从而影响到目标企业的风险承担水平。基于此，本文将从网络特征的角度阐述董事网络对企业风险承担水平的作用机制。

已有不少研究从董事会治理的视角讨论董事会网络与企业风险承担的关系，但研究结论并不统一。资源观认为，董事会网络提供了丰富资源，董事网络越丰富，提供给公司的资源越多，因此企业更加容易承担风险。比如张敏等将企业社会网络分为银行关系网络、校友关系网络、协会关系网络等，研究发现，企业拥有的社会网络越丰富，风险承担水平越高[26]。刘衡和苏坤通过实证研究发现，连锁董事网络密度越高，风险承担水平越高[18]。另外一种观点认为，董事网络能够为企业带来全面的风险信息，从而规避企业的过度投资现象[13]，与此类似，Cheng研究指出，董事会规模与企业风险承担显著负相关，他们认为董事会规模的增加会导致团队决策极化，使团队成员倾向于保守型决策[2]。

为什么会得出不一致的结论？本文认为，一个可能的原因是相关研究忽视了董事会成员的异质性会导致差异化风险承担倾向。具体而言，现有研究往往将董事会视为一个整体，而忽视了内部董事和独立董事在信息来源、对信息解读方式以及公司治理方面的差异对企业风险承担的影响。自中国证券监督管理委员会（简称证监会）引进独立董事制度以来，我国上市公司的董事会成员在公司治理方面的差异变得明朗。2001年，证监会发布《关于在上市公司建立独立董事制度的指导意见》，其中规定上市公司独立董事是指不在公司担任除董事外的其他职务，并与其所受聘的上市公司及其主要股东不存在可能妨碍其进行独立客观判断的关系的董事①。由此可见，独立董事与上市公司内部管理人员和股东之间的互惠程度较低，独立董事的治理行为相对“独立”。

按照董事会成员是否具有独立性的特征，上市公司董事会可大致分为独立董事和内部董事两大类。独立董事和内部董事在信息来源和对信息和资源的解读等方面存在一定的差异。Duchin 等以及 Kimbrough 和 Wang 从独立性和信息来源的视角分析认为，独立董事相对独立于企业和管理层，对企业内部信息掌握较少，因此主要履行监督职能；而内部董事掌握更多的企业内部信息，主要发挥咨询职能[4][8]。由此引申出一个问题，独立董事和内部董事的这些治理差异，是否会导致他们不同的风险承担倾向？刘衡和苏坤从董事网络密度的角度出发研究发现，企业所处的网络密度越高，风险承担水平越高[18]。然而吴超和施建军从独立董事结构洞丰富程度的视角出发研究发现，独立董事在治理过程中受声誉机制的制约，更倾向于采取风险较小的决策项目，从而削弱了企业的风险承担水平[22]。由此可见，内部董事和独立董事的差异确实造成了其不同的风险承担倾向。

基于此，我们按照董事成员是否具有独立性的特征，将董事会分成独立董事和内部董事两大类，并分别构建独立董事网络和内部董事网络，计算企业所处两种不同网络的中心度指标。独立董事和内部董事的差异性是否以及如何影响企业风险承担水平？这是文章要探讨的重点。

二、理论分析与研究假设

（一）董事网络与企业风险承担

董事网络，又被称为“连锁董事网络”“关联董事网络”，当同一董事同时在不同企业担任董事职务时，处于联结位置的董事被称为“连锁董事”或“关联董事”，而这种通过董事同时任职构建起来的社会网络即为董事网络。董事网络是社会网络的一种，社会网络领域的研究普遍认为，网络是社会资本的载体，网络关系中传递的信息和资源才是价值所在。

董事网络的嵌入性特征推动了企业之间的相互学习和模仿。企业的风险承担行为具有较高的风险性和不确定性[19]，尤其是目前我国正处于经济转型的关键时期，

① 《关于在上市公司建立独立董事制度的指导意见》（证监发〔2001〕102 号，2001 年 8 月 16 日起施行）中国证监会 www.csrc.gov.cn。

企业所面临的外部环境不确定性增加。环境的复杂性增加了企业决策制定者在进行风险决策时的难度。此外，企业决策制定者个人掌握的知识、能力和精力是有限的，在复杂的决策环境中，他们更倾向于学习和模仿先进企业的战略决策，而董事网络提供了学习和模仿的渠道。首先，董事会是企业的最高决策机构，企业的诸多决策都是通过他们制定，关联董事通过在不同企业任职，可以直接学习到其他企业先进的风险决策经验[18]，当企业面临相似的风险决策时，可以根据学习到的经验，直接模仿他人的先进做法，降低决策难度。其次，企业的风险决策关系到企业的长期发展和收益情况，一旦风险决策失败，对企业造成的损失不可估量。研究发现，风险决策失败的企业更有可能在未来辞退现有的高管团队[9]。因此，企业的决策制定者在进行风险决策时面临着较大的决策压力和决策失败的处罚风险。此时，决策制定者更倾向于学习网络中先进企业的成功案例，通过模仿先行者的行为来简化决策模型，以期能够降低决策失败带来的外界压力和可能的处罚。由此可见，企业所处的董事网络是影响企业风险承担行为的重要因素。

蕴含在董事网络中的社会资本为网络中的企业提供了风险决策所需的外部资源和信息。企业的风险承担具有很强的资源依赖性，是一项资源消耗型决策行为[26]。风险承担行为对资源的需求量极大，包括银行贷款、融资渠道、投资机会、客户关系等诸多方面[10][25][3]。企业所处的风险决策行为的阶段不同，对资源的需求亦有所不同。任一阶段资源的缺失都有可能导致投资风险决策失败，从而造成企业亏损[17]。社会网络领域的研究普遍认为，包括稀缺资源、信息、知识和技术等在内的社会资本通过网络关系进行传播。作为一种非正式制度，网络关系能够帮助企业快速地以较低的成本获取所需的资源[11]。其次，网络关系是一种较为稳定的联结关系[14]，处于董事网络中的企业可以依托网络关系从网络中获取风险投资各个阶段所需的不同资源，为企业风险投资行为提供较为稳定和可靠的资源保障。由此可见，董事网络能够帮助企业获取风险投资所需的外部资源，为企业的风险决策提供了资源和信息方面的保障。

处于网络中心位置的企业能够占据信息不对称优势位置。企业从董事网络中获取的信息和资源的多少取决于其所处的网络位置[11]。处于网络中心位置的企业可以通过网络关系获得大量的市场投资信息。当企业掌握着大量的市场投资信息时，可以根据对外部的信息进行综合运用，从而提高了自身抵御和控制风险的能力，确保风险承担行为的成功率和未来收益。其次，网络中心位置能够为企业带来多样化的投资信息。在不确定性较高的市场环境中，多样化的投资信息可以帮助企业拓宽风险投资渠道，并根据所掌握的非公开投资信息优先竞争对手展开投资行为，抢先一步摘到“桃子”。另外，处于中心位置的企业可以依托位置优势，控制投资信息传播方向以及信息传递的内容，从而占据绝对的信息不对称优势位置，提高对网络中的其他企业的控制能力和影响力，此时的关联董事可以通过限制信息和资源的流向为企业争取风险投资的先机优势，从而进一步增强了其风险承担的能力和倾向。由此可见，处于董事网络中心位置的企业能够获得的投资信息的总量较大、信息的多样化程度较高，并且可以通过网络位置优势占据信息不对称优势位置，从而为企业风险投资行为提供了可靠的信息保障，提升了企业的风险承担倾向和控制风险的能力。

综上所述，董事网络是影响企业风险承担的重要因素。然而，上市公司董事会成员具有一定的异质性。展开来说，内部董事和独立董事之间在对企业内部资源和信息掌握方面存在显著的差异性，这些差异导致了内部董事和独立董事差异化的风险承担倾向，进而对企业的风险承担水平产生不同的影响。

（二）内部董事网络与企业风险承担

在现代公司治理中，内部董事大多由管理层兼任，他们属于企业内部人员，参与企业的日常运作和经营，对企业的发展现状、内部资源的使用情况、资源和信息的存量、内部人员结构安排等情况十分的熟悉和了解。文章认为，内部董事对企业内外部资源和信息的掌握程度较高，增强了其驾驭和控制风险的能力和信心，从而提高了企业的风险承担水平。

如前文所述，董事网络为企业带来丰富的外部资源和信息，为企业风险决策提供了资源和信息保障。而内部董事能够充分掌握和理解企业所拥有的内外部投资信息和资源，从而形成了完整的企业风险决策的信息闭环。内部董事可以在整合内外部信息和资源的基础上，对风险决策中的不确定性和潜在风险进行有效的控制。尤其是当内部董事处于网络中心位置时，能够获取的外部信息和资源更加的丰富和多元化。这些多元化的信息和资源进一步增强了企业抵御风险的能力，同时也提高了内部董事在控制风险和不确定性方面的信心。对自身能力过于自信的内部董事往往对企业风险决策的收益过于乐观，在企业风险决策中也更容易冒险。此外，网络中心位置增强了内部董事在董事会决策中的话语权。此时，拥有一定话语权的内部董事在企业风险决策过程中，更倾向于选择高风险高收益的决策项目，从而提高了企业的风险承担水平。

其次，内部董事与企业风险决策收益的关联程度较高。由于内部董事通常由企业的管理层兼任，某种程度上将内部董事的个人利益与企业利益统合起来。企业风险决策的收益会通过股票、分红等形式直接反馈给内部董事，从而使其获得足够的经济收益，充足的经济收益在一定程度上能够提高个体的风险承担倾向[7][15]。即便是风险决策失败，内部董事也可将决策失败的责任推诿于外部环境因素或独立董事的治理失灵[24]，从而规避资本市场和利益相关者的相关处罚。尤其当内部董事处于网络核心位置时，网络位置带来的资源效应和影响力进一步降低了企业对其进行处罚的可能性。

综上，企业所处的内部网络位置越趋于中心，能够获取的外部资源和信息越多元，内部董事因其对企业内部情况十分了解，可以在充分整合内外部资源和信息的情况下对风险决策的不确定性进行有效控制，进而增强了其驾驭和控制风险的能力和信心。加之内部董事能够从风险决策中获益较多，更进一步增强了其风险承担的倾向。基于此，文章提出假设：

H1：企业所处的内部董事网络位置越趋于中心，风险承担水平越高。

（三）独立董事网络与企业风险承担

我国上市公司独立董事大多由高校教授、专业会计师或律师、协会主席等社会知名人士兼任，他们有自己的主营业务，平时不参与企业的内部运营决策，对企业内部发展现状和资源情况知之甚少。由于独立董事对企业内部运营信息和资源存量并不了解，在企业风险决策过程中无法形成完整的信息闭环。独立董事无法在整合企业内外部信息和资源的基础上对网络中蕴含的外部资源和信息进行综合的运用，也缺乏在企业风险决策过程中对潜在危机和不确定性的控制能力。尽管董事网络为企业的风险决策提供了大量的外部资源和信息，但因独立董事掌握的信息具有片面性，往往使其高估企业风险决策中遇到的阻碍和困难。加之独立董事缺乏驾驭和控制风险的能力，进一步降低了其对企业风险决策成功的信心，从而表现出较强的风险规避倾向。当独立董事处于网络中心位置时，网络位置优势提高了独立董事在董事会决策中的话语权和影响力。此时的独立董事更倾向于利用网络中心位置带来的话语权，在企业风险决策过程中，建议企业采取风险较小的稳健型决策项目，从而削弱了企业的风险承担水平。

其次，独立董事与企业风险决策收益的关联程度较低。依照证监会发布的《关于在上市公司建立独立董事制度的指导意见》中对独立董事报酬的规定：“上市公司应当给予独立董事适当的津贴。除津贴外，独立董事不应从上市公司及其主要股东或有利害关系的机构和人员取得额外的、未予披露的其他利益”①。由此可见，津贴是独立董事从上市公司获取的唯一经济收益，企业风险决策取得的收益无法通过额外的经济回报反馈给独立董事。而一旦风险决策失败，独立董事将面临较大的损失。

① 《关于在上市公司建立独立董事制度的指导意见》（证监发〔2001〕102号，2001年8月16日起施行）中国证监会 www.csrc.gov.cn。

如上所述，上市公司独立董事一般由高校教授、协会主席、其他公司管理层、会计师以及专业律师等兼任，他们在各自的主营业务领域享有极高的荣誉和知名度。作为社会知名人士，他们对自己的声誉极为重视，兼任独立董事并积极履行职能也是为了累积自己在公司治理领域的声誉[5]。一旦风险决策失败，资本市场会降低独立董事在公司治理领域的评价，对独立董事声誉造成负面影响，尤其当独立董事处于网络中心位置时，对其声誉造成的负面影响更为严重。同时，企业的内部董事和管理层为了推诿自己在风险决策失败当中的责任，更倾向于将失败的原因归结为独立董事的治理失灵，对独立董事进行处罚[24]。遭受过上市公司处罚的独立董事在将来获取潜在董事席位的可能性降低[16]。

综上，独立董事因不参与企业内部运营，对企业内部资源存量和发展现状并不了解，从而降低了其驾驭和控制风险决策中潜在不确定性和风险的能力。加上企业独立董事无法从风险决策中获利，却需要承担风险决策失败对自身声誉和地位造成的损失，此时的独立董事更倾向于利用网络中心位置带来的话语权和影响力，在企业风险决策中建议企业采取风险较小的决策项目，从而降低了企业的风险承担水平。基于此，文章提出假设：

H2：企业所处的独立董事网络位置越趋于中心，风险承担水平越低。

三、研究设计

（一）样本选择和数据来源

文章选取了2008年–2018年沪深两地的A股上市公司为研究样本，数据来源于CSMAR和WIND数据库。对初始数据做如下筛选：（1）剔除了金融行业和ST企业的样本；（2）剔除了董事资料缺失的样本；（3）剔除了主要财务指标缺失超过三年的样本。最终获得了9 152个有效的企业/年份观测值。对主要的连续变量做了上下1%的Winsor处理以消除极端值的影响。董事网络的数据采用了社会网络数据分析软件PAJEK进行处理，实证分析使用STATA。

（二）模型设计

文章构建了如下面板回归模型：

$$Risk\ taking = a_0 + a_1 InterCentrality + a_2 DepCentrality + \sum Controls + \varepsilon$$

其中 *Risk taking* 表示企业风险承担水平，*InterCentrality* 表示内部董事网络中心度，*DepCentrality* 表示独立董事网络中心度，*Controls* 表示全部控制变量。

（三）变量的定义

（1）企业风险承担（*Risk taking*）：采用企业盈利率的波动值来衡量其风险承担水平。计算公式如下：

$$Risk\ taking=\sqrt{\frac{1}{T-1}\sum_{t=1}^{T}\left(ROA_{i,t}-\frac{1}{T}\sum_{t=1}^{T}ROA_{i,t}\right)^2}$$

其中，$ROA_{i,t}$ 表示企业 i 在 t 年经行业调整的总资产收益率，T=4。

（2）董事网络。采用程度中心度来衡量企业所处的独立董事（*DepCentrality*）和内部董事网络中心度（*InterCentrality*），并对其进行了标准化处理。具体计算公式如下：$Degree_i=\frac{\sum X_{ji}}{k-1}$，其中，$X_{ji}$ 是表示连接关系的虚拟变量，如果在相同的年份企业 i 和企业 j 有一位董事同时任职则认为企业 i 和企业 j 存在联结关系，此时 X_{ji} 赋值为 1，否则赋值为 0。用以计算连接关系的总数量。k 表示网络关系中结点企业的总数。

（3）控制变量。基于过去的研究结论，加入如下控制变量：冗余资源、企业绩效、资本结构、企业年龄、产权性质、成长性、财务风险、两职兼任、董事会规模、第一大股东持股比例、女性董事占比、CEO 权力、环境不确定性、地区市场化程度和行业集中度，此外还控制了企业行业和年份因素。

四、实证结果

（一）描述性统计与相关系数分析

描述性统计结果显示：企业风险承担的最大值与最小值之间的差距较大，达到了 0.561，说明我国上市公司之间的风险承担水平相差较大，为文章研究董事网络与企业风险承担之间的关系提供了空间。企业风险承担的标准差为 0.051，均值为 0.043，和现有文献的描述性统计结果比较符合[22][26]。内部董事网络中心度的最大值与最小值之差为 0.008，均值为 0.001；独立董事网络中心度的最大值与最小值之差为 0.011，均值为 0.002，说明根据董事类型的不同，我国上市公司所处网络的网络位置存在一定的差异，一个企业可能处于内部董事网络的中心位置，但处于独立董事网络的边缘位置，这为探究不同类型董事网络与企业风险承担之间的关系提供了土壤。

Pearson 相关系数分析显示：内部董事网络中心度与企业风险承担之间的相关系数显著为正（p<0.01），与前文假设 1 的预测相一致；独立董事网络中心度与企业风

险承担之间的相关系数显著为负（$p<0.01$），与前文假设 2 的预测相符合。为了更深入地了解内部董事网络和独立董事网络与企业风险和企业风险承担的关系和显著性程度，还需要做进一步的回归分析。为了排除共线性问题，文章对所有变量做了共线性检验，结果显示，全部变量的 VIF 均值为 1.63，最大值为 3.49，证明文章主要变量之间不存在严重的共线性问题。

（二）多元回归分析

固定效应回归结果显示，内部董事网络中心度与企业风险承担的相关系数显著为正（$t=2.41$，$p<0.05$），说明企业所处的内部董事网络位置越趋于中心，风险承担水平越高，验证了前文的假设 1。独立董事网络中心度与企业风险承担的相关系数显著为负（$t=-1.96$，$p<0.1$），说明企业所处的独立董事网络位置越趋于中心，风险承担水平越低，验证了前文的假设 2。

（三）稳健性检验

1. 董事网络的替代性指标

本文采用社会网络指标中的结构洞丰富程度（*Structural hole, SH*）作为董事网络中心度的稳健性检验。回归结果显示，目标企业所处的内部董事网络结构洞丰富程度与企业风险承担呈显著正相关关系（$t=1.69$，$p<0.1$），目标企业所处的独立董事网络结构洞丰富程度与企业风险承担呈显著负相关关系（$t=-3.08$，$p<0.01$），回归结果与固定效应回归结果一致。

2. 企业风险承担的替代性指标

本文以企业 4 年盈利率的最大值和最小值之差作为企业风险承担的稳健性检验。回归结果显示，内部董事网络中心度与企业风险承担呈显著正相关关系（$t=2.25$，$p<0.05$），独立董事网络中心度与企业风险承担呈显著负相关关系（$t=-2.03$，$p<0.1$），与前文的回归结果相符合。

五、研究结论

本文以 2008 年–2018 年在中国沪深两地上市的 A 股上市公司为样本，根据董事会成员是否具有独立性的特征将董事会分成内部董事和外部董事这两种不同类型的董事，并依据社会网络理论分别构建了企业的内部董事网络和独立董事网络。基于内部董事和独立董事治理在信息来源以及对信息的处理方式等方面的差异入手，分别探讨企业所处的内部董事网络位置和独立董事网络位置对风险承担的不同影响。

本研究发现，内部董事网络和独立董事网络对企业风险承担的影响存在一定的差异性。展开来说，企业所处的内部董事网络越趋于中心，风险承担水平越高，与之相反，企业所处的独立董事网络越趋于中心，风险承担水平越低。这说明内部董事和独立董事的风险承担倾向不同。董事网络为企业获取风险投资所需的信息和资源提供了保障，但企业是否会利用网络获取到的外部资源和信息进行风险投资取决于决策制定者的风险承担倾向。内部董事通常由企业管理层兼任，他们熟悉和掌握着企业的内部运营情况和资源存量，可以在综合结合企业发展现状的基础上综合利用董事网络中的资源和信息，从而增强了其驾驭风险的能力和信心。与此同时，内部董事属于企业内部人员，其个人利益与风险决策的收益息息相关，一旦风险决策成功，企业风险决策的收益可以通过股票、分红等形式直接化为内部董事的个人财富，而即便是风险决策失败，内部董事也可以将责任推诿于独立董事的治理失灵，从而降低风险决策失败造成的声誉损失和惩罚的可能性。尤其当内部董事处于网络中心位置时，其能够获得的资源和信息更为多样，进一步提高了其控制风险的能力，从而提高了企业的风险承担水平。而对独立董事而言，由于其不参与企业内部运营，对企业内部发展现状并不了解，尽管董事网络为企业风险决策提供了资源保障，但独立董事缺乏综合运营的能力，降低了其防范和控制风险决策中潜在危机的能力和信心。与此同时，声誉机制是制约独立董事治理的主要因素，一方面独立董事无法从企业的风险投资中获取额外的收益，另一方面独立董事需要承担风险决策带来的风险和不确定性，一旦风险决策失败，会对独立董事的声誉造成极大的负面影响。在乎声誉的独立董事更倾向利用董事网络位置带来的话语权和影响力，建议企业采取风险较小的稳健性投资决策，从而削弱企业风险承担水平。

文章的研究具有一定的理论和实践意义：丰富了董事网络领域和独立董事治理领域的研究成果，有利于上市公司完善董事会治理机制。以往基于董事网络的研究大多是从企业所处的整体董事网络的角度出发，或者单独从独立董事网络出发，探究独立董事治理的有效性，忽视了内部董事和独立董事的差异性造成的不同影响。自证监会强制引进独立董事制度以来，关于独立董事治理的有效性的讨论一直是学术界和实务界关注的重点。但目前的研究大多只局限于独立董事单方面的视角，鲜少研究探究内部董事和独立董事的治理差异，并以此讨论独立董事治理的有效性问题。文章通过构建内部董事网络和独立董事网络，并分别探讨两种不同网络对企业风险承担的影响，为独立董事治理有效性的争论提供了经验证据；进一步完善了董事会治理尤其是董事网络领域的研究，为未来的研究提供了新视角。在实践中，企业可以通过完善董事会结构，聘用合适的董事会成员，一方面通过董事网络获取大量的外部资源和信息，为企业的战略决策提供保障；另一方面通过完善的董事会机制，将企业的风险承担水平控制在合理的范围内，有效地规避决策制定者因个人私利造成的过度风险承担或过度风险规避现象。

参考文献

［1］BOUBAKRI N, COSSET J C, SAFFAR W. The role of state and foreign owners in corporate risk-taking：evidence from privatization［J］. Journal of financial conomics, 2013, 108（3）：641–658.

［2］CHENG S. Board size and the variability of corporate performance［J］. Journal of financial economics, 2008, 87（1）：157–176.

［3］COHEN L, FRAZZINI A, MALLOY C. The small world of investing：board connections and mutual fund returns［J］. Journal of political economy, 2008, 116（5）：951–979.

［4］DUCHIN R, MATSUSAKA J G, OZBAS O. When are outside directors effective?［J］. Journal of financial economics, 2010, 96（2）：195–214.

［5］FAMA E F, JENSEN M C. Separation of ownership and control［J］. The journal of law and economics, 1983, 26（2）：301–325.

［6］HAVEMAN H A, JIA N, SHI J, et al. The dynamics of political embeddedness in China［J］. Administrative science quarterly, 2017, 62（1）：67–104.

［7］KIM E H, LU Y. CEO ownership, external governance, and risk-taking［J］. Journal of financial economics, 2011, 102（2）：272–292.

［8］KIMBROUGH M D, WANG I Y. Are seemingly self-serving attributions in earnings press releases plausible? empirical evidence［J］. The accounting review, 2013, 89（2）：635–667.

［9］LEHN, K. M., & ZHAO, M. CEO turnover after acquisitions：are bad bidders fired?［J］. The journal of finance, 2006, 61（4）：1759–1811.

［10］LI J, TANG Y I. CEO hubris and firm risk taking in China：the moderating role of managerial discretion［J］. Academy of management journal, 2010, 53（1）：45–68.

［11］LIN N. Social capital：a theory of social structure and action［M］. Cambrideg：Cambridge University Press, 2002.

［12］LUMPKIN G T, DESS G G. Clarifying the entrepreneurial orientation construct and linking it to performance［J］. Academy of management review, 1996, 21（1）：135–172.

［13］NAKANO M, NGUYEN P. Board size and corporate risk taking：further evidence from Japan［J］. Corporate governance：an international review, 2012, 20（4）：369–387.

［14］WELLMAN B, BERKOWITZ S D. Social structures：a network approach. Greenwich［J］, 1997.

［15］解维敏，唐清泉．公司治理与风险承担——来自中国上市公司的经验证据［J］．财经问题研究，2013，（01）：91–97.

［16］李维安，徐建．董事会独立性、总经理继任与战略变化幅度——独立董事有效性的实证研究［J］．南开管理评论，2014，17（01）：4–13.

［17］连玉君，苏治．融资约束，不确定性与上市公司投资效率［D］．2009.

［18］刘衡，苏坤．连锁董事网络对公司风险承担的影响［J］．经济学报，2017，4（01）：119–140.

［19］卢昌崇，陈仕华．断裂联结重构：连锁董事及其组织功能［J］．管理世界，2009（05）：152–165.

［20］施建军，夏传信，赵青霞，等．中国开放型经济面临的挑战与创新［J］．管理世界，2018，34（12）：13–18+193.

［21］田高良，李留闯，齐保垒．连锁董事、财务绩效和公司价值［J］．管理科学，2011，24（03）：13–24.

［22］吴超，施建军．结构洞特征、独立董事治理与企业风险承担［J］．商业经济与管理，2018（05）：40–49+61.

［23］谢德仁，陈运森．董事网络：定义，特征和计量［J］．会计研究，2012，3：44–51.

［24］辛清泉，黄曼丽，易浩然．上市公司虚假陈述与独立董事监管处罚——基于独立董事个体视角的分析［J］．管理世界，2013(5)：131–143.

［25］游家兴，刘淳．嵌入性视角下的企业家社会资本与权益资本成本——来自我国民营上市公司的经验证据［J］．中国工业经济，2011（06）：109–119.

［26］张敏，童丽静，许浩然．社会网络与企业风险承担——基于我国上市公司的经验证据［J］．管理世界，2015(11)：161–175.

Board Governance and Enterprise Risk Taking: from the Perspective of Social Networks

Wu Chao, Shi Jianjun

Abstract: Using the sample of China's A-share listed firms over the period 2008-2015, this paper explores the impact of directors' network on enterprise risk taking from the literature of social network theory. According to whether the board members are independent or not, we divide directors into internal directors and independent directors, and respectively discuss the impact of internal directors' network and independent directors' network on the corporate risk taking. The main conclusion is shown as follows: more central the internal director network is, more risk the enterprise can tolerate; more central the independent director network is, less risk the enterprise can bear.

Keywords: directors network; enterprise risk taking; internal directors; independent directors; network centrality; resource dependence; performance feedback; board heterogeneity

并购双方知识相关性与企业创新绩效研究①

——基于企业技术并购的视角

茅迪②

随着“创新、协调、绿色、开放、共享”发展理念的提出，中国的经济发展进入了新的阶段。企业逐步认识到创新能力对企业发展的重要作用，也认识到在提升企业创新能力的过程中，仅靠自身单打独斗是远远不够的。在这一背景下，越来越多的企业希望通过技术并购的方式获取核心技术和知识能力，但并非所有的技术并购行为都能给企业带来正向的效果，这在引起企业管理者重视的同时也激发了学者研究这一问题的热情。通过回顾和梳理以往的文献发现，并购双方企业间存在的知识相关性是影响技术并购最终结果的关键因素，但在以往的研究中，并没有得出知识相关性对技术并购创新绩效影响的统一结论，一方面是因为研究者在知识相关性的界定方面存在一定的片面性，对知识相关性的概念及内涵表述不清；另一方面是因为对于企业间知识关系对创新绩效影响的情境因素研究并不完善，缺乏对相关情境要素的进一步剖析和探讨。

本文认为，解决这一矛盾的关键在于厘清知识相关性的内涵，区分其不同维度，将其细分为知识相似性与知识互补性，分别探讨其对企业创新绩效的影响。然后，本文基于 2010 年至 2016 年中国高新技术产业上市公司的技术并购的相关数据，运用负二项回归的方法并加以稳健性检验的辅助，验证了在技术并购视角下，并购双方知识相关性与企业创新绩效间的关系以及吸收能力在这一关系中的情境作用。实证研究结果表明，在技术并购的背景下，并购双方存在的知识相关性对并购方企业技术并购后的创新绩效存在着影响，且将相关性区分为不同的维度后发现：知识相似性与知识互补性与企业技术并购创新绩效间存在倒 U 型关系；知识相似性与知识互补性间存在影响创新绩效的协同作用。

---

① 本文是茅迪博士的学位论文摘要。

② 茅迪，管理学博士，南京大学商学院 2015 级博士。

在此基础上，本文继续从动态的角度分析企业吸收能力，将其区分为潜在吸收能力、实际吸收能力和研发强度三个不同的维度，验证其对知识相关性与技术并购创新绩效关系的调节作用，本文发现：对于知识相似性而言，不同维度的吸收能力都能够加强知识相似性对技术并购创新绩效的影响；对于知识互补性与技术并购创新绩效的关系而言，只有企业的研发强度的一个维度能对其产生正向影响，说明企业在获取互补性知识后，要加深对相关知识能力的理解能力和开发强度。

本文在回顾现有的研究成果、构建本文的理论模型和实证分析现实数据后，进一步对全文进行总结和提炼，从理论层面和实践层面总结可能存在的贡献和管理实践启示。在理论层面，第一，本文证实了知识相关性对技术并购创新绩效的影响作用，并进一步将知识相关性细化为知识相似性与知识互补性，进一步丰富了现有的研究成果；第二，探讨知识相似性与知识互补性间存在的协同作用，在技术并购的情境下，作为“润滑剂”的知识相似性与作为“催化剂”的知识互补性之间存在协同作用，两者能够互相加强，共同促进技术并购创新绩效的提升，这也为未来的研究打开了新的思路；第三，分析了企业吸收能力的不同维度产生的调节作用，将不同维度的吸收能力与企业获取外部知识的全过程联系，得出企业应根据获取知识相关性的不同有重点地提升吸收能力的不同维度，从更为动态的角度解释了这一问题。在管理实践层面，一方面本文的研究内容，为并购方企业如何基于知识相关性做出技术并购决策提供了依据，另一方面也为企业如何正确地运用吸收能力促进企业创新提供了针对性的解决办法。

针对并购双方知识关系与技术并购创新绩效的研究最终的目的还是为了指导现实中的企业管理实践。本文在资源基础观、知识基础观和企业动态能力相关理论的基础上，对并购双方知识相关性与技术并购创新绩效的关系进行了研究，并探讨了在不同维度的企业吸收能力下其作用的边界，丰富了相关的理论内容，也为企业技术并购实践提供了如下启示。

1. 并购方企业如何基于知识相关性做出技术并购决策

企业想通过技术并购的方式提升企业创新能力和创新产出，在做出技术并购决策前，要深度地了解并购方企业与被并购方企业的知识关系，分析双方企业具体拥有的知识能力。对于并购方企业的企业决策者而言，为了提升企业知识获取的效率，选择技术并购需要考虑到并购方企业与被并购方企业的知识相似性，一定程度的知识相似性能够促进被并购方企业更为高效地识别、吸收、整合和开发并购获取的知识和能力，但过大的知识相似性可能会给企业带来冗余的资源，这就需要决策者在分析双方知识能力的基础上做出判断。此外，为了提升技术并购的效果，并购方企业的决策者也要考虑到双方企业的知识互补性，知识互补性的增加能够使企业快速获得互补性知识，增加企业知识能力的多样化水平，同时要防止企业间互补性过大而导致的理解和学习困难。同样为了最优化技术并购对企业创新能力的作用，并购方企业的决策者也要注意知识相似性与知识互补性间存在的协同作用。

2. 并购方企业如何正确地运用吸收能力促进企业创新

对于技术并购的并购方企业而言，技术并购后企业所能获取的创新能力和产出一方面取决于企业间知识能力的关系，一方面还受到企业吸收能力的影响，这也就意味着企业可以通过培养自身的吸收能力来促进并购方企业运用技术并购获取创新绩效的提升。具体而言，对于技术并购双方的知识关系中知识相似性占主导地位时，企业应该注重运用自身拥有的知识能力来吸收并购后获得的外部知识能力，同时为了增强吸收的能力，企业应注重日常研发能力的培养，适当提升企业中技术员工占比，在企业内部建立良好的知识交流平台。而对于技术并购双方的知识关系中知识互补性占主导地位时，企业应该更加注重自身的研发投入，研发投入的增加能够帮助企业更好地获取和开发技术并购中获取的异质性知识，增强企业自身的创新和研发能力，均衡企业内部研发和外部知识获取间的关系。

最后本文还指出了在该领域可能存在的研究方向。第一个角度是不同情境下企业知识关系对企业创新能力的影响。本文在探讨中主要从知识相关度的角度出发，分析在技术并购的背景下，知识相似性与知识互补性给企业创新绩效带来的不同影响。除了技术并购外，战略联盟、技术合作等都是企业从外部获取知识的重要手段，那么在相应的情境下企业间知识关系应该也会对企业的创新能力产生一定的影响。并且在战略联盟和技术合作的背景下，企业所面临的环境与技术并购的条件有所不同，企业间并不发生控制权的转移，企业间存在的知识相关性能否使得相关企业获得创新能力的提升，这也值得学者在未来的研究中继续讨论。

第二个角度是从被并购方的视角分析技术并购对被并购方企业创新能力的影响。本文在分析知识相关性与企业技术并购创新绩效时，主要从并购方的视角出发，分析企业间存在的知识关系以及并购方企业的相关特性对并购方企业创新能力及创新产出的影响。但在技术并购的过程中，并购方企业获取了被并购方企业的知识能力，在并购双方企业的知识交流中，自然也有知识会从并购方流向被并购方企业，也就是说被并购方企业也收获了并购方企业对其的知识影响，依据本文的分析，知识的流动与分享能够促进企业知识水平的提升，但也有研究发现在技术并购后，被并购方企业可能会面临研发人员的流失、研发投入水平的降低，使得企业的创新绩效可能反而会被抑制。这一矛盾的结论也带来了另一个问题，技术并购是否会对被并购方企业的创新能力和创新产出水平产生影响，如果有影响，这一影响是正向的还是负向的，这一影响又是否会受到其他关键因素的作用而发生改变。因此，本文认为未来的研究有必要从技术并购的被并购方出发分析其对被并购方企业的影响。

关键词：知识相关性；技术并购；创新绩效；吸收能力

Research on the Knowledge Correlation between M&A Parties and Firm Innovation Performance

—Based on the Perspective of Enterprise Technology M&A

Mao Di

Abstract: As the propose of the development theory of innovation, coordination, green, open and sharing, the development of China entered a new stage. Companies get to know gradually that the importance of innovative capacity to the development of companies, and also learned that it is not enough that fight for themselves in promoting the innovative ability. Under this background, more and more companies hope to gain core technologies and knowledge in the way of technological merger and acquisition, but not all these actions of technological merger and acquisition can bring positive effects to companies which bring about attention of managers of companies and stimulate scholar's passion to research this issue. Through the review and organization of past documents, the knowledge relevance of the two companies of M&A is the key element of effecting technology M&A's final results. This paper considers that the key to solve this contradiction is to make the connotation of knowledge correlation clear and distinguished it into different dimensions, divided it into knowledge similarity and knowledge complementarity, and then explore its effect to innovative performance of companies. On the basis of that, this article continued to analyze the absorbing capacity of company in a dynamic view, and divided it into three dimensions, which includes potential absorbing capacity, actual absorbing capacity and the strength of research and development, verified its adjust function of the relation between knowledge relevance and technology M&A innovative performance. And we found that, for knowledge similarity, every absorbing capacity in different dimension can strengthen knowledge similarity's effect to technological M&A innovative performance, for the relation of knowledge complementarity and technological M&A innovative performance, only the intensity of research and development dimension can produce a positive effect, which showed that companies should deepen the ability of understand and intensity of research and development to related knowledge and capacity after. This article considered that it is necessary to analyze some relevant features of acquired side which can have decisive influence on the results of technological M&A.

Keywords: knowledge relevance, technological M&A, innovation performance, absorbing capacity

连锁董事社会资本对企业风险的影响效应研究
——基于中国上市企业的实证检验

吴颍宣[①]

摘要：一直以来，企业风险及其影响因素都是战略管理领域的重要主题。本文利用沪深A股2006年–2016年的数据，考察了连锁董事社会资本对企业风险的影响，发现：连锁董事社会资本宽度越大，企业风险越低，而连锁董事社会资本深度越大，企业风险越高。行业环境不确定性负向调节连锁董事社会资本宽度和企业风险的负向关系，而对连锁董事社会资本深度和企业风险的正向调节作用不显著。当企业所在地区制度环境较好以及在国有企业中，连锁董事社会资本对于企业风险的影响效应会减弱。当企业的董事长和总经理两职合一时，连锁董事社会资本宽度对企业风险的抑制作用会得以强化，但两职合一对连锁董事社会资本深度与企业风险的正向调节作用并没有得到验证。

关键词：连锁董事社会资本；企业风险；外部环境；企业特征

一、引言

企业风险不仅对于企业的生存与发展至关重要，对宏观经济也有着重要的影响。当前我国经济结构调整与产业转型升级迫在眉睫，使得企业面临的行业与市场环境不确定性不断提高。此外，我国特殊的政治体制下，政府经济政策的出台决策程序相对简单，领导更替等因素使得经济政策变动相对频繁，也导致企业面临着偏高的经济政策的不确定性，进一步加大了企业所面临的风险。因此，在现行的经济发展背景下，对企业风险的影响因素进行研究，从而有效控制并管理企业的风险，对于

① 吴颍宣，博士，南京信息工程大学商学院讲师，硕士生导师，研究方向：战略管理与创新管理。

促进我国经济平稳健康发展，具有重要的现实意义。

文献梳理发现，已有关于企业风险影响因素的研究主要集中于外部制度环境（John, Litov, and Yeung, 2008）、企业自身特征（李文贵、余明桂，2012）、企业战略与行为（冯丽艳、肖翔、程小可，2016）、高管激励机制（Chintrakarn et al., 2015）、高管团队构成和管理者特征（Faccio, Marchica, and Mura, 2016；姜付秀 等，2009）等方面。鉴于董事会在公司治理中的核心地位，以及他们在企业战略中发挥的日益重要的作用，近年来，一些学者开始从董事会治理的角度对影响企业风险的因素进行探讨，并关注了董事会规模、独立董事比例、董事会的性别和职能多样性等结构特征对企业风险的影响。但是现有研究对于连锁董事及其网络如何影响企业风险还很不充分，从而无法全面理解董事会对企业风险的影响效应。为了拓宽企业风险影响因素的研究，并进一步加深对董事会如何影响企业风险的理解，本文引入连锁董事社会资本的概念，考察基于连锁董事网络所形成的连锁董事社会资本如何影响企业的风险水平？不同维度的连锁董事社会资本对企业风险分别有着怎样的影响？以及在不同的内外部情境因素背景下，连锁董事社会资本与企业风险之间的关系会发生怎样的变化？进而为企业的风险管理与控制提供一定的参考和启示。

二、文献回顾

（一）企业风险相关研究

学术界关于企业风险并没有统一的界定。本研究中的企业风险主要指的是企业绩效的波动。学术界有关企业风险影响因素的研究大体上可以分为外部环境、内部因素、企业的社会网络三个方面。在外部环境方面，投资者保护（John, Litov, and Yeung, 2008）、债权人保护（Acharya et al., 2011）、企业所处地区法律环境（苏坤 等，2010）、政府政策不确定性（Goodell and Vahamaa，2013）和地方官员变更（刘海洋、林令涛、黄顺武，2017）会影响企业风险。内部因素方面，企业性质（李文贵、余明桂，2012）、内部控制质量（林钟高、陈俊杰，2016）、战略与行为（王明伟、陈雪梅，2016）、内部治理（Faccio, Marchica, and Mura, 2011）和管理者特征（Cain and McKeon, 2016）等均会影响企业的风险。企业社会网络关系方面，企业与银行关联（翟胜宝 等，2014），企业与银行、市场、协会的关系以及校友关系（张敏、童丽静、许浩然，2015），政治关联（周泽将 等，2018）会对企业的风险产生影响。

（二）连锁董事相关研究

连锁董事是指同时在两家或两家以上企业的董事会中任职的董事会成员（Mizruchi，1996）。由连锁董事联结所构成的企业间的社会网络被称为连锁董事网络。

国内外学者对连锁董事的影响效应进行了广泛的探讨，发现连锁董事会影响企业并购（韩洁 等，2014）、创新（Dalziel, Gentry, and Bowerman, 2011；严若森、华小丽、钱晶晶，2018）和企业绩效（彭正银、廖天野，2008）。

（三）董事会社会资本相关研究

董事会社会资本主要是指董事会成员的个体或者群体所嵌入的企业内、外部社会关系网络以及由此带来的实际与潜在资源的总和（Hillman and Dalziel，2003）。已有研究表明，董事会成员通过在企业内部与外部建立各种社交关系带来各种信任、信息、资源等社会资本，影响到他们行使职能的能力，进而影响企业的战略变革（Haynes and Hillman, 2010）、R&D 支　出（Dalziel, Gentry, and Bowerman, 2011；严子淳、薛有志，2015）、研发效率（李小青、吕靓欣，2017）、财务绩效（Tian, Haleblian, and Rajagopalan, 2011）、创新绩效（Wincent, Anokhin, and Ortovist, 2010）和 IPO 抑价（孙芳、赵艳，2017）等产生重要的影响。

（四）现有研究述评

文献梳理发现，对于企业风险、连锁董事及其网络、董事会社会资本，国内外学者已经进行了大量研究，并取得了丰硕的成果。但也存在以下不足之处：第一，从连锁董事网络视角对企业风险前因的研究还不充分；第二，还很少有学者关注连锁董事及其所形成的董事会社会资本如何对企业风险产生影响；第三，对影响连锁董事社会资本作用发挥的情境因素的探讨还不充分。因此，为了全面理解连锁董事社会资本对企业风险的影响，有必要从企业自身特征和外部环境两个方面引入调节变量，考察在不同的内外部环境背景下，连锁董事社会资本影响企业风险的边界条件。

三、研究假设

（一）连锁董事社会资本与企业风险

连锁董事网络作为企业获得信息和资源的重要渠道，是企业社会资本的重要组成部分。本文认为，连锁董事社会资本主要通过信息提供机制和资源提供机制对企业的风险产生影响。进一步来说，由于不同目标企业的连锁企业的行业背景存在着比较大的差异，目标企业通过连锁董事在连锁企业中的联结关系所获得的信息和资源也存在着异质性。借鉴前人的研究，依据连锁企业所属的行业背景，本文将连锁董事社会资本分为“宽度”和“深度”两个维度，分别考察它们对企业风险的影响。

1. 连锁董事社会资本宽度与企业风险

连锁董事社会资本宽度指的是目标企业通过董事连锁关系所联结的连锁企业所处行业的异质性程度。连锁董事社会资本宽度越大，意味着目标企业的连锁企业所分布的行业越分散。本研究认为，随着连锁董事社会资本宽度加大，企业的风险会降低，主要原因如下：从信息提供机制来看，连锁企业所处的行业越分散，连锁董事通过在连锁企业的董事会中就职，就越是能够为目标企业的董事会提供更多来自不同行业的、异质性的信息。一方面，这些信息不仅扩大和拓宽了董事会成员的视野，提升了他们的信息获取和处理能力，有利于发现更多的战略机会，形成更多的战略选择方案，而且董事会成员所拥有的来自不同行业的多样化的信息以及对信息的不同解释，也使得董事会能够对企业所处的环境进行全面的扫描概览，更好地理解复杂的外部环境，并从不同的视角出发，对企业的战略决策方案进行比较全面和准确地分析与评估，提高战略决策的质量，降低企业所面临的风险。另一方面，连锁董事社会资本越宽，所带来的不同行业的多样化的信息，诸如市场和融资等信息，以及可供决策实施和危机应对时参考借鉴的信息等，都有助于更好地保障目标企业战略的实施，并提高企业应对外部环境变化的能力，降低企业的风险。另外，从资源提供机制来看，由于连锁企业之间可以相互协调关系，利用资源，连锁董事社会资本越宽，意味着通过连锁董事关系可以为目标企业提供更多来自不同行业的异质性资源。这些资源不仅提高了目标企业有效实施战略决策的可能性，还有助于提高目标企业在遭遇困境和危机时的处理能力，从而降低企业所面临的风险水平。根据上述分析，本文提出以下假设：

H1a：随着连锁董事社会资本宽度加大，企业的风险会降低。

2. 连锁董事社会资本深度与企业风险

连锁董事社会资本深度指的是目标企业的连锁企业与其处于同一行业的程度，反映了目标企业的行业嵌入性。连锁董事社会资本深度越大，意味着连锁企业中有越多的企业与目标企业处于同一行业。本研究认为，随着连锁董事社会资本深度的加大，企业的风险会提高。首先，从信息提供机制来看，同行业中不同企业的管理层和董事会成员在企业经营环境、内部治理等方面往往会持有很多相似的观点和看法，也就意味着此时通过连锁董事带来的大多是来自本行业的冗余的信息。虽然这些信息能够提高董事会成员对于目标企业所在行业的事件以及发展趋势的理解和判断，但也导致了连锁董事成员所获得的信息和经验过于狭窄，视野不够广阔，更多地关注的是本行业的发展。由此产生的结果是，一方面，在进行战略决策制定时，很难从多个角度出发，对战略选择方案进行全面的评判与分析，降低了企业战略决策的质量，提高了企业的经营风险。另一方面，连锁董事更多地处于目标企业所在行业，也可能导致他们在认知上形成固化，进而影响到他们对于外部环境变化的判断以及企业遇到危机与风险时的反应与应对能力，加大了企业的风险。其次，从资源提供机制来看，虽然连锁企业之间可以通过关系协调，彼此利用一定的资源，但是，连锁董事为目标企业带来的更多的是源自本行业的资源，与目标企业自身所拥有的资源具有较高的同质性，降低了它们对于企业战略决策的实施保障和风险与危机化解作用的发挥。最后，基于上述分析，本文提出如下假设：

H1b：随着连锁董事社会资本深度的加大，企业的风险会提高。

（二）行业环境不确定性的调节作用

环境不确定性指的是环境因素的变化幅度以及不稳定的程度。环境的不确定性会影响到企业对于社会资本的需求程度以及社会资本的作用结果。本文认为，企业所面临的行业环境不确定性会调节连锁董事社会资本宽度和企业风险之间的关系。具体来说，当外部环境不确定性水平较高时，行业技术迭代较快，市场需求多变，对于企业来说，则意味着未来的发展形势难以预测，并需要对现行的战略进行调整以实现与环境相匹配，而外部杂乱无章的信息也进一步提高了企业进行战略决策的复杂性，以及面临的风险。在该情况下，企业需要广泛地搜集信息，并对所面临的外部环境进行仔细地分析，适时地进行战略调整，抓住新的商机，尽可能做到决策准确，以降低所面临的风险，而信息的来源和质量也显得更为重要。此时，连锁董事社会资本越宽，就意味着目标企业的连锁企业更多地来自不同行业，通过连锁董事就能够为企业带来更多来自不同行业的及时可靠的信息、经验以及资源。而已有的研究表明，在不确定的环境中，连锁董事拥有不同行业的网络联结将变得更为重要（Carpenter and Westphal, 2001）。他们不仅能够帮助企业更好地解读外部环境，形成更多新的战略方案，而且能够从不同的角度出发对企业的战略方案做出评估，提高战略决策的科学性和准确性，以降低由于环境不确定性所带来的风险，也就是说，环境不确定性增强了连锁董事社会资本宽度对企业风险的降低作用。与之相反，当企业的外部环境较为稳定时，行业技术与消费者的需求相对稳定，企业遵循当前的战略即可维持自身的优势，企业未来发展形势的可预测性较高。在此情境下，企业在进行决策时，对于外部信息的依赖程度降低，连锁董事社会资本宽度为企业提供更多异质性信息和资源的重要性降低。因此，当环境不确定性处于较低水平时，连锁董事社会资本宽度对企业风险的降低作用会减弱。

基于上文同样的逻辑，当外部环境不确定性水平较高时，行业技术快速更新迭代，消费者的偏好快速变化，产品生命周期缩短，增大了企业对未来形势的预测难度以及调整现有战略的迫切性。在这种情境下，连锁董事社会资本越深，通过连锁董事所获得的大多为与本行业有关的冗余信息和资源，不仅不利于形成较多的战略方案，而且降低了董事会对外部环境的解读能力，降低了战略决策的质量，提高了企业的风险水平。已有的研究还表明，这些同质的信息和资源会降低企业进行战略变革的动力和能力（Haynes and Hillman, 2010；徐淋，2017），因此，还可能导致企业战略与外部环境的不匹配，进一步增加企业的风险，也就是说，行业环境不确定性强化了连锁董事社会资本深度对企业风险的正向影响。而当行业环境较为稳定时，企业发展具有较高的可预测性，企业在进行战略决策时对连锁董事社会资本所提供的信息和资源的依赖程度也随之降低，连锁董事社会资本对于企业的价值减弱，使得连锁董事社会资本深度对企业风险的影响效应得以弱化。

为此，本文提出以下假设：

H2a：行业环境不确定性负向调节连锁董事社会资本宽度对企业风险影响的负向关系，即行业环境不确定性越高，连锁董事社会资本宽度对企业风险的负向影响越大。

H2b：行业环境不确定性正向调节连锁董事社会资本深度对企业风险影响的正向关系，即行业环境不确定性越高，连锁董事社会资本深度对企业风险的正向影响越强。

（三）地区制度环境的调节作用

连锁董事社会资本作为一种非正式的制度性安排，其与企业风险的关系必然受到正式的制度环境差异的影响。本文认为地区制度环境会对连锁董事社会资本宽度和企业风险之间的关系起到正向的调节作用。主要原因在于，相比企业处于制度环境较好的地区时，产品市场和要素市场比较发达，政策法律制度比较完善，市场中介组织发育水平较高，企业可以比较容易地从市场以及中介组织那里搜集到及时、可靠的信息，获取融资等资源。当制度环境发展不完善时，法律制度和市场机制不健全，市场中介组织发育相对落后，企业从市场上获取决策与发展所需的信息和资源存在着较大的困难，企业需要寻求并构建连锁董事网络以获取发展所需的信息和资源，即在制度环境较差的地区，企业对于连锁董事社会资本的需求更加迫切。此时，如果连锁董事社会资本较宽，目标企业通过董事连锁关系获得的更多来自不同行业的信息和资源，将更加能够对企业的战略选择和决策质量的提高，以及战略的实施控制发挥作用，从而降低企业所面临的风险。

基于上述同样的逻辑，相比所处地区的制度环境较好的企业，当企业所处地区的制度环境较为落后时，市场机制不发达，企业从市场上获取及时可靠的信息，以及实施战略决策所需的资源的可能性较低，在此情境下，连锁董事关系的建立促进了信息和资源在目标企业与连锁企业之间的传递和相互协调，在一定程度上弥补了市场机制的不健全，如果连锁董事社会资本越深，通过董事连锁关系所带来的更多的来自同行业的冗余信息和资源对企业的影响力也比较大，可能进一步提高了企业所面临的风险水平。

综合以上分析，本文提出如下假设：

H3a：地区制度环境正向调节连锁董事社会资本宽度对企业风险的影响效应，即当企业所处地区的制度环境较好时，连锁董事社会资本宽度与企业风险之间的负向关系较弱。

H3b：地区制度环境负向调节连锁董事社会资本深度对企业风险的影响效应，即当企业所处地区的制度环境较好时，连锁董事社会资本深度对企业风险的正向影响关系较弱。

（四）企业产权性质的调节作用

依据产权性质的不同，我国企业可以划分为国有和非国有两种类型。本文认为在不同所有权性质的企业中，连锁董事社会资本宽度对企业风险的影响存在着明显的差异。这主要是因为，首先，与非国有企业相比，连锁董事社会资本对国有企业的重要性相对较低。在我国转型经济发展的过程中，虽然市场化改革取得了很大的成就，但是政府手中仍然掌握着大量的稀缺资源，并拥有对这些资源进行配置的权力。由于国有企业与政府之间存在着天然的联系，使得国有企业可以相对容易地从政府手中获得重要的信息，以及诸如税收减免、政府补贴和低息贷款等各种稀缺性资源。而非国有企业在信息和资源的获取上存在着先天的劣势，它们对董事会社会资本的依赖性更强，换句话说，在非国有企业中，连锁董事社会资本的价值更大。其次，不同所有权性质的企业的经营目标存在着差异，相较于非国有企业，国有企业在决策制定时往往采取更为稳健与保守的策略，选择那些风险性较低的项目进行投资，国有企业的风险承担水平较低。而非国有企业主要基于企业价值最大化的目标进行战略决策，为了获得较高的收益，往往会选择一些风险性较大的项目进行投资，承担的风险水平相较于国有企业要高。最后，国有企业在战略决策和人事任命上还受到政府的直接干预，降低了董事会及其社会资本对企业行为和绩效结果的影响力。与之相反的，非国有企业受到的政府干预相对较小，往往根据企业的发展进行战略决策并甄选任命董事会成员，利用董事会的社会资本与关系为企业发展服务。综上，与非国有企业相比，国有企业对董事会社会资本的依赖程度相对较低，国有企业自身的风险承担水平较低，同时在国有企业中由于受到政府的干预较为严重，董事会在战略决策中的影响力相对较低，使得连锁董事社会资本宽度对企业风险的影响效应也相对减弱。

基于上文同样的逻辑，尽管连锁董事社会资本深度会提高企业所面临的风险水平，但是，由于国有企业自身所承担的风险水平较低，而且董事会的战略参与有限，因此，相比于非国有企业，在国有企业中，连锁董事社会资本深度对企业风险的正向影响效应会减弱。

为此，基于上述分析，本文提出如下假设：

H4a：产权性质会调节连锁董事社会资本宽度对企业风险的影响效应，与非国有企业相比，在国有企业中，连锁董事社会资本宽度与企业风险之间的负向关系减弱。

H4b：产权性质会调节连锁董事社会资本深度对企业风险的影响效应，与非国有企业相比，在国有企业中，连锁董事社会资本深度与企业风险之间的正向关系减弱。

（五）企业领导权结构的调节作用

在企业的战略决策制定中，主要存在着董事会和CEO的权力博弈，以往的研究表明，董事会相对于CEO的权力，会影响到董事会在企业战略决策中的作用发挥。本文认为公司的领导权结构会调节连锁董事社会资本宽度与企业风险之间的关系。具体来说，公司的领导权结构通常包括两职合一和两职分离两种形式。中国上市公司治理的典型特征是股权比较集中，在大股东持股的企业中，控股股东通常会委派或者亲自担任公司的董事长，董事长担任企业的法人代表，并参与到企业的经营管理活动之中，相比董事长和总经理两职分离，董事长和总经理两职合一形成了统一的领导权结构，增进了董事会和管理层的沟通效率，在增大董事会权力、保证董事会决策有效执行的同时，也提高了连锁董事将在其他企业任职中所形成的个人社会资本转化为企业社会资本的动力。在此情境下，连锁董事社会资本越宽，其为企业带来更多的异质性的信息和资源，能够得到有效的利用，从而有助于降低企业所面临的风险。

根据上文同样的逻辑，当董事长和总经理由同一个人兼任时，两职合一的领导权结构增强了董事会在企业中的影响力。在此情境下，如果董事会成员通过连锁关系所建立的联结更多地来自目标企业所在行业的话，即连锁董事社会资本深度越大，董事会主要基于来自本行业的信息和资源进行战略决策，并贯穿到战略执行过程中，从而进一步加大了企业的经营风险。

因此，综合上述分析，本文提出以下假设：

H5a：企业的领导权结构会调节连锁董事社会资本宽度对企业风险的影响效应，与两职分离的企业相比，在两职合一的企业中，连锁董事社会资本宽度与企业风险之间的负向关系得以强化。

H5b：企业的领导权结构会调节连锁董事社会资本深度对企业风险的影响效应，与两职分离的企业相比，在两职合一的企业中，连锁董事社会资本深度与企业风险之间的正向关系得到增强。

本文的理论模型如图 1 所示。

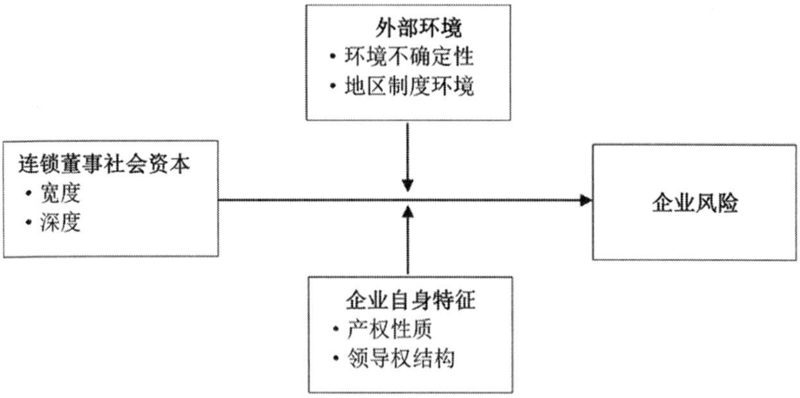

图 1　本研究理论框架图

四、实证分析

（一）样本选择与数据来源

本研究以我国沪、深两市 2006 年 –2016 年上市企业为研究样本。样本整理中，将金融类的上市企业、ST、PT 类企业、上市年份不足 3 年或是连续 3 年数据存在缺失、关键变量缺失的样本予以剔除。此外，本研究参照 2001 年证监会发布的行业分类标准对各上市企业所属行业进行了区分。数据来源于国泰安数据库、Wind 数据库、CCER 经济金融研究数据库、《中国市场化指数——各地区市场化相对进程 2011 年报告》和上市公司年报。为了保证数据的可靠性和研究的科学性，通过巨潮资讯网下载相应上市公司年报，手工查找出相关数据信息对一些数据进行了更正和补充。

（二）变量测量

因变量：企业风险（Firm risk）。借鉴前人（Kini and Williams，2012；冯丽艳、肖翔、程小可，2016）的做法，本文综合采用以会计核算为基础的数据和以资本市场为基础的数据，通过企业收益的波动性，以 3 年为一个观测时间段，采取滚动方式对企业的风险水平进行计算。

自变量：连锁董事社会资本宽度（Breadth）和连锁董事社会资本深度（Depth）。

通过 CSMAR 数据库收集到全部上市企业董事的信息，根据董事的姓名、年龄、性别等基本信息进行匹配，确认连锁董事的数据，结合中国证监会 2001 年的行业分类方法确定的企业所属行业，借鉴徐淋（2017）的方法对连锁董事社会资本的宽度和深度进行了计算。

调节变量：行业环境不确定性（Uncertainty），按照 2001 年证监会所划分的行业类别，按照年份将行业内所有上市公司的销售收入进行加总，得到各行业的年度销售收入，接着将样本年份前 5 年的行业销售收入对时间进行回归，再用回归系数的标准误除去行业销售收入的平均值，得出企业所面临的行业市场环境不确定性的指标。地区制度环境（Institution），借鉴谢鹏（2016）的做法，利用《中国市场化指数——各地区市场化相对指数 2011 年报告》得到各地区市场化指数的指标，并使用市场化指数的虚拟变量来衡量地区制度环境，当样本中市场化进程指数得分高于或是等于该年度样本均值时，将其界定为制度环境好的地区，赋值为 1，否则赋值为 0。产权性质（State），采用虚拟变量，上市企业的最终控制人为国有性质，赋值为 1，否则赋值为 0。领导权结构（Duality），当企业的董事长和总经理两职合一时，赋值为 1，否则就赋值为 0。

控制变量。借鉴前人研究，还控制了一系列可能影响企业风险的变量。具体包括：企业规模（Firm size）、企业年龄（Firm age）、股权集中度（Top1）、资产负债率（Debt ratio）、企业盈利能力（ROA）、企业的成长性（Growth）、冗余资源（Slack）、董事会的规模（Board size）、董事会的独立性（Independence）、CEO 持股（CEO share）和环境竞争性（Competition），此外，为了控制宏观经济变动对企业风险的影响，本文还包括了年度虚拟变量（Year）。

（三）实证检验与结果

本研究利用非平衡面板数据对研究假设进行回归分析，在对模型进行估计时，为了消除极端值的影响，对所有的连续变量进行了上下 1% 缩尾处理。考虑到连锁董事社会资本对企业风险的影响存在一定滞后性，采取因变量对自变量和控制变量滞后一期进行回归分析。本研究进行了描述性统计和相关系数分析，检验也发现在本研究的样本数据中，多重共线性问题不是很严重。

通过选择固定效应模型对所提假设进行回归分析。回归结果显示，假设 H1a、假设 H1b、假设 H2a、假设 H3a、假设 H3b、假设 H4a、假设 H4b、假设 H5a 均得到了支持，假设 H2b 和假设 H5b 没有得到支持（限于篇幅，本文中未列出实证分析结果）。

此外，本研究进行了以下稳健性检验。首先，分别采用 3 年区间内企业财务绩效（ROA，息税前利润 / 总资产）和市场绩效（Stock return，股票收益率）的最大值与最小值的差值为企业风险的代理变量，再一次对所提研究假设进行了检验。其次，将连锁董事社会资本宽度和深度的一阶滞后作为他们的工具变量，并加入了前一期的因变量作为控制变量，运用系统 GMM 估计来检验固定效应回归分析的稳健性，回归分析结果基本上是一致的，因此，本文的研究结论具有稳健性。

五、研究结论与讨论

本研究根据目标企业的连锁企业所处的行业背景，从宽度和深度两个维度对目标企业的连锁董事社会资本进行划分，分别考察它们对于企业风险的影响效应。同时从外部环境和企业自身特征出发，考察了连锁董事社会资本影响企业风险的边界条件。实证结果表明：第一，连锁董事社会资本宽度和连锁董事社会资本深度都会显著地影响企业的风险水平。连锁董事社会资本宽度和企业风险水平显著负相关，而连锁董事社会资本深度则与企业风险水平显著正相关；第二，企业所在行业的环境不确定性对连锁董事社会资本宽度与企业风险之间的关系有着显著的负向调节作用，而对连锁董事社会资本深度与企业风险之间的正向调节作用却不显著；第三，地区制度环境正向调节连锁董事社会资本宽度与企业风险之间的关系，而对连锁董事社会资本深度与企业风险之间的关系起到显著的负向调节作用；第四，相对于非国有企业，在国有企业中，连锁董事社会资本对于企业风险的影响效应会减弱；第五，相比于董事长和总经理两职分离的企业而言，当董事长和总经理两职合一时，连锁董事社会资本宽度对企业风险的抑制作用会进一步增强。但是领导权结构对连锁董事社会资本深度与企业风险之间关系的调节效应并没有得到验证。

本研究的创新点主要如下：第一，从连锁董事社会网络关系的角度探讨了企业风险的影响因素，丰富了企业风险前因的相关文献；第二，在维度划分的基础上，考察了连锁董事社会资本对于企业风险的影响，扩展并深化了连锁董事社会资本的相关研究；第三，本文从外部环境和企业内部因素两个方面引入了四个调节变量，考察了连锁董事社会资本影响企业风险的边界条件，深化了我们对连锁董事社会资本影响企业风险的边界效应的理解。

本研究也存在一些局限性，有待进一步探讨和拓展。首先，本研究主要以我国沪深 A 股上市企业作为样本，但是基于上市企业所得出的结论能否推广到非上市企业之中，还有待于进一步的检验。其次，本文考察了目标企业基于连锁董事关系网络的连锁董事社会资本对企业风险的影响效应，今后的研究可以尝试从其他关系视角对董事会社会资本进行刻画，考察其对企业风险的影响。最后，本文主要从连锁企业的行业背景出发对连锁董事社会资本进行划分，未来的研究还可以尝试根据董事会成员的职能背景或者职位特征对连锁董事社会资本进行分类，考察不同特征的董事会成员的社会资本对企业风险产生怎样的影响效应，从而进一步深化对董事会治理与企业风险关系的理解。

参考文献

［1］ACHARYA V V，AMIHUD Y，LITOV L. Creditor rights and corporate risk-taking［J］. Journal of Financial Economics，2011，102(1)：1501–66.

［2］CAIN M D, MCKEON S B. CEO personal risk-taking and corporate policies［J］. Journal of financial and quantitative analysis, 2016, 51（1）：139–164.

［3］CHINTRAKARN P，JIRAPORN P，TONG S. How do powerful CEOs view corporate risk-taking? Evidence from the CEO pay slice (CPS)［J］. Applied Economics Letters，2015，22(2)：104–109.

［4］CARPENTER M A., WESTPHAL J D. The strategic context of external network ties：examining the impact of director appointments on board involvement in strategic decision making［J］. Academy of management journal, 2001, 44（4）：639–660.

［5］DALZIEL T, GENTRY R J, BOWERMAN M. An integrated agency-resource dependence view of the influence of directors' human and relational capital on firms' R&D spending［J］. Journal of management studies, 2011, 48（6）：1217–1242.

［6］FACCIO M, MARCHICA M T, MURA R. CEO gender, corporate risk-taking, and the efficiency of capital allocation［J］. Journal of corporate finance, 2016,（39）：193–209.

［7］GOODELL J W，VAHAMAA S. US presidential elections and implied volatility：The role of political uncertainty［J］. Journal of Banking & Finance，2013，37(3)：1108–1117.

［8］HAYNES K T, HILLMAN A. The effect of board capital and CEO power on strategic change［J］. Strategic management journal, 2010, 31（11）：1145–1163.

［9］HILLMAN A J，DALZIEL T. Boards of directors and firm performance：integrating agency and resource dependence perspectives［J］. Academy of Management Review，2003，28(3)：383–396.

［10］JOHN K, LITOV L, YEUNG B. Corporate governance and risk-taking［J］. The journal of finance, 2008, 63（4）：1679–1728.

［11］KINI O，WILLIAMS R. Tournament incentives，firm risk，and corporate policies［J］. Journal of Financial Economics，2012，103(2)：350–376.

［12］MIZRUCHI M S. What do interlocks do? An analysis，critique，and assessment of research on interlocking directorates [J]. Annual Review of Sociology, 1996, 22(22): 271–298.

[13] TIAN J, HALEBLIAN J, RAJAGOPALAN N. The effects of board human and social capital on investor reactions to new CEO selection [J]. Strategic management journal, 2011, 32 (7): 731–747.

[14] WINCENT J, ANOKHIN S, ORTQVIST D. Does network board capital matter? A study of innovative performance in strategic SME network [J]. Journal of business research, 2010, 63 (3): 265–275.

[15] 冯丽艳，肖翔，程小可 . 社会责任对企业风险的影响效应——基于我国经济环境的分析 [J]. 南开管理评论，2016，19 (6): 141–154.

[16] 韩洁，田高良，杨宁 . 连锁董事与并购目标选择：基于信息传递视角 [J]. 管理科学，2014，27(2): 15–25.

[17] 姜付秀，张敏，陆正飞，等 . 管理者过度自信、企业扩张与财务困境 [J]. 经济研究，2009，(1): 131–143.

[18] 李文贵，余明桂 . 所有权性质、市场化进程与企业风险承担 [J]，中国工业经济，2012，(12): 115–127.

[19] 李小青，吕靓欣 . 董事会社会资本、群体断裂带与企业研发效率——基于随机前沿模型的实证分析 [J]. 研究与发展管理，2017，29 (4): 148–158.

[20] 林钟高，陈俊杰 . 终极控制人性质、内部控制缺陷与企业风险 [J]. 财经理论与实践，2016，37(4): 84–92.

[21] 刘海洋，林令涛，黄顺武 . 地方官员变更与企业兴衰——来自地级市层面的证据 [J]. 中国工业经济，2017，(1): 62–80.

[22] 彭正银，廖天野 . 连锁董事治理效应的实证分析——基于内在机理的探讨 [J]. 南开管理评论，2008，11 (1): 99–105.

[23] 苏坤，张俊瑞，杨淑娥 . 终极控制权、法律环境与公司财务风险——来自我国民营上市公司的证据 [J]. 当代经济科学，2010，32(5): 80–87.

[24] 孙芳，赵艳 . CEO 和董事会社会资本协同效应对 IPO 抑价的影响：正向协同还是负向协同 [J]. 现代财经，2017，(3): 54–66.

[25] 万良勇，胡璟 . 网络位置、独立董事治理与公司并购——来自中国上市公司的经验证据 [J]. 南开管理评论，2014，17 (2): 64–73.

[26] 王明伟，陈雪梅 . 终极控制人、多元化经营与股价崩盘风险 [J]. 山西财经大学学报，2016，38(9): 88–100.

[27] 谢鹏 . 制度压力下的企业慈善捐赠战略反应——基于组织场域的视角 [D].

南京大学，2016.

[28]徐淋．连锁网络视角下的董事会社会资本与企业战略变革行为研究[D]．南京大学，2017.

[29]严若森，华小丽，钱晶晶．组织冗余及产权性质调节作用下连锁董事网络对企业创新投入的影响研究[J]．管理学报，2018，(2)：217–229.

[30]严子淳，薛有志．董事会社会资本、公司领导权结构对企业 R&D 投入程度的影响研究[J]．管理学报，2015，12(4)：509–516.

[31]余明桂，李文贵，潘红波．管理者过度自信与企业风险承担[J]，金融研究，2013，(1)：149–163.

[32]翟胜宝，张胜，谢露，郑洁．银行关联与企业风险——基于我国上市公司的经验证据[J]．管理世界，2014，(4)：53–59.

[33]张敏，童丽静，许浩然．社会网络与企业风险承担——基于我国上市公司的经验证据[J]．管理世界，2015，(11)：161–175.

[34]周泽将，马静，刘中燕．独立董事政治关联会增加企业风险承担水平吗？[J]．财经研究，2018，44(08)：141–153.

Research on the Effect of Interlocking Board Capital on Corporate Risk: Based on the Empirical Test of Listed Companies in China

Wu Yingxuan

Abstract: Firm risk and its influencing factors have always been an important topic in the field of strategic management. Using the data of Shanghai and Shenzhen A-shares from 2006 to 2016, this paper examines the impact of interlocking directors' social capital on firm risk and finds that: the wider the breadth of interlocking directors' social capital, the lower the risk of the firms, while the deeper the social capital of interlocking directors, the higher the risk of thc firms. Industry environmental uncertainty negatively moderates the negative relationship between the breadth of interlocking directors' social capital and firm risk, but has no significant positive moderating effect on the depth of interlocking directors' social capital and firm risk. When the institutional environment of the region where the enterprise is located is better and in the state-owned enterprise, the influence of the social capital of the interlocking directors on the firm risk will be weakened. When the chairman and general manager are combined, the restraining effect of interlocking board social capital breadth on firm risk will be strengthened, while the positive moderating effect of two-position combination on the relationship between the depth of interlocking board social capital and corporate risk is not verified

Keywords: interlocking board social capital; firm risk; external environment; enterprise characteristics

战略差异、冗余资源与双元创新关系研究

张庆垒[1]　施建军　刘春林[2]

内容摘要：战略差异对其决策结果的影响研究是战略、会计、金融和公司治理等领域研究的重要话题，但以往研究较少关注战略差异对企业双元创新的影响及其情景因素的作用。本文通过对中国上市公司 2007 年 – 2019 年的财务和专利数据进行分析，实证检验了战略差异如何影响企业选择双元创新，并且研究了非沉淀性冗余资源和沉淀性冗余资源对二者关系的调节效应。结果表明，战略差异会促使企业选择探索式创新，而非选择利用式创新。非沉淀性冗余资源会正向调节战略差异与探索式创新之间的正向关系，而负向调节战略差异与利用式创新之间的负向关系。沉淀性冗余资源会负向调节战略差异与探索式创新之间的正向关系，而正向调节战略差异与利用式创新之间的负向关系。

关键词：战略差异；探索式创新；利用式创新；非沉淀性冗余资源；沉淀性冗余资源

一、引言

随着外部经营环境的不确定性和复杂性越来越大，一些企业试图寻求战略差异来应对（Tang, Crossan, and Rowe, 2011）。战略差异是指企业的资源配置偏离其行业规范的程度（Finkelstein and Hambrick, 1990）。例如，在智能手机快速发展的过程中，很多智能手机厂商都采用了 Android 操作系统，而苹果公司却单独开发了 iOS 操作系统，这给苹果公司带来了巨大的竞争优势。近年来，战略差异对其决策结果的影响研究引起了战略、会计、金融和公司治理等领域学者的广泛关注（Habib, Ranasinghe,

① 张庆垒，管理学博士，南京大学 2012 级博士生，现任职于南京财经大学。
② 刘春林，管理学博士，南京大学 2000 级博士后，现任职于南京大学商学院。

and Perera, 2023）。这一主题的研究考察了战略差异如何影响战略、会计、财务和公司治理层面的结果，如极端绩效（Tang, Crossan, and Rowe, 2011）、公司现金持有量（Dong et al., 2020）、高质量外部审计师（Dong, Cui, and Gao, 2021）、企业弹性（Kong, Jiang, and Liu, 2021）、股票回报同步性（Ye, Guan, and Zhang, 2021）、贸易信用（Damle and Sinha, 2023）、短期债务（Provaty, Amin, and Hasan, 2022）、特质回报波动性（Hasan and Chen, 2023）、投资效率低下（Ranasinghe and Habib，2023）和绿色创新（Wen, Qiao, and He，2023）等。战略差异会给企业带来劣势，例如增加企业面临的风险，使得企业较难获得合法性和资源，还可能带来代理问题和信息不对称，从而使战略差异的企业管理者最大化自己的私人利益（Habib, Ranasinghe, and Perera, 2023）。但战略差异也会因为自身战略不同于行业企业，为企业带来独特的竞争优势（Zhao et al., 2017）。

虽然上述研究已得到实证支持，但现有文献并未对战略差异如何影响双元创新给予足够重视。双元创新，即探索式创新与利用式创新，一直都是战略管理及创新管理研究关注的重点话题。探索式创新和利用式创新因为其技术路径等差异，需要企业谨慎配置资源（Nelson and Winter, 1982）。而战略差异，本质上反映的是焦点企业与同业其他企业相比而言采取的不同常规的资源配置方式（Carpenter, 2000; Geletkanycz and Hambrick, 1997），其战略定位等明显不同于行业常规。而企业对双元创新的选择需要呼应不同战略类型的需求（Mueller, Rosenbusch, and Bausch, 2013）。因此，战略差异可能会影响企业对双元创新的选择。通过文献梳理，发现目前研究战略差异与双元创新关系的文献仅 2 篇，且仅出现于中文期刊（为保证研究质量，仅以 CSSCI 期刊上的研究为主），研究结论也不一致（王文华、叶沁瑶、沈秀，2021；刘志迎、孙之瑜，2023）。王文华、叶沁瑶、沈秀（2021）的研究指出战略差异对探索式创新和利用式创新投入都具有正向影响。而刘志迎、孙之瑜（2023）的研究发现战略差异不利于滞后一期的利用式创新，却利于滞后两期的探索式创新。造成研究结论不一致的重要原因可能在于情景因素的影响。双元创新因为其本质上是对不同技术的追求，可能会要求企业采取不同的资源配置方式，因此，除了要考虑战略差异对企业双元创新在资源配置方式上的差异外，还需要进一步探讨资源的不同类型可能对二者关系产生的影响。本文根据 Iyer and Miller（2008）的研究，聚焦于冗余资源可能带来的影响，并且将冗余资源区分为沉淀性冗余资源和非沉淀性冗余资源，探索这两类资源的调节作用。综上，本文关注的研究问题：（1）战略差异如何影响双元创新？（2）不同类型冗余资源如何影响二者关系？

本文对中国上市公司 2007 年–2019 年的财务和专利数据进行了分析，验证了上述假设。本文的贡献在于两个方面。首先，本文进一步丰富了持续增长的战略差异与公司决策相关文献。以前的研究更多侧重于战略差异对会计、金融等领域决策行为的影响，较少探讨对不同类型创新行为选择的研究。本文通过检验战略差异如何影响双元创新，构建了战略、金融及会计等相关领域文献的桥梁。其次，本文拓展了双元创新前因研究文献，将战略差异与不同类型资源进行整合，兼顾资源配置方式及资源类型，为分析双元创新前因提供了一个较为完整的资源配置框架。

二、理论回顾

（一）战略差异

近年来，战略差异对其决策结果的影响研究引起了诸多领域学者的关注（Habib, Ranasinghe, and Perera, 2023）。战略差异是指企业的资源配置偏离其行业规范的程度（Finkelstein and Hambrick, 1990），其刻画了焦点企业相对于其同行资源配置方式的差异。

目前学者对战略差异与其结果关系的研究并未得出一致的结论。一些学者指出战略差异不利于企业相关决策。原因在于战略差异会给企业带来（1）战略风险，不利于企业获取行业常规绩效；（2）成本压力，让企业承担比同行更大的成本，如产品开发成本、信息成本等；（3）代理问题，战略差异的企业管理者有可能因为过多的自主权而做出不利于企业的自利行为；（4）信息不对称，造成焦点企业与利益相关者之间的信息不对称（Tang, Crossan, and Rone, 2011；Hasan and Chen, 2023），利益相关者较难观察其资源配置方式进而谨慎对待（如投资等），可能会让战略差异企业面临合法性缺失和资源较难获取的困境。实证研究也支持了这样的理论逻辑。例如，Tang , Crossan, and Rone（2011）的研究指出占主导地位的 CEO 倾向于战略差异，战略差异会导致企业获取极端绩效（显著高于或低于行业平均绩效）。Hasan and Chen（2023）发现战略差异让企业的收益波动更高。Damle and Sinha（2023）指出战略差异无益于企业从供应商或顾客那里获取商业信用。Wen, Qiao, and He（2023）发现战略差异不利于企业绿色创新。

另一些学者却认为战略差异有利于企业相关决策。虽然战略差异会给焦点企业带来战略风险、成本压力、代理问题及信息不对称等，但是服从行业规范的做法却并非总是最优的选择（Tang, Crossan, and Rowe, 2011），相反战略差异可以给企业带来独特的竞争定位（Helfat et al., 2007；Zhao et al., 2017），帮助企业建立起稀缺的、有价值的、不可模仿的及不可替代的竞争优势。例如，Kong, Jiang, and Liu（2021）的研究指出战略差异的企业更能抵抗外部的冲击。 Dong et al.（2021）的研究指出战略差异的企业更有可能雇佣高质量的审计师来减少信息不对称和代理问题。

（二）战略差异与企业创新

现有英文文献研究多关注战略差异对战略、会计、财务和公司治理层面的结果，如极端绩效（Tang, Crossan, and Rowe, 2011）、公司现金持有量（Dong et al., 2021）、高质量外部审计师（Dong et al., 2021）、企业弹性（Kong, Jiang, and Liu, 2021）、股票回报同步性（Ye, Guan, and Zhang, 2021）、贸易信用（Damle and Sinha, 2023）、短期债务（Provaty, Amin, and Hasan, 2022）、特质回报波动性（Hasan and Chen, 2023），投资效率低

下（Ranasinghe and Habib, 2023）。但较少关注战略差异对企业创新的影响，仅 Wen, Qiao, and He（2023）的研究指出战略差异不利于企业绿色创新。

虽然英文文献较少关注战略差异对企业创新的影响，但是中文文献对于战略差异与企业创新的关系研究目前处于上升期。总结这些文献，发现在研究结论上存在促进说、抑制说和倒 U 型三种观点（刘志迎、孙之瑜,2023），并且在创新相关结果变量上，较多侧重于整体意义上的创新投入或产出绩效。例如，在创新投入上，申嫦娥、张博雅、田悦（2019）指出战略差异的企业会导致创新活动受限，进而导致研发投入降低。孙洁、殷方圆（2021）从代理成本的角度指出战略差异增加了企业的代理成本从而抑制创新投入。宫兴国、陆垚、林春雷（2023）指出战略差异负向影响企业创新投入。在创新产出上，宋建波、谢梦园（2022）同样指出战略差异不利于企业的创新产出。

此外，也有少数学者关注到战略差异对双元创新的影响。王文华、叶沁瑶、沈秀（2021）的研究发现战略差异对探索式创新投入和利用式创新投入都有正向影响，但仅以研发支出的费用化支出衡量探索式创新投入，以开发支出与无形资产合计衡量利用式创新投入，在测量上存在一定局限。刘志迎、孙之瑜（2023）通过对专利分类号的分析，刻画出双元创新，并且实证检验出战略差异不利于滞后一期的利用式创新，却利于滞后两期的探索式创新。可以看出，战略差异对双元创新的影响研究仍然相对较少，需要进一步检验二者的关系。

（三）战略差异与企业创新的情景因素

学者除了关注战略差异影响企业创新的主效应，还十分注重对影响二者关系的情景因素进行考察。目前学者主要从企业外部环境和内部特征探索影响二者关系的情景因素。在外部环境情景因素研究方面，孙洁、殷方圆（2021）指出市场竞争会影响战略差异与技术创新的负向关系。王文华、叶沁瑶、沈秀（2021）发现环境不确定性会增强战略差异与双元创新投入的正向关系。徐鹏、王瑞康（2022）指出政府补助和减税降费会调节战略差异与企业创新的倒 U 型关系。在企业内部特征情景因素研究方面，孙洁、殷方圆（2021）指出企业性质、融资约束会影响战略差异与技术创新的负向关系。王文华、叶沁瑶、沈秀（2021）发现财务柔性会增强战略差异与双元创新投入的正向关系。宋建波、谢梦园（2022）发现战略差异与双元创新的负向关系会根据企业不同生命周期呈现不同特点。刘志迎、孙之瑜（2023）发现知识深度会弱化战略差异对探索式创新的正向影响，知识宽度会增强战略差异对利用式创新的负向作用。战略差异本质上是描述企业的资源配置偏离其行业规范的程度。作为资源配置方式，实施战略差异也需要考虑所配置的资源类型可能带来的影响，将资源配置方式和不同类型资源共同加以考量，才能为企业合理做出双元创新选择决策提供较为完整的资源配置框架。

三、研究假设

（一）战略差异对双元创新的影响

本文提出战略差异会正向影响探索式创新，但对利用式创新会产生负向影响。战略差异的企业其资源配置方式强调不同于行业规范，尽管这样会给企业带来战略风险、成本压力、代理问题及信息不对称等劣势（Habib, Ranasinghe, and Perera, 2023），但战略差异的企业就是要追求差异性，通过寻求差异性给企业带来稀缺的、有价值的、不可模仿的及不可替代的竞争优势（Tang, Crossan, and Rowe，2011）。因此战略差异的企业管理者会更倾向于选择不同寻常的战略决策，表现在技术创新上，本文认为战略差异的企业管理者会更倾向于探索新技术、新产品及新市场，选择那些能颠覆原有技术范式的技术，通过追求技术轨迹上的差异性，打造不同于行业规范的新技术标准及范式，有可能给战略差异的企业带来独特竞争优势，尽管这样做给企业带来较大的风险、成本压力及资源限制等。因此本文提出战略差异的企业会更倾向于选择探索式创新，即战略差异正向影响探索式创新。相反，利用式创新强调利用现有知识和技术基础，是基于常规技术轨迹上的较小变革，难以打造出不同于行业常规的技术标准及范式，不符合战略差异的企业管理者对于差异性的要求。此外，刘志迎、孙之瑜（2023）的研究也指出利用式创新一定程度上依赖与同行进行技术信息的经验共享，但高度战略差异的企业，其创新轨迹也可能不同于行业常规，难以就利用式创新与同行沟通。综上，本文认为战略差异的企业不会倾向于选择利用式创新，即战略差异负向影响利用式创新。

假设 1a：战略差异正向影响探索式创新，随着战略差异程度的提高，企业倾向于进行探索式创新。

假设 1b：战略差异负向影响利用式创新，随着战略差异程度的提高，企业较少进行利用式创新。

（二）冗余资源的调节作用

除了考虑战略差异对企业双元创新的不同影响之外，探讨影响二者关系的情景因素也是丰富相关文献的重要方面。双元创新因为其本质上是对不同技术的追求，企业可能会因为战略差异而对其进行选择。除了要考虑战略差异的影响外，差异企业的管理者在选择技术创新方式时，也会受到不同类型资源的制约。因此，需要进一步探讨不同类型资源对二者关系可能产生的影响。本文根据 Iyer and Miller（2008）的研究，选择企业冗余资源，并将其区分为沉淀性冗余资源和非沉淀性冗余资源，分析这两类资源的不同调节机制。非沉淀性冗余资源往往是指那些未被特定投入的资源，例如现金等，企业可以随时对其重新部署（Vanacker, Collewaert, and Zahra, 2017），因此非沉淀性冗余资源具有较好的流动性和灵活性。沉淀性冗余资源往往被用于特定指向的当前项目，例如应收账款和管理费用等（Greve, 2003），因此沉淀性冗余资源缺乏流动性和灵活性。

本文认为非沉淀性冗余资源会正向调节战略差异与探索式创新之间的正向关系，而负向调节战略差异与利用式创新之间的负向关系。首先，非沉淀性冗余资源可以缓解战略差异企业在追求探索式创新时面临的信息不对称和资源约束。战略差异的企业因为其资源配置方式不同于行业常规，利益相关者较难察觉，因此会造成信息不对称，进而使得战略差异企业面临合法性缺失和资源较难获取的困境（Tang, Crossan, and Rowe, 2011；Hasan and Chen, 2023）。如果战略差异的企业具备较多的非沉淀性冗余资源，如现金等，可以不用过于依赖利益相关者给予的资源支持，也会有较多的资源从事探索式创新。其次，非沉淀性冗余资源给予了战略差异的企业管理者更大的自由裁量权（George, 2005），使得寻求战略差异的企业管理者可以更有动机或能力去追求和探索新技术、新知识及新市场。再次，非沉淀性冗余资源可以帮助战略差异的企业管理者缓解追求探索式创新的风险和成本压力（Voss, Sirdeshmukh, and Voss, 2008），因为非沉淀性冗余资源的流动性和灵活性特点，可以帮助战略差异的企业管理者更好地从事一些不可预测的创新项目以及应对不确定的收入状况（Tan and Peng, 2003）。因此我们认为非沉淀性冗余资源会正向调节战略差异与探索式创新的正向关系。此外，我们认为非沉淀性冗余资源会负向调节战略差异与利用式创新的负向关系。当战略差异的企业拥有较多的非沉淀性冗余资源时，其使用这些非沉淀性冗余资源进行创新投资的主观动机更倾向于将其投入到更能让企业显得与众不同的新技术和新知识的探索上，不会将其投入到现有能力的微小改进（Levinthal and March, 1993）。因此，本文提出如下假设：

假设 2a：非沉淀性冗余资源正向调节战略差异与探索式创新的正向关系，即随着组织非沉淀性冗余资源的增多，战略差异的企业管理者更可能进行探索式创新。

假设 2b：非沉淀性冗余资源负向调节战略差异与利用式创新的负向关系，即随着组织非沉淀性冗余资源的增多，战略差异的企业管理者较少进行利用式创新。

本文同样认为沉淀性冗余资源会负向调节战略差异与探索式创新之间的正向关系，而正向调节战略差异与利用式创新之间的负向关系。首先，组织拥有较多的沉淀性冗余资源，其资源定向的特点只能让战略差异的企业投向特定的技术轨迹，从事利用式创新，较难重新部署来探索新技术、新知识和新市场（Voss, Sirdeshmukh, and Voss, 2008）。其次，组织拥有较多的沉淀性冗余资源，也会减少战略差异企业管理者的自由裁量权，不能随心所欲地从事一些不可预测的创新项目。再次，组织拥有较多的沉淀性冗余资源会让战略差异的企业管理者注重损失规避，管理者在创新方式的选择上会倾向于承诺较小收益稳定的技术，而非选择承诺较大收益不稳定的风险项目（Voss, Sirdeshmukh, and Voss, 2008；Zeelenberg and Van Dijk, 1997）。因此，我们提出如下假设：

假设 3a：沉淀性冗余资源负向调节战略差异与探索式创新的正向关系，即随着组织沉淀性冗余资源的增多，战略差异的企业管理者较少进行探索式创新。

假设 3b：沉淀性冗余资源正向调节战略差异与利用式创新的负向关系，即随着组织沉淀性冗余资源的增多，战略差异的企业管理者更倾向于进行利用式创新。

本文的研究框架见下图（图 1）。

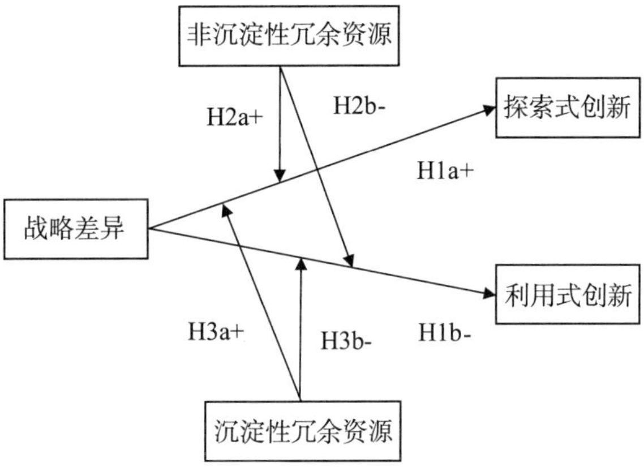

图 1　本文的研究框架

四、研究设计

（一）样本选取与数据收集

为排除 2020 年新冠疫情对企业生产及创新等行为造成的影响，本文以 2007 年 – 2019 年中国上市公司企业为初始研究样本。遵循以下原则进一步筛选样本：（1）剔除样本期间 ST/*ST 的企业；（2）剔除金融行业企业；（3）剔除关键变量数据缺失的样本。经过筛选，最终获得本文所需要的上市公司样本 2 850 个观测值。研究数据主要来自 CSMAR、WIND 等金融数据库提供的相关财务数据。创新相关的变量，尤其是双元创新的构建依赖企业专利，我们从 WIND 数据库和 CNRDS 数据库获取上市公司研发、专利等数据及信息，进而构造相关变量。所有变量构造完成后，对连续变量进行了 1% 水平上的 Winsor 处理，排除极端值的影响。

（二）变量测量

（1）因变量：双元创新（探索式创新和利用式创新）。尽管学者对于双元创新的测量方式存在差异，但是通过专利分类号来度量双元创新一直都是认可度比较高的测量方式。借鉴 Guan and Liu（2016）和张庆垒等（2018）等的测量方式，本文以 IPC 专利分类号前 4 位为索引，按照 5 年期滚动向前进行计算。如果当年的企业专利在分类号上跟前 5 年的分类号相同，表示重复出现，本文将当年这些重复出现的专利数记作利用式创新；如果当年的企业专利在分类号上跟前 5 年的分类号不同，表示当年未重复出现的专利，本文将当年这些未重复出现的专利记作探索式创新。初始专利数据包含了 2001 年–2019 年的企业专利，考虑到 5 年滚动期及数据的缺失等因素，最终选择 2007 年–2019 年的双元创新数据。为排除不同上市公司专利规模的影响，本文将编码出来的利用式创新和探索式创新数量都除以企业当年申请的专利总数，作为最终的双元创新变量。

（2）自变量：战略差异。借鉴 Finkelstein and Hambrick（1990）、Tang, Crossan, and Rowe（2011）以及 Habib, Ranasinghe, and Perera（2023）等的测量方式，选择广告强度（销售费用 / 营业收入）、研发投入（无形资产净值 / 营业收入）、资本密集度（固定资产 / 员工数量）、固定资产更新程度（固定资产净值 / 固定资产原值）、管理费用（管理费用 / 营业收入）和财务杠杆（（短期借款 + 长期借款 + 应付债券）/ 权益账面价值）作为测量战略差异的 6 个维度来搜集基础数据，先将这 6 个维度分别减去当年该维度的均值，再除以该维度的标准差并取绝对值，然后再取这 6 个维度的平均值。在后面的稳健性检验中采用前 4 个维度按照上述步骤处理后的平均值作为战略差异的替代测量方式（叶康涛、张姗姗、张艺馨，2014）。

（3）调节变量：非沉淀性冗余资源和沉淀性冗余资源。借鉴 Iyer and Miller（2008）以及 Vanacker, Collewaert, and Zahra（2017）等的测量方法，采用流动比率测量非沉淀性冗余资源，采用销售费用占比测量沉淀性冗余资源。在后面的稳健性检验中采用速动比率作为非沉淀性冗余资源的替代测量方式，采用管理费用占比作为沉淀性冗余资源的替代测量方式。

（4）控制变量：本文从企业层面和行业层面选取了 12 个控制变量，并且控制了时间效应。企业层面的控制变量包括企业年龄、企业规模、资产负债率、ROE、研发强度、研发人员占比、是否为高新技术企业以及企业性质 8 个变量。企业年龄，年龄对于企业选择双元创新方式具有重要影响（Levinthal and March, 1993），采用企业当年年份减去成立年份作为企业年龄。企业规模，采用总资产做对数处理作为企业规模的代理变量。资产负债率衡量了企业的财务杠杆。ROE 衡量了企业的盈利状况。研发强度和研发人员占比都体现出了企业在创新方面的投入程度，研发强度采用研发投入除以营业收入来测量，研发人员占比采用研发人员数除以企业员工总数来测量。是否为高新技术企业衡量了企业是否专注于技术创新及其实力，采用哑变量处理，若企业为高新技术企业则赋值为 1，否则赋值为 0。企业性质，主要考虑其是否为国有企业，也采用哑变量处理，若企业为国有企业则赋值为 1，否则赋值为 0。行业层面的控制变量包括行业属性、环境动态性、环境包容性以及行业竞争强度（HHI）4 个变量。行业属性，按照中国证券监督管理委员会（简称证监会）2012 年颁布的行业类别，并将制造业按子类细分处理，采用哑变量进行控制。环境动态性和环境包容性是影响企业技术创新的重要外部因素，采用 Dess（1984）的测量方式。行业集中度（HHI）采用赫芬德尔指数进行测量。

（三）模型设定

因为构造的探索式创新和利用式创新变量都是以下限为 0、上限为 1 的截尾变量，因此我们考虑采用面板 Tobit 模型对上述假设进行检验，并且为了缓解内生性，将因变量做滞后一期处理。主要模型设定如下：

$$EXPLORATION_{it+1}=a_0+a_1SD_{it}+a_2UNABSORBED-SLACK_{it}+a_3ABSORBED-SLACK_{it}+a_4SD_{it}UNABSORBED-SLACK_{it}+a_5SD_{it}ABSORBED-SLACK_{it}+a_6CONTROL_{it}+\varepsilon_{it}$$

$$EXPLOITATION_{it+1}=a_0+a_1SD_{it}+a_2UNABSORBED-SLACK_{it}+a_3ABSORBED-SLACK_{it}+a_4SD_{it}UNABSORBED-SLACK_{it}+a_5SD_{it}ABSORBED-SLACK_{it}+a_6CONTROL_{it}+\varepsilon_{it}$$

其中，$EXPLORATION_{it+1}$ 表示探索式创新，$EXPLOITATION_{it+1}$ 表示利用式创新，SD_{it} 表示战略差异，$UNABSORBED-SLACK_{it}$ 表示非沉淀性冗余资源，$ABSORBED-SLACK_{it}$ 表示沉淀性冗余资源，$CONTROL_{it}$ 表示所有的控制变量。

五、实证结果与分析

（一）描述性统计

本文样本时间跨度为 2007 年–2019 年，观测值为 2 850 个。因变量、自变量以及控制变量的描述性统计结果如表 1 所示。探索式创新的均值为 0.429，利用式创新的均值为 0.571，表明一般意义上企业更倾向于采取利用式创新。企业年龄、企业规模、资产负债率、环境动态性及行业竞争强度都与双元创新显著相关，需要给予控制。高新技术企业的属性与双元创新也显著相关。

（二）回归结果与分析

表 2 列出了战略差异对企业双元创新影响的主效应及调节效应的假设检验，其中模型 1–3 为战略差异对探索式创新影响的主效应及调节效应检验。模型 1 为战略差异对探索式创新影响的基准模型，纳入控制变量。模型 2 在模型 1 的基础上加入自变量和调节变量。模型 3 在模型 2 的基础上加入战略差异与非沉淀性冗余资源的交互项，以及战略差异与沉淀性冗余资源的交互项。模型 4–6 为战略差异对利用式创新影响的主效应及调节效应检验，操作步骤如上述模型 1–3。从回归结果来看，战略差异对探索式创新的影响回归系数为 0.057（$p<0.05$），战略差异对利用式创新的影响回归系数为 –0.065（$p<0.01$），假设 1a 和 1b 得到支持。非沉淀性冗余资源对战略差异与探索式创新关系的调节效应回归系数为 0.033（$p<0.01$），假设 2a 得到支持；非沉淀性冗余资源对战略差异与利用式创新关系的调节效应回归系数为 –0.030（$p<0.05$），假设 2b 得到支持。沉淀性冗余资源对战略差异与探索式创新关系的调节效应回归系数为 –0.034（$p<0.05$），假设 3a 得到支持；沉淀性冗余资源对战略差异与利用式创新的调节效应回归系数为 0.010（$p<0.05$），假设 3b 得到支持。

表 1　描述性统计与相关系数

	MEAN	SD	1	2	3	4	5	6	7	8	9	10	11	12	13	14	15
1. 探索式创新	0.429	0.372	1.000														
2. 利用式创新	0.571	0.372	–1.000	1.000													
3. 战略差异	0.629	0.383	–0.012	0.012	1.000												
4. 企业年龄	16.214	5.832	–0.126***	0.126***	0.096***	1.000											
5. 企业规模	22.004	1.542	–0.188***	0.188***	–0.045***	0.190***	1.000										
6. 资产负债率	0.498	1.700	–0.025***	0.025***	0.113***	0.023***	–0.056***	1.000									
7. 非沉淀性冗余	2.586	4.213	0.131***	–0.131***	0.019***	–0.105***	–0.205***	–0.078***	1.000								
8. ROE	0.052	4.909	0.001	–0.001	–0.009	–0.003	–0.015**	–0.012*	0.003	1.000							
9. 沉淀性冗余	0.072	0.233	–0.042***	0.042***	0.106***	0.003	–0.079***	0.004	0.036***	–0.007	1.000						
10. 研发强度	0.187	11.186	–0.021	0.021	0.227***	–0.007	–0.014	–0.001	–0.007	–0.005	0.932***	1.000					
11. 研发人员占比	16.232	13.918	–0.018	0.018	0.043***	–0.124***	–0.213***	–0.132***	0.207***	–0.003	0.025**	0.018	1.000				
12. 环境动态性	0.061	0.065	0.068***	–0.068***	0.242***	0.063***	–0.129***	0.098***	0.018**	–0.008	0.001	0.081***	0.044***	1.000			
13. 环境丰富性	0.114	0.187	0.009	–0.009	–0.223***	–0.086***	0.248***	–0.106***	–0.055***	–0.006	–0.066***	–0.121***	0.091***	0.168***	1.000		
14. HHI	0.104	0.115	0.064***	–0.064***	0.060***	–0.032***	0.037***	0.026***	–0.036***	–0.001	–0.046***	–0.135***	–0.168***	0.044***	–0.030***	1.000	
15. 高新（dummy）	0.370	0.483	–0.077***	0.077***	–0.121***	–0.150***	–0.183***	–0.045***	0.144***	0.012*	0.037***	0.047***	0.205***	–0.154***	0.062***	–0.149***	1.000

注：观测值个数为 2 850，$^{*}p< 0.05$，$^{**}p< 0.01$，$^{***}p< 0.001$。

表 2　战略差异、冗余资源与双元创新关系面板回归分析

	模型 1	模型 2	模型 3	模型 4	模型 5	模型 6
	探索式创新	探索式创新	探索式创新	利用式创新	利用式创新	利用式创新
企业年龄	0.003*	0.003*	0.003*	−0.003*	−0.003*	−0.003*
	（2.242）	（2.095）	（2.038）	（−2.398）	（−2.216）	（−2.187）
企业规模	−0.041***	−0.043***	−0.043***	0.049***	0.050***	0.051***
	（−5.980）	（−6.134）	（−6.160）	（7.070）	（7.243）	（7.295）
资产负债率	0.048	0.083	0.091	−0.042	−0.080	−0.089
	（1.092）	（1.568）	（1.724）	（−0.953）	（−1.516）	（−1.695）
ROE	−0.002	−0.002	−0.002	0.004	0.003	0.004
	（−1.134）	（−0.871）	（−1.007）	（1.202）	（1.131）	（1.174）
研发强度	−0.719***	−0.751***	−0.719***	0.770***	0.809***	0.790***
	（−3.481）	（−3.533）	（−3.371）	（3.804）	（3.889）	（3.780）
研发人员占比	−0.000	−0.000	−0.000	0.000	0.000	0.000
	（−0.181）	（−0.331）	（−0.380）	（0.394）	（0.559）	（0.639）
环境动态性	0.283	0.194	0.195	−0.348*	−0.252	−0.250
	（1.734）	（1.172）	（1.177）	（−2.176）	（−1.559）	（−1.546）
环境丰富性	0.014	0.047	0.049	−0.013	−0.049	−0.052
	（0.271）	（0.883）	（0.922）	（−0.242）	（−0.941）	（−0.997）
HHI	−0.856*	−0.828*	−0.819*	0.811*	0.783*	0.788*
	（−2.509）	（−2.433）	（−2.403）	（2.463）	（2.386）	（2.400）
高新（dummy）	−0.076***	−0.076***	−0.076***	0.090***	0.089***	0.089***
	（−4.963）	（−4.940）	（−4.941）	（5.887）	（5.839）	（5.824）
战略差异		0.057*	0.006		−0.065**	−0.014
		（2.366）	（0.170）		（−2.747）	（−0.414）
非沉淀性冗余资源（流动比率）		0.009*	−0.007		−0.010*	0.008
		（2.136）	（−0.867）		（−2.409）	（0.987）

（续表）

	模型 1	模型 2	模型 3	模型 4	模型 5	模型 6
	探索式创新	探索式创新	探索式创新	利用式创新	利用式创新	利用式创新
沉淀性冗余资源（销售费用占比）		–0.147	–0.159		0.167	0.215
		（–1.479）	（–0.821）		（1.699）	（1.156）
战略差异 × 非沉淀性冗余资源（流动比率）			0.033**			–0.030*
			（2.813）			（–2.512）
战略差异 × 沉淀性冗余资源（销售费用占比）			–0.034*			0.010*
			（–0.176）			（0.054）
常数项	1.679***	1.661***	1.694***	–0.914***	–0.892***	–0.935***
	（8.460）	（8.284）	（8.432）	（–4.569）	（–4.424）	（–4.608）
行业	控制	控制	控制	控制	控制	控制
时间	控制	控制	控制	控制	控制	控制
观测值数	2 850	2 837	2 837	2 850	2 837	2 837
Wald	389.370***	396.500***	405.120***	454.650***	466.770***	473 .740***
LR	61.800***	64.710***	63.790***	118.820***	121.780***	121.360***

注：t statistics in parentheses，* $p < 0.05$，** $p < 0.01$，*** $p < 0.001$，企业属性变量也进行了控制，在表格中不予显示。

（三）内生性检验

1. 工具变量法

战略差异对企业双元创新的影响，需要考虑战略差异作为内生变量带来的影响，为增强研究结果的可靠性，参考王化成、宋建波、谢梦园（2022）的研究，采用年度－行业战略差异均值（排除企业自身计算的行业均值）作为工具变量，重新进行了回归分析，结果如表 3 所示。通过工具变量法回归分析的结果显示，战略差异对探索式创新的影响回归系数为 0.069（$p<0.05$），战略差异对利用式创新的影响回归系数为 -0.082（$p<0.01$），假设 1a 和 1b 同样得到支持。非沉淀性冗余资源对战略差异与探索式创新关系的调节效应回归系数为 0.064（$p<0.05$），假设 2a 同样得到支持；非沉淀性冗余资源对战略差异与利用式创新关系的调节效应回归系数为 -0.057（$p<0.05$），假设 2b 同样得到支持。沉淀性冗余资源对战略差异与探索式创新关系的调节效应回归系数为 -0.229（$p<0.05$），假设 3a 同样得到支持；沉淀性冗余资源对战略差异与利用式创新的调节效应回归系数为 0.114（$p<0.05$），假设 3b 同样得到支持。通过工具变量法的回归结果显示，本文的研究具有一定的可靠性。

表 3　内生性检验分析（工具变量法）

	模型 1	模型 2	模型 3	模型 4
	探索式创新	探索式创新	利用式创新	利用式创新
企业年龄	0.003*	0.003	-0.003*	-0.003*
	(2.012)	(1.935)	(-2.141)	(-2.071)
企业规模	-0.044***	-0.045***	0.052***	0.052***
	(-6.938)	(-7.063)	(8.539)	(8.654)
资产负债率	0.067	0.084	-0.056	-0.070
	(1.346)	(1.661)	(-1.157)	(-1.456)
ROE	-0.002	-0.002	0.004	0.004
	(-0.874)	(-1.185)	(1.129)	(1.191)
研发强度	-0.797***	-0.747***	0.880***	0.843***
	(-4.054)	(-3.768)	(4.733)	(4.498)
研发人员占比	-0.000	-0.000	0.000	0.000
	(-0.158)	(-0.342)	(0.237)	(0.417)
环境动态性	0.203	0.211	-0.281	-0.280
	(1.270)	(1.307)	(-1.830)	(-1.810)
环境丰富性	0.058	0.061	-0.058	-0.063
	(1.148)	(1.210)	(-1.202)	(-1.295)
HHI	-0.775*	-0.758*	0.684*	0.681*

（续表）

	模型 1	模型 2	模型 3	模型 4
	探索式创新	探索式创新	利用式创新	利用式创新
	（−2.381）	（−2.321）	（2.249）	（2.233）
高新（dummy）	-0.072^{***}	-0.072^{***}	0.082^{***}	0.081^{***}
	（−5.191）	（−5.157）	（6.185）	（6.142）
战略差异	0.069^{*}	−0.017	-0.082^{**}	0.002
	（2.446）	（−0.385）	（−3.004）	（0.056）
非沉淀性冗余资源（流动比率）	0.007	−0.031	−0.007	0.027
	（1.782）	（−1.939）	（−1.874）	（1.763）
沉淀性冗余资源（销售费用占比）	−0.158	−0.046	0.175^{*}	0.152
	（−1.694）	（−0.176）	（1.986）	（0.623）
战略差异 × 非沉淀性冗余资源（流动比率）		0.064^{*}		-0.057^{*}
		（2.454）		（−2.294）
战略差异 × 沉淀性冗余资源（销售费用占比）		−0.229*		0.114*
		（−0.784）		（0.415）
常数项	1.707^{***}	1.774^{***}	-0.937^{***}	-1.005^{***}
	（9.320）	（9.492）	（−5.296）	（−5.574）
行业	控制	控制	控制	控制
时间	控制	控制	控制	控制
观测值数	2 831	2 831	2 831	2 831
Wald	452.990^{***}	460.070^{***}	561.230^{***}	567.460^{***}

注：t statistics in parentheses，* $p < 0.05$，** $p < 0.01$，*** $p < 0.001$，行业变量及企业属性变量也进行了控制，在表格中不予显示。

2. Heckman 两阶段法

为考虑研究潜在的样本选择偏误，本文使用 Heckman 两阶段法对样本进行再检验，实证研究结果如表 4 所示。回归分析的结果显示，战略差异对探索式创新的影响回归系数为 0.055（$p<0.05$），战略差异对利用式创新的影响回归系数为 −0.063（$p<0.01$），假设 1a 和 1b 同样得到支持。非沉淀性冗余资源对战略差异与探索式创新关系的调节效应回归系数为 0.034（$p<0.01$），假设 2a 同样得到支持；非沉淀性冗余资源对战略差异与利用式创新关系的调节效应回归系数为 −0.031（$p<0.01$），假设 2b 同样得到支持。沉淀性冗余资源对战略差异与探索式创新关系的调节效应回归系数为 −0.045（$p<0.05$），假设 3a 同样得到支持；沉淀性冗余资源对战略差异与利用式创新的调节效应回归系数为 0.001（$p<0.05$），假设 3b 同样得到支持。实证结果表明考虑了样本选择偏误后本文的主要结论依然成立。

表 4　内生性检验分析（Heckman 两阶段法）

	模型 1	模型 2	模型 3	模型 4	模型 5	模型 6
	探索式创新	探索式创新	探索式创新	利用式创新	利用式创新	利用式创新
企业年龄	0.003	0.002	0.002	−0.003	−0.002	−0.002
	（1.739）	（1.618）	（1.548）	（−1.820）	（−1.665）	（−1.627）
企业规模	−0.033***	−0.035***	−0.034***	0.039***	0.041***	0.041***
	（−4.329）	（−4.542）	（−4.537）	（5.176）	（5.407）	（5.436）
资产负债率	0.044	0.081	0.089	−0.038	−0.077	−0.087
	（1.014）	（1.527）	（1.687）	（−0.875）	（−1.477）	（−1.661）
ROE	−0.002	−0.001	−0.002	0.004	0.003	0.004
	（−1.118）	（−0.862）	（−1.007）	（1.183）	（1.121）	（1.166）
研发强度	−0.684***	−0.712***	−0.677**	0.728***	0.762***	0.741***
	（−3.314）	（−3.350）	（−3.175）	（3.600）	（3.661）	（3.541）
研发人员占比	0.000	0.000	0.000	−0.000	−0.000	0.000
	（0.372）	（0.186）	（0.149）	（−0.244）	（−0.041）	（0.031）
环境动态性	0.129	0.050	0.048	−0.171	−0.086	−0.082
	（0.748）	（0.287）	（0.276）	（−1.011）	（−0.503）	（−0.481）
环境丰富性	0.017	0.049	0.051	−0.017	−0.052	−0.055

（续表）

	模型 1	模型 2	模型 3	模型 4	模型 5	模型 6
	探索式创新	探索式创新	探索式创新	利用式创新	利用式创新	利用式创新
	（0.320）	（0.920）	（0.959）	（-0.321）	（-1.004）	（-1.060）
HHI	-0.879**	-0.848*	-0.838*	0.846*	0.815*	0.820*
	（-2.577）	（-2.494）	（-2.461）	（2.572）	（2.487）	（2.500）
高新（dummy）	-0.027	-0.029	-0.028	0.032	0.035	0.033
	（-1.122）	（-1.228）	（-1.177）	（1.366）	（1.459）	（1.408）
IMR	0.084**	0.080**	0.081**	-0.098**	-0.093**	-0.094**
	（2.734）	（2.579）	（2.646）	（-3.158）	（-3.001）	（-3.053）
战略差异		0.055*	0.004		-0.063**	-0.012
		（2.315）	（0.116）		（-2.690）	（-0.356）
非沉淀性冗余资源（流动比率）		0.009*			-0.010*	0.008
		（2.166）			（-2.443）	（1.031）
沉淀性冗余资源（销售费用占比）		-0.156	-0.160		0.179	0.220
		（-1.575）	（-0.825）		（1.830）	（1.182）
战略差异 × 非沉淀性冗余资源（流动比率）			0.034**			-0.031**
			（2.885）			（-2.582）
战略差异 × 沉淀性冗余资源（销售费用占比）			-0.045*			0.001*
			（-0.235）			（0.005）
常数项	1.419***	1.417***	1.442***	-0.619**	-0.613**	-0.651**
	（6.459）	（6.395）	（6.503）	（-2.806）	（-2.764）	（-2.922）
行业	控制	控制	控制	控制	控制	控制
时间	控制	控制	控制	控制	控制	控制

（续表）

	模型 1	模型 2	模型 3	模型 4	模型 5	模型 6
	探索式创新	探索式创新	探索式创新	利用式创新	利用式创新	利用式创新
观测值数	2 850	2 837	2 837	2 850	2 837	2 837
Wald	389.930***	405.120***	414.200***	465.020***	476.120***	483.380***
LR	60.070***	62.970***	61.980***	116.130***	119.060***	118.590***

（四）稳健性检验

稳健性检验主要采用更换主要研究变量的测量方式来进行，我们主要更换了战略差异、非沉淀性冗余资源及沉淀性冗余资源等的测量方式，更换测量方式后的回归分析结果如下表 5 所示。结果显示，战略差异对探索式创新的影响回归系数为 0.011（$p<0.05$），战略差异对利用式创新的影响回归系数为 −0.011（$p<0.05$），假设 1a 和 1b 同样得到支持。非沉淀性冗余资源对战略差异与探索式创新关系的调节效应回归系数为 0.007（$p<0.05$），假设 2a 同样得到支持；非沉淀性冗余资源对战略差异与利用式创新关系的调节效应回归系数为 −0.006（$p<0.05$），假设 2b 同样得到支持。沉淀性冗余资源对战略差异与探索式创新关系的调节效应回归系数为 −0.057（$p<0.05$），假设 3a 同样得到支持；沉淀性冗余资源对战略差异与利用式创新的调节效应回归系数为 0.059（$p<0.05$），假设 3b 同样得到支持。此外，我们也选择了更换样本回归期间，以近 5 年的数据进行回归分析，发现结果依然成立，限于篇幅不再列示。上述分析显示，本文的研究结论具有一定的稳健性。

表 5　稳健性检验分析

	模型 1	模型 2	模型 3	模型 4	模型 5	模型 6
	探索式创新	探索式创新	探索式创新	利用式创新	利用式创新	利用式创新
企业年龄	0.003*	0.003*	0.003*	−0.003*	−0.003*	−0.003*
	（2.242）	（2.141）	（2.101）	（−2.398）	（−2.278）	（−2.248）
企业规模	−0.041***	−0.043***	−0.043***	0.049***	0.050***	0.049***
	（−5.980）	（−6.063）	（−5.984）	（7.070）	（6.990）	（6.860）
资产负债率	0.048	0.074	0.082	−0.042	−0.075	−0.084
	（1.092）	（1.399）	（1.539）	（−0.953）	（−1.425）	（−1.593）

（续表）

	模型 1	模型 2	模型 3	模型 4	模型 5	模型 6
	探索式创新	探索式创新	探索式创新	利用式创新	利用式创新	利用式创新
ROE	−0.002	−0.002	−0.002	0.004	0.003	0.004
	（−1.134）	（−0.864）	（−0.997）	（1.202）	（1.097）	（1.148）
研发强度	−0.719***	−0.736***	−0.735**	0.770***	0.854***	0.858***
	（−3.481）	（−3.298）	（−3.282）	（3.804）	（3.901）	（3.906）
研发人员占比	−0.000	−0.000	−0.000	0.000	0.000	0.000
	（−0.181）	（−0.323）	（−0.421）	（0.394）	（0.518）	（0.623）
环境动态性	0.283	0.217	0.211	−0.348*	−0.2583	−0.250
	（1.734）	（1.297）	（1.264）	（−2.176）	（−1.579）	（−1.533）
环境丰富性	0.014	0.040	0.043	−0.013	−0.051	−0.055
	（0.271）	（0.734）	（0.788）	（−0.242）	（−0.942）	（−1.021）
HHI	−0.856*	−0.833*	−0.850*	0.811*	0.791*	0.807*
	（−2.509）	（−2.444）	（−2.498）	（2.463）	（2.409）	（2.460）
高新（dummy）	−0.076***	−0.077***	−0.076***	0.090***	0.089***	0.088***
	（−4.963）	（−4.971）	（−4.940）	（5.887）	（5.790）	（5.746）
战略差异		0.011*	0.007		−0.011*	−0.008
		（2.142）	（0.939）		（−2.306）	（−1.135）
非沉淀性冗余资源（速动比率）		0.008	−0.007		−0.010*	0.004
		（1.820）	（−0.878）		（−2.237）	（0.541）
沉淀性冗余资源（管理费用占比）		−0.091	0.160		−0.022	−0.302
		（−0.542）	（0.512）		（−0.135）	（−1.004）
战略差异 × 非沉淀性冗余资源（速动比率）			0.007*			−0.006*
			（2.255）			（−2.171）

（续表）

	模型 1	模型 2	模型 3	模型 4	模型 5	模型 6
	探索式创新	探索式创新	探索式创新	利用式创新	利用式创新	利用式创新
战略差异 × 沉淀性冗余资源（管理费用占比）			−0.057*			0.059*
			（−1.085）			（1.223）
常数项	1.679***	1.690***	1.683***	−0.914***	−0.882***	−0.865***
	（8.460）	（8.197）	（8.007）	（−4.569）	（−4.271）	（−4.101）
行业	控制	控制	控制	控制	控制	控制
时间	控制	控制	控制	控制	控制	控制
N	2 850	2 837	2 837	2 850	2 837	2 837
Wald	389.37***	393.05***	400.09***	454.65***	462.73***	469.07***
LR	61.80***	64.68***	63.75***	118.82***	121.79***	120.92***

注：t statistics in parentheses，* $p < 0.05$，** $p < 0.01$，*** $p < 0.001$，行业变量及企业属性变量也进行了控制，在表格中不予显示。

六、结论与展望

本文以 2007 年–2019 年中国上市公司为样本，获取战略差异、冗余资源及双元创新等变量的财务和专利数据，实证检验了战略差异对双元创新的影响，并且分析了非沉淀性冗余资源和沉淀性冗余资源对战略差异与双元创新关系的调节作用。本文的主要结论如下：（1）实施战略差异的企业在技术创新方式上会选择探索式创新而非选择利用式创新。这表明战略差异的企业会要求其技术创新轨迹和方式与其相呼应，打造不同于行业常规的技术标准和范式，进而去获取竞争优势。（2）非沉淀性冗余资源正向调节战略差异与探索式创新的正向关系，但负向调节战略差异与利用式创新的负向关系。沉淀性冗余资源负向调节战略差异与探索式创新的正向关系，但正向调节战略差异与利用式创新的负向关系。研究结果表明，企业在技术创新上不但要考虑战略差异这种资源配置方式的影响，也需要考虑不同类型资源的作用，将资源配置方式与资源类型相结合，共同决定企业技术创新方式的选择，形成一个较为完整的资源配置框架。经过内生性检验和稳健性检验等，上述结果都具有较好的可靠性和稳定性。

本文的贡献在于，（1）本文进一步丰富了持续增长的战略差异与公司决策相关文献。以前的研究较少探讨对不同类型创新行为选择的研究。本文通过检验战略差异如何影响双元创新，丰富了战略差异的文献研究，构建了战略、金融及会计等相关领域文献的桥梁。（2）本文拓展了双元创新前因研究文献，将战略差异与不同类型资源进行整合，兼顾资源配置方式及资源类型，为分析双元创新前因提供了一个较为完整的资源配置框架。

本文不可避免地存在些许不足。首先，本文只考虑了在2020年新冠疫情发生之前的数据。在新冠疫情发生之后，战略差异对双元创新的影响是如何受到新冠疫情影响的，本文并没有给予考虑，未来的研究可以通过双重查分等方法进一步考察新冠疫情可能给战略差异的企业选择双元创新带来的影响。其次，本文虽然进行了内生性检验和稳健性检验，但仍然可能在战略差异的度量上考虑得不够全面，未来可以进一步加以检验。最后，本文检验了战略差异对双元创新的直接影响，对于二者之间的机制分析尚缺乏探讨，未来可以从信息不对称、代理等视角展开分析。

参考文献

[1] CARPENTER M A. The price of change：the role of CEO compensation in strategic variation and deviation from industry strategy norms[J]. Journal of management, 2000, 26(6)：1179–1198.

[2] DAMLE H, SINHA R K. Strategic deviance and trade credit [J]. International journal of managerial finance, 2023, 19 (4)：831–852.

[3] DESS G G, BEARD D W. Dimensions of organizational task environments [J]. Administrative science quarterly, 1984：52–73.

[4] DONG X, CHAN K C, CUI Y, et al. Strategic deviance and cash holdings [J]. Journal of business finance & accounting, 2020, 48 (3–4)：742–782.

[5] DONG X, CUI Y, GAO J. Strategic deviance and auditor selection [J]. China journal of accounting studies, 2021, 9 (1)：81–112.

[6] FINKELSTEIN S, HAMBRICK D C. Top-management-team tenure and organizational outcomes：the moderating role of managerial discretion [J]. Administrative science Quarterly, 1990, 35 (3)：484–503.

[7] GELETKANYCZ M A, HAMBRICK D C. The external ties of top executives：implications for strategic choice and performance [J]. Administrative science quarterly, 1997：654–681.

［ 8 ］GEORGE G. Slack resources and the performance of privately held firms［ J ］. Academy of management journal, 2005, 48（ 4 ）：661–676.

［ 9 ］GREVE H R. A behavioral theory of R&D expenditures and innovations：evidence from shipbuilding［ J ］. Academy of management journal, 2003, 46（ 6 ）：685–702.

［ 10 ］GUAN J, LIU N. Exploitative and exploratory innovations in knowledge network and collaboration network：a patent analysis in the technological field of nano-energy［ J ］. Research policy, 2016, 45（ 1 ）：97–112.

［ 11 ］HABIB, A., RANASINGHE, D. & PERERA, A. Business strategy and strategic deviation in accounting, finance, and corporate governance：a review of the empirical literature［ JL ］. Accounting & finance, 2023：1–31.

［ 12 ］HASAN M M, CHEN X C. Strategic deviation and idiosyncratic return volatility［ J ］. Finance research letters, 2023, 54：103731.

［ 13 ］IYER D N, MILLER K D. Performance feedback, slack, and the timing of acquisitions［ J ］. Academy of management journal, 2008, 51（ 4 ）：808–822.

［ 14 ］KONG X, JIANG F, LIU X. Strategic deviance, diversification and enterprise resilience in the context of COVID-19：heterogeneous effect of managerial power［ J ］. Emerging markets finance and trade, 2021, 57（ 6 ）：1547–1565.

［ 15 ］LEVINTHAL D A, MARCH J G. The myopia of learning［ J ］. Strategic management journal, 1993, 14（ S2 ）：95–112.

［ 16 ］MUELLER V, ROSENBUSCH N, BAUSCH A. Success patterns of exploratory and exploitative innovation：a meta-analysis of the influence of institutional factors［ J ］. Journal of management, 2013, 39（ 6 ）：1606–1636.

［ 17 ］NELSON R R, WINTER S G. The Schumpeterian tradeoff revisited［ J ］. The American economic review, 1982, 72（ 1 ）：114–132.

［ 18 ］PROVATY S S, AMIN S, HASAN M M. Strategic deviation and debt maturity structure［ J ］. Finance research letters, 2022, 50：103317.

［ 19 ］TANG J, CROSSAN M, ROWE W G. Dominant CEO, deviant strategy, and extreme performance：the moderating role of a powerful board［ J ］. Journal of management studies, 2011, 48（ 7 ）：1479–1503.

［ 20 ］TAN J, PENG M W. Organizational slack and firm performance during economic transitions：two studies from an emerging economy［ J ］. Strategic management journal, 2003, 24（ 13 ）：1249–1263.

［ 21 ］VANACKER T, COLLEWAERT V, ZAHRA S A. Slack resources, firm performance, and the institutional context：evidence from privately held European firms［ J ］. Strategic management journal, 2017, 38（ 6 ）：1305–1326.

［22］VOSS G B, SIRDESHMUKH D, VOSS Z G. The effects of slack resources and environmental threat on product exploration and exploitation［J］. Academy of management journal, 2008, 51（1）：147–164.

［23］WEN W, QIAO F, HE Y. Strategic deviation and corporate green innovation［J］. Finance research letters, 2023, 54：103806.

［24］YE K, GUAN J X, ZHANG B. Strategic deviation and stock return synchronicity［J］. Journal of accounting, auditing & finance, 2021, 36（1）：172–194.

［25］ZEELENBERG M, VAN DIJK E. A reverse sunk cost effect in risky decision making：sometimes we have too much invested to gamble［J］. Journal of economic psychology, 1997, 18（6）：677–691.

［26］ZHAO E Y, FISHER G, LOUNSBURY M, et al. Optimal distinctiveness：broadening the interface between institutional theory and strategic management［J］. Strategic management journal, 2017, 38（1）：93–113.

［27］官兴国，陆垚，林春雷．战略差异度对企业创新绩效的影响：融资约束的中介作用与财务柔性的调节作用［J］．科技进步与对策，2023，40（16）：142–152.

［28］刘志迎，孙之瑜．战略差异度对企业二元创新的影响［J］．华南理工大学学报（社会科学版），2023，25（02）：53–69.

［29］申嫦娥，张博雅，田悦．财税政策、企业战略对科技创新影响的实证检验［J］．统计与决策，2019，35（21）：182–185.

［30］宋建波，谢梦园．战略差异、生命周期与企业创新产出［J］．经济理论与经济管理，2022，42（12）：60–76.

［31］孙洁，殷方圆．战略差异度对企业技术创新的影响：代理成本的中介作用［J］．科技进步与对策，2021，38（06）：75–84.

［32］王文华，叶沁瑶，沈秀．差异化战略能促进双元创新投入吗？——基于环境不确定性与财务柔性的调节作用［J］．预测，2021，40（02）：47–54.

［33］徐鹏，王瑞康．战略差异度会影响企业创新吗？［J］．软科学，2022，36（02）：43–49.

［34］叶康涛，张姗姗，张艺馨．企业战略差异与会计信息的价值相关性［J］．会计研究，2014（05）：44–51+94.

［35］张庆垒，施建军，刘春林，等．技术多元化、行业竞争互动与双元创新能力［J］．外国经济与管理，2018，40（9）：71–83.

Strategic Deviation, Slack Resources and Ambidexterity Innovation

Zhang Qinglei, Shi Jianjun, Liu Chunlin

Abstract: Strategic deviation and its effect on decision outcomes is a very important topic in the field of strategy, accounting, finance and corporate governance. But research has not paid enough attention to the impact of strategic deviation on ambidexterity innovation and the role of situational factors. In this paper, we examine the effect of strategic deviation on ambidexterity innovation and different moderating effects of slack resources on the relationship between strategic deviation and ambidexterity innovation. Our analysis of the 2007–2019 data of Chinese listed companies confirms the above hypothesis. The results indicate that strategic deviation may positively impact exploration innovation, but negatively impact exploitation innovation. We also find that unabsorbed slack positively moderates the relationship between strategic deviation and exploration innovation, but negatively moderates the relationship between strategic deviation and exploitation innovation. Absorbed slack negatively moderates the relationship between strategic deviation and exploration innovation, but positively moderates the relationship between strategic deviation and exploitation innovation.

The contribution of this paper lies in two aspects. Firstly, this paper further enriches the ever-growing literature on strategic deviation and corporate decision-making. Previous studies focused more on the impact of strategic deviation on decision-making behaviors in accounting, finance and other fields, and less focused on the selection of different types of innovative behaviors. This paper bridges the literature in the fields of strategy, finance and accounting by examining whether and how strategic deviation affect ambidexterity innovation. Secondly, this paper expands the research literature on the antecedents of ambidexterity innovation, by integrating strategic deviation with different types of slack resources, taking into account the way of resource allocation and the types of resources, which provides a basical framework for analyzing the antecedents of ambidexterity innovation.

Keywords: strategic deviation; ambidexterity innovation; exploration innovation; exploitation innovation; unabsorbed slack; absorbed slack

ESG 实践对企业风险承担的治理效应研究

栗晓云[①] 施建军

内容摘要：本文基于2019年-2021年中国A股中证800上市公司数据考察ESG实践对企业风险承担的影响。研究发现：ESG能够显著促进企业的资本支出与长期负债比率，即ESG实践可以显著提升企业风险承担水平，这一效应在一系列稳健性检验后依然成立。其次，异质性检验发现，这种促进效应只在国有企业和产品市场竞争较低的行业中成立；另外，对于规模相对较小的企业，提升ESG更有利于增加其长期负债比率；对于融资成本高的企业，提升ESG更有利于增加其资本支出。最后，分项检验证明，除公司治理对企业资本支出的影响不显著外，其他均呈现出显著的正向促进效应。基于此，政府应鼓励、支持、引导相关微观企业，如国有企业、中小企业、产品市场竞争较低的企业以及融资成本高的企业加强ESG治理能力的建设。

关键词：ESG实践；信号传递理论；企业风险承担

一、引言

碳达峰碳中和是党中央经过深思熟虑作出的重大战略决策，事关中华民族永续发展和构建人类命运共同体，而企业是推动碳达峰碳中和目标的重要微观主体。同时，外部监管机构要求日趋严格、投资者愈发强调非财务外溢指标的价值，期待企业积极参与相关实践，助力低碳绿色发展。ESG是公司在环境（Environment）、社会（Social）和公司治理（Governance）三个维度的表现情况进行综合评价的指标（Aguinis, 2011），目的是为投资者提供更立体、更综合的决策信息。ESG发展

① 栗晓云，管理学博士，对外经济贸易大学商学院2016级博士，现任职于中国劳动关系学院劳动关系与人力资源学院，研究领域：企业创新与创业管理，电子邮箱：lixiaoyun_xixi@126.com.

理念强调重视公司股东价值创造方面的营收、利润等财务状况的同时，兼顾环境保护、社会责任以及公司治理等要素，其目标和碳达峰碳中和的理念高度契合。另外，ESG 评级机构不断将新的标准纳入其评估模式以更准确衡量企业实践与表现（Escrig-Olmedo et al., 2019），企业面临的 ESG 信息披露的压力越来越大，进而披露的质量和数量不断提升（Arvidsson and Dumay, 2021），这也为更全面与科学地评估 ESG 表现提供了机会与可能。

面对 ESG 的披露压力，企业必须对其产品、生产过程等作出承担社会责任的承诺，这就意味着企业可能需要改变或改进当前使用的各项技术，即企业需要承担一定的战略或技术变革风险。为此，本文尝试从企业风险承担视角来探讨 ESG 实践的影响。企业风险承担是管理层的一种主动性的战略选择，体现的是其对企业资源的分配（Palmer and Wiseman, 1999），对微观企业创新和宏观经济增长都具有重要影响（Solow, 1956）。当前，对于企业风险承担的影响因素研究主要集中于企业内部和外部环境，企业内部方面的主要分析视角包括代理理论视角（李文贵、余明桂，2012）、信号传递理论视角（李健、崔雪、陈传明，2022）和高阶理论视角（宋建波、文雯、王德宏，2017）；企业外部环境方面的主要因素包括制度（王海林、张丁，2021）、文化（Li et al., 2013）、政策（栗晓云、吕文栋、赵扬，2019）等；本文则从既涉及内部（G 分项－公司治理），又设计外部（E 分项－环境、S 分项－社会）的 ESG 视角进行细致的统筹考察。探究 ESG 实践是否以及如何有助于提升企业风险承担，对于回答企业如何服务国家社会发展需求、如何助力低碳绿色发展问题具有重要意义。

为此，本文基于 2019 年–2021 年中国 A 股中证 800 上市公司数据，实证检验了 ESG 对企业风险承担的影响。结果表明，ESG 实践与企业风险承担水平呈现出显著的正相关关系。此外，产权性质、产品市场竞争程度、企业规模、融资成本均对上述关系存在调节效应。分项研究结果显示，环境、社会分项的信号传递效应更强，对企业风险承担的影响更为显著。

本文的研究意义主要体现在如下三方面：第一，基于信号传递理论，从 ESG 视角拓展了企业风险承担影响因素的相关研究。既有研究大都聚焦于管理层特征、代理成本等内部因素对于企业风险承担水平的影响；或者关注税收政策、文化制度等外部因素的影响，本文则从 ESG 视角提供了影响企业风险承担的新因素。第二，当前学术界对 ESG 的经济后果仍有争议，认为 ESG 会给企业增加盈利外的社会负担，本文尝试从企业风险承担出发，并且对各单项进行具体的检验，以提供 ESG 有利于促进企业创新活力的新证据。第三，立足于产权性质、产品市场竞争、企业规模、融资成本四个层面，深入考察 ESG 影响企业风险承担的内外部情境，进而补充了 ESG 发挥信号作用的边界条件，为政府制定政策、企业实施 ESG 提供了一定的实践证据。

二、理论分析与假设

ESG 实践可能从以下三个方面来促进企业风险承担，这三方面均是基于信号传递理论（Spence, 1973），该理论认为当市场参与者的信息不对称时，“信号”可为决策提供有用的信息，从而有效缓解信息不对称带来的危害。例如，来自债务管理的一个信号是，该公司对未来收益有良好的预期；名牌产品向消费者传达了高品质产品的信号，因而应该比普通商品更有价值。信号传递理论的应用范围很快得到拓展，潜在信号的范围和信号发生的环境发生了很大改变，本文主要探究企业对外披露的ESG 信息所释放出的信号对企业风险承担的影响。

首先，实施积极的 ESG 实践有助于企业通过解决环境和社会问题来获得新的市场或扩大原有市场，降低企业创新或变革时的市场风险。例如，Husted and Allen（2007）指出，消费者愿意为具有社会或环境属性的产品支付高价。随着公众对社会和环境问题的日益关注，愿意支持企业 ESG 实践并为其产品支付更高价格的客户群体的规模在不断扩大。为了更好地抓住市场机遇，积极主动的企业 ESG 实践可以使企业采用新的组织结构或管理系统，引导管理者在决策过程中考虑可持续的目标，启动组织学习过程。积极主动的企业 ESG 实践也可以促使企业投入更多的资金开发新产品或新工艺，帮助企业进入新的细分市场（McWilliams and Siegel, 2001）。另外，反应型社会责任，例如回应政策要求，减少碳排放或支持当地社区，可以帮助企业建立致力于长期经营与可持续发展的可靠形象（Flammer, 2018），这种形象作为宝贵的无形资产，除了有利于企业获得信息、知识、人才、政府支持等外部资源外，还能帮助企业获得新的市场或扩大原有市场，从而提升其风险承担水平（Ji et al., 2019）。

其次，实施积极的 ESG 实践有助于企业内外部的知识沟通，降低企业创新或变革时的技术风险。创新知识具有许多特征，这些特征是企业绩效和优势的来源，但同时这些特征也导致了企业和外部较高水平的信息不对称。因此，创新知识资产的产生、部署和应用可能会受到这一信息不对称的困扰。Mei et al.（2022）认为社会责任投资具有解决创新技术信息不对称问题的潜力，对 ESG 实践进行投资有助于克服企业与外部的障碍，可能对企业的创新知识能够达到经济租金潜力的程度产生重要的作用。另外，积极主动的 ESG 实践还使得企业能够与利益相关者建立更广泛和更深入的关系网络，从而促进利益相关者的外部知识分享和交流，使得公司能够获得新的信息、想法或新的知识，拓宽了企业的知识基础（Luo and Du, 2015），以帮助企业进入新的技术领域；如 Jansen et al.（2006）发现强有力的利益相关者与企业之间的关系将使得利益相关者自愿与企业分享信息和资源，从而使企业能够充分利用其利益相关者的外部知识库。企业对内外部知识的拥有和利用推动了企业风险承担水平的提升（Cassiman and Veugelers, 2006）。

最后，企业 ESG 实践是外部利益相关者推断公司内部关于其前景信息的有效渠道（Lys, Naughton, and wang, 2015；Porter and Kramer, 2006），有助于降低企业的融资成本。一方面，根据这些非财务的额外信息，利益相关者就会更加信任企业对其研发项目、技术研究和管理能力以及创新产品的要求，因此，通过企业 ESG 实践信号可以减少企业与外部利益相关者之间的信息不对称，从而降低其外源融资成本。另一方面，对企业 ESG 实践的投资是一种战略投资方式，有助于协助企业管理使命、目标和优化稀有资源配置的过程，并吸收更先进的技术以满足利益相关者的需求，帮助利益相关者创造长期价值，提升了利益相关者对企业的信心，从而降低了企业的外源融资成本，进而提高了企业的风险承担水平。

综上所述，企业从事环境、社会与治理相关的社会责任实践有利于降低信息不对称产生的影响，塑造追求可持续发展的良好企业形象，从外界获得创新或变革时所需的各类资源，从而降低了市场风险、技术风险与融资成本，进而提升了其风险承担水平。据此，本文提出以下基本假设：

假设：在其他条件一定的情况下，ESG 实践的提高有助于提升企业风险承担水平。

三、样本选择与研究设计

（一）研究样本与数据来源

本文认为，企业的 ESG 实践的提高会提升企业风险承担水平，具体包括提升资本支出与长期负债比率两方面。限于 ESG 评级数据的可得性，本文选择了 2019 年–2021 年中国 A 股中证 800 上市公司作为初筛样本，数据均来源于国泰安数据库（CSMAR）。借鉴现有研究，本文从样本中剔除了三类公司，一是剔除了交易状态为 PT 或者 ST 的公司；二是剔除了保险、银行和多元金融类公司；三是剔除了数据存在缺失问题的公司。经过整理，最终获得 1 678 个样本观测值（其中，资本支出仅有 601 个样本）。另外，为了避免极端值的影响，本文还对连续变量实行双向 1% 水平的缩尾处理。

（二）变量界定

被解释变量：企业风险承担。参考 Miller and Bromiley（1990），本文选择资本支出和长期负债比率作为代理变量，因为两者都意味着风险与收益的不确定性，所以可以用来表征企业的战略风险承担水平。

解释变量：ESG。借鉴 Broadstock et al.（2021）的研究，本文采用的评级数据来自商道绿色金融。这家公司作为第三方数据提供商，主要业务之一是提供 ESG 数据和绿色金融咨询服务。商道绿色金融所提供的数据要比上市公司年报中的数据更为客观，能够准确体现上市公司真实的 ESG 水平。商道融绿主要是从三个维度来进行 ESG 评级，包括了环境（E）、社会（S）和公司治理（G）。在三个一级指标下设置了 14 个二级指标，同时评测中的三级指标数量超过了 200 个，主要是从卫星数据、媒体数据等 700 多个数据点来获取有关上市公司的三级指标数据，借助于 51 个行业模型来对每家上市公司开展 ESG 评级。

控制变量：参考相关文献，本研究包含以下一些对企业风险承担可能产生影响的控制变量。一是企业的净利润与企业的资本性支出、长期负债息息相关，所以这里将其纳入控制变量。二是财务杠杆水平，这一变量会对企业创新投资、融资约束、企业风险承担等产生影响（刘晓光、刘元春，2019）。三是产品市场竞争会影响企业的风险承担水平，所以本文将其纳入控制变量，在变量测量中选择了赫芬达尔 – 赫希曼指数（HHI），这一指数越大就表明上市公司所在行业市场集中度越高，因而整个行业的竞争程度就会越低。最后，企业资产、产权性质、现金流、企业年龄等均会对企业风险承担产生影响，因此这里一并选为控制变量。表 1 为上述变量的具体测度方法。

表 1　变量定义表

变量类型	变量名称	变量符号	指标说明
被解释变量	资本支出	*Capital*	Ln（资本性支出）
	长期负债比率	*DEBT*	长期负债 / 总资产
解释变量	ESG	*ESG*	商道评级，（E 评分 +S 评分 +G 评分）/3
控制变量	总资产报酬率	*ROA*	净利润 / 总资产
	杠杆水平	*LEV*	企业期末总负债 / 总资产
	现金流	*ACF*	公司自由现金流 / 总资产
	销售管理费用	*S&A*	（销售费用 + 管理费用）/ 总资产
	产权性质	*SOE*	国有企业取值为 1，否则为 0
	产品市场竞争程度	*HHI*	$HHI=\sum\left(\frac{X_i}{X}\right)^2$，其中，$X=\sum X_i$，$X_i$ 为行业内 i 的主营业务收入
	企业规模	*Fsize*	Ln（企业期末总资产）
	企业年龄	*Fage*	样本观测年份 – 企业成立年份

资料来源：作者整理

（三）实证模型

为了实证检验 ESG 对企业风险承担的影响，在研究中设置了如下计量模型（1）：

$$Y_{i,t}=\beta_1 ESG_{i,t}+\beta_K\sum_{k=1}^{7}X_{k,i,t}+\gamma_t+\mu_{i,t} \tag{1}$$

式（1）中下标 i 和 t 分别表示企业和年份。$Y_{i,t}$ 分别为企业 i 在 t 年的资本支出（*Capital*）和长期负债比率（*DEBT*）；$ESG_{i,t}$ 表示企业 i 在 t 年的 *ESG* 评级；X 则是本文研究中涉及的 8 个不同控制变量；γ_t 为 t 年的年份、行业与地区固定效应；$\mu_{i,t}$ 为随机误差项。

四、实证分析

（一）描述性统计

模型（1）中所涉及变量的描述性统计如表 2 所示。样本期内，企业长期负债比率的均值为 0.06，中位数为 0.03，均值与中位数存在较大的差距，这意味着在 2019 年–2021 年间，样本企业的长期负债比率分布不均衡，并且大多数企业的长期负债比率远低于均值；ESG 均值为 1.95，中位数为 1.7，均表示评级结果为 B，这一评级结果表明样本公司 ESG 普遍偏低，后续还有待提高，主要变量均值基本符合预期；其他控制变量结果也都在合理数据区间内，具体不再赘述。

表 2　变量描述性统计

变量	样本量	均值	标准差	最小值	P25	P50	P75	最大值
Capital	603	17.8977	2.1174	12.3709	16.3284	18.1962	19.5171	21.9973
DEBT	1 687	0.0606	0.0765	0.0000	0.0004	0.0317	0.0887	0.3631
ESG	1 687	1.9485	1.0460	0.6300	1.0900	1.7000	2.5400	5.8600
ROA	1 687	0.0452	0.0738	−0.3332	0.0185	0.0408	0.0773	0.2248
LEV	1 687	0.4879	0.1857	0.0937	0.3547	0.4995	0.6277	0.9308
ACF	1 687	0.0175	0.0872	−0.2916	−0.0191	0.0215	0.0631	0.2688
S&A	1 687	0.0700	0.0730	0.0041	0.0237	0.0446	0.0843	0.3894
SOE	1 687	0.4861	0.5000	0.0000	0.0000	0.0000	1.0000	1.0000
HHI	1 687	0.5594	0.3224	0.0005	0.2761	0.5816	0.8633	1.0000

（续表）

变量	样本量	均值	标准差	最小值	P25	P50	P75	最大值
Fsize	1 687	24.0745	1.2563	21.9344	23.1515	23.9057	24.7650	28.6365
Fage	1 687	21.3237	5.4270	10.0000	18.0000	21.0000	26.0000	36.0000

（二）基准回归

表 3 报告了 ESG 对企业资本支出与长期负债比率的影响结果，其中第（1）列与第（3）列为未加入控制变量的基础回归，初步检验了 ESG 对企业风险承担的影响，第（2）列与第（4）列为加入控制变量后的回归结果，结果表明 ESG 对企业资本支出与长期负债比率的影响均显著为正，与理论预期一致，说明良好的 ESG 实践活动能够提高企业的风险承担水平，具体表现为提升了企业资本支出和长期负债比率。回归结果支持了本文基本假设。

表 3　ESG 对企业风险承担的影响

	（1）*Capital*	（2）*Capital*	（3）*DEBT*	（4）*DEBT*
ESG	0.3645***	0.2869**	0.0082***	0.0049*
	（3.0044）	（2.4115）	（2.9449）	（1.9124）
ROA		−2.4832*		0.1005***
		（−1.6897）		（2.9886）
LEV		0.7673		0.1786***
		（1.0293）		（12.0864）
ACF		0.4625		−0.1363***
		（0.4821）		（−6.3087）
S&A		2.3489		−0.1707***
		（1.4310）		（−5.7249）
SOE		−0.5711**		0.0025
		（−2.1685）		（0.5261）

（续表）

	（1）*Capital*	（2）*Capital*	（3）*DEBT*	（4）*DEBT*
HHI		0.2028		0.0083
		（0.7869）		（1.4808）
Fsize		0.1830**		0.0001
		（2.5533）		（0.1302）
Fage		−0.0235		−0.0000
		（−1.0723）		（−0.0328）
Year/Industry	YES	YES	YES	YES
Province	YES	YES	YES	YES
Constant	15.0840***	15.6070***	0.0496*	−0.0621**
	（13.0423）	（10.9108）	（1.8535）	（−2.2784）
N	601	601	1 678	1 687
R^2	0.1814	0.2362	0.1568	0.3095

注：Robust t−statistics in parentheses，*** p<0.01，** p<0.05，* p<0.1，下同。

（三）内生性问题

1. 公司层面固定效应

在主效应回归中，公司层面可能会存在遗漏变量影响企业风险承担，从而产生由遗漏变量所引起的内生性问题。因此，这里进一步控制了公司层面固定效应，估计结果与基准回归结果完全一致，结果稳健。

2. 工具变量法

参考现有文献（Caiet, Fang, and Xu, 2011），本文采用城市－行业层面 ESG 表现的中位数（*ESG_IV*）作为企业 ESG 水平的工具变量，因为在模型中控制了城市与行业层面固定效应之后，这个中位数就反映了企业所在城市及行业的 ESG 排序的情况，因此它和单个企业的 ESG 相关，但它又不直接与单个企业的资本支出与长期负债比率有关。回归结果如表 4 所示，与前文结论一致。

表 4　内生性处理结果

变量	（1）	（2）	（3）	（4）	（5）	（6）
			第一阶段	第二阶段	第一阶段	第二阶段
	Capital	*DEBT*	*ESG*	*Capital*	*ESG*	*DEBT*
ESG_IV			0.8656***		0.7551***	
			（15.2998）		（31.1215）	
ESG	0.3276***	0.0032*		0.5019***		0.0122***
	（3.5842）	（1.8021）		（4.2657）		（4.3497）
ROA	–2.1539	0.0953***	1.9639***	–1.5824	0.7360**	0.0829***
	（–1.4987）	（3.6790）	（3.4103）	（–1.4547）	（2.4052）	（3.0826）
LEV	0.0806	0.1784***	0.6525**	0.5142	0.4904***	0.1744***
	（0.1290）	（17.5793）	（2.2644）	（0.9658）	（3.9864）	（15.8620）
ACF	0.2683	–0.1243***	–0.7362*	1.5801**	–0.0235	–0.1369***
	（0.2472）	（–6.4215）	（–1.7985）	（2.1399）	（–0.1076）	（–7.1783）
S&A	1.9912	–0.1920***	4.1922***	–2.2877*	1.5150***	–0.1868***
	（1.5701）	（–8.3313）	（6.6129）	（–1.8718）	（5.4037）	（–7.4952）
SOE	–0.5398***	0.0018	0.2007**	–0.5073***	0.1029**	0.0071*
	（–2.8410）	（0.5154）	（2.2234）	（–3.1337）	（2.4483）	（1.9173）
HHI	0.3121	0.0069	0.0403	–0.0583	0.0059	0.0064
	（1.1481）	（1.4244）	（0.3867）	（–0.3106）	（0.1094）	（1.3612）
Fsize	0.0521	0.0013*	0.0773***	0.1904***	0.0669***	–0.0010
	（0.9776）	（1.6663）	（3.3596）	（4.4003）	（7.8472）	（–1.2774）
Fage	–0.0225	–0.0000	0.0164**	–0.0302**	0.0034	0.0002
	（–1.3007）	（–0.0829）	（2.0314）	（–2.0758）	（0.9555）	（0.5426）

（续表）

变量	（1）	（2）	（3）	（4）	（5）	（6）
	Capital	*DEBT*	第一阶段	第二阶段	第一阶段	第二阶段
			ESG	*Capital*	*ESG*	*DEBT*
Firm	YES	YES	NO	NO	NO	NO
Year	YES	YES	YES	YES	YES	YES
Industry	NO	NO	YES	YES	YES	YES
Province	NO	NO	YES	YES	YES	YES
Constant	17.6311***	-0.0267***	-1.4414	24.9387***	-0.3187	-0.0931**
	（31.5237）	（-2.7909）	（-1.4286）	（13.8932）	（-0.7433）	（-2.4948）
N	598	1 678	601	601	1 678	1 678
R^2	0.1395	0.3323	0.7186	0.6603	0.6484	0.4357

（四）稳健性检验

利用不同方法来衡量关键变量可能会导致不一样的结果，进而影响结论的稳健性。因而，首先，本文将商道评级替换为 WIND 的 ESG 评级，即在稳健性检验中对自变量的测度方法进行了调整。结果如表 5 的第（1）-（4）列所示，可以看出结果依然稳健。

其次，参考现有文献（Miller and Bromiley, 1990），本文选择了研发投入和风险评价系数 beta 作为企业风险承担的替换变量，进行被解释变量的变量敏感性测试，结果如表 5 第（5）-（8）列所示，可以看出 ESG 对替换因变量的回归结果依然显著为正，与前文结论一致，结果稳健。

表 5　关键变量敏感性的稳健性检验结果

	（1）*Capital*	（2）*Capital*	（3）*DEBT*	（4）*DEBT*	（5）*R&D*	（6）*R&D*	（7）*Beta*	（6）*Beta*
ESG_Grade	0.3908***	0.3137**	0.0096***	0.0056*				
	（2.6573）	（2.2057）	（2.9460）	（1.8936）				
ESG					0.2266**	0.2871**	0.0495***	0.0399***
					（1.9819）	（2.1013）	（3.1406）	（2.6058）
ROA		−2.2872		0.1007***		−11.0439***		−0.0661
		（−1.5686）		（2.9813）		（−5.4877）		（−0.3509）
LEV		0.8944		0.1794***		−4.2187***		−0.1860
		（1.2033）		（12.1880）		（−4.4489）		（−1.0785）
ACF		0.4912		−0.1362***		−0.1018		−0.1438
		（0.5140）		（−6.3013）		（−0.0683）		（−1.3395）
S&A		2.6385		−0.1689***		0.0139***		0.0051
		（1.6023）		（−5.6960）		（4.3869）		（0.0126）
SOE		−0.5705**		0.0025		−1.4322***		−0.1160
		（−2.1496）		（0.5252）		（−5.4410）		（−1.3577）

（续表）

	（1）***Capital***	（2）***Capital***	（3）***DEBT***	（4）***DEBT***	（5）***R&D***	（6）***R&D***	（7）***Beta***	（6）***Beta***
HHI		0.1984		0.0083		0.0791		0.0079
		（0.7654）		（1.4952）		（0.2067）		（0.3229）
Fsize		0.2791**		0.0002		−1.3177***		0.4757***
		（2.2447）		（0.2055）		（−7.6209）		（7.9857）
Fage		−0.0247		−0.0000		0.0189		0.1707***
		（−1.1303）		（−0.0696）		（0.8255）		（2.7721）
Year/Industry	NO	NO	YES	YES	YES	YES	YES	YES
Province	NO	NO	YES	YES	YES	YES	YES	YES
Constant	14.9079***	15.3069***	0.0467*	−0.0643**	4.0583***	42.1578***	0.9804***	−13.7824***
	（12.0704）	（10.1328）	（1.6913）	（−2.3216）	（18.9542）	（10.3208）	（33.3302）	（−7.2566）
N	601	601	1 678	1 687	1 546	1 546	1 682	1 682
R^2	0.1746	0.2347	0.1559	0.3092	0.0115	0.1791	0.1428	0.2156

五、进一步研究

以上结果显示ESG对企业资本支出与长期负债比率均具有显著的促进作用，在进行一系列稳健性检验后，结论依然成立。但是这种促进作用也可能会受到企业其他因素的影响，从而使得上述促进效应呈现出一定异质性。另外，ESG本身就包括了环境、社会和公司治理三项内容，那么这三项对企业风险承担的单独影响是怎样的呢？为此，这里将进一步探讨异质性影响以及各分项的具体影响，从而提出更为准确、合理及具体的对策建议。

（一）企业所有制的异质性检验

企业所有权性质不仅决定了资源分配、战略目标及组织架构的运营模式，也是影响企业进行战略变革的重要制度因素。鉴于我国特殊的所有制结构，国有企业与非国有企业在发展目标、资源获取方式与对待企业风险承担的态度等方面存在显著差异（顾海峰、朱慧萍，2021；张正勇、胡言言，2021）。国有企业实力较为雄厚，具有相对稳定可靠的资源获取渠道，在市场竞争中相比非国有企业具有优势，且国有企业不仅拥有“企业属性”，而且需要承担社会治理职责，因此多重目标下其风险承担水平的有效性将受到影响，受政府的干预，高管也偏向于投资短期项目，缺乏对周期长、风险高的创新投资活动的积极性与主动性（张秋萍、盛宇华、陈加伟，2018），导致国有企业的风险承担水平不足。而非国有企业在市场竞争中往往处于弱势地位，外部资源获取较为困难，需要通过创新来提供优质产品和服务以培养持续的竞争优势（顾海峰、朱慧萍，2021），故而非国有企业“天然”更加愿意冒险，风险承担水平更高。因此，本文认为企业所有权性质在ESG影响企业风险承担的过程中会产生差异化影响，即相比非国有企业，国有企业会更为积极地响应政府号召，提高ESG实践水平，进而提升企业风险承担。

这里对样本按照所有权性质的不同进行分组，之后利用基准模型（1）进行回归，估计结果如表6第（1）–（4）列所示，企业资本支出与长期负债比率的系数在国有企业组中均在10%的水平上显著为正，即ESG对企业风险承担水平的提升作用只在国有企业中成立。这一结果也符合既有研究结论，国有企业的创新积极性与主动性较差，风险承担水平不足问题突出；而ESG有助于国有企业提高风险承担水平，因此，国有企业更应重视ESG实践，以提高其风险承担，激发创新，从而实现可持续的长期发展。

（二）产品市场竞争的异质性分析

产品市场竞争既会增加来自领先者的额外利润，又会削弱落后者的创新激励（Aghion et al., 2005），大量研究表明，市场竞争程度对企业风险承担水平具有差异化影响。有学者认为，激烈的市场竞争增加了企业的生存压力，迫使企业提高创新投入以获取竞争地位（简泽等，2017；许罡、朱卫东，2017），也即提高了企业的风险承担水平。也有学者认为随着市场竞争程度的增强，企业技术创新强度和效率呈现先上升后下降的趋势（Peneder and Wörter, 2014；徐晓萍、张顺晨、许庆，2017；孔令文、徐生长、易鸣，2022），也即产品市场竞争程度与企业风险承担水平呈现倒 U 形的关系。还有学者认为市场集中和具有垄断势力的企业拥有研发活动所需的财力支持和抗风险能力，限制竞争有利于企业提升其风险承担水平（Schumpeter, 1942；Cette, Lopez, and Mairesse, 2017）。因此，本文认为市场竞争是企业 ESG 表现影响企业风险承担变化的重要外部因素。

为了检验产品市场竞争对主效应的调节作用，本文以样本企业产品市场竞争的均值为标准进行了分组回归，其中大于均值的为高 HHI 组，反之，则为低 HHI 组，结果报告于表 6 的第（5）-（8）列，企业资本支出与长期负债比率的系数均在高 HHI 组中显著为正。这一结果说明，对于高 HHI，也即市场竞争程度较低的行业，更应重视 ESG，因为好的 ESG 实践有利于其提高风险承担水平，进而促进创新。

表 6　企业所有权性质与产品市场竞争的异质性检验结果

	Capital		*DEBT*		*Capital*		*DEBT*	
	SOE	Non-SOE	SOE	Non-SOE	高 HHI	低 HHI	高 HHI	低 HHI
ESG	0.3220*	0.2096	0.0080*	0.0023	0.3823***	0.1533	0.0053*	0.0020
	（1.7140）	（1.3419）	（1.8553）	（0.7857）	（2.7968）	（0.8613）	（1.7658）	（0.5545）
ROA	−5.1423*	−1.1614	0.1340*	0.0656*	−2.7603	−1.5188	0.1172***	0.0818*
	（−1.6717）	（−0.6958）	（1.7685）	（1.6986）	（−1.4272）	（−0.8009）	（2.8018）	（1.9501）
LEV	0.9896	0.4546	0.1990***	0.1586***	0.3640	1.1249	0.2042***	0.1508***
	（0.7836）	（0.4669）	（8.0068）	（8.8750）	（0.3617）	（1.1380）	（10.5136）	（8.6142）
ACF	−0.4550	0.8152	−0.2162***	−0.0857***	1.3711	−0.7968	−0.1587***	−0.0920***
	（−0.3140）	（0.6786）	（−5.9505）	（−3.3212）	（1.0356）	（−0.5575）	（−5.6654）	（−3.2286）
S&A	6.1351**	0.5874	−0.2383***	−0.1353***	1.6873	2.5711	−0.1543***	−0.1568***

（续表）

	Capital		DEBT		Capital		DEBT	
	SOE	Non-SOE	SOE	Non-SOE	高 HHI	低 HHI	高 HHI	低 HHI
	(2.1381)	(0.3001)	(-3.7814)	(-3.8969)	(0.9200)	(1.1802)	(-4.6748)	(-3.9928)
SOE					-0.5782*	-0.7056**	0.0029	0.0037
					(-1.8869)	(-2.0068)	(0.4995)	(0.6144)
HHI	0.7722**	-0.1612	0.0131	0.0042	-0.6147	-0.9717	0.0275*	-0.0085
	(2.1817)	(-0.3815)	(1.3500)	(0.7165)	(-0.8635)	(-1.2933)	(1.8831)	(-0.7049)
Fsize	0.1828**	0.0723	-0.0003	0.0015	0.2089***	0.1081	-0.0003	0.0018
	(2.3523)	(0.4328)	(-0.3281)	(0.3531)	(2.7806)	(0.9702)	(-0.3131)	(0.8442)
Fage	-0.0810**	0.0269	0.0000	0.0001	-0.0266	-0.0208	0.0001	-0.0001
	(-2.3234)	(0.9294)	(0.0395)	(0.2815)	(-1.0759)	(-0.6961)	(0.2281)	(-0.1351)
Year/ Industry	YES	YES	YES	YES	YES	YES	YES	YES
Province	YES	YES	YES	YES	YES	YES	YES	YES
Constant	16.0514***	16.4807***	-0.1094***	-0.0280	14.0927***	17.5506***	-0.1093***	0.0143
	(8.7237)	(10.3873)	(-3.4634)	(-0.7334)	(9.6562)	(13.0191)	(-3.4365)	(0.3154)
N	308	293	820	867	317	284	927	755
R^2	0.3897	0.3242	0.3253	0.2998	0.2810	0.3091	0.3426	0.3309

（三）企业规模的异质性分析

大企业在资源获取与储备、竞争地位确立等方面具有一定的优势，其较强的风险抵御能力保证了大规模的研发投入（Hamberg, 1966；Comanor, 1967），因而随着规模的不断扩大，其风险承担水平也随之提高。但随着企业规模的不断扩大，组织僵化等问题也逐渐凸显出来，拥有丰富资源可以有效缓冲外部环境变化使得企业表现出的组织惯性逐渐增大，这将成为阻碍其进行战略变革的因素之一（Levinthal, 1990）。与之相对的，虽然小企业拥有的资源较少，在市场竞争中易处于劣势，但其组织高度的灵活性与决策高效性也帮助其形成了独特的创新优势（Christensen, 1997），使其勇于承担风险、进行战略变革。这表明，企业规模的差异将影响企业的风险承担水平。此外，社会大众对大小企业具有差异化的预期与印象，普遍对大企业具有“天然”更好的印象，而 ESG 表现作为释放给外界的信号，有利于改善信息不对称性，增强透明度，从而弥补小企业的信息不对称劣势。

因此，为了检验企业规模的差异化影响，这里以样本企业规模的均值为标准进行了分组回归，其中大于均值的即为大型企业，反之，则为中小型企业，回归结果报告于表 7 的第（1）-（4）列，可知 ESG 实践水平对企业资本支出的影响并不会因为企业规模的大小而有所区别，但是 ESG 对企业长期负债比率的影响仅在中小企业组显著为正，这一结果说明，对于规模相对小的企业，提升 ESG 表现，更有利于提高企业的长期负债比率，这可能是因为消费者和投资者对小企业的关注较少，而优秀的 ESG 水平可以增加消费者关注和投资者信心，进而使得企业敢于增加长期负债。这进一步说明 ESG 表现并非只是大企业所要关注和考虑的，反而中小企业更应重视 ESG。

（四）融资成本的异质性分析

企业创新具有高风险、高投入的特点，属于资本密集型活动，因此创新企业往往面临研发资金不足的问题（Saunders and Steffen, 2011；刘波等，2017），且由于创新投入资金金额较大，且持续时间较长，结果不确定性高，因而资金提供者普遍倾向于规避风险。而信息不对称会提高企业融资成本，进一步遏制企业的外部资金获取（周开国、卢允之、杨海生，2017），从而影响企业风险承担（余明桂、钟慧洁、范蕊，2019）。因此，企业融资成本高低将会影响其风险承担水平。而根据信号传递理论，ESG 绩效的披露可以作为释放给外部市场的积极信号，有利于投资者及时获取企业追求绿色可持续发展的信息，了解企业战略目标发展方向与国家、社会低碳要求的匹配程度，从而乐观估计企业发展前景，企业融资成本得以降低，融资约束得以缓解，进而促进企业风险承担水平的提升。因此，本文估计 ESG 表现与融资成本的交互作用将对企业风险承担产生差异化影响。

为了检验融资成本的异质性影响，本文借鉴钟凯等（2022），采用利息支出与总负债的比例衡量融资成本（*FinCons*），这里以样本企业融资成本的均值为标准进行了分组回归，其中大于均值的即为高融资成本组，反之，则为低融资成本组，回归结果报告于表 7 的第（5）-（8）列，结果显示 ESG 实践水平对企业长期负债比率的影响并不会因为融资成本的大小而有所区别，但是 ESG 对企业资本支出的影响仅在高融资成本组显著为正。这一结果说明，对于融资成本高的企业，提升 ESG 表现，更有利于提高企业的资本支出，因为良好的 ESG 水平可以在一定程度上缓解企业的资金紧张情况，降低企业的融资成本，从而提高资本支出；这进一步说明 ESG 非但不会增加企业的财务负担，反而提倡融资成本高的企业更应重视 ESG 的表现。

表 7　企业规模与融资约束的异质性检验结果

	Capital		*DEBT*		*Capital*		*DEBT*	
	大企业	中小企业	大企业	中小企业	高 FC	低 FC	高 FC	低 FC
ESG	0.3227	−0.0669	−0.0068	0.0036*	0.3162*	0.0601	−0.0066	0.0040
	(1.3916)	(−0.4881)	(−0.9322)	(1.8828)	(1.9190)	(0.3500)	(−1.2988)	(1.3165)
ROA	−25.2677**	−1.7866	0.2999**	0.0345	−3.3758	−2.4176	0.2465***	0.0148
	(−2.4237)	(−1.1981)	(2.0356)	(1.4418)	(−0.9229)	(−1.4538)	(3.3160)	(0.4376)
LEV	−8.7668***	−0.1976	0.1816**	0.1248***	−1.5566	0.2891	0.2749***	0.1122***
	(−3.0850)	(−0.2469)	(2.5074)	(11.2443)	(−0.9914)	(0.3206)	(6.9426)	(7.8274)
ACF	−2.0996	−0.4780	−0.3814***	−0.0989***	−0.1940	0.0461	−0.1857***	−0.0764***
	(−0.4240)	(−0.4823)	(−4.7269)	(−5.5512)	(−0.1159)	(0.0375)	(−4.5322)	(−3.5992)
S&A	12.7894*	4.8240***	−1.0567***	−0.0986***	5.9366*	3.8701*	−0.3391***	−0.1058***
	(1.9468)	(2.6652)	(−4.0659)	(−4.4937)	(1.8519)	(1.8961)	(−4.4742)	(−3.4741)
SOE	−0.8321	−0.4223	−0.0249	−0.0030	−0.4580	−0.5273	0.0145	−0.0047
	(−1.2117)	(−1.5055)	(−1.3941)	(−0.9317)	(−1.0951)	(−1.5921)	(1.4222)	(−0.9749)
HHI	0.3208	0.1028	0.0074	−0.0014	0.3955	0.0943	−0.0079	0.0037

（续表）

	Capital		*DEBT*		*Capital*		*DEBT*	
	大企业	**中小企业**	**大企业**	**中小企业**	**高 FC**	**低 FC**	**高 FC**	**低 FC**
	（0.4218）	（0.3743）	（0.4213）	（–0.3068）	（0.8275）	（0.2983）	（–0.6059）	（0.7284）
Fsize	0.0679	2.0673**	–0.0021*	0.0507***	0.2075***	0.6439	–0.0010	0.0304*
	（0.7068）	（2.5939）	（–1.6989）	（4.9023）	（3.5096）	（1.4217）	（–0.9839）	（1.7856）
Fage	–0.0419	–0.0204	0.0020	–0.0002	0.0547	–0.0398	0.0013	0.0001
	（–1.1894）	（–0.9169）	（1.2470）	（–0.6629）	（1.3037）	（–1.0585）	（0.9709）	（0.2812）
Year/ Industry	YES	YES	YES	YES	YES	YES	YES	YES
Province	YES	YES	YES	YES	YES	YES	YES	YES
Constant	21.5979***	18.6517***	–0.1117	–0.0066	13.9944***	18.9663***	–0.1995***	0.0205
	（8.9021）	（22.4571）	（–1.3824）	（–0.3652）	（12.3745）	（17.8972）	（–5.4694）	（0.6581）
N	113	490	306	1 381	202	401	541	1 137
R^2	0.4666	0.1272	0.5202	0.2439	0.3242	0.1229	0.4572	0.3334

（五）ESG 各分项对企业创新投入的影响

当前 ESG 评级是考虑加权因素后的整体评估，由于受到市场环境及企业具体经营过程的策略的影响，一方面环境（E）、社会（S）与治理（G）各分项对企业风险承担的影响可能与整体评分的效果存在差异，另一方面三个分项维度各自对企业风险承担的影响也有所不同，因此，本小节关注企业的环境、社会、公司治理得分各自对企业风险承担产生的差异化影响。这里分别将三个维度的得分依次代入模型（1）进行检验，结果见表 8，除公司治理对企业资本支出的影响不显著外，其他均呈现出显著的正向促进效应。可能的解释是，相比环境与社会因素，公司治理维度的表现更不容易被消费者与投资者所感知，以致该分项对企业的资本支出没有显著影响。

表 8 ESG 的分项检验结果

	（1）*Capital*	（2）*Capital*	（3）*Capital*	（4）*DEBT*	（5）*DEBT*	（6）*DEBT*
Escoring	0.1618***			0.0022**		
	（3.1022）			（2.0281）		
Sscoring		0.1285*			0.0031**	
		（1.9544）			（2.3937）	
Gscoring			0.1877			0.0070***
			（1.4923）			（2.8522）
ROA	−2.3872*	−2.3460*	−2.0149	0.1052***	0.1013***	0.1050***
	（−1.7278）	（−1.6706）	（−1.4547）	（4.0684）	（3.8984）	（4.0757）
LEV	0.2207	0.4684	0.5371	0.1799***	0.1799***	0.1817***
	（0.3645）	（0.7810）	（0.8976）	（16.6891）	（16.7712）	（17.0810）
ACF	−0.2131	−0.1794	−0.1841	−0.1370***	−0.1370***	−0.1347***
	（−0.2056）	（−0.1721）	（−0.1763）	（−7.1389）	（−7.1452）	（−7.0210）
S&A	3.3114***	3.3462***	3.7234***	−0.1678***	−0.1722***	−0.1638***
	（2.8361）	（2.8212）	（3.1955）	（−7.1930）	（−7.3354）	（−7.0461）
SOE	−0.4471**	−0.4475**	−0.4148**	0.0026	0.0026	0.0035

（续表）

	（1）*Capital*	（2）*Capital*	（3）*Capital*	（4）*DEBT*	（5）*DEBT*	（6）*DEBT*
	（-2.5792）	（-2.5636）	（-2.3813）	（0.8024）	（0.7799）	（1.0837）
HHI	0.2467	0.2359	0.2430	0.0083*	0.0083*	0.0085*
	（0.9523）	（0.9058）	（0.9320）	（1.7010）	（1.6874）	（1.7378）
Fsize	0.2008***	0.2249***	0.2355***	0.0003	0.0004	0.0003
	（3.3486）	（3.7802）	（3.9929）	（0.4165）	（0.5399）	（0.4421）
Fage	-0.0173	-0.0186	-0.0186	-0.0000	-0.0000	-0.0000
	（-1.1581）	（-1.2405）	（-1.2375）	（-0.0719）	（-0.0498）	（-0.0699）
Year/ Industry	YES	YES	YES	YES	YES	YES
Province	YES	YES	YES	YES	YES	YES
Constant	15.9023***	15.7113***	15.4563***	-0.0573***	-0.0616***	-0.0748***
	（12.5447）	（12.3325）	（11.9403）	（-3.3390）	（-3.6014）	（-4.2021）
N	603	603	603	1 687	1 687	1 687
R_2	0.1519	0.1435	0.1412	0.3079	0.3086	0.3096

六、研究结论与实践启示

（一）研究结论

本文从企业风险承担角度出发，选取 2019 年–2021 年中国 A 股中证 800 上市公司数据，实证检验了 ESG 对企业风险承担的影响及其异质性。研究结果表明：第一，ESG 会显著促进企业的资本支出与长期负债比率，即 ESG 实践会显著提升企业风险承担水平，这一效应在一系列稳健性检验后依然成立。第二，异质性检验发现，这种促进效应只在国有企业和产品市场竞争较低的行业中成立；另外，对于规模相对较小的企业，提升 ESG 更有利于增加其长期负债比率；对于融资成本高的企业，提升 ESG 更有利于增加其资本支出。第三，分项检验证明，除公司治理对企业资本支出的影响不显著外，其他均呈现出显著的正向促进效应。以上发现为 ESG 研究提供了新的分析视角和经验证据，特别是关于异质性检验及分项检验的新发现丰富了现有研究的认识。

（二）实践启示

如何充分发挥 ESG 实践对企业风险承担的治理效应，实现微观企业可持续发展与宏观政府“双碳”目标的双赢，对企业自身发展乃至国家实现高质量发展至关重要。通过上述研究结论，本文得出如下启示：

第一，鉴于 ESG 有利于提高企业的风险承担水平，所以我们应该重视企业的 ESG 表现。为此，政府可以鼓励、支持、引导微观企业加强 ESG 治理能力的建设，比如可以构建企业 ESG 治理体系，形成常态化机制；或者为企业提供更明确的 ESG 实施路径和管理流程，以便实现投资者、消费者、供应商等多方利益相关者共赢。另外，ESG 是一个涉及多方利益相关者的系统性工程，是一种市场化的选择，所以政府可以建立 ESG 实践的补贴机制，比如在项目投资、政府采购、税收减免等方面给予一定支持，避免企业在经营中在环保、慈善等指标要求上疲于应对，以引起企业家的重视和相关主体的积极参与，进而推动企业提升 ESG 实践水平。

第二，企业在进行 ESG 实践时，不应只有一种标准，企业可根据其规模、性质等灵活把握。基于异质性分析结论，国有企业、中小企业、竞争程度低、融资约束高的企业更应重视自身的 ESG 实践，以期提升风险承担水平，更好地开展创新。

第三，分项研究结果显示，对于提升企业风险承担水平而言，ESG 的三项中，环境和社会这两项更为重要。如果政府更为关注微观企业的冒险精神，那在引导企业进行 ESG 治理能力建设时，可侧重于通过上述启示 1 中的税收等各种手段鼓励企业加强环境治理和社会治理。

参考文献

［1］AGHION P., NICHOLAS B., BLUNDELL R. W. et al. Competition and innovation：an inverted U relationship［J］. Quarterly journal of economics, 2005, 120（2）：701–728.

［2］AGUINIS H. Organizational responsibility：doing good and doing well, in：maintaining, expanding, and contracting the organization（American psychological association, Washington, DC）［M］. APA handbook of industrial and organizational psychology, 2011, 3, 855–879.

［3］ARVIDSSON S., DUMAY J. Corporate ESG reporting quantity, quality and performance：where to now for environmental policy and practice［J］. Business strategy and the environment, 2021, 14（18）：1–24.

［4］BROADSTOCK D. C., CHAN K., CHENG L.T.W. et al. The role of ESG performance during times of financial crisis：evidence from COVID-19 in China［J］. Finance research letter, 2021, 1（38）：101716.

［5］CASSIMAN B., VEUGELERS R. In search of complementarity in innovation strategy：internal R&D and external knowledge acquisition［J］. Management science, 2006, 52（1）：68–82.

［6］CAI H., FANG H., XU L. C. Eat, drink, firm and government：an investigation of corruption from the entertainment and travel costs of Chinese firms［J］. Journal of law and economics, 2011, 54（1）：55–78.

［7］CETTE G., LOPEZ J., MAIRESSE J. Up stream product market regulations, ICT, R&D and productivity［J］. Review of income and wealth, 2017, 63（S1）：68–89.

［8］CHRISTENSEN C. M. The innovator's dilemma：when new technologies cause great firms to fail［J］. Harper business, an imprint of harper collins publishers, 1997.

［9］COMANORW S. Market structure, product differentiation and industrial research［J］. Quarterly journal of economics, 1967, 81（4）：639–657.

［10］ESCRIG-OLMEDO E. et al. Rating the raters：evaluating how ESG rating agencies integrate sustainability principles［J］. Sustainability, 2019, 11（3）：915.

［11］FLAMMER C. Competing for government procurement contracts：the role of corporate social responsibility［J］. Strategic management journal, 2018, 39（5）：1299–1324.

［12］HAMBERG D. R&D：essays on the economics of research and development［M］. New York：Random House, 1996.

［13］HUSTED B.W., ALLEN D.B. Strategic corporate social responsibility and value creation among large firms：lessons from the Spanish experience［J］. Long range planning, 2007, 40：594–610.

［14］JANSEN J. J. P., VAN DEN BOSCH F. A. J., VOLBERDA H. W. Exploratory innovation, exploitative innovation, and performance：effects of organizational antecedents and environmental moderators［J］. Management science, 2006, 52（11）：1661–1674.

［15］JI H., XU G., ZHOU Y. et al. The impact of corporate social responsibility on firms' innovation in China：the role of institutional support［J］. Sustainability, 2019, 11（3）：63–69.

［16］LEVINTHAL D. A. Organizational adaptation, environmental selection and random walks［M］. Sage, Newbury Park, CA, 1990.

［17］LI K., GRIFFIN D., YUE H. et al. How does culture influence corporate risk taking [J] . Journal of corporate finance, 2013, 23 (3): 1–22.

[18] LUO X., DU S. Exploring the relationship between corporate social responsibility and firm innovation [J] . Marketing letters, 2015, 26 (4): 703–714.

[19] LYS T., NAUGHTON J.P., WANG, C. Signaling through corporate accountability reporting [J] . Journal of accounting and economics, 2015, 60 (1): 56–72.

[20] MCWILLIAMS A., SIEGEL D. Corporate social responsibility: a theory of the firm perspective [J] . Academy of management review, 2001, 26 (1): 117–127.

[21] MEI X., GE Y., HUANG J et al. CSR and appropriation potential of firm innovative knowledge [J] . European journal of innovation management, 2022, 25 (2): 523–544.

[22] MILLER K. D., BROMILEY P. Strategic risk and corporate performance: an analysis of alternative risk measures [J] .Academy of management journal, 1990 (33): 756–779.

[23] PALMER T. B., WISEMAN R. M. Decoupling risk taking from income stream uncertainty: a holistic model of risk [J] . Strategic management journal, 1999, 20 (11): 1036–1062.

[24] PENEDER M., WORTER M. Competition, R&D and innovation: testing the inverted-U in a simultaneous system [J]. Journal of evolutionary economics, 2014, 24 (3): 653–687.

[25] PORTER M. E., KRAMER M. R. Strategy and society: the link between competitive advantage and corporate social responsibility [J] . Harvard business review, 2006, 84: 77–92

[26] SAUNDERS A., STEFFEN S. The costs of being private: evidence from the loan market [J] . Review of financial studies, 2011, 24 (12): 4091–4122.

[27] SCHUMPETER J. A. Capitalism, socialism and democracy [M] . New York: Harper and Brothers, 1942.

[28] SOLOW R. A contribution to the theory of economic growth [J] . Quarterly journal of economics, 1956, 70 (1): 65–94.

[29] SPENCE M. Job market signaling [J] . Quarterly journal of economics, 1973, 87 (3): 355–374.

[30] 顾海峰，朱慧萍 . 高管薪酬差距促进了企业创新投资吗——基于中国 A 股上市公司的证据 [J] . 会计研究，2021 (12): 107–120.

［31］简泽，谭利萍，吕大国，等．市场竞争的创造性、破坏性与技术升级［J］．中国工业经济，2017（5）：16-34.

［32］孔令文，徐长生，易鸣．市场竞争程度、需求规模与企业技术创新——基于中国工业企业微观数据的研究［J］．管理评论，2022，34（1）：118-129.

［33］李文贵，余明桂．所有权性质、市场化进程与企业风险承担［J］．中国工业经济，2012（12）：115-127.

［34］李健，崔雪，陈传明．家族企业并购商誉、风险承担水平与创新投入——基于信号传递理论的研究［J］．南开管理评论，2022，25（01）：135-146.

［35］栗晓云，吕文栋，赵杨．"营改增"政策与企业风险承担［J］．河北经贸大学学报，2019，40（06）：41-50.

［36］刘晓光，刘元春．杠杆率、短债长用与企业表现［J］．经济研究，2019，54（7）：127-141.

［37］刘波，李志生，王泓力，等．现金流不确定性与企业创新［J］．经济研究，2017，52（03）：166-180.

［38］宋建波，文雯，王德宏．海归高管能促进企业风险承担吗——来自中国A股上市公司的经验证据［J］．财贸经济，2017，38（12）：111-126.

［39］王海林，张丁．国家审计对国有企业风险承担的治理效应：促进还是抑制？——基于审计公告语调的分析［J］．会计研究，2021（10）：152-165.

［40］许罡，朱卫东．金融化方式、市场竞争与研发投资挤占——来自非金融上市公司的经验证据［J］．科学学研究，2017，35（5）：709-719+728.

［41］徐晓萍，张顺晨，许庆．市场竞争下国有企业与民营企业的创新性差异研究［J］．财贸经济，2017，38（2）：141-155.

［42］余明桂，钟慧洁，范蕊．民营化、融资约束与企业创新——来自中国工业企业的证据［J］．金融研究，2019（04）：75-91.

［43］张正勇，胡言言．海归技术高管与企业创新［J］．科研管理，2021，42（02）：171-180.

［44］张秋萍，盛宇华，陈加伟．董事长、TMT垂直对差异与创新投资关系研究——市场化与产权性质的作用［J］．科学学与科学技术管理，2018，39（10）：138-156.

［45］周开国，卢允之，杨海生．融资约束、创新能力与企业协同创新［J］．经济研究，2017，52（07）：94-108.

［46］钟凯，梁鹏，董晓丹，等．数字普惠金融与商业信用二次配置［J］．中国工业经济，2022（01）：170-188.

A Study of the Governance Effects of ESG Practices on Corporate Risk-taking

Li Xiaoyun, Shi Jianjun

Abstract: This paper examines the impact of ESG practices on corporate risk-taking based on data from 2019–2021 for Chinese A-share CSI 800 listed companies. First of all, it is found that ESG can significantly promote firms' capital expenditure to long-term debt ratio, i.e., ESG practices can significantly enhance firms' risk-taking level, and this effect still holds after a series of robustness tests. Second, heterogeneity tests find that this boosting effect holds only in state-owned enterprises and industries with low product market competition; furthermore, for relatively small firms, boosting ESG is more beneficial to increase their long-term debt ratios; for firms with high financing costs, boosting ESG is more beneficial to increase their capital expenditures. Finally, the sub-test proves that, except for the insignificant effect of corporate governance on corporate capital expenditure, all others show a significantly positive promotion effect. Based on this, the government should encourage, support and guide relevant micro enterprises, such as state-owned enterprises, small and medium-sized enterprises, enterprises with low product market competition and enterprises with high financing costs, to strengthen their ESG governance capacity.

Keywords: ESG performance; signaling theory; corporate risk taking

外籍董事能提高上市公司的ESG表现吗?

苏文兵[1]　刘开顺[2]

内容摘要：当前，可持续发展受到越来越多的关注，ESG观念越来越深入人心。2017年开始我国陆续颁布了一系列关于ESG信息披露的框架与制度。同时，聘请外籍董事参与公司治理成为我国上市公司的一种潮流，这些外籍董事在提升董事会独立性的同时，也将国外的ESG理念带到国内，进而可能影响董事会的相关决策。

本文以2017年-2021年我国上市公司为样本，探索外籍董事对企业ESG表现的影响。研究发现：外籍董事参与公司治理能显著提升上市公司的ESG表现，且董事会中外籍董事的人数越多、占比越大，企业的ESG表现越好；董事会会议次数越多，外籍董事对企业ESG表现的提升作用越会得到增强；外籍董事对企业的社会（S）表现提升作用明显，对环境（E）表现的影响不明显，仅外籍董事占比对公司治理（G）表现有显著影响。

进一步研究发现，外籍董事对企业ESG表现的作用还受到外籍董事个人特征的影响，其中资深外籍董事的影响显著，而年轻外籍董事不显著，表明在长幼有序的中国社会，资深董事具有更大的影响力；外籍非独立董事的影响显著，而外籍独立董事不显著，表明外籍董事的咨询大于监督职能；非华人外籍董事的影响显著，而华人外籍董事不显著，表明文化"烙印"对人的影响根深蒂固；外籍董事参与公司治理具有"溢出效应"，外籍董事可以通过其他董事影响其他企业的ESG表现。

关键词：ESG；外籍董事；董事会；公司治理

① 苏文兵，管理学博士，教授，南京大学工商管理系2000级博士生，现就职于南京大学商学院会计学系，电子邮箱：suwb@nju.edu.cn.

② 刘开顺，南京大学商学院2020级会计学硕士，电子邮箱：liukaishun163353@163.com.

一、引言

近年来，我国经济高速发展，综合实力不断增强。在快速发展的同时，也涌现出很多问题，如极端天气频发、部分自然资源枯竭、食品安全问题时有发生以及公司丑闻和腐败等。当前，重视经济、社会与环境的可持续发展逐渐成为全社会的共识。

当前，ESG（Environment, Society and Governance）作为衡量企业可持续发展水平的重要指标，代表企业在环境、社会和治理方面的参与程度及绩效，体现了企业在促进可持续发展、履行社会责任方面的贡献，受到政府、投资者和企业的广泛关注。短期来看，ESG 投入会增加企业的成本；但长远来看，ESG 投入后又会以品牌形象以及资本投资等形式反哺企业，为企业带来市场价值。投资者更愿意向可持续发展的企业投入更多的资金（Riedl and Smeets, 2017），消费者也更愿意购买这类企业的产品（Albuquerque, Koskinen, and Zhang, 2019）；ESG 表现越好的企业，其融资成本更低（Eliwa et al., 2021；Lavin and Montecinos–Pearce, 2022；Nazir et al., 2022），长期绩效越好（Ahmad et al., 2021；Bissoondoyal et al., 2023；DasGupta and Roy, 2023），公司价值越高（Wu et al., 2022；Yu and Xiao, 2022）。

ESG 起源于欧洲，相比之下，ESG 在我国起步较晚，但发展迅速。有关 ESG 信息披露的要求和指引以及相关政策文件的出台，极大促进了 ESG 在中国的发展。2012 年，香港交易所通过《环境、社会及管治报告指引》，为自愿披露 ESG 报告的企业提供指引；2016 年，七部委联合印发《关于构建绿色金融体系的指导意见》，支持和鼓励绿色投融资，强调环境信息披露的重要性；2018 年，中国证券监督管理委员会（简称证监会）修订《上市公司治理准则》，确立了 ESG 信息披露的基本框架；2020 年，五部委联合印发《关于促进应对气候变化投融资的指导意见》，引导企业增加应对气候变化领域的资金投入；2022 年，国务院国有资产监督管理委员会成立社会责任局，印发《提高中央企业控股上市公司质量工作方案》，要求央企积极履行 ESG 信息披露义务。这些政策措施推动了 ESG 观念在中国资本市场的生根发芽，也促进更多企业更好践行 ESG 理念。与此同时，华证、商道融绿、Wind、富时罗素、嘉实和中证等中介机构也纷纷推出针对我国上市公司的 ESG 指数。

随着改革开放的不断扩大，经济全球化浪潮席卷全球，我国上市公司董事会引入外籍董事参与公司治理成为一种潮流。从 2017 年到 2021 年，我国 A 股上市公司外籍董事数从 436 人次增加到 662 人次。相比本土董事，外籍董事的独立性更强，监督作用更为明显，不仅是因为外籍董事与本土化董事及管理层的联系较少，独立性更强；外籍董事与本土化董事相互制约，有利于相互监督；而且外籍董事大多来自法制观念和意识较强的国家，对法律和公司章程的遵从意识更强。同时，外籍董事还能将国外的治理经验、管理方法以及 ESG 理念带到公司内部，进而影响董事会的相关决策，起到决策和咨询作用。因此，本文探讨外籍董事能否提高上市公司的ESG表现，以及外籍董事的个人特征如何影响企业的ESG表现。

虽然目前已有文献关注外籍董事的经济后果，发现外籍董事可以提升企业价值（Mi Choi et al., 2012；Oxelheim and Randoy, 2003；刘孟晖和张多多，2020），影响经营绩效（García-Meca et al., 2015；Giannetti et al., 2015；Masulis et al., 2012），促进企业创新（罗昆，2020），但尚无文献研究外籍董事对企业ESG表现的影响。因此本文丰富了外籍董事这一特殊治理形式的研究文献。研究发现，外籍董事参与公司治理能显著提升上市公司的ESG表现，且董事会中外籍董事的人数越多、占比越大，企业的ESG表现越好；董事会会议次数越多，外籍董事对企业ESG表现的提升作用会得到增强；外籍董事对企业ESG表现的作用还受到外籍董事个人特征的影响，其中资深、非独立和非华人的外籍董事的影响显著，而年轻、独立和华人外籍董事的影响不显著；外籍董事还可通过其他董事影响其他企业的ESG表现。

本文创新之处如下：一是弥补了外籍董事与企业ESG表现的研究空白；二是发现外籍董事对企业ESG表现的影响受到自身年龄、身份和文化的调节；三是发现外籍董事的咨询作用大于监督作用；文化“烙印”对人（包括外籍董事）的影响根深蒂固；在长幼有序的中国社会，资深董事的影响力更大；四是外籍董事参与公司治理具有“溢出效应”。

二、研究设计

（一）研究假设

从监督视角来看，外籍董事相比本土董事，具有更强的独立性（Ruigrok, Peck, and Tacheva, 2007）。独立性更强意味着更有效的监督，可以理性地从利益相关者角度做出公司决策，从而推动ESG的执行。外籍董事能否有效发挥监督作用，取决于两个方面：一是外籍董事是否有动机；二是外籍董事能否有效履职。与本土化董事相比，外籍董事更有动机实施更强的监督。从内在动机来看，外籍董事大部分来自欧美国家，这些国家法律制度健全，法制观念深入人心，外籍董事主要依靠当地的法律制度和公司治理规范进行决策，获得利益相关者的认可，附和管理层决策的可能性较低。从外在动机来看，董事对管理层监督不到位或企业出现腐败舞弊及经营失败，可能给外籍董事带来诉讼风险；并且在公司被集体诉讼后，该公司的董事在其他公司兼任董事的职位数显著减少（Fich and Shivdasani, 2007）。这表明，若董事履职不当，董事的声誉成本较高，会面临资本市场的惩罚。尤其在康美药业舞弊案判罚之后，董事责任在实际案例中得到提高，给董事任职带来了更大的潜在成本，特别是我国的法律制度与他国存在一定差异，法律风险和声誉成本促使外籍董事对企业的相关风险保持更敏锐的规避意识（Herrmann and Datta, 2005）；并且相比本土化董事，外籍董事更有能力执行有效监督。外籍董事与本土人士在语言、传统习俗、文化价值观等方面存在着不同程度的差异，这些差异使得外籍董事与本土人士保持一定的距离和独立性，一定程度上避免了外籍董事与管理层产生合谋，从而降低甚至杜绝了集体舞弊的可能性（杜兴强、谭雪，2016）。另一方面，我国社会形态和结构与国外具有显著区别。西方传统社会呈现出“团体格局”，个体与个体之间是相互独立的，就像“一捆一捆扎清楚的柴”。在同一个团体中，每个人与这个团体的关系是相同的，因此人与人之间的地位也是平等的，在团体成员之间，人际关系就像是“柴束”中那一根根并排平行束在一起的柴枝一样，平等而简明。而我国传统社会是“差序格局”，社会关系是逐渐从一个一个人推出去的，是私人联系的增加，社会范围是一根根私人联系所构成的网络，会根据亲属或社会关系确定关系亲疏远近（费孝通，2008）。因此，相比本土董事，外籍董事在中国的“人情社会”中的独立性更强，较少受到人际关系的影响，从而保持理性决策。总之，外籍董事更有动机，也更有能力实施有效监督，更好保护投资者利益，从而推动 ESG 的履行。

从咨询视角来看，外籍董事具有丰富的 ESG 经验和知识，具备广泛的国际视野，可以帮助董事会打破群体思维，促进 ESG 经验的学习和转移。一方面，外籍董事具备对 ESG 文化观念的认同。上市公司聘请的外籍董事大都来自经济发达的欧美国家，这些国家的 ESG 体系完善，ESG 履行较为规范（Singhania and Saini, 2022）。根据烙印理论，外籍董事在 ESG 文化较为浓厚的环境下成长起来，特别是在具备 ESG 观念的公司中工作，形成了印记。随着外籍董事加入中国上市公司，虽然外围环境发生了变化，但是印记依然存在，并且能够对外籍董事的行为产生影响。同时根据高阶理论，外籍董事通过为企业管理和战略决策提供建议来参与公司治理时，他们积极履行 ESG 的倾向会潜移默化地影响公司决策和行为，从而促使公司 ESG 表现较好。另一方面，公司可以通过学习外籍董事的经验，趋同于外籍董事来源地的公司治理特征和董事会实践（Iliev and Roth, 2018），发挥外籍董事的咨询作用，将国外的 ESG 的经验和先进方法引入董事会，实现 ESG 经验和管理方法的学习和转移，为企业更好的 ESG 履行提供咨询和建议。

最后，公司引入外籍董事实际上向市场传递了公司可能实施国际化战略，进行海外市场扩张的信号。而公司为了减少“外来者”的劣势，往往都要树立良好的形象，以寻求海外市场合作伙伴，以便开拓海外市场。研究发现跨国公司确实会为了缓解制度压力和政治压力履行 ESG，跨国企业会利用慈善活动改善竞争环境（胡浩，2003）；基于“一带一路”倡议，中国企业将履行企业社会责任从战略层面纳入跨国发展的战略价值结构中，重视与东道国的共同发展（王雁南等，2020）。因此，有外籍董事需求的公司，也有动力提高企业的 ESG 表现。因此提出如下假设：

H1：相比没有外籍董事的企业，有外籍董事的企业的 ESG 表现更好，并且董事会中外籍董事越多、占比越高，企业的 ESG 表现越好。

外籍董事主要通过行使董事会职能来影响公司行为，实现对管理层的监督以及对公司管理和战略决策提出建议和咨询。而董事会会议是外籍董事行使职能的唯一正式场合。根据《中华人民共和国公司法》的规定，股份制公司每年度至少需要召开两次董事会会议，包括定期和不定期会议。样本公司中每年举行的董事会会议次数最少为 2 次，最多的高达 58 次，由此可见上市公司的董事会会议频率差异较大。但学术界对董事会会议次数对公司治理的影响各持不同观点。一种观点认为董事会会议次数越多，经常会面的董事可能更加互相了解，能更好地共同合作解决问题，有助于董事会履行相应的职责（Lipton and Lorsch, 1992）。另一种观点认为董事会会议大部分是不定期会议，而不定期董事会会议往往是相对被动的，经常在公司出现问题时被迫从事高频率的活动。董事会会议成为解决公司问题的一个“灭火装置”，而不是用于加强公司监督和改善公司治理的机制（Jensen, 1993）。Vafeas（1999）研究董事会会议次数与公司业绩，发现董事会会议次数的增加与公司前期业绩降低有关，而会议次数的增加会带来公司未来业绩的提高。伊志宏、于上尧、姜付秀（2011）以我国上市公司数据为样本进行研究，得到类似结论。

从外籍董事参与公司治理角度看，董事会会议中外籍董事可能因为人际关系、风俗习惯、语言障碍等原因，导致讨论缺乏，很难为董事会会议做出贡献，也很难表达不同意见，外籍董事的优势不能完全发挥出来（Piekkari, Oxelheim, and Randoy, 2015）；再加上外籍董事因为时差和距离等限制因素，外籍董事常年居住国外，日常不在公司，对公司的监督和咨询是不足的。在董事会会议次数较多情况下，外籍董事能够更加熟悉其他董事会成员，从而增加彼此了解，沟通、合作更加顺畅，也有更多时间和机会对公司进行监督和咨询，对企业 ESG 表现的提升作用越强。因此提出如下假设：

H2：董事会会议次数越多，外籍董事对企业 ESG 表现的提升作用更强。

（二）样本选取与数据来源

由于上市公司关于 ESG 信息披露的要求在 2017 年后才开始陆续颁布和实施，2018 年证监会修订的《上市公司治理准则》才确立 ESG 信息披露基本框架，明确要求上市公司应依照法律法规和有关部门要求披露 ESG 相关信息，因此本文选取 2017 年–2021 年 A 股上市公司为初始样本，并经如下步骤对初始样本进行了数据清洗与处理：（1）剔除金融行业的公司样本；（2）剔除数据缺失的样本；（3）为避免变量中极端值对本文结论造成不良影响，对所有连续变量进行了 1% 水平和 99% 水平的截尾处理，最终得到 16 383 个观测样本。其中外籍董事共 2 714 人次，2017 年–2021 年每年分别 436、363、528、625、662 人次，前五大来源国为美国、加拿大、新加坡、澳大利亚、英国，分别占比 46.28%、15.25%、9.69%、5.71%、4.02%。

本文收集的 ESG 数据来自 Wind 数据库，外籍董事及其他数据基于 CSMAR 数据库。

（三）变量定义与衡量

1. 被解释变量

ESG 表现的衡量主要采取第三方评级指标法。目前国内比较权威的评级有华证指数 ESG 评级、商道融绿、Wind 等，其中华证和商道融绿均采用评级形式；华证指数根据 26 个指标将最终评级结果划分为从 AAA 至 C 的 9 个级别；商道融绿分为 A+ 至 D 的 10 个级别。本文借鉴赵卫东和黄晓丹（2022）的方法，采用 Wind 数据库的 ESG 评分。Wind ESG 数据基于上市公司自主披露的信息，结合政府与监管部门、新闻媒体、行业协会与非政府组织等信息源，利用人工智能、大数据和非标准化 ESG 信息开展。Wind ESG 采取评分和评级两种方式，既披露了评级得分，又披露了相应评级，从而可以更好区分不同企业 ESG 表现的优劣。

2. 解释变量

本文将外籍董事定义为董事会中拥有他国国籍的董事，其中来自中国香港、澳门和台湾的董事为中国国籍，故不属于本文研究范围。借鉴杜兴强、谭雪（2016）、李卿云等（2018）的做法，采用虚拟变量（*GB_Dum*）、规模（*GB_Num*）和比例（*GB_Ratio*）三种方式来衡量外籍董事的有无和多少。若公司董事会成员中包含外籍董事，则 *GB_Dum* 取 1，否则为 0；*GB_Num* 为董事会中外籍董事人数加 1 的自然对数；*GB_Ratio* 为外籍董事人数占董事会总人数的比例。

3. 调节变量

借鉴 Brick and Chidambaran（2010）、Vafeas（1999）的做法，以当年召开的董事会会议次数加 1 的自然对数来衡量。

4. 控制变量

借鉴 Rahman and Alsayegh（2021）、Crespi and Migliavacca（2020）、Kang et al.（2022）、柳学信等（2022）等关于 ESG 影响因素的研究，本文采用如下因素为控制变量：企业规模（*Size*）、杠杆程度（*Lev*）、总资产收益率（*ROA*）、销售增长率（*Growth*）、经营性净现金流（*OCF*）、产权性质（*Soe*）、董事长是否兼任 CEO（*Duality*）、董事会规模（*Board*）、独立董事比例（*Indr*）、内控缺陷（*IC*）、是否 ST（*ST*）、境外收入占比（*Abroad*）、是否为重污染企业（*Pollut*）。

三、实证检验与分析

（一）描述性统计

表 1 为主要变量的描述性统计结果，从中可以看出：样本公司 ESG 表现评分（*ESG_Score*）均值为 5.969（总分 10 分），表明我国上市公司 ESG 表现总体表现一般；外籍董事是否存在（*GB_Dum*）的均值为 0.090，表明约 9% 的公司董事会中存在外籍董事，其中最多的公司董事会拥有 7 名外籍董事，占比最高的董事会 87.5% 为外籍董事。年度统计表明，从 2017 年至 2021 年，有外籍董事的公司数分别为 296、312、346、412 和 430 家，呈逐年增加之势。

表 1　描述性统计

Variables	N	Mean	SD	25%	50%	75%	Min	Max
ESG_Score	16 383	5.969	0.782	5.440	5.920	6.430	2.740	9.610
GB_Dum	16 383	0.090	0.287	0	0	0	0	1
GB_Num	16 383	0.074	0.248	0	0	0	0	2.079
GB_Ratio	16 383	0.015	0.056	0	0	0	0	0.875
Size	16 383	22.236	1.225	21.332	22.079	22.957	19.759	26.329
Lev	16 383	0.414	0.195	0.258	0.406	0.553	0.060	0.966
Soe	16 383	0.286	0.452	0	0	1	0	1
ROA	16 383	4.128	6.959	1.567	4.214	7.626	−38.203	24.112
Growth	16 383	15.149	29.410	−0.669	11.607	27.294	−65.743	199.822
OCF	16 383	9.740	15.560	2.100	8.810	17.110	−75.920	71.620
Board	16 383	2.101	0.184	1.946	2.197	2.197	1.609	2.565
Indr	16 383	0.376	0.050	0.333	0.364	0.429	0.333	0.571
IC	16 383	0.339	0.473	0	0	1	0	1
ST	16 383	0.020	0.139	0	0	0	0	1
Abroad	16 383	0.139	0.217	0	0.022	0.198	−0.344	1
Meeting	16 383	2.200	0.392	1.946	2.197	2.485	0.693	4.043

（二）回归结果分析

表 2 为假设 1 的回归检验结果（因篇幅所限，未报告控制变量（含公司固定效应和年度固定效应）的回归结果），其中因变量为 ESG 得分，解释变量分别为是否拥有外籍董事（*GB_Dum*）、外籍董事数量（*GB_Num*）和外籍董事比例（*GB_Ratio*），回归系数分别为 0.0731、0.1029 和 0.5465，且均在 5% 水平上显著，表明引入外籍董事的企业，其 ESG 表现更好；并且董事会中拥有的外籍董事越多、占比越高，企业 ESG 表现也越好，假设 H1 得到验证。

在控制变量方面，公司规模越大、资产负债率越低、资产回报率越高的企业，企业的 ESG 表现越好；而存在内部控制缺陷和被 ST 或 ST* 的公司，ESG 表现更差。表 3 各模型的拟合系数 R^2 均超过 86%，拟合效果较高，表明回归模型是恰当的、合理的。

表 2　基准回归结果

Variables	ESG_Score	ESG_Score	ESG_Score
	（1）	（2）	（3）
GB_Dum	0.0731**		
	（2.1678）		
GB_Num		0.1029**	
		（2.2830）	
GB_Ratio			0.5465**
			（2.5149）
控制变量	控制	控制	控制
_cons	2.3929***	2.3986***	2.3891***
	（4.9062）	（4.9168）	（4.8994）
N	16 383	16 383	16 383
Adj R-squared	0.6825	0.6826	0.6826
F	24.88***	24.94***	25.03***

注:***、** 和 * 分别表示在 1%、5% 和 10% 水平下显著，括号内为 t 值，使用异方差稳健标准误。下同。

表 3 为假设 H2 的回归检验结果，董事会会议次数与外籍董事各变量的交互项（*GB_Dum×Meeting*、*GB_Num×Meeting* 和 *GB_Ratio×Meeting*）的回归系数分别为 0.1233、0.1463 和 0.5183，分别在 5%、5% 和 10% 水平上显著，说明董事会会议次数越多，外籍董事对企业 ESG 表现的提升作用更强，假设 H2 得到验证。

表 3　董事会会议次数的调节影响

Variables	ESG_Score	ESG_Score	ESG_Score
	（1）	（2）	（3）
GB_Dum	−0.2137*		
	（−1.6754）		
GB_Num		−0.2347	
		（−1.5464）	
GB_Ratio			−0.6292
			（−0.9599）
Meeting	0.0635***	0.0639***	0.0670***
	（4.0516）	（4.0777）	（4.2988）
GB_Dum×Meeting	0.1233**		
	（2.3337）		
GB_Num×Meeting		0.1463**	
		（2.3269）	
GB_Ratio×Meeting			0.5183*
			（1.8945）
控制变量	控制	控制	控制
_cons	2.5116***	2.5151***	2.4947***
	（5.1892）	（5.1943）	（5.1489）
N	16 383	16 383	16 383
Adj R-squared	0.6833	0.6833	0.6833
F	23.63***	23.70***	23.71***

（三）进一步检验

1. 外籍董事对 ESG 不同维度表现的影响

ESG 是一个多维概念，包含环境（E）、社会（S）、公司治理（G）三个方面。那么外籍董事的加入对 ESG 三个方面的影响是否存在差异呢？本文利用 Wind 数据库将 E、S、G 三方面的评分作为被解释变量，研究外籍董事加入对 E、S、G 三方面的作用，回归结果如表 4 所示，从中可以看出，外籍董事对企业 ESG 表现的影响主要体现在社会表现方面，而对环境表现的影响均不显著，对公司治理的影响也只有外籍董事占比这一侧面。

表 4　ESG 不同维度回归结果

Variables	E_Score			S_Score			G_Score		
	（1）	（2）	（3）	（4）	（5）	（6）	（7）	（8）	（9）
GB_Dum	−0.0497			0.1312*			0.0662		
	（−0.5715）			（1.7643）			（1.2756）		
GB_Num		−0.0304			0.1846*			0.0934	
		（−0.2641）			（1.8435）			（1.3535）	
GB_Ratio			0.1186			1.0001**			0.5705*
			（0.2173）			（2.0186）			（1.7106）
控制变量	控制	控制	控制	控制	控制	控制	控制	控制	控制
_cons	−11.5845***	−11.5728***	−11.5540***	−2.1121**	−2.1018**	−2.1178**	3.1382***	3.1435***	3.1391***
	（−9.7710）	（−9.7621）	（−9.7472）	（−2.0704）	（−2.0600）	（−2.0768）	（4.5551）	（4.5596）	（4.5525）
N	16 383	16 383	16 383	16 383	16 383	16 383	16 383	16 383	16 383
Adj R-squared	0.6675	0.6675	0.6675	0.7429	0.7429	0.7429	0.5704	0.5704	0.5705
F	46.45***	46.44***	46.44***	21.90***	21.94***	22.00***	124.91***	124.95***	125.04***

2. 外籍董事异质性对企业 ESG 表现的影响

（1）外籍董事的年龄差异

外籍董事可以通过影响其他董事会成员，从而影响企业 ESG 表现。这一影响过程包括 ESG 经验和知识的传授和学习过程。中国社会讲究“行辈之序和长幼之别”。费孝通在《乡土中国》中指出，“文化像是一张生活谱，我们可以按着问题去查找。凡是比自己年长的，他必定先发生过我现在才发生的问题，他也就可以是我的师了”（费孝通，2008）。因此外籍董事的年龄大小可能对企业 ESG 的经验学习产生影响。在长幼有序的中国社会，资深外籍董事因为具有更高的声望，通常具有更多的话语权。相对而言，年轻外籍董事由于年龄较小，其在董事会的话语权和影响力一般较小，其监督作用和咨询作用的效力也会打折扣。因此，本文预计年龄较大的外籍董事对企业的 ESG 表现具有提升作用，而年龄相对年轻的外籍董事对企业 ESG 表现的作用会降低。

本文通过计算外籍董事平均年龄与董事会平均年龄之差，作为年龄大小的分组依据，构造两个虚拟变量来分别代表资深外籍董事（*GB_old*）和年轻外籍董事（*GB_young*），若外籍董事平均年龄大于董事会平均年龄，则 *GB_old* 取值为 1，否则为 0；若外籍董事平均年龄小于董事会平均年龄，则 *GB_young* 取值为 1，否则为 0。将两个虚拟变量代入模型进行回归，结果见表 5 的列（1），*GB_old* 的系数显著大于零，*GB_young* 的系数大于零但不显著，表明资深外籍董事对企业的 ESG 表现具有明显的提升作用，而年轻外籍董事对企业 ESG 表现的影响不明显。

（2）外籍董事的任职差异

外籍董事在董事会中的作用包括监督和咨询两个方面，因其任职的职位不同，发挥的作用可能不同。董事按照独立性可以分为独立董事和非独立董事，两者因其不同的身份和专长，具有不同的优缺点。相对而言，独立董事的监督作用更大，而非独立董事的咨询作用更大。为检验外籍董事任职差异对企业 ESG 表现的不同影响，本文构建两个虚拟变量来分别代表外籍独立董事（*GB_Yind*）和外籍非独立董事（*GB_Nind*），将两个虚拟变量代入模型，回归结果见表 5 的列（2）。由表 5 可见 *GB_Yind* 的系数为正但不显著，*GB_Nind* 的系数显著大于零，表明外籍董事担任非独立董事对企业的 ESG 表现具有显著的提升作用，而担任独立董事对 ESG 表现的影响不明显。这是因为由于国籍的差异，外籍独立董事往往会被定义为外来者，难以融入到本土董事和高管的“圈子”内；同时由于语言差异以及文化习俗、人际交往方式的不同，外籍董事与本土董事以及高管的沟通相对较少（曹经纬和耿文秀，2011），获得的内部信息也就较少，因而其监督能力受到制约；而外籍非独立董事因为掌握较多的内部信息，从而为其履行咨询职能提供了更多方便和可能。

（3）外籍董事是否华人

从个人履历来看，我国上市公司的外籍董事中的一部分出生在中国，并在中国长大，之后再移居国外。根据烙印理论，个人成长的“敏感期”主要包括成长期（一般为童年期和青少年时期）和环境发生较大变化时期（包括受教育时期、初次工作和婚姻时期等）。因此外籍董事若是在生成烙印的“敏感期”后再移居国外，那么对海外 ESG 文化的认同和由经验生成的“烙印”可能就不是特别深刻，因而这类外籍董事对企业 ESG 表现的影响可能就较弱。同时，研究表明引入外籍董事还可能出现语言不通、沟通不畅、路途遥远、文化差异等弊端。一些董事会成员因为语言障碍，很难准确表达不同意见，导致由外籍董事参加的董事会会议往往会出现讨论贫乏或沉默现象，或由于文化不同，导致无法很好合作，从而会降低董事会功能的发挥，外籍董事对企业 ESG 表现的影响也将减弱。因此我们预期：与非华人外籍董事相比，华人外籍董事对企业 ESG 表现的提升作用会更强。为检验这一预期，本文构建了两个虚拟变量，分别代表华人外籍董事（*GB_CN*）和非华人外籍董事（*GB_NCN*），回归结果见表 5 的列（3）。由表 5 可见，*GB_CN* 的系数为正但不显著，*GB_NCN* 的系数显著大于零，表明非华人外籍董事对企业 ESG 表现具有明显的提升作用，而华人外籍董事对企业 ESG 表现的影响不显著，这可能是受中华文化影响，华人外籍董事在对待社会、环境和公司治理的看法上与本土董事没有本质区别，从而没有对任职企业的 ESG 表现带来明显变化和提升。

表 5　外籍董事异质性检验结果

Variables	Variables	Variables	Variables
	（1）	（2）	（3）
GB_old	0.0778**		
	（2.0716）		
GB_young	0.0681		
	（1.3905）		
GB_Yind		0.0740	
		（1.5296）	
GB_Nind		0.0726*	
		（1.8129）	
GB_CN			0.0582

（续表）

Variables	Variables	Variables	Variables
	（1）	（2）	（3）
			（1.6081）
GB_NCN			0.1661**
			（2.0561）
控制变量	控制	控制	控制
_cons	2.3942***	2.3929***	2.3918***
	（4.9088）	（4.9062）	（4.9071）
N	16 383	16 383	16 383
Adj R-squared	0.6825	0.6825	0.6826
F	23.43***	23.42***	23.49***

3. 外籍董事对企业 ESG 作用的溢出效应

研究表明外籍董事可以提高企业会计信息透明度，并且外籍董事主要靠影响董事会其他成员从而提高会计信息透明度，因为与外籍董事互动，可以帮助本土董事了解更好的治理实践和高质量的披露标准，从而促进公司治理的知识和经验在董事会内部进行转移（Liao, Ma, and Yu, 2022）。类似地，与外籍董事的共事经历可能会转变本土董事的 ESG 观念，加深对 ESG 观念的理解，促进董事会内部知识、治理观念的转移。

为研究外籍董事在提升企业 ESG 表现上是否具有溢出效应，我们将所有样本公司分为 A、B、C 三类，其中 A 类公司拥有外籍董事；B 类公司没有外籍董事，但 B 类公司与 A 类公司拥有一名共同的本土董事（即“共同董事”）；C 类公司也没有外籍董事，且与 A 类公司没有共同的本土董事。以 B 和 C 两类公司作为研究样本，当董事会中有董事在其他上市公司兼任董事，且后者有外籍董事，则变量 *GB_Share* 取值为 1，否则当董事会中没有董事在其他上市公司兼任董事时 *GB_Share* 取值为 0。控制变量与前文基准回归模型一致，回归结果如表 6 所示。可见“共同董事”（*GB_Share*）的系数显著大于零，说明外籍董事参与公司治理具有“溢出效应”，外籍董事可以通过与其他董事共事，将外籍董事的 ESG 经验和知识在董事会以及公司之间传播、转移，通过其他董事影响其他企业的 ESG 表现。

表 6　溢出效应检验结果

Variables	ESG_Score
GB_Share	0.0268*
	（1.7438）
控制变量	（–0.3286）
_cons	2.1047***
	（4.0281）
N	14 344
Adj R-squared	0.6893
F	20.69***

（四）稳健性检验

为检验前文结论的可靠性，本文做了如下稳健性检验（因版面限制，省略回归分析结果）:（1）替换 ESG 衡量方法：将 Wind 数据库的 ESG 表现由评分改为评级（共七级），将 ESG 评级从低到高赋值为 1 至 7。（2）改变 ESG 评级机构：改用国内主流 ESG 评级机构之一商道融绿的 ESG 评级，对 D 至 A+ 的 10 个级别分别赋值为 1 到 10。（3）改变“外籍”定义：将外籍董事扩大至包含来自中国港澳台地区的董事。在做了上述替换后前文的结论依然成立。

对于可能存在的自选择和反向因果问题，本文采用倾向匹配得分法（PSM）、Heckman 两阶段模型、工具变量法（以同行业中其他公司外籍董事比例平均值为工具变量）三种方法进行检验，在消除内生性后前文的结论依然成立。

四、总　结

本文以 2017 年–2021 年 A 股上市公司为样本，研究外籍董事参与公司治理对企业 ESG 表现的影响，发现:（1）上市公司董事会中引入外籍董事参与公司治理能够提升企业的 ESG 表现，且董事会中外籍董事的人数越多、占比越大，企业的 ESG 表现越好;（2）董事会会议次数越多，外籍董事对企业 ESG 表现的提升作用越强;（3）外籍董事对企业环境、社会、公司治理三方面的影响不同，对社会（S）表现的提升影响明显，对环境（E）表现的影响不明显，对公司治理（G）表现仅外籍董事占比有显著影响。

进一步研究还发现，外籍董事对企业 ESG 表现的作用还受到外籍董事个人特征的影响：（1）资深外籍董事能显著提升企业的 ESG 表现，而年轻外籍董事则不明显，表明在长幼有序的中国社会，资深董事在董事会具有更多的话语权；（2）外籍非独立董事能显著提升企业的 ESG 表现，而外籍独立董事则不明显，表明外籍董事的咨询职能大于监督职能；（3）非华人外籍董事对提升企业 ESG 表现的作用明显，而华人外籍董事则不显著，表明文化“烙印”对人的影响根深蒂固；（4）外籍董事参与公司治理具有“溢出效应”。外籍董事通过与其他董事共事，可将自己的 ESG 经验和知识在董事会成员及公司之间传播、转移，进而通过其他董事影响其他企业的 ESG 表现。

本文的贡献在于发现引入外籍董事有助于提升企业 ESG 的表现，从而为我国企业提高 ESG 表现提供了一条备选方案；也为不同企业通过聘用不同个人特征的外籍董事来提高 ESG 表现提供了经验证据。研究不足在于：（1）由于缺少相关数据，本文没有探索外籍董事和本土董事的海外经历对企业 ESG 表现的影响，未来研究可以进一步研究外籍董事、本土董事的海外求学、海外工作不同经历对企业 ESG 表现的影响。（2）本文只强调了外籍董事身份，没有区分外籍董事来源地，主要系外籍董事大部分来源于 ESG 表现较好的欧美国家。近年来我国上市公司中亚洲外籍董事的比重不断提升，这也为未来区分外籍董事来源地的研究提供了可能。（3）本文对外籍董事在董事会的职位未加区分，是由于现有外籍董事在我国上市公司担任董事长或总经理核心职位的数量极少，待未来数量较多时可进一步考察普通外籍董事与核心外籍董事的行为差异。

参考文献

[1] AHMAD, N., MOBAREK, A., RONI, N. Revisiting the impact of ESG on financial performance of FTSE350 UK firms: static and dynamic panel data analysis [J]. Cogent business & management, 2021, 8（1）: 1–18.

[2] ALBUQUERQUE, R., KOSKINEN, Y., ZHANG, C. Corporate social responsibility and firm risk: theory and empirical evidence [J]. Management science, 2019, 65（10）: 4451–4469.

[3] BISSOONDOYAL BHEENICK, E., BROOKS, R., DO, H. ESG and firm performance: The Role of Size and Media Channels [J]. Economic modelling, 2023, 121（4）: 1–19.

[4] BRICK, I. E., CHIDAMBARAN, N. K. Board meetings, committee structure, and firm value [J]. Journal of corporate finance, 2010, 16（4）: 533–553.

[5] CRESPI, F., MIGLIAVACCA, M. The determinants of ESG rating in the financial

industry: The Same Old Story or a Different Tale? [J] Sustainability, 2020, 12 (16): 1–20.

[6] DASGUPTA, R., ROY, A. Firm environmental, social, governance and financial performance relationship contradictions: Insights from Institutional Environment Mediation [J]. Technological forecasting and social change, 2023, 189 (4): 1–21.

[7] ELIWA, Y., ABOUD, A., SALEH, A. ESG practices and the cost of debt: Evidence from EU countries [J]. Critical perspectives on accounting, 2021, 79 (3): 1–21.

[8] FICH, E. M., SHIVDASANI, A. Financial fraud, director reputation, and shareholder wealth [J]. Journal of financial economics, 2007, 86 (2): 306–336.

[9] GARCÍA-MECA, E., GARCÍA-SÁNCHEZ, I.-M., MARTÍNEZ-FERRERO, J. Board diversity and its effects on bank performance: An International Analysis [J]. Journal of banking & finance, 2015, 53 (4): 202–214.

[10] GIANNETTI, M., LIAO, G., YU, X. The brain gain of corporate boards: Evidence from China [J]. The journal of finance, 2015, 70 (4): 1629–1682.

[11] HERRMANN, P., DATTA, D. K. Relationships between top management team characteristics and international diversification: an empirical investigation [J]. British journal of management, 2005, 16 (1): 69–78.

[12] ILIEV, P., ROTH, L. Learning from directors' foreign board experiences [J]. Journal of corporate finance, 2018, 51:1–19.

[13] JENSEN. The modern industrial-revolution, exit, and the failure of internal control-systems [J]. Journal of finance, 1993, 48 (3): 831–880.

[14] KANG, M.-J., OH, S.-G., LEE, H.-Y. The association between outside directors' compensation and ESG performance: evidence from Korean firms [J]. Sustainability, 2022, 14 (19): 1–22.

[15] LAVIN, J. F., MONTECINOS-PEARCE, A. A. 2022. Heterogeneous firms and benefits of ESG disclosure: cost of debt financing in an emerging market [J]. Sustainability, 2022, 14 (23): 1–21.

[16] LIAO, G.M. , MA, M. S. , YU, X.Y. Transporting transparency: director foreign experience and corporate information environment [J]. Journal of international business studies, 2022, 53 (7): 1343–1369.

[17] LIPTON, M LORSCH, JW. A modest proposal for improved corporate governance [J]. Business lawer, 1992, 48 (1): 59–77.

[18] MASULIS, R., WANG, C., XIE, F. 2012. Globalizing the boardroom-the effects of foreign directors on corporate governance and firm performance [J]. Journal of

accounting & economics, 2012, 53（3）: 527–554.

［19］MI CHOI, H., SUL, W., KEE MIN, S. Foreign board membership and firm value in Korea［J］. Management decision, 2012, 50（2）: 207–233.

［20］NAZIR, M., AKBAR, M., AKBAR, A., et al. The nexus between corporate environment, social, and governance performance and cost of capital: evidence from top global tech leaders［J］. Environmental science and pollution research, 2022, 29（15）: 22623–22636.

［21］OXELHEIM, L., RANDOY, T. The impact of foreign board membership on firm value［J］. Journal of banking & finance, 2003, 27（12）: 2369–2392.

［22］PIEKKARI, R., OXELHEIM, L., RANDØY, T. The silent board:how language diversity may influence the work processes of corporate boards［J］. Corporate governance: an international review, 2015, 23（1）: 25–41.

［23］RAHMAN, R. A., ALSAYEGH, M. F. Determinants of corporate environment, social and governance（ESG）reporting among Asian firms［J］. Journal of risk and financial management, 2021, 14（4）: 1~13.

［24］RUIGROK, W., PECK, S., TACHEVA, S. Nationality and gender diversity on Swiss corporate boards［J］. Corporate governance: an international review, 2007, 15（4）: 546–557.

［25］RIEDL, A., SMEETS, P. Why do investors hold socially responsible mutual funds?［J］. Journal of finance, 2017, 72（6）: 2505–2550.

［26］SINGHANIA, M., SAINI, N. Quantification of ESG regulations: a cross-country benchmarking analysis［J］. Vision-the journal of business perspective, 2022, 26（2）: 163–171.

［27］VAFEAS, N. Board meeting frequency and firm performance［J］. Journal of financial economics, 1999, 53（1）: 113–142.

［28］WU, S., LI, X., DU, X., LI, Z. The impact of ESG performance on firm value: the moderating role of ownership structure［J］. Sustainability, 2022, 14（21）: 1–22.

［29］YU, X., XIAO, K. Does ESG performance affect firm value? evidence from a new ESG-scoring approach for Chinese enterprises［J］. 2022, Sustainability, 14（24）: 1–40.

［30］曹经纬，耿文秀．在华跨国企业外籍高管的压力应对与适应．心理科学，2011，34（3）：692–695

［31］程虹．管理提升了企业劳动生产率吗？——来自中国企业劳动力匹配调查的经验数据［J］．管理世界，2018，2：80–90.

［32］杜兴强，谭雪．董事会国际化与审计师选择：来自中国资本市场的经验证据［J］．审计研究，2016，3：98–104.

［33］费孝通．乡土中国［M］．北京：人民出版社，2008.

［34］胡浩．基于改善竞争环境的跨国公司慈善行为研究［J］．管理评论，2003，10：15–18+63.

［35］李卿云，王行，吴晓晖．董事会国际化、地区廉洁程度与研发投资．管理科学，2018，31（5）：131–146

［36］刘孟晖，张多多．国际化董事会与企业价值．财会通讯，2020，21：82–86.

［37］柳学信，李胡扬，孔晓旭．党组织治理对企业 ESG 表现的影响研究．财经论丛，2022，1：100–112.

［38］罗昆．外籍董事、管理层短视与企业创新——被调节的中介效应模型．安徽师范大学学报（人文社会科学版），2020，48（3）：135–146.

［39］王雁南，李自杰，张般若．“一带一路”下跨国企业社会责任的影响因素及机制．经济问题，2020，10：82–90

［40］伊志宏，于上尧，姜付秀．忙碌的董事会：敬业还是低效？［J］. 财贸经济，2011，12：46–54+134.

Can Foreign Directors Improve the ESG Performance of Listed Companies?

Su Wenbing, Liu Kaishun

Abstract:Currently, as a synonym for sustainable development, ESG has attracted more and more attention from countries, regulators, enterprises and third-party institutions. Since 2017, China has successively issued a series of frameworks and systems regarding ESG information disclosure. At the same time, hiring foreign directors to participate in corporate governance has become a trend for listed firms in China. These foreign directors not only enhance the independence of the board of directors, but also bring foreign ESG concepts to China, which may affect the relevant decisions of the board of directors.

This article takes listed firms in China from 2017 to 2021 as samples to explore the impact of foreign directors on corporate ESG performance. This paper finds that: the participation of foreign directors in corporate governance can significantly improve the ESG performance of firms, and the more foreign directors are and the more their proportion in the board of directors, the better the ESG performance; The more board meetings, the stronger the role of foreign directors in enhancing ESG performance; Foreign directors have significant impact on the social performance of firms, but no significant impact on environmental performance. Only the proportion of foreign directors has significant impact on corporate governance performance.

Further research finds that: the impact of foreign directors on firm ESG is also influenced by the personal characteristics of foreign directors, with senior foreign directors having a significant impact, while young foreign directors no significant impact, indicating that senior directors have greater influence in the orderly Chinese society; Foreign non independent directors have significant influence, while foreign independent directors no significant influence. This indicates that the advisory role of foreign directors is greater than their supervisory role. Non Chinese foreign directors have significant influence, while Chinese foreign directors no significant, indicating that cultural “imprints” have a deep-rooted impact on people. Foreign directors can influence the ESG performance of other firms through other directors, indicating that foreign directors' participation in corporate governance has a “spillover effect”.

Keywords: ESG Performance; foreign directors; the board of directors; corporate governance

企业 ESG 表现与债务融资成本关系研究：实证分析与影响机制

李子言[①]　李哲[②]　徐小林[③]　施建军

内容摘要：随着全球社会对气候变化问题的广泛关注，人类对可持续发展的认识不断增强。在这种背景下，企业的环境、社会和治理（ESG）表现日益成为资本市场关注的焦点，对企业经营和发展产生了深远影响。在当前实施“双碳”战略的背景下，研究企业 ESG 表现与其融资成本之间的关系具有重要的现实意义。本文以企业债务融资成本为切入点，主要基于信号传递理论分析了企业 ESG 表现对债务融资成本的影响及可能的影响机制。研究选取了 2016 年至 2020 年间沪深 300 和中证 500 成分股中的 704 家上市企业作为研究样本，采用商道融绿提供的 ESG 评级数据进行实证检验，以验证企业 ESG 表现对降低债务融资成本的作用。

研究结果表明，企业 ESG 表现对债务融资成本具有显著负向影响，即企业提高自身 ESG 表现可降低其债务融资成本。进一步对调节变量的分析显示，媒体关注能够增强企业 ESG 表现与债务融资成本之间的关系，而政治关联则可能削弱二者之间的联系。然而，行业景气度对这一关系并未呈现显著影响。针对以上研究结果，政府及相关部门应完善企业 ESG 信息披露要求，并建立相应的奖惩制度，以推动 ESG 信息披露制度的规范和完善。同时，企业应积极提升自身的 ESG 表现，以降低融资成本，推动其长期发展。

关键词：ESG 表现；债务融资成本；媒体关注；政治关联

① 李子言，管理学硕士，南京大学商学院 2020 级硕士，现就职于兴证全球基金管理有限公司，邮箱：lizy@xqfunds.com。

② 李哲，管理学学士，南京大学商学院 2023 级硕士，现就读于南京大学商学院，邮箱：lizhe2023@smail.nju.edu.cn。

③ 徐小林，香港中文大学系统工程博士，南京大学商学院 1999 级硕士，现为南京大学商学院工商管理系教授、博士生导师，邮箱 xuxl@nju.edu.cn。

一、引言

近年来，全球新冠疫情大流行和极端天气频发对人类的生产、生活带来诸多负面冲击，经济增长的可持续性面临挑战。如何识别、评估和抵御此类“可持续性风险”，以及如何在外部风险的冲击下，仍然保持经济增长的动力，就成为了海内外经济政策制定者、投资者和企业管理者关注的焦点。ESG（环境、社会、治理）逐渐成为了评价和管理上述可持续性风险的重要框架。国际社会中，部分国家和地区已经建立起了较为完善的ESG信息披露制度。2014年，欧盟颁布的《非财务报告指令》中，首次将ESG要素纳入法规，强制要求员工人数超过500人的大型企业披露ESG信息。2021年，美国发布的《ESG信息披露简化法案》和《气候风险披露法案》明确由美国证券交易委员会（SEC）参与ESG披露规则制定，统一披露标准。自“双碳”目标提出以来，我国的ESG信息披露也开始进一步走向规范化，相关法规政策加速出台，但当前仍主要遵循自愿披露原则，监管力度较为宽松。2020年9月深圳证券交易所发布《深圳证券交易所上市公司信息披露工作考核办法》增加了第十六条“履行社会责任的披露情况”，首次提及了ESG披露，并将其加入考核。同月上海证券交易所也制定并发布了《上海证券交易所科创板上市公司自律监管规则适用指引第2号——自愿信息披露》，明确指出企业在自愿披露环境保护、社会责任履行情况和公司治理一般信息的基础上，应根据企业所在行业、业务特点、治理结构，进一步披露环境、社会责任和公司治理方面的个性化信息。

尽管社会各界要求对企业进行ESG评估的呼声日益高涨，但企业提高自身的ESG表现能否实现社会价值与企业经营发展的“双赢”，是企业是否具有可持续发展内在动力的关键（邱牧远、殷红，2019）。如果企业较好的ESG表现能够给自身带来市场价值的提升和融资成本的降低，那么注重并加强企业自身的ESG投入将会成为企业经营的自主选择；反之，在缺乏明确收益的前提下，如果单纯依靠社会舆论和行政命令的手段要求企业加强ESG建设，不仅会损害企业的积极性，破坏良好政商关系，还会对企业的正常经营活动产生不利影响，不符合经济绿色转型的客观要求。我国目前的金融体系仍以传统的商业银行为主导，企业大部分依赖债务手段进行融资，通过向商业银行申请长期、短期借款或者发行债券来达成融资目的。债务融资成本的高低取决于企业获得债务融资的难易程度，代表着企业的债务融资能力，通常受到企业自身、政府、银行以及市场的多方影响（蔡春、梁子慧，2022）。随着世界气候危机加剧和我国“双碳”目标的不断推进，管理学界针对企业ESG问题的研究飞速发展，许多学者开始从ESG的角度对不同企业融资成本间存在的差异进行解释。然而在大部分研究中，学者们往往仅聚焦于环境（Environment）、社会（Social）

或公司治理（Governance）的单一视角进行探讨，忽视了三者作为 ESG 统一整体间的综合联系，缺乏分析 ESG 影响企业融资成本的综合框架。

综上所述，本文从企业 ESG 整体表现的视角出发，探讨其对企业融资成本的影响。本文认为，ESG 评级通过削弱投资者与企业之间的信息不对称程度，进而减少了投资者的投资风险，最终使企业的融资成本降低。另外，本文还引入了媒体关注、政治关联以及行业景气度作为调节变量探讨企业 ESG 表现对企业融资成本的影响机制。变量测量方面，本文基于商道融绿的 ESG 评级数据，采取分级赋值的方法度量企业的 ESG 表现，具有一定的创新意义。

下文的安排如下：第二部分对现有文献进行综述并提出本文的研究假设，第三部分介绍本文的研究设计，第四部分对实证检验结果进行分析，第五部分为结论。

二、文献综述与假设提出

以往研究中，学者们往往基于环境、社会责任或公司治理的单一视角探究其对企业产生的影响，缺乏综合视角下的讨论。因此，近年来，包含环境、社会和公司治理三个维度的 ESG 成为了研究热点。在不同国家和地区，对于上市企业 ESG 信息披露的要求存在差异：美国上市公司必须披露环境问题对公司财务状况的影响；欧盟强制要求污染严重的企业进行披露；而在我国，内地上市企业披露 ESG 报告主要采取自愿披露原则。学者们研究发现很多因素会影响 ESG 信息的披露，Baldini 等（2018）使用跨国样本研究发现政治制度、劳动制度和文化制度等国家层面的特征会显著影响公司的 ESG 披露实践。在 ESG 信息披露的经济后果方面，Crifo（2015）实验发现投资者对不良 ESG 实践披露的反应比对良好 ESG 实践披露的反应更大，承担更多社会责任的公司更加吸引私募股权投资者。Li 等（2018）发现 ESG 披露水平和公司价值之间呈正相关关系，Capelle-Blancard 和 Petit（2019）通过实验发现 ESG 负面新闻将导致公司的市场价值下降，晓芳等（2021）将 ESG 评级事件作为准自然实验，研究发现公司披露 ESG 评级会通过降低公司的经营风险和信息风险来降低审计收费。具体到 ESG 综合表现对企业融资成本的相关研究，目前还未能形成统一观点。大部分研究表明，企业 ESG 的发展对于提高企业价值，降低公司债务融资成本具有正向作用（Eliwa, Aboud, and saleh, 2019；Brogi M, 2019；Cajias et al., 2014；王波、杨茂佳，2022）；但也有部分研究指出，ESG 表现对企业融资成本具有负向影响（Garcia and Orsato, 2020）。此外，还有学者认为 ESG 表现对企业价值和融资成本的影响存在边界条件，只有达到一定的门槛，这种影响关系才会得到体现（El Ghoul, 2017）。

根据融资优序理论，企业在选择融资方式时，会根据融资成本按照内源性融资、债务融资和股权融资的顺序进行。内源性融资成本较低，但筹资额度往往不足；股权融资的手续复杂，融资成本相对较高。因此在实践中，企业往往较多选择债务融资方式。由于资本市场上借贷双方存在信息不对称，投资者往往处于信息劣势地位。企业自愿地披露信息是投资者了解企业发展状况与前景的重要信息来源，公司所披露信息的多少和质量的高低会对投资者所期望获得的投资收益产生影响，从而影响投资者对投资所要求的风险补偿。根据信号传递理论，为了降低与投资者之间的信息不对称以及避免投资者的逆向选择，企业会主动向投资者传递出企业经营状况良好、关注债权人、社会利益等信息，以寻求获得投资者的支持和信任，降低融资成本（Cuadrado-Ballesteros, 2016）。其次，ESG 作为反映企业可持续发展能力的综合指标，能够帮助债权人更加全面地了解企业在环境保护、社会责任履行和公司治理方面的表现。企业 ESG 表现优异，则会给债权人树立良好的债务人形象，使得债权人对企业要求更优惠的利率政策和宽松的协议条款（Atif and Ali, 2021）。另外，根据利益相关者理论，企业对自身的 ESG 表现的经营，是积极履行社会责任的表现，对企业的长期发展具有正向影响，会提升投资者对企业的未来预期，增加投资意愿，在企业进行债务融资时也更愿意降低企业的债务融资成本。

因此，企业良好的 ESG 表现能够缓解与内外部利益相关者间的信息不对称，向债权人、消费者、供应商等利益相关者传递企业值得信赖的信号，从而通过直接降低企业的资金使用成本和借债需求等途径来降低企业债务融资成本。综上，本文作出如下假设：

H1：企业 ESG 表现与债务融资成本之间的关系为负相关。

信息传播中介是企业和利益相关者之间的关键信息桥梁，对充分发挥企业 ESG 信息披露影响力、降低融资成本至关重要。新闻媒体是当代社会信息传播的主要途径，可以通过向外界传递有关企业 ESG 表现的增量信息，缓解企业与利益相关者之间的信息不对称程度，缩小外界感知到的企业 ESG 表现信息与企业真实 ESG 表现之间的差距。因此，新闻媒体可以通过对企业 ESG 信息的报道，增进债权人对企业的了解程度，并影响其风险预期和投资决策。媒体在市场中既扮演着旁观者的角色，又充当事件的推进者角色。旁观者指媒体在事件初始阶段并不参与事件的任何一方主体，推进者意味着当事件发酵到了媒体报道的程度，则可以左右公众的判断，形成所谓的媒体治理效应（程博等，2021）。对于企业的 ESG 表现来说，媒体关注达到一定程度后会引发企业的声誉机制，而企业出于对外部舆论和对声誉的压力则会尽可能依据社会责任准则进行经营，对企业债务融资成本的降低作用因此得到促进。此时媒体关注像是一个“放大镜”，增强了 ESG 表现与企业债务融资成本之间的关系。同时，媒体对信息的多方传递也降低了借贷双方信息不对称的影响，减缓了 ESG 表现对债务融资成本影响中由于信息传递而可能存在的滞后效果（张兆国、靳小翠、李庚秦，2013），间接加快了 ESG 作用于债务融资成本的效率。据此，本文提出如下假设：

H2：媒体关注会增强企业 ESG 表现与债务融资成本之间的关系。

政治关联是企业采用不同方式主动与政府、司法机关等政治机构建立关系，本质上是一种政企关系资源（王永进、盛丹，2012）。大量研究表明，政治关联高的企业通常可以获得更多的贷款，拥有更长时间的还款期限以及较低的税率（Faccio，2006；宁宇新，柯大钢，2009；薛玉莲，2008；余明桂、潘红波，2008）。一方面，拥有政治关联的企业能够与政府建立起通畅的沟通渠道，更有利于获得政府的支持与帮助。同时，政府通过政治管理，能够增进对企业的了解和控制程度。根据寻租理论，政府凭借手中的控制权对企业和个人的经济活动进行干预，政府干预资源配置会产生额外收益，企业的非生产性寻租行为由此产生。对于企业来说，寻租获取的收益大于寻租付出的成本，而政治关联就是开展寻租活动的途径之一（杨孝安、程振、陈宝东，2021）。政治关联可以为企业争取更多的税收优惠和财政补贴、提供隐性担保、降低行业准入门槛等，这些均有助于改善企业的经营状况（于蔚等，2012）。因此本文认为，企业政治关联的“关系疏通”作用可能体现在施压银行等债权人和作为“信用担保”方面，改变如银行等贷款机构以往对于企业惜贷的做法。当企业的政治关联较高时，一方面，根据信号传递理论，企业向外界传递了声誉信号和隐性担保信号，有了政府的参与和支持，将大幅度提高企业的商业信用，以及提高银行等贷款机构对于企业的信用评级（王进朝、田佳楠，2019），从而降低对于企业财务和非财务状况的要求。另一方面，因为有了政府的背书，企业能够向外部传递企业经营实力的积极信号，从而让债权人不用过多担忧企业的违约风险。此外，政治关联高的企业本身可以通过获取政策、行业环境等隐性信息和资源来提高企业的长期经营能力，这使得投资人可能不会再那么关注代表企业可持续发展能力的 ESG 指标，从而削弱 ESG 表现与债务融资成本之间的关系。据此，本文提出假设 H3：

H3：政治关联会削弱企业 ESG 表现与债务融资成本之间的关系。

企业的营运资金管理与外部经营条件密切相关（薛爽，2008）。行业景气度作为企业所处行业环境的重要方面，对企业的经营活动具有重要影响。受当前宏观层面碳中和等因素的影响，各行业发展前景间存在很大差异。对行业景气度较高的企业而言，其经营成本会由于规模效应变低（袁桂秋、张玲丹，2010），同时企业管理层对企业资产的处理速度也加快，企业成本黏性相对较小（肖土盛、靳庆鲁，2016）。此外由于市场需求稳定，企业盈利能力较强，管理层会获得更多薪酬（魏刚，2000），薪酬绝对值的提高弥补了相对性的不足，从而减少了管理层基于攀比的薪酬操纵行为（罗宏、曾永良、宛玲羽，2016）。根据信号传递理论，当企业所在行业处于高景气时，会向利益相关者传递一个未来经营预期较好、财务状况增长的“信号”，投资者在接收到这个信号之后，会对企业未来的经营发展报以乐观期待，淡化对于企业当下财务情况的要求，更多关注于企业可持续发展，包括环境保护、社会责任和公司治理等信息，而这个时候，企业的 ESG 表现会得到更多关注，从而影响到企业的债务融资成本。而相反，如果企业处于行业景气度较差的环境下，投资者对于未来成长性的期待有限，就更加关注企业当下的财务信息，对企业 ESG 表现的关注则会相对较少。基于上述分析，本文提出假设 H4：

H4：行业景气度会增强企业 ESG 表现和债务融资成本之间的关系。

三、研究设计

（一）样本选取与数据来源

样本选取方面，本文以 A 股沪深 300 和中证 500 成分股企业作为初始研究样本，样本的时间范围为 2016 年–2020 年。本文主要研究 ESG 评级对企业融资成本的影响，进一步根据研究目的对样本进行了如下筛选：首先，由于金融行业上市公司的特殊性，根据当前研究管理，对其样本进行了剔除；其次，考虑到样本的连续性，本文剔除了 2016 年–2020 年间某一时段存在数据缺失或数据异常情况的上市公司样本；最后，对经营状况存在异常的 ST 企业进行了剔除。数据来源方面，本文中使用的企业财务数据全部来源于 CSMAR 数据库，ESG 评级数据来自 WIND 数据库商道融绿 ESG 评级。最终，本研究共获得 704 个企业的 2 311 个观测值，构建起非平衡面板数据。为剔除极端值的影响，本文还对连续变量在 1% 和 99% 的水平上进行了缩尾处理。

（二）变量设计

（1）被解释变量：债务融资成本（*Cost*）

本文基于李广子、刘力（2009）、林钟高、丁茂恒（2017）和蔡春、梁子慧（2022）对债务融资成本的测量，用企业的财务费用占期末总负债比重来度量企业债务融资成本。此外，为了更好地考察企业 ESG 表现对债务融资成本的影响，我们对 *Cost* 采用滞后一期的做法。

（2）解释变量：企业 ESG 表现（*ESG*）

ESG 评级是 ESG 投资趋势发展的产物，能够帮助投资者更加全面、完整评估公司的可持续发展能力和长期投资价值。本文考虑到国情和 ESG 发展阶段的不同，选取了国内比较成熟的商道融绿评级进行指标构建。商道融绿是我国最早的 ESG 评级体系，覆盖了 1 700 多家上市公司，包含了 3 个维度、13 项分类议题、200 多项三级指标、来源于 1 000 余个数据点，同时还引入了扶贫、证监会处罚等特色指标，其 ESG 评级具有广泛的代表性。基于此，本文选取商道融绿 ESG 评级体系进行实证研究。

商道融绿 ESG 评级体系共包含三级指标，其详细内容我们展示在了附表 1 当中。为了衡量不同企业的 ESG 表现，商道融绿将 ESG 评级体系分为 A+ 到 D 共 10 个级别，A+ 代表 ESG 表现最好，D 则代表最差。本文基于此对不同级别的 ESG 表现进行赋值，A+ 等级赋值为 10，依次递减，D 等级为 1，得分越高代表企业的 ESG 表现越好。

（3）调节变量：媒体关注（*Media*），政治关联（*PC*），行业景气度（*Prosperity*）

媒体关注（*Media*）方面，本文借鉴了张玉明、邢超、张瑜（2021）、王云等（2017）、潘爱玲等（2019）学者的研究：以 CNRDS 中国上市公司财经新闻数据库中，报刊新闻、网络新闻报道企业的次数为主体，对所研究的样本公司报道次数加一，并取自然对数作为最终的媒体关注变量。

政治关联（*PC*）的衡量大多采用企业管理层的政治背景作为替代，当前研究中通常使用虚拟变量方法对其进行定义。本文借鉴先前研究，将政治关联定义为：若上市企业的高管（董事长或总经理）现任或曾经担任人大代表、政协委员、政府部门官员等，该变量赋值为 1，否则为 0。

对行业景气度（*Prosperity*）的定义，本文借鉴薛爽（2008）测量行业景气度的方法，采用 CSMAR 财务数据，首先确定行业分类，按照证监会行业分类，制造业采用两位编码，其他行业采用一位数编码；再计算不同行业内样本公司的行业景气度。具体过程如下：第一步：先计算 2015 年–2020 年每年每个行业内样本公司总资产利润率（ROA）的中值 MROA。第二步：再计算各行业 MROA 在这 5 年的中值 MMROA。第三步：最后将 2015 年–2020 年间各行业的中值 MROA 与其 MMROA 进行比较，如果 t 年的 MROA 大于 MMROA，则当年该行业的景气指数 *Prosperity* 为 1，否则为 0。

（4）控制变量

根据前文梳理的债务融资成本的主要影响因素，同时参考国内学者李广子、刘力（2009）、周楷唐（2016）、倪娟、孔令文（2016）、邱牧远、殷红（2019）、何德旭（2022）等人的研究，最终选择产权性质（*State*）、贷款基准利率（*Loan*）、企业规模（*Size*）、资产负债率（*Lev*）、流动比率（*Lr*）作为控制变量，具体的变量定义展示在了表 1 中。

表 1　变量汇总表

变量	测量	主要参考来源
因变量:		
债务融资成本（*Cost*）	企业的财务费用占期末总负债比重来度量（也即债务利息比），并对 *Cost* 采用滞后一期的做法	蔡春、梁子慧，2022 林钟高、丁茂恒，2017

（续表）

变量	测量	主要参考来源
自变量：		
ESG 评分 （*Esg*）	基于商道融绿的 ESG 评级数据，对 A+ 至 D 的 10 个评级，由高到低逐级用 10 至 1 进行赋值，A+ 为 10 分，D 为 1 分	Deng and Cheng，2019 Xiang Cheng，2019 刘柏、卢家锐、琚涛，2022
调节变量：		
政治关联 （*PC*）	公司董事长或总经理曾任或现任党代表、人大代表、政协委员或政府官员，是为 1，其余为 0	余明桂、潘宏波，2008 Li HY and Zhang Y，2007
媒体关注 （*Media*）	采用 CNRDS 中国上市公司财经新闻数据库数据，用公司出现在报刊新闻、网络新闻中的总次数来表征。Media=ln（总次数 +1）	张玉明、邢超、张瑜，2021 王云等，2017 潘爱玲等，2019
行业景气度 （*Prosperity*）	先计算 2015 年–2020 年每年每个行业内样本公司 ROA 的中值 MROA，再计算各行业 MROA 在这 5 年的中值 MMROA，最后将 2015 年–2020 年间各行业的中值 MROA 与其 MMROA 进行比较，如果 t 年的 MROA 大于 MMROA，则当年该行业的景气指数 *Prosperity* 为 1，否则为 0	薛爽，2008 刘玉玉等，2017 陈武朝，2013
控制变量：		
产权性质 （*State*）	国有企业为 1，其余为 0	周楷唐，2017
贷款基准利率 （*Loan*）	人民银行 1 年期贷款基准利率	邱牧远、殷红，2019
企业规模 （*Size*）	取公司资产总额的对数	李广子、刘力，2009
资产负债率 （*Lev*）	期末负债总额与资产总额的比值	何德旭，2022
流动比率 （*Lr*）	流动比率 = 流动资产 / 流动负债	邱牧远、殷红，2019

（三）模型设定

基于前文的理论分析，本文以企业 ESG 表现作为解释变量，以债务融资成本作为被解释变量，以企业产权性质（*State*）、企业规模（*Size*）、资产负债率（*Lev*）、流动比率（*Lr*）、贷款基准利率（*Loan*）等指标作为控制变量，构建起式（1）的回归模型对研究假设 1 进行验证：

$$Cost_{it}=\beta_0+\beta_1Esg_{it}+\beta_2State_{it}+\beta_3Size_{it}+\beta_4Lev_{it}+\beta_5Lr_{it}+\beta_6Loan_{it}+\varepsilon_{it} \quad (1)$$

其中 *Cost* 指代企业的债务融资成本，采用韩乾（2017）的做法，用企业的财务费用占期末总负债的比重来衡量，采取滞后一期数据。β_0 为常数项，β_i 为解释变量和各控制变量的回归系数，i 表示样本企业，t 表示年份，ε_{it} 表示随机误差项。

同时，为了研究不同媒体关注（*Media*）、政治关联（*PC*）和行业景气度（*Prosperity*）下，ESG 表现对债务融资成本影响的差异性，本文进一步构建了模型（2）（3）（4）分别对假设 H2、H3、H4 进行验证。

$$Cost_{it}=\beta_0+\beta_1Esg_{it}+\beta_2Media_{it}+\beta_3Esg_{it}\times Media_{it}+\beta_4State_{it}+\beta_5Size_{it}+\beta_6Lev_{it}+\beta_7Lr_{it}+\beta_8Loan_{it}+\varepsilon_{it} \quad (2)$$

$$Cost_{it}=\beta_0+\beta_1Esg_{it}+\beta_2PC_{it}+\beta_3Esg_{it}\times PC_{it}+\beta_4State_{it}+\beta_5Size_{it}+\beta_6Lev_{it}+\beta_7Lr_{it}+\beta_8Loan_{it}+\varepsilon_{it} \quad (3)$$

$$Cost_{it}=\beta_0+\beta_1Esg_{it}+\beta_2Prosperity_{it}+\beta_3Esg_{it}\times Prosperity_{it}+\beta_4State_{it}+\beta_5Size_{it}+\beta_6Lev_{it}+\beta_7Lr_{it}+\beta_8Loan_{it}+\varepsilon it \quad (4)$$

四、实证检验

（一）描述性统计

为了说明数据特征，本文首先对主要变量进行了描述性统计，统计结果如表 2 所示。解释变量企业 ESG 表现（*ESG*）的均值为 5.163，说明样本 ESG 评级整体水平不高，只有 B 级，提升空间很大。债务融资成本（*Cost*）的标准差为 0.003，均值为 0.001，说明样本企业之间的债务融资成本虽然存在一些极端值，但整体差距不大。调节变量中，媒体关注（*Media*）标准差为 1.517，样本企业间的媒体曝光度差异较大；政治关联（*PC*）的均值为 0.309，说明企业的整体政治关联不高；行业景气度（*Prosperity*）均值为 0.586，标准差为 0.493，说明样本企业行业景气度差异不大。相关性统计方面，自变量之间不存在非常高的相关程度；此外，方差因子膨胀分析结果显示，所有变量的 VIF 均小于 5 的阈值，这说明了本文中不存在严重的多重共线性问题。

表 2　主要变量描述性统计结果

变量	N	Mean	Std	*ESG*	*Cost*	*Media*	*PC*	*Prosperity*	*State*	*Size*	*Lev*	*Lr*	*Loan*
ESG	2311	5.163	0.981	1.000									
Cost	2311	0.001	0.003	−0.085	1.000								
Media	2311	4.161	1.517	0.034	0.063	1.000							
PC	2311	0.309	0.462	−0.024	0.042	0.146	1.000						
Prosperity	2311	0.586	0.493	−0.035	−0.003	0.069	−0.001	1.000					
State	2311	0.498	0.500	0.157	−0.041	0.118	−0.058	0.005	1.000				
Size	2311	3.181	0.053	0.164	0.115	0.466	0.053	0.011	0.339	1.000			
Lev	2311	0.482	0.192	0.055	0.129	0.235	0.040	0.016	0.188	0.631	1.000		
Lr	2311	1.865	1.833	−0.081	−0.052	−0.116	−0.003	−0.024	−0.167	−0.355	−0.579	1.000	
Loan	2311	4.128	0.193	−0.171	0.112	0.246	0.067	0.200	0.061	0.065	0.063	−0.053	1.000

（二）回归分析结果

为对研究假设进行验证，本文根据 3.3 中的模型设定，采用固定效应模型对搜集到的面板数据进行回归分析。回归分析中对年份进行了控制，不同模型的回归结果展示在了表 3 中。

表 3　变量回归结果

Cost	（1）：H1	（2）：H2	（3）：H3	（4）：H4	控制变量
ESG	−0.00020***	−0.00078**	−0.00006	−0.00030***	
Media		0.00006*			
PC			0.00270***		
Prosperity				−0.00090	
ESG×*Media*		0.00003*			
ESG×*PC*			−0.00050***		
ESG×*Prosperity*				0.00020	
State	−0.0006***	−0.00060***	−0.00050***	−0.00060***	−0.00060***
Size	0.0047***	0.00580***	0.00450***	0.00460***	0.00400**
Lev	0.0016***	0.00160***	0.00150***	0.00160***	0.00170***
Lr	0.0000	0.00003	0.00002	−0.00030	−0.00004
Loan	−0.0026**	−0.00350***	−0.00270**	−0.00250**	−0.00240**
Year FE	Yes	Yes	Yes	Yes	Yes
N	2311	2311	2311	2311	2311
R^2	0.058	0.059	0.063	0.059	0.055

模型（1）的回归结果显示，ESG 表现在 1% 的显著水平上对债务融资成本存在显著的负向影响（=−0.0002）。这说明当企业提高自己的 ESG 表现时，能够降低其债务融资成本，假设 H1 得到成立。

针对假设 2，本文借鉴张玉明、邢超、张瑜（2021）、潘爱玲等（2019）、王云等

（2017）的研究，采用来自 CNRDS 中国上市公司财经新闻数据库数据，以样本上市公司出现在报刊新闻、网络新闻中的总次数来表征媒体关注，并将总次数 +1 再取自然对数来计算。由（2）的回归结果可知，ESG 表现与债务融资成本关系显著为负，在 10% 水平上显著，而媒体关注交互项系数为正，且在 10% 水平上显著，说明媒体关注对 ESG 表现与债务融资成本之间的关系起到正向调节作用，和前面的分析一致，假设 H2 得到了支持。

针对假设 3，为了探讨政治关联对企业 ESG 表现与债务融资成本之间关系的调节作用，本文借鉴余明桂、潘红波（2008）、Li HY and Zhang Y（2007）对政治关联的定义，以样本公司的董事长或总经理是否曾任或现任党代表、人大代表、政协委员、政府官员为分类标准，将研究样本分为政治关联高的企业和政治关联低的企业。模型（3）结果显示，ESG 表现与债务融资成本关系负相关但显著，而政治关联与 ESG 的交互项系数为负且在 1% 水平上显著，说明政治关联对 ESG 与债务融资成本之间关系起到负向调节作用，和前面的分析一致，假设 H3 得到支持。

为了探讨行业景气度对企业 ESG 表现与债务融资成本之间关系的调节作用，本文采用薛爽（2008）对行业景气度的测算方法，如果 t 年某行业的 MROA 大于 MMROA，则该行业在当年为高景气度，否则为低景气度。对于景气度高的行业，假定其行业内企业未来的成长性预期更高，资本市场也愿意赋予更高的估值，其提升自身 ESG 表现的行为也会更加被投资者所关注和青睐，从而对债务融资成本产生更加显著的影响。模型（4）回归结果显示，ESG 表现与债务融资成本之间关系负相关且在 1% 水平上显著，而行业景气度以及交互项与债务融资成本之间关系均不显著，与前面分析不一致，假设 H4 不成立。这可能的原因是样本公司债务融资成本数据为 2017 年–2021 年，ESG 数据为 2016 年–2020 年，在 2016 年–2020 年间，由图 1 可知，根据 Wind 的宏观经济景气指数（一致指数）[①] 走势显示，当时的指数整体是下滑趋势，处于一个宏观经济整体不景气的时间段。尤其像 CRO、CXO、新能源车、锂电池、半导体等高景气度行业，都是在 2019 年才开始蓬勃发展，景气度投资也是由此开始受到广泛关注。所以在 2016 年–2020 年间，相较之下，债权人在对融资企业进行评估时，可能不会太关注于企业所处行业的景气度，而是更加侧重关注企业的特质，诸如政治关联、财务状况等。

① Wind 宏观经济景气指数：通过对企业家进行定期的问卷调查，并根据企业家对企业经营情况及宏观经济状况的判断和预期来编制的，由此反映企业的生产经营状况、经济运行状况，预测未来经济的发展变化趋势。数据为综合指数，是将构成指标进行季节调整后再对指标序列重新标准化后合成而得。更新规律为月频。

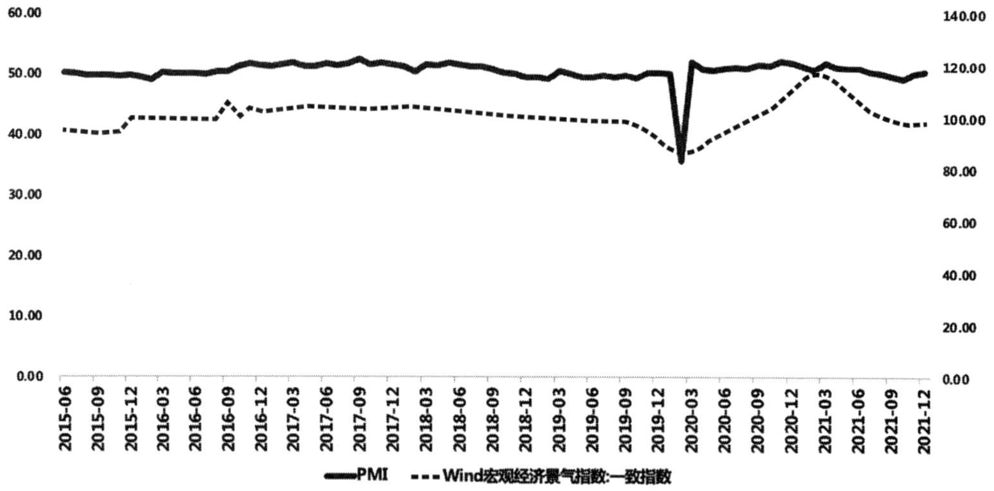

图 1　宏观经济景气指数（一致指数）与 PMI 指数

数据来源：Wind

（三）稳健性检验

借鉴以往研究中对债务融资成本的测量方式，本文采用利息支出占总负债的比例作为债务融资成本（Pittman and Fortin, 2004）的替代变量进行稳健性检验。回归模型中其余变量的设定保持不变，同时为排除可能存在的双向因果问题，本文仍然采用滞后一期的 *Cost* 作为因变量。稳健性检验的回归结果呈现在了表 4 当中。在使用新的债务融资成本对模型（1）重新进行回归后，ESG 表现的回归系数仍然在 5% 的水平上显著为负（=–0.0005），这与前文结论一致，表明企业提高自身的 ESG 表现仍然可以显著降低其债务融资成本。模型（2）中，媒体传播与 ESG 表现的交互项回归系数在 10% 的水平上显著为正（=0.0003），假设 H2 仍然得到支持。模型（3）中，政治关联与 ESG 表现的交互项回归系数在 10% 的水平上显著为负（=–0.0003），假设 H3 同样继续得到支持。但模型（4）中行业景气度与 ESG 表现的交互项系数虽然为正，但不再显著，假设 H4 不再得到支持。综上所述，通过稳健性检验发现，本文的主要结论仍然得到支持，研究结论具备较强的可靠性。

表 4　稳健性检验回归结果

Cost	模型 1（H1）	模型 2（H2）	模型 3（H3）	模型 4（H4）
ESG	–0.0005**	–0.0019**	–0.0006*	–0.0006*
Media		–0.0027***		

（续表）

Cost	模型 1（H1）	模型 2（H2）	模型 3（H3）	模型 4（H4）
PC			−0.0021**	
Prosperity				−0.0016
*ESG*Media*		0.0003*		
*ESG*PC*			−0.0003*	
*ESG*Prosperity*				0.0002
State	−0.0005***	−0.0027***	−0.0026***	−0.0025***
Size	−0.0013	0.0162**	−0.0009***	−0.0013
Lev	0.0161***	0.0154***	0.00150*	0.0160***
Lr	−0.0010***	−0.0010***	−0.0010***	−0.0010***
Loan	0.0044	−0.0049*	0.0043*	0.0046
Year FE	Yes	Yes	Yes	Yes
8N	2311	2311	2311	2311
R^2	0.134	0.151	0.134	0.134

五、结论

在 ESG 越来越受到广泛关注的当下，从企业层面探讨其影响效果具有很强的理论和现实意义。基于此，本文选取了 A 股沪深 300 指数和中证 500 指数成份 704 家上市企业作为研究样本，探讨了企业 ESG 表现与债务融资成本之间的关系，并就媒体关注、政治关联以及行业景气度三个调节变量进行了实证分析。主要得到了下面的研究结论：

企业的 ESG 表现对债务融资成本具有显著的负向影响。当企业提高自身的 ESG 表现时，其债务融资成本会相应降低。一方面，提升企业的 ESG 表现有助于缓解企业和债权人之间的信息不对称程度，减少企业非财务信息的获取难度，让债权人能够更加完整、真实、客观地评估企业的价值和风险，间接降低企业融资成本；另一方面，企业提升 ESG 表现，是在向公众传递企业可持续经营能力的信号，增加债权人对于企业未来经营和偿债能力的信心，从而降低所要求的风险补偿。该研究结果表明，对于企业而言，短期财务绩效不再是其唯一目标，长期经营能力同样具有重要意义。从投资机构的角度出发，对企业进行评估时不但要关注反映过去和当下的财务指标，也要参考 ESG 评级等指标，考虑企业未来的经营能力和风险。

媒体关注在信息披露中具有媒介和监管的双重作用。其调节效应体现在，当媒体关注达到一定程度时，会激发企业的声誉机制，使企业更倾向于依据社会责任准则进行经营。这种情况下，企业提高 ESG 表现将进一步降低借贷双方的信息不对称，减缓 ESG 表现对债务融资成本的影响滞后效应，间接提高 ESG 作用于债务融资成本的效率，从而增强 ESG 表现与企业债务融资成本之间的关系。政治关联作为一种资源，有助于企业获取政策、行业环境等隐性信息和资源，提高经营能力。这种政企关系优势将影响债权人对企业的风险评估。当企业拥有政治关联时，其声誉信号和隐性担保信号将提高企业商业信用和银行等贷款机构对企业的信用评级，降低对企业 ESG 表现的关注。此外，企业通过政治关联向外部传递积极的经营实力信号，使投资人更关注企业的长期经营能力，减少对企业贷款所要求的风险补偿，削弱 ESG 表现与债务融资成本之间的关系。此外，由于研究样本数据涵盖了 2016 年–2020 年，整体宏观经济不景气，投资者更注重行业景气度。行业景气度高的企业更容易获得投资者关注，但其 ESG 表现可能不会对债务融资成本产生显著影响，因其财务状况良好且未来成长空间较大，相对于行业景气度低的企业，ESG 投资的作用有限。

企业的 ESG 表现不仅可以收获降低债务融资成本、增加企业价值等实际利益，尤其是对于备受媒体关注的企业，这一影响更为显著。因此，企业应摒弃 ESG 行为只会消耗资源、增加成本的片面看法，努力提升企业的环保和社会责任意识。通过加强对环保理念和社会责任的宣传以及报道相关正面或负面案例，展示企业履行环境保护和社会责任的重要性。此外，企业还应重视媒体在降低信息不对称方面的作用，充分利用媒体的外部治理功能。通过媒体的信息传播功能，可以降低企业与外部利益相关者之间的信息不对称，增进利益相关者对企业的了解，从而树立企业良好的声誉和形象。

附　录

附表 1　商道融绿 ESG 指标内容

一级指标	二级指标	三级指标
E 环境	E_1 环境管理	环境管理体系、环境管理目标、员工环境意识、节能和节水政策、绿色采购政策等
	E_2 环境披露	能源消耗、节能、耗水、温室气体排放等
	E_3 环境负面事件	水污染、大气污染、固废污染等

（续表）

一级指标	二级指标	三级指标
S 社会	S1 员工管理	劳动政策、反强迫劳动、反歧视、女员工、员工培训等
	S2 供应链管理	供应链责任管理、监督体系等
	S3 客户管理	客户信息保密等
	S4 社区管理	社区沟通等
	S5 产品管理	公平贸易产品等
	S6 公益及捐赠	企业基金会、捐赠及公益活动等
	S7 社会负面事件	员工、供应链、客户、社会及产品负面事件
G 公司治理	G1 商品道德	反腐败和贿赂、举报制度、纳税透明度等
	G2 公司治理	信息披露、董事会独立性、高管薪酬、董事会多样性等
	G3 公司治理负面事件	商业道德、公司治理负面事件

参考文献

［1］ATIF M, ALI S. Environmental, social and governance disclosure and default risk［J］. Business strategy and the environment, 2021, 30（8）：3937–3959.

［2］BRIDOUX F M, VISHWANATHAN P. When do powerful stakeholders give managers the latitude to balance all stakeholders' interests?［J］. Business & society, 2020, 59（2）：232–262.

［3］CAJIAS et al. Do responsible real estate companies outperform their peers?［J］. International journal of strategic property management, 2014, 18（1）：11–27.

［4］DENG X, CHENG X. Can ESG indices improve the enterprises' stock market performance? — an empirical study from China［J］. Sustainability, 2019, 11.

［5］ELIWA Y, ABOUD A, SALEH A. ESG practices and the cost of debt：evidence from EU countries［J］. Critical perspectives on accounting, 2019：102097.

［6］GARCIA A S, ORSATO R J. Testing the institutional difference hypothesis：a study about environmental, social, governance, and financial performance［J］. Business strategy and the environment, 2020, 29（8）：3261–3272.

［7］LI P, ZHOU R, XIONG Y. Can ESG performance affect bond default rate? Evidence from China［J］. Sustainability, 2020, 12.

［8］PITTMAN J A, FORTIN S. Auditor choice and the cost of debt capital for newly public firms［J］. Journal of accounting & economics, 2004, 37（1）: 113–136.

［9］蔡春，梁子慧．外资持股与企业债务融资成本差异［J］．中国软科学，2022（05）：159–168.

［10］李广子，刘力．债务融资成本与民营信贷歧视［J］．金融研究，2009，354（12）：137–150.

［11］林钟高，丁茂桓．内部控制缺陷及其修复对企业债务融资成本的影响——基于内部控制监管制度变迁视角的实证研究［J］．会计研究，2017，354（04）：73–80+96.

［12］刘柏，卢家锐，琚涛．形式主义还是实质主义：ESG评级软监管下的绿色创新研究．南开管理评论，2023，26（05）：16–28

［13］罗宏，曾永良，宛玲羽．薪酬攀比、盈余管理与高管薪酬操纵［J］．南开管理评论，2016，19（02）：19–31.

［14］倪娟，孔令文．环境信息披露、银行信贷决策与债务融资成本——来自我国沪深两市A股重污染行业上市公司的经验证据［J］．经济评论，2016（01）：147–156.

［15］潘爱玲，刘昕，邱金龙，等．媒体压力下的绿色并购能否促使重污染企业实现实质性转型［J］．中国工业经济，2019（02）：174–192.

［16］邱牧远，殷红．生态文明建设背景下企业ESG表现与融资成本［J］．数量经济技术经济研究，2019，36（03）：108–123.

［17］王波，杨茂佳.ESG表现对企业价值的影响机制研究——来自我国A股上市公司的经验证据［J］．软科学，2022，36（06）：78–84.

［18］王进朝，田佳楠．政治关联、内部控制质量与债务规模［J］．会计之友，2019（13）：70–76.

［19］王永进，盛丹．政治关联与企业的契约实施环境［J］．经济学（季刊），2012，11（04）：1193–1218.

［20］魏刚．高级管理层激励与上市公司经营绩效［J］．经济研究，2000（03）：32–39+64–80.

［21］肖土盛，靳庆鲁，陈信元．行业竞争与公司成本黏性：基于实物期权视角［J］．管理科学学报，2016，19（03）：48–63.

［22］晓芳，兰凤云，施雯，等．上市公司的ESG评级会影响审计收费吗？：基

于 ESG 评级事件的准自然实验［J］. 审计研究，2021（3）：41–50.

［23］薛爽. 经济周期、行业景气度与亏损公司定价［J］. 管理世界，2008（07）：145–150.

［24］杨孝安，程振，陈宝东. 政治关联对上市民营企业研发投入的影响研究——基于信贷融资的中介效应［J］. 会计之友，2021（16）：99–106.

［25］姚立杰，付方佳，程小可. 企业避税、债务融资能力和债务成本［J］. 中国软科学，2018（10）：117–135.

［26］余明桂，潘红波. 政治关系、制度环境与民营企业银行贷款［J］. 管理世界，2008（8）：14.

［27］袁桂秋，张玲丹. 我国制造业的规模经济效益影响因素分析［J］. 数量经济技术经济研究，2010，27（03）：42–54.

［28］张玉明，邢超，张瑜. 媒体关注对重污染企业绿色技术创新的影响研究［J］. 管理学报，2021，18（04）：557–568.

［29］张兆国，靳小翠，李庚秦. 企业社会责任与财务绩效之间交互跨期影响实证研究［J］. 会计研究，2013（08）：32–39.

Research on the Relationship between Corporate ESG Performance and Debt Financing Costs：Empirical Analysis and Impact Mechanisms

Li Ziyan，Li Zhe，Xu Xiaolin，Shi Jianjun

Abstract：With the increasing global attention to climate change, human awareness of sustainable development continues to grow. Against this backdrop, the environmental, social, and governance (ESG) performance of companies has become a focus of capital markets, exerting profound effects on corporate operations and development. Against the backdrop of implementing the “dual carbon” strategy, studying the relationship between corporate ESG performance and their financing costs is of significant practical significance. This paper takes corporate debt financing costs as the starting point and primarily analyzes the impact of corporate ESG performance on debt financing costs and possible impact mechanisms based on signal transmission theory. The study selects 704 listed companies in the Shanghai and Shenzhen 300 and CSI 500 indexes from 2016 to 2020 as research samples, and uses ESG rating data provided by Financing Green in Business for empirical testing to verify the effect of corporate ESG performance on reducing debt financing costs.

The research results show that corporate ESG performance has a significant negative impact on debt financing costs, indicating that improving their own ESG performance can reduce the debt financing costs for companies. Further analysis of moderating variables indicates that media attention can enhance the relationship between corporate ESG performance and debt financing costs, while political connections may weaken the relationship between the two. However, industry prosperity does not show a significant impact on this relationship. Based on the above research results, governments and relevant departments should improve requirements for corporate ESG information disclosure and establish corresponding reward and punishment mechanisms to promote the standardization and improvement of ESG information disclosure systems. At the same time, companies should actively enhance their own ESG performance to reduce financing costs and promote their long-term development.

Keywords: ESG performance; cost of debt financing; media attention; political connections

商业银行授权实证研究

吕文宁[①]

摘要：本文从商业银行的经营实践出发，研究商业银行授权的前因变量和后果变量，建立理论模型及研究假设，根据问卷调查和访谈获得的数据，运用结构方程模型（Structural equation modeling，SEM）和 AMOS 软件进行定量分析，对理论模型及研究假设进行检验和分析，即影响商业银行授权的因素以及授权对员工组织承诺、工作绩效的影响，在此基础上分析商业银行在新的经营形势下的授权战略选择，为商业银行授权管理提供参考和指导。

关键词：商业银行授权；组织承诺；工作绩效；结构方程模型；实证研究

一、研究背景

"授权"是由"科学管理"之父泰勒在 1911 年发表的专著《科学管理原理》中率先提出来的，要求高层管理者应把处理日常事务的权力授予下级，自己只保留对例外事项（即重要事项）的决策权。20 世纪 20 年代，现代管理学理论预言家玛丽·帕克·弗莱特的研究进一步系统化了授权的思想，提倡结合更多民主因素的企业管理方式。20 世纪 50 年代，日本企业家发现并高度评价了弗莱特的研究成果，随后将其同 W·爱德华兹·戴明的质量理论一同应用于日本的工业生产中，并在全球市场竞争中取得了极大的成功。20 世纪 90 年代，当彼特·德鲁克的《向经理授权》一书成为最畅销的管理书籍时，授权管理获得广泛关注。进入 21 世纪后，一些西方学者通过研究发现，在企业成长的过程中授权成为一种关键因素（Forrester, 2000[2]；Ahearne, Mathieu, and Rapp, 2005[1]）。

① 吕文宁，管理学博士，南京大学企业管理系 2002 级博士生，现任职于中国工商银行牡丹卡中心。

国外专门对商业银行授权进行的研究还比较少，可参考的文献也不多，国内对商业银行授权的研究基本上都集中于法人授权的层次，而且多数集中于论述法人授权的原则、技巧、策略等方面。国内对商业银行授权的研究从1996年中国人民银行制定法人授权制度之后开始的，且多是从法人授权的角度进行。

二、研究方法及基本假设

通过对文献的综合回顾发现，国外对授权的研究主要从“授权行为”和“心理授权”两个角度对授权进行定义，并研究了其维度划分。本文对商业银行授权研究中，主要是从“授权行为”角度进行，分析授权与员工组织承诺、工作绩效之间的关系。根据文献回顾及对国内外商业银行授权状况的分析发现，授权的影响因素非常多，综合起来，作者将这些因素归纳为环境因素、领导因素、工作因素和员工因素四个大类。本研究定位于研究商业银行中的授权，与一般的授权研究既有一定的共性，同属于对授权的前因变量与后果变量研究。本研究的对象属于经营货币的、高风险的特殊行业，研究重点放在授权与组织承诺、员工工作绩效之间的关系上。

（一）相关变量

本研究主要目的是分析商业银行中授权的前因变量即主要影响因素，并分析授权与组织承诺、工作绩效之间的关系。研究中涉及的变量分四类，即自变量、中介变量、因变量和控制变量。

本研究涉及的自变量可以分为四个方面的因素，即环境因素、领导因素、工作因素、员工因素。环境因素包括：①外部环境稳定程度。②竞争压力。③反馈及控制系统。④支持授权的组织文化。领导因素包括：①管理幅度。②繁忙程度。③领导能力。④权力偏好。工作因素包括：①工作性质。②工作目标清晰程度。员工因素包括：①工作能力。②人品。③受信任程度。④工作自主性。本研究的中介变量包括两个，即授权和组织承诺。本研究的控制变量包括：个体因素（性别、年龄、工龄、职位、教育水平）、机构因素（机构层级、部门性质）。

（二）研究假设

1. 环境因素与授权的关系。本文假设：

假设1（H1）：环境的确定程度越低，越有授权倾向。

假设2（H2）：外部竞争压力越大，越偏向于授权。

假设3（H3）：授权与控制系统越完善，越偏向于授权。

假设4（H4）：支持授权的文化越强，越有利于提高授权。

2. 领导因素与授权的关系。本文假设：

假设 5（H5）：上级的管理幅度越大，越倾向于授权。

假设 6（H6）：上级的工作越繁忙，越倾向于授权。

假设 7（H7）：上级的领导驾驭能力越强，越倾向于授权。

假设 8（H8）：上级的权力偏好越强，越倾向于不授权。

3. 工作因素与授权的关系。本文假设：

假设 9（H9）：工作的专业性越强，越倾向于授权。

假设 10（H10）：工作的风险度越高，越倾向于不授权。

假设 11（H11）：工作紧急程度越高，越倾向于不授权。

假设 12（H12）：工作的影响面越大，越倾向于不授权。

假设 13（H13）：工作目标越模糊，越倾向于不授权。

4. 员工因素与授权的关系。本文假设：

假设 14（H14）：下属工作能力越强，越容易获得授权。

假设 15（H15）：下属人品越好，越容易获得授权。

假设 16（H16）：下属受信任程度越高，越容易获得授权。

假设 17（H17）：下属工作自主性越强，越容易获得授权。

5. 授权、组织承诺、工作积极性、工作绩效的关系。本文假设：

假设 18（H18）：充分授权，能提高员工组织承诺水平。

假设 19（H19）：充分授权，能促进员工工作积极性提高。

假设 20（H20）：充分授权，能促进员工工作绩效提高

假设 21（H21）：员工组织承诺高，将导致工作积极性高。

假设 22（H22）：员工组织承诺高，将导致工作绩效高。

为了清楚地表示各变量之间的假设关系，作者构建了因果模型如图 1 所示。

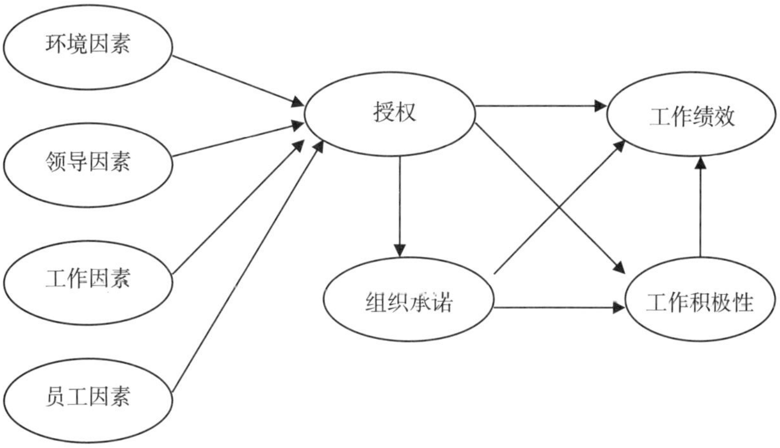

图 1　理论模型

（三）研究方法

为测量本研究中涉及的各类变量，作者使用的量表有：授权、工作绩效、组织承诺等。其中授权量表、工作绩效量表、组织承诺量表等，引自国内外学者的研究成果。其他项目的量表，由作者参考专家意见进行设计，并征求被测量者意见修改后确定，然后进行问卷调查，共计收集221份问卷。

本研究采用SPSS和Amos软件进行统计分析。具体分析内容包括：对预测试所搜集到的数据进行影响因素分析，考察授权量表的信度。对正式调查所获得的数据，本研究首先采用验证性因素分析和信度分析考察问卷的信度和效度；然后采用结构方程模型技术研究授权的各影响因素以及授权与组织承诺、工作积极性、工作绩效之间的关系。侯杰泰、温忠麟、成子娟（2004）[6]指出，结构方程模型的优势体现在它能处理传统统计分析方法无法处理的问题。很多社会、心理研究中涉及的变量，都不能准确、直接地测量，这种变量称为潜变量（latent variable）。我们只好退而求其次，用一些外显指标（observable indicators），去间接测量这些潜变量。本研究中潜变量有授权、组织承诺、工作积极性等。传统的统计分析方法不能妥善处理这些潜变量，而结构方程模型则能同时处理潜变量及其指标。

结构方程模型可分为测量方程（measurement equation）和结构方程（structural equation）两部分。测量方程描述潜变量与指标之间的关系，如个人的工作能力、人品、受信任程度、工作自主性等因素与影响授权的员工因素之间的关系。结构方程则描述潜变量之间的关系，环境因素、领导因素、员工因素、工作因素与授权之间的关系。指标含有随机误差和系统误差，前者指测量上的不准确性行为（与传统测量误差相当），后者反映指标也同时测量潜变量（因子）以外的特性（与因子分析中的特殊因子相当）。潜变量则不含这些误差。

对于指标与潜变量间的关系，通常写如下测量方程：

$x=\Lambda x\ \xi+\delta$

$y=\Lambda y\ \eta+\varepsilon$

其中，

x——外源（exogenous）指标（个人工作能力、人品、受信任程度、工作自主性等）组成的向量。

y——内生（endogenous）指标（环境因素、领导因素、员工因素、工作因素）组成的向量。

Λx——外源指标与潜变量之间的关系，是外源指标在外源变量上的因子负荷矩阵。

Λy——内生指标与内生潜变量之间的关系（环境因素、领导因素、员工因素、

工作因素与授权关系）

δ——外源指标 x 的误差项。

ε——内生指标 y 的误差项。

对于潜变量间（授权、组织承诺与工作绩效、积极性之间的关系）的关系，通常写成如下结构方程：

$\eta=B\eta+\Gamma\xi+\zeta$

其中，

η——内生潜变量（如工作绩效）

ξ——外源潜变量（如授权）

B——内生潜变量之间的关系

Γ——外源潜变量对内生潜变量的影响（如授权对组织承诺，授权对工作绩效的影响）。

ζ——结构方程的残差项，反映了 η 在方程中未能被解释的部分。

有关拟合指标应该达到的标准，有学者指出只要根据其中多个准则（包括卡方准则）模型是好的拟合，就可以从某些角度认为模型可以接受。当然，其他指数也要参考，不能离界值太远（温忠麟、侯杰泰、马什赫伯特，2004）[9]。侯杰泰等（2004：201）指出，在众多的拟合指数中，RMSEA 受样本容量 N 的影响较小，对错误模型比较敏感，而且惩罚了复杂模型，是比较理想的指数。Steiger（1990）[3] 认为，RMSEA 低于 0.1 表示好的拟合。本研究选用 X^2/df，IFI，CFI 和 RMSEA 这 4 个指标来评价研究模型：

1. X^2/df 指标：一般指标应该小于 5。

2. 增值拟合指数（Incremental fit index，IFI）：该指标的取值范围在 0 和 1 之间，越接近 1 越好。

3. 比较拟合指数（Comparative fit index，CFI）：该指标的取值范围在 0 和 1 之间，越接近 1 越好。

4. 近似误差均方根（root mean square error of approximation，RMSEA）：该指标低于 0.1 表示好的拟合；低于 0.05 表示非常好的拟合；低于 0.01 表示非常出色的拟合。

（四）假设检验及方差分析

本研究利用结构方程模型，采用 AMOS 软件，分析各变量之间的关系，对本研究提出的模型进行验证和完善，并对提出的假设进行检验。此外，还通过独立样本 T 检验和方差分析来分析各控制变量对授权与组织承诺、工作绩效、工作积极性之间的关系。根据对各测量项目的信度和效度的分析结果，运用 AMOS 软件和结构方程模型（Structure Equation Analysis，SEM ）技术来分析模型，验证模型的各条假设是否成立。图 2 将理论模型进一步细化，删除信度分析不显著的变量，形成了可供 AMOS 运算的模型。

在模型中包括两类变量：一类为观测变量，是可以通过访谈或其他方式调查得到的，用长方形表示；另一类为结构变量，是无法直接观察的变量，又称为潜变量，用椭圆形表示。各变量之间均存在一定的关系，这种关系是可以计算的。

本研究运用 AMOS 软件对研究模型与实证数据进行拟合分析。从分析据结果中可以看到，X^2/df 和 RMSEA 两个指标达到标准，其中 X^2/df 为 1.841，小于 5 这个最高上限，且严格小于更严格的指标 3 。RMSEA 的值为 0.062，小于 0.10 这个最高上限。其余的指标 IFI 为 0.681，CFI 为 0.672，都在 0.9 以下，说明模型的一些拟合指标还不够好。

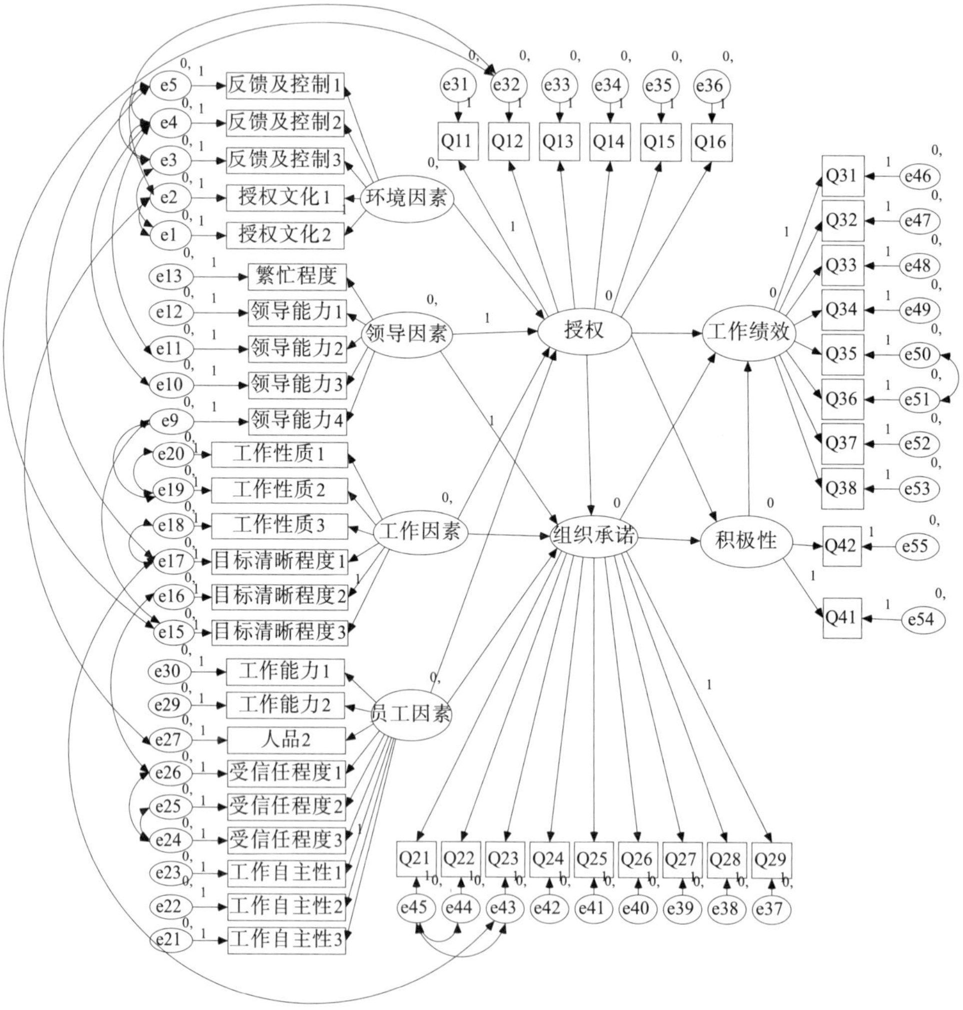

图 2　结构方程模型图

模型所有路径的标准化回归系数以及该路径的临界比例和 P 值。在结构方程建模技术中，判别回归系数是否显著异于零的标准是临界比例（critical ratio，简称 C.R.），当 C.R. 的绝对值大于等于 2 时，回归系数数值即可认定为在显著性水平为 0.05 的情况下与零存在显著差异（侯杰泰，2004）[7]。

针对初始模型拟合不理想的状况，本研究将对模型进行修改和完善。导致拟合优度较低的原因可能包括以下几个方面（黄铭芳，2005）[8]:（1）模型中考虑的关系有些并不显著;（2）一些变量间的关系未考虑进来;（3）样本量的大小会对模型拟合结果有影响;（4）测量问项设计不够合理;（5）遗漏变量。经过分析，作者认为，可能的原因是环境、领导、工作和员工等因素直接用测量项目来衡量，变量数量多，测量误差相应会更大，变量之间难以建立显著的定量关系，反应变量关系显著程度的 C.R. 指标值偏低可以证明这一点。C.R. 指标值偏低的主要原因是变量的方差较大。为此，本研究对环境、领导、工作和员工等因素的各测量项目按各测量的变量进行综合平均形成相关变量。

另外，作者认为，初始模型选择授权和组织承诺作为中介变量，对工作绩效和积极性进行影响分析可能并不理想。目前，国内商业银行对于授权的管理还处于欠规范阶段，无论是思想意识上，还是制度办法上都不够有序和完善。国内商业银行对员工组织承诺的关注相对较少，员工对银行组织承诺多停留于朴素的感情阶段。加上这两个中介变量后，模型过于复杂，也影响了拟合效果。为此，本研究将原模型分为两个部分，一部分分析环境、领导、工作和员工因素对授权和组织承诺的影响，另一部分分析授权、组织承诺对工作积极性、工作绩效的影响。

1. 各类因素对授权的影响

为了减少变量的误差，在分析各类影响因素对授权的影响之前，作者对各影响因素进行了平均化处理，即将各测量反映同一影响因素的测量项目的得分进行汇总后取平均值。经过逐步测试，剔除不显著的变量和变量关系，形成了如下分析模型（见图 3）。

根据改进的模型再次拟合，改进后模型的拟合度较初始模型有较大的提高，从反映拟合度的各指标看，修改后的模型拟合度非常好，其中 X^2/df 为 1.321，小于 5 这个最高上限，且严格小于更严格的指标 3 ；IFI 为 0.925，CFI 为 0.921，均大于 0.9；RMSEA 的值为 0.038，小于 0.10 这个最高上限。X^2/df、IFI、CFI、RMSEA 等四项指标均达到标准。

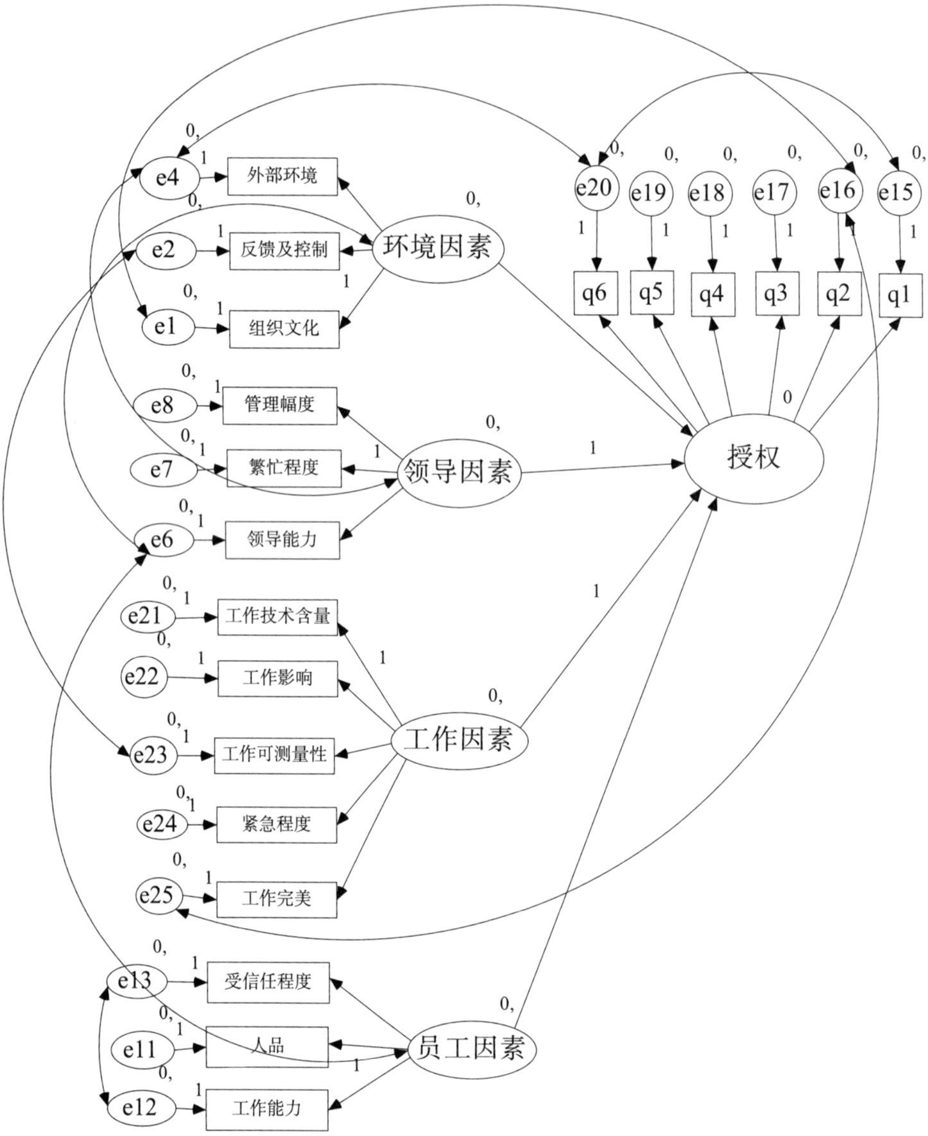

图 3　各类因素对授权的影响

2. 授权、组织承诺对工作绩效及工作积极性的影响

为简化模型，进一步分析授权、组织承诺对工作积极性和工作绩效的影响，作者单独建立了如图 4 所示的模型。在这一部分，作者对所有权行为、组织承诺、工作积极性、工作绩效之间的关系进行了模拟。与初始模型相比，虽然仍然只有 X^2/df、RMSEA 两项指标达到标准，但 IFI 和 CFI 指标值都比初始模型更接近标准。一般来说，探索性研究拟合指数容易偏低。上述模型中 X^2/df 为 1.965，小于 5 这个最高上限，且严格小于更严格的指标 3 ；IFI 为 0.794，CFI 为 0.787，均大于 0.7；RMSEA

的值为 0.066，小于 0.10 这个最高上限。X^2/df、RMSEA 等两项指标均达到标准。IFI 和 CFI 指标值虽然低于 0.9，但仍高于 0.78，这对于探索性研究来说也应该是可以接受的。从标准化回归系数看，授权和组织承诺对工作积极性和工作绩效都有显著的影响，尤其是组织承诺对工作积极性和工作绩效影响比授权更大。

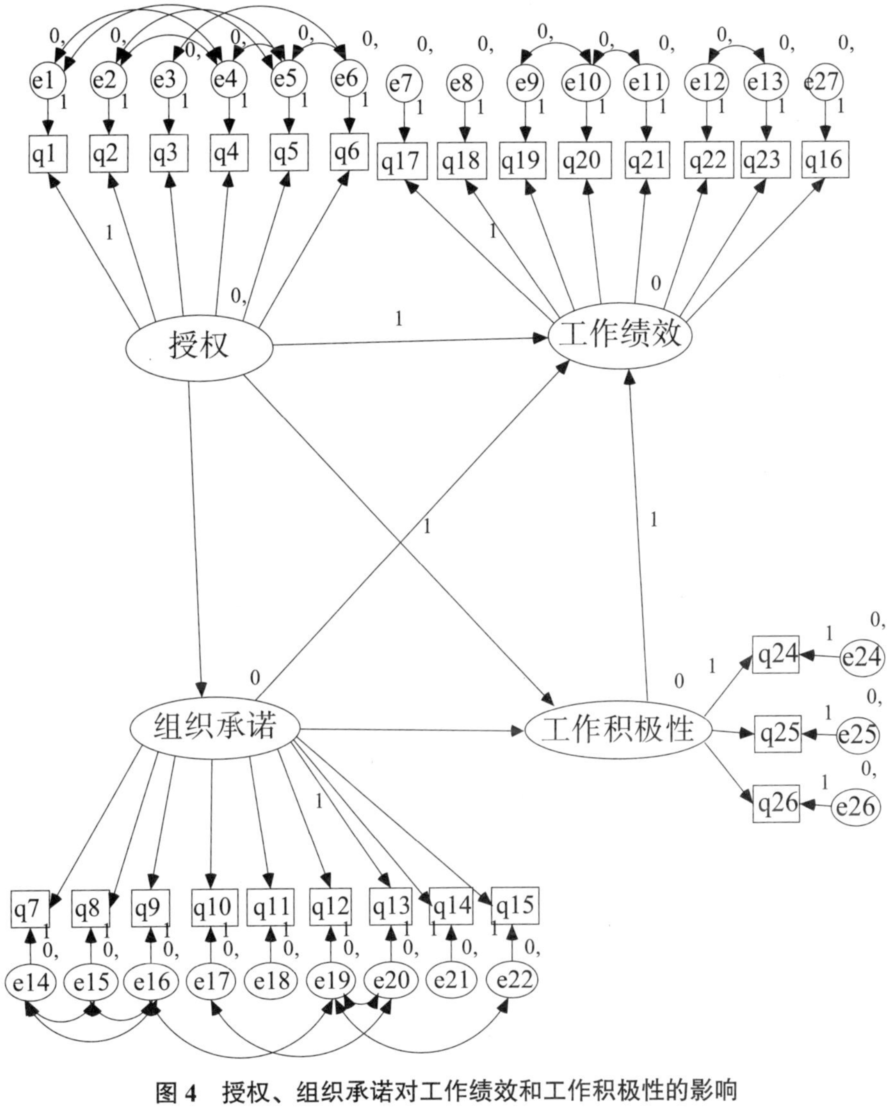

图 4　授权、组织承诺对工作绩效和工作积极性的影响

3. 授权的影响因素

授权的影响因素：领导因素（标准化回归系数为 0.129）、环境因素（标准化回归系数为 0.273）、工作因素（标准化回归系数为 0.206）和员工因素（标准化回归系数为 0.931）对授权都有积极的影响，但影响程度有所不同。

4. 授权、组织承诺对工作积极性、工作绩效的影响

授权对组织承诺的影响是正面的、显著的，标准化回归系数为 1，授权对工作绩效和工作积极性的影响也是正面的和显著的，标准化回归系数分别为 1.547 和 0.460。换而言之，模型证明了授权能够有效地提高员工的工作绩效和工作积极性。组织承诺对工作绩效和工作积极性的影响是积极的和显著的，标准化回归系数分别为 3.914 和 0.540。

5. 假设检验

根据上述分析结果，作者对各类假设进行总结分析，结果见表 1。

表 1　假设检验结果汇总

假设	模型分析结果	备注
假设 1（H1）：环境的确定程度越低，越有授权倾向。	不支持	
假设 2（H2）：外部竞争压力越大，越偏向于授权。	未验证	
假设 3（H3）：授权与控制系统越完善，越偏向于授权。	支持	
假设 4（H4）：支持授权的文化越强，越有利于提高授权。	支持	
假设 5（H5）：上级的管理幅度越大，越倾向于授权。	部分支持	
假设 6（H6）：上级的工作越繁忙，越倾向于授权。	支持	
假设 7（H7）：上级的领导驾驭能力越强，越倾向于授权。	不支持	
假设 8（H8）：上级的权力偏好越强，越倾向于不授权。	未验证	
假设 9（H9）：工作的专业性越强，越倾向于授权。	支持	
假设 10（H10）：工作的风险度越高，越倾向于不授权。	未验证	
假设 11（H11）：工作紧急程度越高，越倾向于不授权。	不支持	
假设 12（H12）：工作的影响面越大，越倾向于不授权。	不支持	
假设 13（H13）：工作目标越模糊，越倾向于不授权。	支持	
假设 14（H14）：下属工作能力越强，越容易获得授权。	部分支持	
假设 15（H15）：下属人品越好，越容易获得授权。	支持	
假设 16（H16）：下属受信任程度越高，越容易获得授权。	支持	
假设 17（H17）：下属工作自主性越强，越容易获得授权。	未验证	
假设 18（H18）：充分授权，能提高员工组织承诺水平。	支持	

（续表）

假设	模型分析结果	备注
假设 19（H19）：充分授权，能促进员工工作积极性提高。	支持	
假设 20（H20）：充分授权，能促进员工工作绩效提高	支持	
假设 21（H21）：员工组织承诺高，将导致工作积极性高。	支持	
假设 22（H22）：员工组织承诺高，将导致工作绩效高。	支持	

注：1.“支持”表明影响程度较大。

2.“部分支持”表明虽然有影响，但影响程度不大或不显著。

3.“未验证”是因为量表中的测量项目不显著而被删除，因此假设没有得到验证。

4.“不支持”代表验证的结果不支持原假设。

三、研究结论

（一）授权的前因变量

对问卷调查的结果分析表明，当前商业银行影响授权行为的主要因素为员工因素，员工因素的标准化回归系数为 0.931；其次是环境因素，标准化回归系数为 0.273；再次是工作因素，标准化回归系数为 0.206；最后是领导因素，标准化回归系数仅为 0.129。对于上述四个方面的因素具体结论如下：

首先，在员工因素影响方面，工作能力（标准化回归系数为 0.033）、人品（标准化回归系数为 0.121）和受信任程度（标准化回归系数为 0.643）对授权都有正面的影响，也就是说工作能力越强、人品越好、受信任程度越大，获得上级的授权越多。本研究验证，在商业银行中员工的工作能力、信任、人品等因素对授权的影响程度不同，格兰思、罗伯特（2002）[10]关于能力对授权的影响，郑伯埙（1999）[12]关于信任对授权的影响以及作者提出的人品对授权的影响得以量化。这反映了商业银行工作中，员工能否获得充分授权，决定因素是对员工的信任，其次是人品，再后才是工作能力。

其次，环境因素对授权有影响力，标准化回归系数为 0.273，外部环境稳定程度（标准化回归系数为 –0.048）对授权有轻微的负面影响，而反馈及控制系统（标准化回归系数为 0.842）、授权文化（0.379）对授权有显著的正面影响，在反馈及控制系统比较完善和银行有授权文化时，更倾向于对员工进行授权。这与陈欣（2004）[5]提出的“授权管理更适合不确定性较高的环境”正好相反。作者在上面已经对此作了分析，这与银行经营的特殊性相关，银行出于管理和控制风险的需要，在面临或出现较高的风险时，银行会倾向于把决策向上级转移，从而造成对下级的授权减少。本研究支持了肖自明（2003）[11] 关于“授权的成功离不开反馈系统”的观点。同时，本研究证明了支持授权的企业文化也会对授权产生正面的影响。

第三，工作因素对授权的影响也是正面的、积极的，标准化回归系数为 0.206。工作的紧急程度（标准化回归系数为 0.574）、工作的技术含量（标准化回归系数为 0.297）、对工作完美的要求（标准化回归系数为 0.217）、工作的影响面（标准化回归系数为 0.546）、工作结果的可测量性（标准化回归系数为 0.145）对上级的授权均有较为显著的正面影响。换而言之，工作的紧急程度越高、工作的技术含量越多、对工作完美的要求越高、工作的影响面越大、工作结果的可测量性越强，都会导致上级对下级进行更多的授权。这不同于陈欣（2004）关于“那些经常处于‘危机’和‘紧急状态’的组织一般都倾向于集权管理”和“当一项工作的个人利益相关性远远大于组织利益相关性时，领导者在决策时让下属分享并使用权力是极为必要的”的观点。实际上，当工作紧急时，如果层层上报请求是来不及的，这时授权下属决策也许是更优的选择。同时，当一项决策涉及组织全局时，作为领导更应该征求下级意见，让下级更多地参与进来，这样更有利于形成好决策。工作的技术含量对授权的积极影响，证明了哈耶克有关“知识要与决策权的结合”的观点。工作结果的可测量性对授权的影响，验证了常涛（2002）[4] 关于“工作目标模糊会导致无法授权”的观点。

第四，领导因素对授权有正面的影响，但相比员工因素、工作因素和环境因素，其影响程度相对较小，标准化回归系数为 0.129。这也是本研究得出的一条不同于其他研究者的观点。直观感觉上看，领导因素应该对授权有很大的影响，但研究证明，领导因素对授权的影响并不像想象的那么大。领导因素对授权的影响之所以较小，也是由商业银行的经营特征决定的。银行的经营管理比一般企业更加严格，这就决定了各级管理者可以向下级授权或说可以自由发挥的空间并不大，总行已经明确规定何种权力由哪一级领导行使，基层管理者多数情况是照章行事，上级并没有主动授权的动力和积极性。领导因素方面，上级的繁忙程度（标准化回归系数为 0.269）、管理幅度（标准化回归系数为 0.044）和领导能力（标准化回归系数为 –0.561）虽然对授权有正的或负的影响，但影响程度并不高。上级的工作繁忙程度高、管理幅度大，会导致上级给予下级更多的授权，但上级的领导能力强会导致对下级授权的减少。

（二）授权的后果变量

1. 授权能够对工作绩效产生正面的积极性的影响。根据对问卷的分析，授权能够显著地影响员工的工作绩效。根据问卷调查进行的定量分析证明，授权对工作绩效的影响是正面的和显著的，标准化回归系数为 1.547。

2. 授权对员工的工作积极性产生正面的积极的影响。问卷分析结果表明，授权能够显著地影响员工的工作积极性，标准化回归系数为 0.460。

3. 授权对银行利润的影响。授权能够提高员工的工作积极性和工作绩效，因此，当授权运用恰当时，有利于增加利润。但是，从短期看，未进行充分授权的银行和企业，仍可以通过其他方式改善业绩，大幅提高利润。

4. 授权有利于增强员工的组织承诺。根据对问卷调查数据的分析，授权能够对增强员工的组织承诺产生正面的、积极的和显著的影响，标准化回归系数为 1。

四、对策建议

科学合理的授权体系可以提高商业银行的决策效率和水平，提高员工的工作积极性和工作绩效，提高银行的灵活性和市场竞争力。同时，科学合理的授权体系能使管理层获得更多的时间思考战略层面的问题，也能使员工获得相应的信任与激励。根据本文的研究，作者对商业银行的授权提出如下建议：

（一）对授权的认识

商业银行虽然是面临较高经营风险的机构，但授权不是可有可无的，调动员工的积极性需要充分的、恰当的授权。要把授权作为银行经营管理核心内容之一，研究形成最佳授权管理模式。商业银行的授权管理要根据银行的经营目标、发展战略，确定银行内部的组织层级及职能部门设置，在此基础上进行职权授予和授权管理。在进行授权管理时，要考虑环境、任务、下属、上级、管理、组织等方面的因素。

授权与组织结构设计紧密相关，组织结构设计决定了授权的基本格局，科学的授权必须以合理的组织结构设计为基础。授权管理的前提是界定每个岗位的职责，即职责管理。只有每个人明确自己的岗位职责，在此基础上明确授权，根据岗位职责要求尽职尽责，经营管理机制才能建立起来，经营管理运转才能有序、高效。

（二）授权的原则即如何授权方面

关于授权原则即如何授权方面，前人已有大量的研究。例如，视能授权原则，即根据下级的能力进行授权，将权力授予有能力的人。再如，信任原则，为增加下属工作的积极性，挖掘其业务潜能。例行规范原则，将领导工作分为例行性、规范性的原则工作和例外、非规范性工作，将前者授权下属处理。授权有控原则，授权必须是可控的，要形成完善的指导和控制体系，不可控的授权就是弃权。宽容失败原则，真正的授权是以企业家宽容下属的失败为前提的。授权要遵循以下四个原则：

一是目标引导原则。授权之前要为员工确立中长期目标，用持续的远景和挑战来引导和激励员工，从而激发起员工为之努力的热情；能挑战员工，使他们施展才能，发挥潜能；能让员工感到工作的意义。

二是支持保障原则。由于信息不对称、知识分布不均衡，成功的授权需要科学的激励约束机制作为配套，设立完善的绩效合约。授权管理变革需要建立一套全面的支持系统。授权能否达到预想的效果，与支持保障是否到位密不可分。这些保障包括考核激励、控制反馈等。科学合理的授权安排需要科学的考核激励机制和严密的控制反馈作为支持和保证。

三是授权到人原则。授权到人既能有效防范授权对象的能力风险，又能明确责任到人，强化责任约束。这一建议不同于国内商业银行目前实行的授权到人与授权到岗相结合，以授权到岗为主的管理机制。

上述原则应用于实践时，需要注意处理好各原则之间的关系，有效的授权不仅需要目标引导，也需要支持保障，不仅需要信任放手，也需要指导控制。

（三）授权过程管理方面

一是成功授权需要领导者角色转换。在未来的银行经营中，经理的职责应该是作为辅导员、教练员和导师，而不是简单的决策者。按照巴纳德（Barnard）的观点，经理人员的职能有四个：（1）提供信息交流的体系；（2）促成必要的个人努力；（3）提出和制定目标；（4）制定道德准则。把领导简单地看作是对员工的控制和约束的观点已经过时。要让员工主动地寻找工作、参与决策、实施自我管理，形成主动的和创造性的工作氛围。

二是要真正授权，不要分权。随着等级制结构的日趋没落，授权已经成为银行管理的发展趋势。授权能使每一位员工都能主动地、充满激情地投入工作，让他们时刻都要审视组织目标和自己的工作。真正的授权应该是消除妨碍人们进行最有效工作的任何障碍，使员工人人都是真正的决策者。授权与否不再依据工作性质的重要性，而是所有决策都要求员工参与；向下属下放权力不再是暂时的和权宜之计，而是作为一种制度起长期的作用。

三是授权的手续必须合规合法。授权书以签订授权合同书为好。授权合同书应有授权方与受权方的代表签字，载明授予哪些权、权限多大、授权时限及授权考核与双方应承担的责任和义务。

（四）授权的配套措施方面

一是授权必须有配套机构改革，或者先进行机构改革，后调整授权。随着分支机构地域范围的扩大和业务品种的增加，国内商业银行应逐步改变全面集权控制的方式，努力建立一套管理上的层级制度和授权体制，逐步形成一种授权式、多元化、非中央集权的结构与组织架构。国内商业银行要发挥授权的效力和效率，必须进行配套的机构改革，改变总行——省分行——地市分行——一级支行——二级支行五层次管理体制，缩短管理链条，建立多个事业部，推行扁平化改革和矩阵式管理，直接从按地区管理分支机构过渡到从按地区、按业务两个角度进行矩阵式管理，真正实现总行——分行——支行三级管理体制，在此基础上进行充分授权。

二是授权必须有配套的考核激励体制，否则将流于形式，失去对员工的激励作用。科学的考核激励机制保证了形成良性的授权循环系统，调动员工积极性，使授权的激励效应得到有效放大。

三是充分授权需要以严密的控制反馈作为基础。严密的控制反馈系统使上级能够及时了解掌握授权运行状况，并且保证被授予权力能够在一定范围内运行，不会出现大的偏差，或者在出现偏差时能够得到及时的反映和有效的控制。良好的控制制度，特别是对信贷业务的控制，是银行授权工作的基础条件。

四是授权需要建立鼓励授权的企业文化。要让员工更多地参与企业的经营管理工作，给予他们归属感和工作自由，以培养他们对工作的兴趣。同时，要重新营造企业文化氛围，使授权成为企业文化的一个组成部分。

参考文献

[1] AHEARNE, M., MATHIEU, J. & R APP, A., To empower or not to empower your sales force? an empirical examination of the influence of leadership empowerment behavior on customer satisfaction and performance [J]. Journal of applied psychology, 2005, 90: 945–955.

[2] FORRESTER, R. Empowerment: rejuvenating a potent idea [J]. Academy of management executive, 2000, 14: 67–80.

[3] STEIGER J H. Structure model evaluation and modification: an interval estimation approach [J]. Multivariate behavioral research, 1990, 25: 173–180.

[4] 常涛. 避开授权的三大误区 [J]. 中外管理, 2002, 11: 59.

[5] 陈欣. 现代企业管理中集权与分权领导方式的选择 [J]. 探索与争鸣, 2004, 12: 28–29.

[6] 侯杰泰, 温忠麟, 成子娟. 结构模型及其应用 [M]. 北京: 教育科学出版社, 2004.

[7] 侯杰泰, 温忠麟, 成子娟. 结构方程模型及其应用 [M]. 北京: 教育科学出版社, 2004: 42.

[8] 黄铭芳．结构方程模式理论与应用［M］．北京：中国税务出版社，2005：175.

[9] 温忠麟，侯杰泰，马什赫伯特．结构方程模型检验：拟合指数与卡方准则［J］．心理学报，2004，36（2）：186-194.

[10][英]格兰思·M·斯伯莱茨，罗伯特·E·奎因著．授权奇迹：如何发挥员工领导能力的五项原则［M］．许静芬译．上海：上海交通大学出版社，2002.

[11] 肖自明．心理学视野中的管理者授权行为［J］．宁夏大学学报，2003，25：110-113.

[12] 郑伯埙．企业组织中上下属的信任关系［J］．社会学研究，1999（2）：22-37.

Empirical Research on Authorization of Commercial Banks

Lyu Wenning

Abstract: This article is going to study the empowerment of commercial banks, which lay some factors of antecedents and consequences, making a series of theory model and hypothesis, analyzing data of questionnaires with structural equation modeling and AMOS software. From the study of this article, it is concluded that the empowerment of commercial banks have affected employee' s commitment and performance in large contents and should have sensible strategies in new environment of nowadays according to the study.

Keywords: empowerment of commercial banks; commitment; performance; structural equation modeling; empirical research

第三部分

企业管理实践篇

企业 CIS 工程的设计与实施

施建军

技术创新和管理创新是企业管理的两个轮子。这两个轮子要同时推动企业不断地成长壮大。一方面，企业通过 ISO9000 标准技术强化技术、严格管理，使技术水平和技术质量能够达到现行市场所需求的标准。另一方面，推进企业管理上台阶、上水平的另一个手段是 CIS 工程。ISO 和 CIS 是推进企业管理水平、提升企业竞争力的两大手段，是企业在管理上标准化、规范化和科学化的做法。

CIS 是 Corporate Identity System（企业形象识别系统）的缩写，即将企业文化和经营管理理念一体化系统设计，利用整体表达体系，尤其是视觉表达系统，传达给企业内部和社会公众，使其对企业产生一致的认同感，提升企业产品的良好形象，促进企业的服务和销售。CIS 的设计使得办公系统、生产系统、管理系统以及营销包装广告等宣传形象形成规范设计和统一管理，由此提升企业员工的积极性和归属感、认同感，使各职能部门能各行其责，有效合作。通过一体化的符号形式，形成企业独特形象，便于公众辨别认同，促进企业产品和服务的推广。其中 CI 系统是由 MI 理念识别 Mind Identity、BI 行为识别 Behavior Identity、VI 视觉识别 View Identity 三大系统组成。在这三大系统中，内核是 MI，这是 CIS 的核心思想和理念，奠定了整个系统的理论基础和行为准则，并通过 BI 和 VI 表达出来。所有的行为活动和视觉设计都是围绕着 MI 这个中心展开，成功的 BI 与 VI 就是企业独特精神的精确表达。企业价值观是基础，理念识别、行为识别、视觉识别是三个实现手段。理念识别表达企业文化精神宗旨，需要用深刻警醒、有战略定位的语言，倡导企业自豪感，表现企业价值观、企业经营哲学与社会价值认同感。行为识别是对企业的组织体系、战略定位、人力资源、财务广告、营销等行为提出具体行动思路。视觉识别是通过静态的设计，把企业的精神凝固化，把企业的价值形象用科学、美术的符号表现出来，如奔驰、特斯拉、华为公司等深入人心的形象。理念识别是 CIS 的灵魂，也是核心，是智慧设计和精神凝练；行为识别是 CIS 的骨干，如同人的四肢，形成企业行为的规范；视觉识别是CIS的表现，是企业的脸面和外在表现，三者是不可分割的逻辑体系。从管理的角度来推进企业改革和深化发展，必须强化CIS。企业发展要学会从零创造未来，每天都要清零，探索创新求发展。发现企业目前管理上存在的问题，寻求企业新的发展机遇，这对于创新型企业是非常重要的事。当前科学技术日新月异，知识经济开始雄起，国际竞争日益激烈。企业面临的市场竞争，不仅是国内市场竞争，更是国际市场竞争。面对国际背景来考虑CIS战略实施对每个企业来说都迫在眉睫。任何一个市场竞争，都是一个动态的、国际化的竞争，每一个价格策略，市场占有率的提升，都不局限在某个区域上，CIS工程是企业在竞争领域提升形象的一个重要手段。

一般来说，企业的市场竞争力表现为三个阶段。第一阶段，产品有无的竞争。即经济短缺时期，市场上一些商品买不到，只要生产出来就能卖得掉。这个阶段，产品只要能够生产，市场就认可，这是初期阶段，属于商品经济短缺阶段。这种卖方市场决定了企业行为追求的是产品数量的竞争，现在这个时期已经结束了。

第二阶段，商品质量的竞争。这个阶段的经济开始进入了商品过剩阶段，商品量充足了，出现供不应求。在市场筛选的过程中，把质量好的保存下来，把质量差的淘汰出市场。此时产品质量是市场竞争的最重要的基础和核心。

第三阶段，形象和品牌竞争阶段。这个阶段是CIS工程的落脚点。市场的竞争开始白热化，质量的选择已经使顾客分不清好坏，例如，现在买空调，顾客实际上不知道哪个厂家的空调好，你可以报出几十个品牌，都说它是最好的、最优秀的，但消费者无法识别。消费者的识别，就是看质量、售后服务、看企业市场形象。这时候企业形象竞争变成了企业竞争的最重要的手段。在产品质量竞争相差不大的时候，怎样体现企业产品的个性和差异化？如何使消费者能够明显识别？消费者专门购买独一无二你的企业产品，企业必须推出最后一张王牌——CIS工程。品牌时代来临，人们开始有了选择品牌这个概念。这是一种消费时尚，这是市场经济规律观念深入的一种表现形式。

现在越来越多的消费者通过品牌来认识商品，通过品牌来认识企业，消费者愈来愈发现了品牌的重要和价值。品牌成了企业的符号，成了企业卖商品的关键要素。品牌变成了企业的产品是否畅销的标志。企业品牌的价值是非常重要的，它代表着企业在市场中的声誉、形象和认知度。品牌价值不仅仅是一个数字，更是企业综合实力和市场竞争力的体现。

品牌价值主要体现在以下几个方面：1. 市场认可度：品牌价值反映了市场对企业的认可程度。一个高品牌价值的企业，其产品或服务在市场上往往更受欢迎，消费者更愿意选择这样的品牌。2. 忠诚度：品牌价值也反映了消费者对品牌的忠诚度。消费者对某个品牌的忠诚度越高，该品牌的价值也就越大。这种忠诚度可以转化为持续的销售和口碑传播，进一步提升品牌价值。3. 竞争优势：高品牌价值的企业在市场上往往具有更强的竞争优势。这不仅表现在产品或服务的品质上，还体现在企业的品牌形象、营销策略等方面。这种竞争优势有助于企业在市场中脱颖而出，获得更多的市场份额。4. 盈利能力：品牌价值与企业的盈利能力密切相关。一个高品牌价值的企业，其产品或服务往往能够卖出更高的价格，从而获得更多的利润。同时，高品牌价值也有助于企业吸引更多的投资和合作伙伴，进一步提升企业的盈利能力。

对于企业来说，提升品牌价值是非常重要的。这需要企业在产品质量、服务、营销策略等方面持续努力，同时注重与消费者的沟通和互动，建立良好的品牌形象和声誉，CIS 工程设计也就应需而生。CIS 工程是企业定位于个性化企业特征的表现，也是企业创新精神价值所在。

做企业首先就要创新。企业家就是一个不断创新的人，在不断的动态发展过程中，不满足自己，不满足现状，不断地否定自己，不断地超越自己，重新开创企业的发展路程。这样企业就在动态过程中不断发展壮大，这就需要 CIS 的整体策划。

CIS 本身的内涵意义就是进一步提升企业竞争力，使企业的产品形象有竞争力，使企业的管理水平上一个台阶，不断增强企业的内部凝聚力，提升企业的外部竞争力，使企业再有一个新的发展。所以，有时候企业实施 CIS 工程又叫企业重新创业，二次创业。

作为企业家、董事长，眼光很重要，必须放在时间和空间拉长的两个角度上。一个是 5 年后企业如何发展？暂时的企业还可以，暂时的日子好过，并不代表以后发展得好。企业一定要有长远目光，看到 5 年乃至 10 年以后的企业发展的竞争状态。眼光短浅的企业往往是昙花一现，一阵风光以后，就销声匿迹了。第二是把眼光盯住国际上，可以说既要站得高，又要望得远。要清楚企业未来的战略定位，立足国内市场，走向国际市场。这是企业家最起码的战略定位。想不到就做不到，首先企业家必须想得到，才能把所想的变成战略，逐步去实施。

CIS 工程有一个定位问题。在企业战略的选择上，要不要多元化？要不要在横向和纵向产品上下游之间做扩张？要不要上市？要不要在资本市场发展？企业要不要兼并与重组？而这些企业扩张的基础取决于企业 CI 的内涵。如果是一个上下游企业或面向消费者的企业，企业的广告策略、经营策略思路和一个中间产品企业是不一样的。如企业生产的是中间产品，供给其他的生产商，厂商直接供应，其营销本身就是企业直销，不存在消费者的宣传问题，没有拓展消费者市场的过程。CI 在实际诊断过程中，考虑理念、行为、视觉识别时，采取的切入点就有所不同。

企业导入 CIS 重要的是重塑企业形象。企业形象从管理上推进企业的无形资产建设，提升企业发展的质量。企业的形象包括有形形象和无形形象。有形形象，一般是指产品外在的形象，即产品的名称、标志、商标、品牌、技术、质量、设计、价格等因素。对产品进行形象塑造，这是 CIS 工程的核心要素的重要部分，也是整个企业形象树立的基础。没有产品形象就没有企业形象。如麦当劳、肯德基，它们的标志和吉祥物，不管在世界任何一个国家都一模一样。标志的统一化，本身就是产品形象和企业形象的塑造，这两者是同时进行的。无形形象更多的是员工群体形象，包括员工的价值观、员工的素质及素养、企业家的创新力、领导力和表率力等。这些都是企业文化建设，企业文化是一个较长时间的创造过程，也是 CIS 内容之一。CIS 的策划涉及企业里每一个人，不只是高层，也不只是中层，要求企业每一个人都要规范化、科学化管理。CIS 工程里面有个员工手册，内容规定得比较细致。

企业 CIS 的设计过程基本上是一个从无到有，再从有到无的推进过程。首先，一个企业需要建立适合自己的有效的公司规章制度体系，各项制度要规定得很细、很具体，利于执行。企业每做一件工作都必须有章可循，这是工业化大生产和现代化生产体系中人际间、部门间分工与协作所必须的制度安排。企业管理到一定的成熟期，公司运营已经程序化了，公司规章似乎变成没有规章了。公司全部理性行为都似乎不需要规章体系来运转，这时候公司的规章制度，在实施成熟的过程中，就逐步变成了精神价值的引领。成熟的企业管理不需要事事去约束员工，每个员工都自我约束了。比如，一个企业墙上挂满了“不许抽烟”的牌子，说明员工还没有形成这方面内约束的习惯。一旦员工已形成内约束习惯，就不需要到处挂警示牌了，因为大家已经形成了强烈的内约束意识。这个习惯的形成，使得企业已有的规章就似乎变得不重要了。这就是 CIS 工程中的员工形象塑造过程。员工形象塑造就是员工行为从外在约束变成内在约束的行为塑造过程，这一点非常重要。当企业员工都具有强内心约束的时候，企业规章都变得虚无了。企业的各项管理制度，包括分配激励制度都是如此，这也是 CIS 策划的重要内容之一。

在形象塑造方面，企业必须让企业员工知道企业形象的重要性。对于企业员工来说，谁破坏了企业形象和企业文化，破坏了企业整体形象的，就应该“炒谁的鱿鱼”。我们通常正面讲企业要有荣誉感、认同感，同时在企业形象的塑造中，企业员工也要有危机感，这也是树立职业形象的责任。国内外企业间的竞争都比较残酷，企业员工要有淘汰意识。要把企业搞上去，必须要有企业员工的凝聚力，要有效率优先的淘汰意识。如果没有危机意识，没有淘汰意识，员工安于享乐，就不会焕发出企业最大的能量，这是企业人力资源一个很重要的命题。人所具备的潜在能力就是潜能，即个体当前并不具备某种力量，但将来可能会具备这种力量，潜能虽然不具备被消灭性、创新性等特征，但具备隐性特征和突发性特征。人所具备的潜在能力涉及生理和心理两个方面。内外因相互作用、内外因共同配合是开发人所具备潜在能力的基础，这正是潜能开发理论所着重强调的内容。开发潜能所主要应用的方法如下所示：一是勤于思索；二是强化大脑；三是定制计划；四是磨炼意志；五是心情舒畅。人在什么条件下可以发挥自己最大的潜能呢？研究表明，人在漫不经心的工作状态下，工作只能发挥个人潜能的 25%，就是我们常常被别人所说的马马虎虎工作状态。马马虎虎是企业发展中质量提升的致命弱点，人的 75% 的潜力都被浪费掉了，一些人甚至用于企业内耗。人只有在专心致志的条件下，才能发挥个人潜能的 80%，其聪明才智可以最大程度地发挥。我们知道，学生平时一般学习效率并不高，但是到了最后考试阶段，学习效率迅速提高，因为学生有了危机感。发挥出了自己最大的潜能，才能考出好的成绩。管理学的研究表明，人只有在危急关头才能发挥 100% 的潜能。所以我们的员工应该有这样的危机感，才可能把自己的潜能最大程度地发挥出来，以促进企业大发展。

管理学的木桶理论，也称为短板理论或木桶短板管理理论，是由美国管理学家彼得提出的。该理论的核心内容是：一只木桶盛水的多少，并不取决于桶壁上最高的那块木块，而是取决于桶壁上最短的那块。这意味着一个组织的整体绩效或能力不是由最好的部分决定的，而是由最薄弱的环节决定的。木桶理论在管理中的应用非常广泛，包括但不限于以下几个方面：

1. 团队协作：团队的绩效管理符合木桶原理，团队的效率和成果由最薄弱的成员所决定。通过培养和提升最薄弱成员的能力，可以提升整个团队的绩效。

2. 激励与奖励制度：木桶原理对激励与奖励制度的设计提出了指导意义。通过激励机制，可以提高组织中每个员工、每个部门的绩效水平，从而推动整体绩效的提升。

3. 招聘与选拔：在招聘和选拔时，应注重选取最适合的人才，填补组织中的人才空缺，从而提升整体绩效。

4. 培养与发展：木桶原理可以帮助人力资源管理发现并培养组织中最薄弱的一环，通过培训和员工发展计划，提高员工的能力水平，从而对整个企业组织绩效产生积极影响。

此外，木桶理论还可以应用于项目管理、个人职业发展等领域。通过补齐短板、合理分配资源、关注整体发展和不断调整和优化，可以更好地应用木桶理论，实现企业更好的发展。总之，木桶理论是一个重要的管理理论，它提醒我们在管理和运营过程中要关注最薄弱的环节，通过提升这些薄弱环节的能力，提高整体绩效和综合实力。理论上，我们可以通过 CIS 形象设计与策划，进行科学的企业诊断。通过诊断和识别，研究和刺激低效率部门、低效率员工，提升工作效率，最终提高整个企业的绩效。

人力资源的策划可以从危机感、分配制度、激励制度来系统考虑员工的动力机制设计和形象塑造，最终实现 CIS。企业的淘汰管理是要建立正淘汰的机制，让低效率的职工坐不住，感到有危机感，主动自我提升或者淘汰走人；让高效率的职工继续不断提升自己的效率，这就是企业人力资源的正循环机制。企业 CIS 工程阻止形成所谓的人力资源逆淘汰循环机制，即高效率的职工不断离开，效率低能力差的人都走不了，这样企业不可能搞好。企业 CIS 工程就是对企业人力资源工程的重塑，给企业创造另一个生机。

企业文化的主导作用和内聚作用是优秀公司的基本素质，包括企业的价值观、文化氛围、社会定位等。企业文化形象是企业价值体现，有效的企业文化形象需要设计与创新。首先，要明确企业的文化定位。这包括理解企业的使命、愿景、价值观和行为准则，以及这些元素如何构成企业的独特文化。通过明确文化定位，企业可以确保其在市场中的品牌形象与内部员工的心理面貌相一致。在明确了文化定位后，需要设计企业的文化形象，这包括对企业标志、企业口号、企业公共形象和文化装饰等的设计。设计过程中，应注重传达企业的价值观、使命和愿景，同时确保形象设计具有独特性和吸引力。通过 CIS 形象设计专家、广告设计专家和工艺设计人员，在充分理解企业价值理念和行为观念的基础上，设计出符合企业特征的 logo 标志，以及对企业的外在形象进行整体的、系统的、有识别力的包装。外在形象的包装将彻底改变原有的企业形象，使企业以崭新的面貌出现在市场上，提升产品和企业的无形资产价值。企业文化的弘扬，还需要一个长效机制推动，这包括对文化的监督管理、落实企业文化的技术支持以及持续实施企业文化的方法等。

在数字经济时代，企业开展 CIS 活动和设计，需要紧密结合数字技术和市场经济特点，从以下几个方面着手：

1. 明确品牌定位。首先，企业需要明确自身的品牌定位，包括产品或服务的特点、目标市场、竞争对手等。在数字经济时代，数据分析能够帮助企业更准确地了解市场需求和消费者行为，从而制定更有针对性的品牌定位策略。

2. 设计独特的视觉识别系统，包括标志、字体、色彩等，这些元素需要在所有品牌形象展示中保持一致，以增强品牌的识别度和统一性。

3. 建立数字化的传播渠道，利用社交媒体、官方网站、移动应用等数字化平台，通过内容营销、社交媒体营销、搜索引擎优化等手段，将品牌形象传递给更广泛的受众。

4. 强化与消费者的互动体验，通过数字化手段，如虚拟现实、增强现实等，为消费者提供沉浸式的品牌体验。同时，利用数据分析了解消费者的需求和反馈，不断优化产品和服务。

5. 保持品牌的持续创新。在数字经济时代，企业需要不断创新以保持竞争力。这包括产品创新、服务创新、营销创新等多方面。通过持续创新，企业能够塑造出更加鲜活、有吸引力的品牌形象。

总之，在数字经济时代，开展企业 CIS 活动，需要充分利用数字技术和市场特点，强化品牌识别度、传播力度和消费者互动体验，从而实现品牌价值的最大化。

CIS 工程涉及公司的方方面面，需要涉及企业高管人员能回答以下问题：企业的经营理念是什么？企业的价值观如何体现？企业应如何实现企业价值与社会价值的统一？企业的精神如何体现？企业的风格是什么？企业的发展战略是多元化、还是专业化？是局部市场或国内市场，还是国际市场？是单一产品策略、还是横向多元化产品拓展？多元化扩张范围和界限是什么？企业内部凝聚力的来源是什么？企业在竞争力的特色是什么？怎样强化企业竞争力？竞争力策略的选择采用什么手段？不同产品采用什么策略？怎样才能做到人无我有、人有我优、人优我专？企业的组织框架结构如何设置比较合理？ 怎样精简管理人员，提高管理效率？如何减员增效？企业内部的规章制度执行力如何？是否有改进之处？未来 5 到 10 年内，企业投资的战略方向是什么？目前企业的营销手段主要有哪些，有何特色？在产品价格渠道和促销方面有哪些手段比较有效？公共关系和公益活动的最新状况如何？各部门的工作效率是否平衡、是否有低效率部门？哪个部门影响了企业的竞争力？目前企业竞争力状况可能提高的空间有哪些，如人员竞争力、市场竞争力、产品竞争力、科技竞争力？企业竞争力强弱对比，在同行的地位。公司目前低成本扩张的战略前景如何？企业公司上市的思路和对策是什么？企业内部决策机制和系统运行的状态是否良好？企业在人力资源引进上，有哪些针对性措施？现有人员的分配制度和激励制度，状况如何？企业的价值体系和文化体系重塑，会以怎样的文化活动来完善员工的价值观？面对 21 世纪新经济的挑战，企业面临最大的困难是什么？如何推进企业数字化转型？企业的数据加工整理，推进管理智能化、自动化，如何实施？如何利用数据技术和人工智能推动产业现代化？企业的宗旨精神信念是否有改进之处？怎样实现“从零创未来”的口号？企业的广告策略如何科学化？如何充分利用现代网络技术和“网红”效应，提升广告效果？企业产品的识别如何统一化？企业内部的文化环境、建设状况是否值得改进？公司的名称改变是否对未来 10 年到 20 年产生影响？企业的标志，如产品、标语、口号、广告、策划等产品识别统一化 VI 内容，可否进一步提升？企业内部环境建设如何进一步改进？企业文化宣传品、公关活动策划是否值得改进？如何进一步提升企业的知名度、美誉度？如何将商标和品牌统一化并具有时代感，使广大消费者有认同感、自豪感？这些问题需要企业上下形成共识，共同推进 CIS 工程导入和实施。

企业 CIS 工程的导入和实施也是一个涉及多个阶段和步骤的过程，是一个复杂的大系统工程，需要各方面的专家，尤其是管理学的专家参加。企业 CIS 工程的实施和完善，一般需要一年左右的时间设计系统推进，具体行动如下：

1. 组织落实，思想动员。企业内部需要成立专门负责 CIS 实施的部门和领导机构。这个部门将负责整个 CIS 工程的规划和执行。同时，还需要与帮助实施 CIS 的公司签订合同，并确保在实施过程中明确各部门的权利和义务。在企业上下进行广泛系统地动员和推动，使广大员工都能认识到 CIS 的价值和重要性，落实到企业每一个人的责任体系，以促使这项工作顺利开展。

2. 研究确定 CIS 实施愿景和具体目标。与 CIS 实施有关的所有部门和人员需要共同研究确定实施的愿景、目标、方案及有关事宜。这有助于确保所有相关人员对 CIS 工程有清晰的认识和共同的理解。

3. 制定导入计划。需要制定详细的导入计划，包括时间进度计划和各个阶段的详细内容。这有助于确保 CIS 工程的有序进行和按时完成。

4. 进行形象调查。在导入计划确定后，需要进行形象调查。这包括对企业形象现状的调查和分析，以便找出企业现有的优势和不足，为后续的 CIS 设计和实施提供依据。

5. 研究确定企业经营战略和理念。在企业形象调查的基础上，需要再次确认企业的经营战略和经营方针，并确定或再次确认企业的经营理念的简要表达形式。这些理念将作为 CIS 工程的核心，贯穿于整个设计和实施过程。

6. 设计 CIS 系统。根据企业的经营战略和理念，开始设计 CIS 系统，这包括设计企业的视觉识别系统（如 logo 标志、标准字、标准色等），以及制定企业的行为准则和制度规范等。

7. 实施与推进 CIS 系统。设计完成后，开始实施 CIS 系统。这包括在企业内部推广和应用 CIS 系统，以及对外宣传和推广企业形象等。

8. 评估和调整。在实施过程中，需要不断评估 CIS 工程的效果和影响，并根据实际情况进行调整和优化。这有助于确保 CIS 工程能够达到预期的目标和效果。

总之，企业 CIS 工程的导入和实施是一个复杂而系统的过程，需要企业内部的多个部门、人员和专家系统共同参与，协调工作，通过有效的组织、规划和执行，CIS 工程可以帮助企业塑造独特的形象，进一步提升企业品牌价值和市场竞争力。

恒信诺金企业技术创新案例研究

朱延文[①]　施建军

随着对全球环境状况和能源日益枯竭的现状的认识，节能减排、低碳生活正逐渐成为社会热点和潮流。顺应国家节能减排的迫切需求，企业节能服务产业得到迅猛发展。经济学是解决资源稀缺和人的无限需求之间的矛盾的学科。地球资源的储量总是有限的，我们不可能永远无限制地使用各种能源，我们只能尽量节约能源。尽量减少能源的使用，这是人类可持续发展的理性需求。在能源问题日益突出的环境下，世界各国都非常重视校园节约和绿色校园建设问题。早在1972年，在斯德哥尔摩召开的人类环境会议上，与会学者就提出了绿色学校的理念。1994年，联合国教科文组织（UNESCO）就积极倡导“可持续性的教育”。1997年，美国30余所著名高校加入环保高校联盟（The Campus Consortium for Environmental Excellence）。2007年，美国318所高等院校加盟“气候变化应对协议校长联盟”，英国发起的以学校为舞台、学生为主体的“人与地球”环保节能运动，也有55所院校加盟。近年来，我国的高等学校也非常重视绿色校园建设。1998年，清华大学率先提出建设绿色大学的设想。随后，南京大学、哈尔滨工业大学、北京航空航天大学、对外经济贸易大学等一批院校群起响应，不断加大绿色科技的投入力度。加强绿色、环保、节能教育的引导和培养，在中国，绿色大学建设实践蓬勃开展。2008年，教育部专门组织“985工程”重点建设高校首次就建设可持续发展校园开展专题研讨，32所“985工程”重点建设高校发布了建设可持续发展校园宣言，形成8点共识，倡议在大学的校园里将可持续发展的理念与科学研究紧密结合，贯穿于人才培养的全过程，渗透到校园建设管理的每一个领域，紧密结合大学节能减排技术的实施以及绿色大学的建设。大学节能减排技术应用的成功就是可复制、可推广，在不同的大学都可以广泛应用这一节能新技术。对外经济贸易大学就曾在大学校园节能减排事业

① 朱延文，江苏恒信诺金科技股份有限公司董事长。

中，充当排头兵，10年间兴建了22项节能减排项目，充分利用自然清洁能源，最大限度地开发太阳能，竭尽全力节约燃气、燃煤、用电，创建了中国大学绿色校园的典范。中国大学校园兴起的节能减排事业，为相关企业在大学校园的业务拓展提供了机遇。

江苏恒信诺金科技股份有限公司（以下简称，恒信诺金公司）就是一家立足于热力学节能技术专利发明和高新技术的产品应用，以高等学校大学生浴室产品为对象，在能源费用方面取得技术和模式突破的高新技术企业。从2006年起，恒信诺金公司高度关注能源节约和热能回收，以大学生浴室能源节约和热量回收为突破，以科技手段为抓手，在商业模式上创新，积极开拓大学生节能服务市场。在全国高等学校大学生浴室节能产品技术上，在商业经营模式创新上，都取得重大突破。恒信诺金公司新产品技术的发展符合党中央提出的“创新、协调、绿色、开放、共享”五大科学发展理念，代表了社会节能减排、低碳发展的方向，代表社会进步的前进方向。我们不要小看废热回收这一小小的新技术，它实际上有广泛的应用空间。按照中国绿色发展和节能减排以及政府的主导方向，恒信诺金公司的发展，还可以有更快的发展速度，来追求扩大市场的容量。

本案例结合恒信诺金公司发展的第一手资料，认真研究分析恒信诺金公司的产品和业务状况，希望通过对该企业自身竞争能力、市场竞争状况的分析与现代竞争理论相结合，挖掘和寻找到适合于公司节能服务业务发展的有效战略思路和战略方向，并探寻出一条健康、可持续的企业业务发展之路。

高举高新技术发展大旗，加大力度研究高科技产品的市场运用和实践，是党和国家一贯的治国理念和方针政策。恒信诺金公司的发展方向与国家节能减排的发展方针相契合，尤其是在国家科技创新能力提升方面，需要企业逐步提升自我研发能力，逐步解决节能环保和绿色大学的实现问题，降低能源的使用量，提高能源使用效率，改善人民生活条件。本案例在研究过程中，以恒信诺金公司作为研究对象，从企业开发的新产品入手，实施案例分析，运用新产品战略分析法，研究恒信诺金公司新产品战略的所处环境，构建有利于恒信诺金公司新产品开发的战略对策和保障措施，就恒信诺金公司而言，在保持企业自身的科技发展实力的同时，积极借鉴和尝试更为先进的企业管理理念，将研发创新根植于企业科技工作者和全体企业人员当中，优化企业的激励机制，注重企业售后服务等，多角度、全方位认识到企业新产品战略实施的重要性，更好地开拓市场，实现企业的经济效益和社会责任。

技术创新是企业的核心价值所在，是企业核心竞争力的源泉。技术创新的秘诀在于实现市场人无我有，人有我优、人优我专的竞争定位。恒信诺金公司在2006年成立之初，就将“洗浴废水热能回收利用”确定为公司的技术研发方向，即使在

2008 年企业面临资不抵债的情况下，仍然坚持洗浴废热研究不动摇。十几年来，公司研发团队相继研发并攻克了具有国际领先水平的废热三级热回收技术、流量 1∶1 控制技术、地热辅助梯级利用技术、污垢清洗技术，拥有 11 项国家授权发明专利；建立了国内第一个“废热梯级利用”实验室，不仅可以开展常规的空气源、水源热泵的性能检测，还可以测试废热梯级利用水源热泵热水机的每一级的热能回收情况；同时在大楼的负一层到五层建立了洗浴废热试验场。为了加快废热梯级利用技术与建筑一体化的设计应用，推动废热梯级利用水源热泵技术进入建筑设计的标准化、规范化工作之中，中国工程建设标准化协会编制了《废热梯级利用水源热泵热水系统应用技术规程》（T/CECS939-2021）①，于 2022 年 3 月 1 日起实施；中国建筑工业出版社出版了《废热梯级利用水源热泵热水系统建筑设计图集》（书号：15112 · 38186）②；中国标准设计研究院和武汉中南建筑设计院将“废热梯级利用水源热泵热水系统”作为独立章节，编入国家建筑标准设计图集《热泵热水系统选用及安装》③，预计 2024 年第四季度发布；江苏省工程建设标准站 2021 年 5 月公告了江苏省企业技术规程“洗浴废水源热泵热水系统工程技术规程”（320801-R179-2021）④。至此，江苏恒信诺金科技股份有限公司已建立起一套完整的洗浴废热利用技术创新体系，从多方面保证洗浴废水资源化的不断创新升级。

江苏恒信诺金科技股份有限公司洗浴废热梯级利用热水工程已在南京大学、东南大学、南京农业大学、对外经济贸易大学、中国石油大学（华东）、江苏师范大学等 50 多所高校、70 多个校区进行了应用。14 年间（2010 年 1 月—2023 年 12 月），以合同能源管理和 BOT 模式，在集体浴室、楼栋浴室、楼层浴室和公寓式房间浴室，采用废热梯级利用水源热泵技术，累计使用各类型浴室排放的 1 991 万吨洗浴废水制热水，为近百万名师生提供洗浴热水，算上照明、空调等用电费用，平均每吨热水能源成本仅有 4.56 元，设备运行稳定、集约化程度高，洗浴废热制热水的能源成本与其他能源制热水相比较，其能源成本具有颠覆性优势。用国际领先的梯级利用技术，最大化利用洗浴废热制热水，不但符合国家碳达峰碳中和发展战略，而且废热循环于万千建筑而不竭，将能源储藏在民用建筑中，既符合国家能源发展战略中“节约”“清洁”的精神，也符合国家能源发展战略中“安全”的精神，必将形成极具发展前景的热水供应新业态。

① 《废热梯级利用水源热泵热水系统应用技术规程》。

② 《废热梯级利用水源热泵热水系统建筑设计图集》。

③ 《热泵热水系统选用及安装》国家建筑标准设计图集。

④ 江苏省工程建设标准站 2021 年 5 月公告江苏省企业技术规程《洗浴废水源热泵热水系统工程技术规程》。

洗浴废水蕴含着大量的废热，据统计我国城镇有8.3亿居民①，每年排放的洗浴废水高达120亿m^3，相当于南水北调东线和中线平均每年调水量的2倍，如将洗浴废水中废热全部利用，每年可为国家节约能源1.41×107亿千焦，热能数值是2020年三峡电站发电量1 118亿千瓦·时的3倍②。洗浴废水是一种尚未被人们完全认识的特殊热源，其蕴含的热能被白白排放掉，我们却熟视无睹，在我国建筑节能减碳面临严峻形势的今天，重新认识洗浴废水中的热能，尤为重要。以下三点说明废水中的热能有较大的回收价值。

1. 热源极具稳定性、可持续性。

废水量稳定、可靠。洗浴废水伴随热水消费而产生，使用多少热水，就排放多少废水，使用的热水量与排放的废水量始终为1∶1。同时，洗浴废水具有极强的时效性，需要热源之时，废水同步产生。废水温度稳定、可靠。洗浴热水温度一般都在40～43℃，洗浴过程中热能损失4～9℃，流入到地漏的废水温度一般在34℃③以上，经过长60m（层高约20层）保温的立管，流入废水保温水箱的温度，无论什么季节，一般都在32℃④以上，为高效利用创造极为有利的条件。

废水利用具有可持续性。洗浴热水是居民日常生活的刚性需求，天天用、年年用，利用洗浴废热制热水，热水使用后，排放的废水又成为制取洗浴热水的热源，

① 经济参考报《我国城镇常住人口增至8.3亿户籍制度改革全面落地》。

② 根据《城市居民生活用水量标准》（GB/T50331-2002）中的居民用水量调查值，淋浴的“一般型”用水量为39.6L/d，8.3亿居民的年淋浴用水量则为：8.3亿×39.6L/d×365d=119968亿L≈120亿m^3。
根据新华网2019年12月12日报道，南水北调东、中线五年调水量近300亿m^3，据此计算每年约60亿m^3，居民年淋浴用水量约为其2倍（120亿m^3÷60亿m^3=2）。
洗浴废水温度按31℃计，热回收后的排放温度按3℃计，可回收的热能为：120亿m^3×1 000kg/m^3×4.2千焦/kg℃×（31℃-3℃）=1.41×107亿千焦。
根据中国政府网2021年01月04日报道，三峡电站2020年发电量达1 118亿千瓦时，约为：1 118亿千瓦时×3 600千焦/千瓦时=4.02×106亿千焦，洗浴废水可回收的热能约为其3倍（1.41×107亿千焦÷4.02×106亿千焦=3.5）。

③ 根据陶文铨工作站2019年11月21日试验数据得到。

④ 立管内管为直径75mm的PVC管，厚度为2.3mm，立管外管为直径110mm的PVC管，厚度为3.2mm，内外管之间为聚氨酯发泡保温层（导热系数取0.025 W/m·℃），厚度为14.3mm。立管内废水温度与管外环境温差按20℃计（废水温度35℃左右，管外温度15℃左右），则每米管道的热损约为8.7W，当单人洗浴流量为8升/分钟时，流经60m的保温立管，散热损失导致的温降约0.9℃。另外，考虑用户间断洗浴时，内管和保温层均会吸热，内管（PVC）比热取1.21kj/kg.℃、温升取20℃，保温层（聚氨酯）比热取1.38 kj/kg.℃、平均温升取10℃，则间断后每一次洗浴均会从废水吸热1167kj。住户洗浴时，以每次平均有3人连续洗浴计，每人水量为80L，三人共计240L，则因管道自身（内管和保温层）吸热而导致的温降约为1.16℃。综合管道散热损失与管道自身吸热，废水平均温降约为2℃（1.16℃+0.9℃=2.06℃），由于即使在秋冬季，废水初始温度一般也在34℃以上，因此，全年进入废水箱的温度一般均在32℃以上。

如此循环往复，具有可持续性。

2. 洗浴废水的热能与自来水中热能协同利用，为清洁能源永续利用创造了条件。

废水通过低热损的收集，到达废水箱中的温度一般都在 32℃以上，而自来水温度在全国绝大多数地区和全年大多数时候都高于 12℃，通过梯级利用水源热泵技术，在自来水 12℃以上情况下，仅靠洗浴废热就能实现清洁能源的循环利用，在自来水 12℃以下，最多只需 13% 的辅助加热[①]，亦可实现清洁能源循环利用。洗浴废热与自来水中热能协同利用，为清洁能源永续循环利用创造了条件。

3. 热水需求就在废水热源旁，形成市场化的潜在内生动力。

洗浴是热水消费与热源形成在同一场景下同步发生的过程，喷头淋下的洗浴热水，转瞬之间就变成了废水，通过废水管道在负一层将各家各户的废水收集就形成了热源，而热水需求这时就在废水热源之上——楼上各家各户中，此时只需在负一层安装一套热水系统，以流入的废水为热源，将自来水加热后向上输送，就能实现热水稳定供应。热水需求就在废水热源旁，废水收集与热水输送的管道最短、热损最小、效率最高，这是洗浴废水制热水具有的自身特征，而因此带来的，远低于其他热水设备的能源成本，形成市场化的内生动力。

创建废热梯级利用技术体系，替代化石能源制热水。恒信诺金公司技术创新发明了废热梯级利用水源热泵技术。其基本原理如下。

废热梯级利用水源热泵技术及原理

废热梯级利用水源热泵技术，在三个温度层次上，采用相应技术，对洗浴废热逐级回收。第一级，通过前置清水—废水换热器，实现较高温度废水中的废热向较低温度清水中转移，利用温差换热，无需消耗电能，大幅提升了系统能效比和产能。第二级，换热后的废水温度已低于换热后的清水温度，无法进行热交换，通过逆卡诺循环原理，用热泵Ⅰ将废水的热量向清水中转移。第三级，热泵Ⅰ吸热后的废水温度通常在 10℃以上，余下的废热仍有利用价值，用热泵Ⅱ继续从废水中吸热，并将热量继续向清水中转移，废热得到最大化利用的同时，热水也达到了人们洗浴时的需求温度，在保持清水废水流量 1∶1 的前提下，实现了制热水的热能平衡（自来水 12℃以上）。

经教育部科技查新工作站查新，恒信诺金公司发明的废热梯级利用水源热泵热水机中的废热三级梯级回收利用技术、废水流量与清水流量 1∶1 的控制技术，国内

① 在冬季，自来水温度最低约 7℃，辅助加热主要是补充 7℃升温至 12℃这部分热能，以热水 45℃计，辅助加热提供的热能占比约为：（12℃ −7℃）÷（45℃ −7℃）×100%=13.16%。

外未见报道[①]；采用废热梯级利用水源热泵技术制热水，实现等量洗浴废水制取等量洗浴热水，COP 值高达 6.5[②] 以上，废水温度低至 3℃排放。

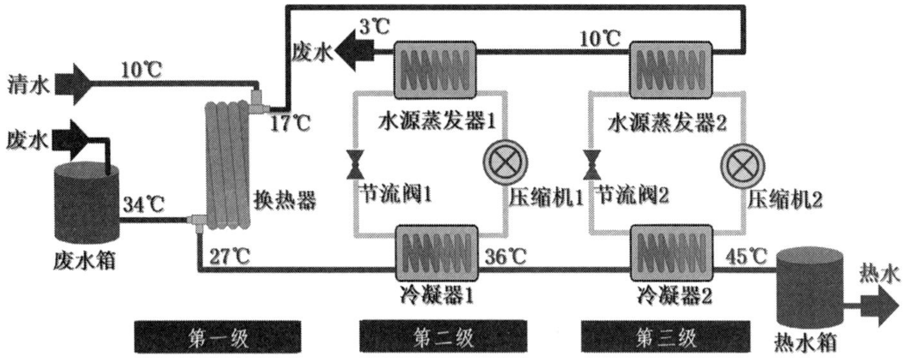

图 废热梯级利用水源热泵原理

注：1. 蓝色线为废水，红色线为清水，橙色线为制冷剂。

2. 清水与废水流量之比为 1 ∶ 1（额定工况下）。

3. 清水出水温度可按 40℃至 46℃之间调节。

公司实现余热利用向废热利用的跨越

国家所出台的激励政策都是余热利用方面，业内专家的研究也都是余热利用方面，而恒信诺金公司的废热梯级利用水源热泵技术，实现了从余热利用到废热利用的跨越，不但向洗浴废水中的余热要热能，将高于自来水温度的废水中的余热（留在水中的收费能源）100% 回收，而且还向自然界要热能，将废水中低于自来水温度的环境所赋予的热能（免费能源）超额回收，废水排放温度只有 3℃。在大部分条件下，能够实现等量洗浴废水的热能制取等量洗浴热水，该技术颠覆了传统认知，在废热回收率上具有颠覆性优势。

以洗浴废热制热水为标志的热水供应新业态主要有四个显著特征：

1. 洗浴废热特殊性，与梯级利用技术协同利用，形成废热回收效率的颠覆性优势。

洗浴废水是一种特殊的宝贵热源，热源极具稳定性、可持续性，其自身具有的特殊性被人们熟视无睹，一直没有得到重视和有效利用，其蕴含的热能被白白排放掉，恒信诺金公司通过废热梯级利用水源热泵技术的协同，实现了从余热利用向废热利用的跨域，不但向洗浴废水中的余热（收费能源）要热能，将高于自来水温度的废水中

① 教育部科技查新工作站 L44 2020 年 12 月 25 日《科技查新报告》编号 202036000L440488。

② 等量洗浴废水制取等量洗浴热水，COP 值高达 6.5 以上。

的余热 100% 回收，而且还向自然界要热能，将废水中低于自来水温度的环境所赋予的热能（免费能源）超额回收，废水排放温度只有 3℃。在大部分条件下，能够实现等量洗浴废水的热能制取等量洗浴热水，使该技术在废热回收率上具有颠覆性优势。

2. 废热梯级利用水源热泵技术与 1∶1 控制技术、反冲清洗技术，形成能源成本上的颠覆性优势。

废热梯级利用水源热泵技术通过三级废热回收，三级持续加热，从产品原理和结构上，实现了等量洗浴废水制洗浴热水的热能平衡，而 1∶1 控制技术则通过特定的控制方法，使热水机工作时的热水排放量与排放的废水量始终为 1∶1，热水产量不多不少，刚好满足需求，而废水出水温度则按夏季高、春秋季略低、冬季最低自动调节，实现对废热最合理、最恰当的利用，使热水能源成本一直保持当前工况下最低。自动清洗技术则彻底解决了行业老大难——换热器的污垢清洗问题，设备运行十几年性能仍和新机一样，保证了设备节能效果长期稳定。在三大技术的集成与协同下，每吨热水能源成本只有 3.61 元，比电热水器节能高达 80% 以上，比目前最节能最省钱的光电互补太阳能热水器仍节约 49%，形成了产品在能源成本上的颠覆性优势。

3. 废热梯级利用水源热泵技术，与标准、图集协同，形成应用场景上的颠覆性优势。

废热梯级利用水源热泵技术在产品节约化、安装便捷化、运行智能化方面均有颠覆性提升，废热梯级利用水源热泵集三级利用于一机，20P 产品占地仅 1.8m^2，接上水、电，废水瞬间由 34℃降至 3℃（最低），自来水瞬间变成 45℃热水。在新建建筑中，两根管道（热水、废水）一个位置，已经被纳入中国工程建设标准化协会主持编制的《废热梯级利用水源热泵热水系统应用技术规程》、国家建筑标准设计图集《热泵热水系统选用及安装》中，自来水、废热水、热水管道、电缆电线，四个连接到设备上，操作极其简单方便，产品与标准、图集协同，具有应用场景上安装简单、操作方便、用工少的颠覆性优势。

4. 多种要素重构，形成最具生命力的热水供应新业态，形成市场竞争的颠覆性优势。

新业态形成过程是多种要素重组的过程。首先是用白白排掉的洗浴废热制热水，替代其他各种能源（含化石能源和其他可再生能源）制热水，从热能来源上重塑绿色低碳效应；其次是用全新集中供热水方式代替家庭多种热水器自行供热水方式，解决了电、燃气热水器安装、维修、占用空间、安全、能源成本高的问题，也解决了太阳能热水器阴雨雪天不能使用及管道冷水排放等问题，从热水供应品质上重塑热水使用舒适性；再次用洗浴废热制热水的超低能源成本，替代其他各种能源制热水的较高能源成本，从热水供应价格上重塑废热制热水的竞争优势；用国际领先技术，最大化利用洗浴废热制热水，循环于万千建筑而不竭，不仅符合国家能源发展战略中“节约”“清洁”的精神，而且符合国家能源发展战略中“安全”的精神，必将形成极具生命力的热水供应新业态。

新产品开发的 PEST 分析

新产品开发的宏观政策-P

以习近平新时代中国特色社会主义思想为指导，认真落实党中央、国务院决策部署，坚定不移贯彻新发展理念，全方位全过程推行绿色规划、绿色设计、绿色投资、绿色建设、绿色生产、绿色流通、绿色生活、绿色消费，使经济发展、社会进步建立在高效利用资源、严格保护生态环境、有效控制温室气体排放的基础上，统筹推进高质量发展和高水平保护，建立健全绿色低碳循环发展的经济体系，确保实现碳达峰、碳中和目标，推动我国绿色发展迈上新台阶。落实全球绿色发展的具体措施，我国绿色发展要坚持创新引领。全面推动技术创新、管理创新、模式创新，加快构建市场导向的绿色技术创新体系，构筑有效的绿色政策支持体系。按照党中央国务院的战略部署，到 2025 年，产业结构、能源结构、运输结构明显优化，绿色产业比重显著提升，基础设施绿色化水平不断提高，清洁生产水平持续提高，生产生活方式绿色转型成效显著，能源资源配置更加合理，利用效率大幅提高，主要污染物排放总量持续减少，碳排放强度明显降低，生态环境持续改善，市场导向的绿色技术创新体系更加完善，法律法规政策体系更加有效，绿色低碳循环发展的生产体系、流通体系、消费体系初步形成。到 2035 年，绿色发展内生动力显著增强，绿色产业规模迈上新台阶，重点行业、重点产品能源资源利用效率达到国际先进水平，广泛形成绿色生产生活方式，碳排放达峰后稳中有降，生态环境根本好转，美丽中国建设目标努力实现中。追求经济的高质量发展和绿色发展，逐渐成为全人类的共识。在第七十五届联合国大会一般性辩论上，习近平主席宣布“中国将提高国家自主贡献力度，采取更加有力的政策和措施，二氧化碳排放力争于 2030 年前达到峰值，努力争取 2060 年前实现碳中和。”并提出了后疫情时代推动世界经济绿色复苏的设想，各国要树立创新、协调、绿色、开放、共享的新发展理念。中国政府对于节能减排的大力支持和宏观政策的扶助，对于恒信诺金企业新产品开发，创造了良好的政治生态和环境支持。

新产品开发的经济环境-E

近年来，随着国家节能减排政策的不断深化，推广实施空气能这种新兴的节能环保产品受到了国家的重视，目前采用可再生能源制热水的方式主要有空气源热泵、太阳能热水器及空太组合，对我国的节能减碳事业做出了重要贡献，但是在使用的过程中也发现诸多弊端。空气源热泵和太阳能热水器的运行工况一年四季变化大，冬季热水产量仅相当于夏季的1/4至1/3。空气源热泵和太阳能热水组合系统，两者没有互补性，夏天同强，热水用不完；冬天同弱，热水不够用。冬季工况恶劣，空气源热泵和太阳能热水系统不能保证热水供应。空气源热泵换热器表面极易结霜，频繁化霜导致设备寿命下降，太阳能热水器的主机部分安装在室外，产品易老化，维护成本高，同时亦影响建筑物美观。而恒信诺金公司的以洗浴废水为主热源的废热梯级利用水源热泵热水系统以洗浴废水为热源，不受区域、季节、环境温度影响，一年四季均可正常运行，即使是在北方地区最恶劣工况下，仍能高效运行。同等热水产量，所需电负荷仅是纯空气源热泵的1/2至1/3。

新产品开发的社会条件-S

随着经济水平的不断提高，人们对于热水的需求量越来越大，要求越来越高，尤其是大量使用热水的场所，比如健身房、体育馆、大型酒店、医院、高速公路休息站等。这些场所对热水的需求不仅仅是需求量大，还对热水的体验要求很高。随着社会文明和进步，人们对健康和健身的需求不断增长，对洗浴的需求也与日增长。每天至少洗浴一次，成为老百姓的生活刚需。在大学生集体居住的公寓中，经公司十多年大学生洗浴数据表明，不断增长的洗浴需求推动公司销售额加快增长，说明新产品开发的消费者需求市场的稳定和发展，这为公司新产品开发提供了良好的社会条件。从事节能研究的专家指出，不管是家用还是商用领域，不管是热水还是采暖，节能环保一定是社会发展大趋势。目前我国在制冷、采暖和热水供应上的能耗占我国建筑能耗的六成左右，占全国每年总能耗的20%。中华人民共和国住房和城乡建设部将恒信诺金公司的废热梯级利用技术纳入行业建筑设计标准计划，由于建筑是特殊产品，利用洗浴废热制热水，必须在建筑设计阶段，将废水管、热水管两根管道设计到位，并预留设备安装位置，只需要将相对应的接口与热水机连接即可，安装方便、快捷、可复制，便于大规模推广。废热梯级利用水源热泵热水机可以在建筑能耗中节能80%以上。相比以往，此行业标准实施后，预计未来几年内，公司新产品将逐渐替代传统制热水设备，具有非常广阔的市场前景。节能环保的废热梯级利用水源热泵热水机在新增建筑中的应用，便可以用雨后春笋、遍地开花来形容，无论是部队、学校、医院、体育中心、写字楼、居民小区、企业浴室等，在一切可以达到一定规模的浴室和洗浴中心，都可应用。

新产品的技术分析-T

从事节能研究的专家指出，不管是家用还是商用领域，不管是热水还是采暖，节能环保一定是社会发展大趋势。目前我国在制冷、采暖和热水供应上的能耗占我国建筑能耗的六成左右，占全国每年总能耗的20%。而空气能热泵产品可以在建筑能耗中节能50%以上。预计未来几年内，公司新产品将逐渐替代老式产品，具有非常广阔的市场前景。2023年7月12日中国建筑节能协会组织行业知名专家对恒信诺金公司的“废热梯级利用水源热泵热水技术”进行科技成果鉴定，鉴定意见为该技术“创新性强，达到国际领先水平”。

废热梯级利用水源热泵热水机，以占总制热量14%的电能驱动占总制热量86%的洗浴废热回收并循环利用，不仅将洗浴废水中高于自来水温度的余热全额回收，而且将自来水进口温度与废水排放温度3℃之间的废热超额回收，洗浴废热利用率高达90%。经合肥通用研究院检测，COP值为7.33。产品通过智能化控制设计，优先利用洗浴废水中的余热及废热，保证洗浴废水的最大化利用。冬季，自来水温度低于12℃时，自动启用空气源热泵辅热，及时补充洗浴废水无法提供的热能。

本技术与国内外各类制生活热水技术相比，能源成本均具有颠覆性优势，即使与最节能的空气源热泵相比，能源成本仍节约45%，比太阳能热水节省53%（根据《建筑给水排水设计标准GB 50015–2019》，太阳能保证率取65%。电辅占比按35%计），具有显著的制热水节能优势。

从下面的柱状图可以看出，本技术在制热水的性能系数（COP）、每吨水能耗及每吨水能源成本上与其他各类制热水技术相比，均具有显著的优势。

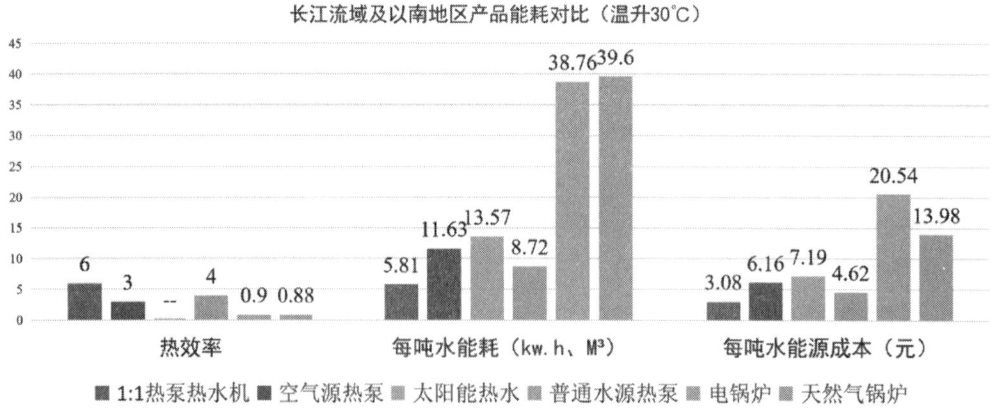

注1：天然气以2019年南京民用第二档3.28元/m³为例，热值按8 000千卡/m³计。

注2：电价按0.53元/kw.h计。

注 3：天然气锅炉能耗为 4.26m³，热量折合 39.6kw.h。

注 4：依据国家标准《民用建筑太阳能热水系统评价标准》（GB/T 50604–2010），结合实际情况，江苏地区太阳能保证率取值 65%，太阳能热水的电辅助加热比例为 35%。

注 5：空气源热泵 COP3.0 为年均值。

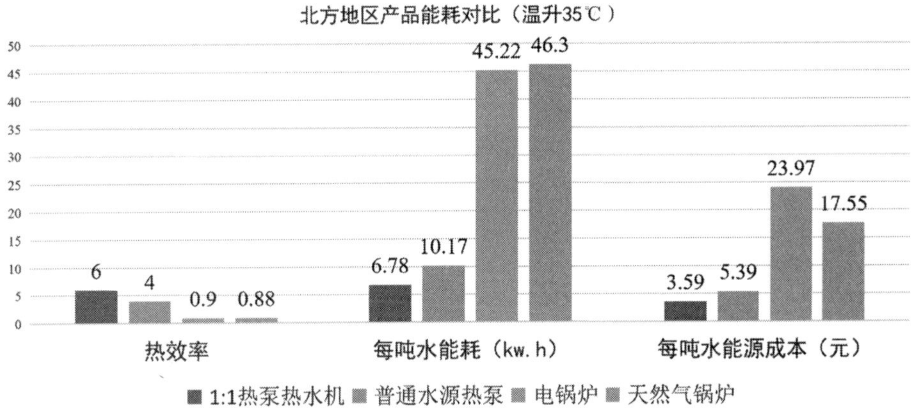

注 1：天然气以 2019 年哈尔滨民用第二档 3.53 元 /m³ 为例，热值按 8 000 千卡 / m³ 计。

注 2：电价按 0.53 元 /kw.h 计。

注 3：天然气锅炉能耗为 4.97m³，热量折合 46.3kw.h。

在南方可使用空气源为辅热的废热梯级利用水源热泵热水机，在北方可使用以地热为辅热的废热梯级利用水源热泵热水机。以稳定可靠的热水供应方式、超低能源成本、较短投资回收期和巨大的节能减排效益，为国家节能减碳、为开发商赢得房屋卖点、为用户节省费用支出、为社会资本投资热水运营获得长期稳定的经济收益，形成多方共赢的热水供应新业态。

新产品开发的 SWOT 分析

SWOT 分析是战略管理的基本分析方法之一。其分析原理就是基于对公司内外部竞争环境和外部条件的分析，注重企业内部竞争能力，以及市场可能遇到的机会与挑战。通过这种分析方法，对该企业研究对象的情况进行全面、系统、准确地研究，制定出适合企业自己的发展战略、行动计划和对策。根据公司新产品的开发的各种竞争要素，可以得到以下的分析。

（一）优势–S

1. 拥有高水的研发团队。恒信诺金公司的专家团队由中国科学院院士、我国著名热力学科学家陶院士领衔的院士工作站、中国科技大学陈则韶教授等一批从事高新技术研究的热力学工程技术专家，组成研发团队，研发新技术的运用。除此之外，恒信诺金公司内部技术人才结合专家的技术指导，加上数年攻关研究，获得了十几项发明专利。公司技术的实践应用还得到国内多家高校教授专家的技术支持。可以说企业技术队伍人力资源力量是非常强大的，由此为公司市场战略执行和新产品推广使用提供了相当大的技术支撑和人力资源保障。

2. 拥有 1∶1 热水循环调控的高节能技术，实现了清水与废水流量的同步调节，并使之相等，达到了清水与废水流量 1∶1 的效果。该产品的特点是动态调节流量值，自动应对不同季节、不同工况，实行制水流量最大化、节能最大化、废水废热利用率最大化三者的有机统一。还有清洗领域的重大攻关的成功。一般来说，热水器设备利用技术的一个重要难点就是攻克清污除垢难题。科学清洗换热器里的污垢是热水热能回收行业一直难以解决的重要技术难题。长期以来，洗浴废水利用技术，一直无法产业化，根本问题在于废热水回收设备的清洗困难。公司经过数百次的试验，终于开发出反冲装置和高效低腐蚀清洗剂配方，在技术上取得了重大突破，解决了这个行业难题。可以说，双热源洗浴废水热能三级利用热泵制热水系统是目前国内最先进、最节能、全天候的生产洗浴热水系统，是科学家和公司科技人员在废水热能回收技术上的重大突破，解决了洗浴热水能量回收方面出现的重大技术难题，为公司的技术创新，新产品的开发，找到了一条全新的发展之路。这一技术创新产品对公司的市场起到了很好的支持。

3. 优质高校客户资源。恒信诺金公司目前已在南京大学、东南大学、南京农业大学、武汉工程大学、淮北师范大学等多所高校、多个校区进行了浴室节能投资改造并投入使用，是目前国内成功进行高校节能型浴室建设和投资改造工程最多的节能服务公司。

4. 灵活的盈利模式。BOT 模式（即卖服务模式），BT 模式（卖工程模式），还是 PS 模式（即卖产品模式）。企业盈利模式和实现利润的手段可以不一样，但是要从最大的市场效果出发。盈利模式不是企业的短期利润实现模式。它是以企业长期利益最大化为目标，可能更多地关注到社会效益与企业效益的兼顾与平衡。

（二）劣势–W

虽然恒信诺金公司的洗浴热水废水能量回收技术的研发人员在我国国内一流的大学的研究水平上，处于国内领先的水平，然而，新技术的市场使用，从技术试验阶段进入市场应用环节，还有很长的路要走。公司所采用的主流节能技术是应用在集中式热能回收的高校浴室改造项目，客户目标相对单一。发明技术的专家们在研制新产品的同时，仅仅是借助于国内外热力学工程先进的创新思想和想法，但对于产品是否具有较高的稳定性特征，其产品市场推广的标准性等情况是否合理等，还缺乏系统考虑。产生这些问题的原因在于，研发人员虽然在技术上处于领先的地位，但是他们对于市场理解和新产品的市场开拓，考虑不够周全，以致在新产品推广中的商业模式创新理解不够透彻。换句话来讲，新技术研发的专家对未来市场的理解，不如对技术的理解深刻。由于对市场拓展的认识不到位，在市场开发方面，阻碍了新技术的市场实现，导致产品在市场实现过程中，遇到比较大的障碍，这也是企业新产品开发中需要突破的瓶颈之一。这也是新产品战略得以市场实现的关键要素。

（三）机遇-O

恒信诺金公司的新产品的发展符合党中央提出的“五大”发展理念，对于我国节能环保、低碳生活的推进，有极大的促进意义。从某种程度上来说，从点点滴滴的小事做起，从丢弃的废水中提取热能，将会极大地节约社会能源，必将获得较大的经济价值和节能减排的效果，得到广泛的社会支持。这些政策力度的帮扶，促使整个节能环保行业迎来了欣欣向荣的发展机遇。从国家宏观政策层面，大家知道，“金山银山不如绿水青山”，这一理念提出给节能减排企业极大的发展机遇（常杪等，2015；岳文飞和陈曦，2015；赵云皓等，2015）。经济学的常识告诉我们：地球上的能源是稀缺的，是不可再生的。地球上的能源，不是取之不尽的，而是越用越少。在这样一个背景下，我们必须注重能源的节约问题，为了我们共同的家园，哪怕就是微小的能源节约，都可以为人类的未来提供更多的能源支持。现在的能源节约就是未来的经济发展（黄润秋，2016；李慕等，2016；裴莹莹等，2016）。这些理念的推广可以极大地推进节能减排企业在节能技术上的发展，为节能减排企业的新技术的应用提供了发展机遇。当然，社会环境的进步进一步拓宽了企业新产品的发展空间。

（四）挑战-T

恒信诺金公司新产品的技术性能等方面的优势较为明显。然而，目标客户高校群体也相对单一，市场竞争的对手也多，在复杂多变的市场环境中，如何保持持续性的竞争优势，这对公司来说，是其面临的巨大挑战。公司新产品的开发提供了设备先进的新技术产品。一般来说，新产品的前期投入成本较高，市场推广所投入的人力资源和物力资源也都较高，但是产品收益的程度高低却不同程度地受到商业模式创新等多种因素的影响，各种不确定因素增多。因此，投入资金资源较多，创新失败的风险始终存在（陈霄和赵亚星，2015；潘永明等，2016）。该公司的经营管理是存在风险的，尤其是在早期阶段市场开发阶段。这些因素都是不确定因素。客户对产品的技术特征、节能效果、节能产生的经济效益以及节能所节约的经济利益不是太清楚，或者说，客户他们根本不了解新产品的技术。所以，客户往往对于新产品持一种怀疑甚至不相信的态度。新技术的发明成功，是技术上挑战。而新产品技术的市场应用，是一个更大的挑战。往往后一个挑战，不比前一个挑战轻松。如果新产品的技术发明没有得到市场的认可或市场不能扩大，新产品技术只能处于产品和样品阶段，而不能成为商品，不能获得广泛的社会应用（文婷，2010；李博洋和李金惠，2011；傅志寰等，2015）。这些对技术发明者来说是一个巨大的挑战，对企业家来说也是一个充满风险的挑战。上述 SWOT 分析矩阵如表 1 所示。

表 1　恒信诺金公司 SWOT 分析矩阵

内部能力 / 外部因素	优势（Strength）	劣势（Weakness）
	优质的客户群体； 核心团队背景强； 核心技术力量强； 灵活的盈利模式。	技术转化周期长； 产品推广难度大； 市场开发资金紧张。
机会（Opportunities）	SO 战略	WO 战略
"绿色低碳环保"等国家重大战略带来的新机遇； 节能减排企业极大的发展机遇； 新一轮科技革命、第四次工业革命带来的新机遇。	发挥自身优势，利用外部机会。	利用外部机会，克服自身弱点。
威胁（Threats）	ST 战略	WT 战略
主要客户相对单一的威胁； 新技术市场认知不足的威胁； 创新的不确定性的威胁。	扬长避短，发挥自身优势，回避外部威胁。	克服自身弱点，回避外部威胁。

通过对恒信诺金公司的新产品策略的 SWOT 分析，不难看出，恒信诺金公司新产品的技术性能等方面的优势较为明显。然而，新产品的前期投入成本较高，市场推广所投入的人力资源和物力资源都较高，但是产品收益的程度与否，却不同程度地受到商业模式创新的影响。

通过对恒信诺金公司的新产品策略的 SWOT 分析，不难看出，恒信诺金公司新产品策略，既有其较为有利的方面，同时也存在各种不利因素的制约，要合理凸显新产品的技术优势，合理利用节能产品的市场机遇，才能更好地应对新产品市场的挑战，实现恒信诺金公司新产品策略的稳步推进，落实好每一步具体的战略准则，促进恒信诺金公司获得更多的市场价值和经济效益。

研究认为，恒信诺金企业要提升服务质量，企业应该有强大的新产品推广支持体系。第一，公司要有工程技术的安装实体以及安装管理规范标准。第二，公司要有新产品技术的宣传书、画册、手提式的沙盘，可以直观有效地宣传企业新产品。

第三，公司要有高度商品化、模块化的设备工程体系。第四，公司要有成熟的商业模式创新推广方案。第五，公司要有足够充分的启动资金，全力投入开发新产品市场。

在现有基础上，企业需要进一步提升新产品技术开发能力，具体有如下几个方面：

健全技术创新体系，保证新产品创新性的持续与稳定

恒信诺金公司隶属于高新技术企业，研发技术的先进与否，直接决定新产品的技术好坏，投入在研发技术中的人力资源优劣，能够从产品中看到企业创新水平的高低。所以，企业管理者应始终保持创新热情，带领各个部门尤其是研发团队，持续性地加入到产品的研发当中。企业在创新中不仅要懂新产品技术要领，还需要在人力资源管理中创新人员管理方式，合理分配企业人才，努力衔接好不同部门和人员的关系，达成互助合作的人员体系，实现知识、技术的双方积累和储备。学习和借鉴成功企业的管理成就，完善企业现有技术创新机制，创造企业技术创新机制的模式。以发展和创新的角度看问题，储备技术和人才资源。合理把控新产品项目，最大可能提升产品质量。新产品要想在市场上站稳脚跟，时刻保持创新性是提升企业产品战略成功率的关键。企业的新产品战略不仅要求在企业资源和管理机制上创新，更需要就研发项目合理控制，能够在可控条件下，以最优的资源投入，收获可观的经济收益，最终，才能促使新产品取得开发成功。

研发新产品的过程中，投入的人力资源、资金数额一般都比较大，势必对企业产生很大的压力。市场的变化难以恒定，变化莫测的各类开发新产品的风险，要求企业在进行新产品战略制定中，能够将新产品研发的周期尽可能缩短。要做到这些，企业的管理人员需协调好企业内各个部门的相关关系，新产品开发的信息的传递要迅速，构建现代化的企业信息网络和信息传递系统，适时开展信息共享制度，有力提升企业的研发效率和效果。以较短的研发时间，获得新产品的产出效益最大化。

优化企业激励机制，增强研发人员积极性

从某种角度来说，激励企业的研发人员的工作主动性，全过程参与研发活动，也是领导者掌控研发流程，发现研发中的问题，提出整改意见，以敏锐的市场洞察力，全方位指挥的过程。企业家以身作则，高度重视研发工作各个环节，可以监管研发工作的各个角度和所有研发人员，企业家参与到研发当中，才可以从根本上调动研发人员，保证企业新产品战略的稳步推进。只有研发工作的有序开展，才能促进新产品科技含量的提升，也是新产品赢得市场、大获全胜的保障。

采用薪酬激励手段，激发每一个员工的创造性和活力

薪酬激励，简言之就是企业运用强有力的激励手段，刺激科技开发的员工的工作积极性，员工个人的物质条件得以较大地满足，才能更好地积极主动地工作。这种激励机制的确立大大提升了企业人员参与新产品战略，产生了个人工作的主动性、积极性、创造性。恒信诺金公司秉承一定的原则，各个部门按照部门开发新产品战略的重要性，拟定合乎企业承受能力，有效推进新产品战略的奖励条例，将工作中表现突出的员工，视为奖励的重点对象。遵从公平性的奖励标准，实施阶梯式奖励方式，保证新产品开发战略的有效实施。在新产品战略执行过程中，表现突出为企业创造价值的人员，按照不同的奖励标准实施奖励，阶梯式的奖励方法可以让员工更富有工作热情，以饱满的激情投身于本职工作。各个部门人员彼此配合、协调有度，团队合作有效率，才能有效落实企业新产品战略的阶段计划。恒信诺金公司对于不同贡献的企业员工，给予不同方式的奖励和激励手段，确保员工能够在新产品开发过程中保持工作激情和热情。

制定长期性的职业规划，最大限度地激发全体员工的潜在能力

对恒信诺金公司来说，要获得良好的新产品开发效益，需要充分激发企业科技开发者和其他员工的各种积极性、创造性。根据不同的员工的绩效考核成绩，针对性地给予不同程度的奖励，通过职位的竞争等，提高员工对于企业价值观的认可度。在实际的企业管理当中，能够适时地给予企业绩效考核以重视，尤其是在绩效考核中，对于科技工作者的突出贡献和获得重大贡献和成绩的员工，可以给予幅度较大的激励。这种奖励和激励的示范作用能够将奖金薪酬和最终年度绩效考核相结合，确保员工在具有刺激性的工作环境中，更具工作热情和奋斗激情。关注每一个员工的职业发展状况，根据员工的自身优势，给予职业规划的制定和培训力度的提升，能够就员工的劣势和发展问题进行弥补，调整企业员工的未来成长策略。为了更好地留住员工，使得员工愿意长久扎根于企业，恒信诺金公司为员工根据个人情况，制定阶段性的持续性职业发展规划，能够让员工在岗位中，看到未来几年发展方向，有明确的个人规划和思路，从心理上提升了员工对企业的信任度。新产品战略的执行，任何一个企业员工都要积极参与，奉献个人能量和作用，全员参与才是确保工作效果的重点。健全企业员工的职业规划制度，这是强劲人员工作干劲，保持员工工作自信的核心所在，决定了企业新产品战略的实施效果。

塑造企业创新文化，形成全员创新的氛围

塑造企业文化是对企业全体员工人生观、价值观、世界观进行汇聚的塑造。能够在和谐稳定向上的企业文化中，调整企业人员关系，促进员工之间的和睦相处，加强企业成员合作共赢精神，这是企业开发新产品成功的内功。

坚持“以人为本”管理理念企业文化的建立，目的是更好地利用企业文化，管理、约束和监管企业人员的行为。和管理制度的管理约束员工的行为相比，企业文化是软功夫。企业文化看不见、摸不到，在企业的业务进行的全过程中体现。我们一般称为软约束，内约束。企业文化完全根植在全体企业员工的内心深处。恒信诺金公司在进行企业文化建设过程中，始终将员工作为企业文化建设的对象，本着为员工服务的宗旨，最大限度地充分激发企业员工的工作的积极性、主动性和创造性，尤其是员工中的核心员工和科技开发者，需要更好地发挥其模范先锋作用。企业家能够在全体企业员工中树立一定的带头作用，起到关键性引导的影响意义，更好地促进恒信诺金公司员工整体性的工作态度转变。在对企业文化深刻理解的同时，全身心地投入到工作当中。坚持以客户满意为发展重点，狠抓市场创新，这是企业从稚嫩走向成熟的标志，也是企业实施新产品战略措施，稳步落实企业文化的过程中，需要关注和重视的内容。企业文化包括了企业外在文化，即通过环境设计、氛围塑造和企业形象设计等。企业的文化内涵，又称企业内在文化，即全体员工文化素养，这是企业文化建立的核心。企业要获得新产品开发的成功，需要在日常经营的时候，利用企业文化汇聚人才，和谐部门和部门之间、员工和员工之间、领导和员工之间关系，锻造具有高素养的人才队伍。人才在文化涵养的引导下，可以视企业工作为个人己任，投入全部热情于工作，积极落实企业新产品战略的各项工作。

塑造企业品牌，凝心聚力，追求社会价值和企业价值的统一

塑造企业的内外形象，打造企业精神。对于任何一家企业而言，都有十分重要的价值。建立健全企业精神是提升企业发展的关键。企业发展，首先要着力塑造企业的内外在形象。同时积极打造属于本企业发展的企业精神，才能更好地应对变化中的企业环境和行业需要，特别是新产品开发的需要。企业在实际的经营中，要坚持以人为本的发展方针，对于节能服务企业来说，在企业经营中，追求较好的经济收益回报是企业发展的潜在利益，根本目的在于社会能源的节约，这是企业家的社会责任。企业形象的完善必需将企业效益和社会效益相统一。在企业发展的整个过程中，处处渗透企业家的社会责任。将企业发展所传承的企业家社会责任传递给企业的每个员工，才能凝聚企业发展和新产品开发的源动力。

参考文献

［1］常杪，杨亮，王世汶．政策机制变革下的环保产业特征分析［J］．环境保护，2015，43（08）：24–26.

［2］陈霄，赵亚星．环保产业的金融支持策略［J］．知识经济，2015，（19）：68.

［3］傅志寰，宋忠奎，陈小寰，等．我国节能环保产业发展的思考［J］．中国工程科学，2015，17（08）：75–80.

［4］黄润秋．坚持“两山论”和绿色发展理念谋划“十三五”生态保护工作任务

[J].中国生态文明，2016，(04)：6–15.

[5] 李慕，余江，王萍，等.节能环保产业发展现状剖析对中国的启示与研究[J].环境科学与管理，2016，41(01)：152–156.

[6] 李博洋，李金惠.我国节能环保产业发展回顾与展望[J].中国科技投资，2011，(02)：23–26.

[7] 潘永明，喻琦然，朱茂东.我国环保产业融资效率评价及影响因素研究[J].华东经济管理，2016，30(02)：77–83.

[8] 裴莹莹，冯慧娟，罗宏，等.中国节能产业发展探讨[J].环境保护，2016，44(17)：54–58.

[9] 文婷.我国节能服务产业现状分析及发展对策[J].商业经济，2010，(17)：98–99+122.

[10] 岳文飞，陈曦.关于完善我国环保产业发展机制的探讨[J].环境保护，2015，43(21)：55–56.

[11] 赵云皓，孙宁，逯元堂，等.环保产业发展规划技术与方法研究[J].环境科学与管理，2015，40(01)：25–28.

恒信诺金企业商业模式创新案例研究

施建军

要理解什么是商业模式创新，首先需要知道什么是商业模式。现在人们逐步形成共识，管理专家基本倾向认为商业模式概念的核心是价值创造。所以说商业模式，是指企业价值创造的基本逻辑，即企业在一定的价值链或价值网络中，如何向客户提供产品和服务，并获取利润的模式。通俗地说，就是企业如何赚钱的方式和方法。商业模式是指一个完整的产品、服务和信息流体系，包括每一个参与者和其在其中起到的作用以及每一个参与者的潜在利益和相应的收益来源和方式。

商业模式创新是指企业价值创造提供基本逻辑的创新变化，它既可能包括多个商业模式构成要素的变化，也可能包括要素间关系或者动力机制的变化。通俗地说，商业模式创新就是指企业以新的有效方式赚钱。因此，商业模式创新一般包含价值创造、资源整合、消费需求满足、企业盈利模式四个关键要点。

商业模式创新企业都有几个共同特征，或者说构成商业模式创新的必要条件：1. 提供全新的产品或服务，开创新的产业领域，或以前所未有的方式提供已有的产品或服务。2. 其商业模式至少有多个要素，明显不同于其他企业，而非少量的差异。3. 有良好的企业业绩表现，体现在新产品成本、赢利能力、独特竞争优势等方面。

相对于这些传统的创新类型，商业模式创新的特点在于以下几个方面：

1. 商业模式创新更注重从客户的角度，从根本上思考设计企业的行为，视角更为外向和开放。更多注重和涉及企业经济方面的因素。技术创新的视角常是从技术特性与功能出发，看它能用来干什么，去找它潜在的市场用途。商业模式创新即使涉及技术，也多是和技术的经济方面相关，与技术所蕴含的经济价值及经济可行性有关，而不是纯粹的技术特性。

2. 商业模式创新表现得更为系统，它不是单一因素的变化。它常常涉及商业模式多个要素同时发生的大的变化，需要企业组织出现较大战略调整，也是一种集成创新。商业模式创新往往伴随产品、工艺或者组织创新，反之，则未必足以构成商业模式创新。

3. 商业模式创新如果提供全新的产品或服务，那么它可能开创了一个全新的可赢利产业领域。即便提供已有的产品或服务，也更能给企业带来更持久的赢利能力与更大的竞争优势。商业模式创新，虽然也表现为企业效率提高、成本降低，由于它更为系统和持续，涉及多个生产要素的同时变化，因此，它也更难以被竞争者模仿，而且优势常可以持续很久。

商业模式创新是指企业价值创造提供基本逻辑的变革，即把新的商业模式引入社会生产体系，并为客户创造满意度和自身创造价值。通俗地说，商业模式创新就是指企业以适合社会的新的有效方式赚钱。创新概念可追溯到经济学家熊彼特，他提出创新是指把一种新的生产要素和生产条件的结合引入生产体系。现在一般的研究把创新理解为开发出新产品、推出新的生产方法、开辟新市场、发明新材料、重造新的产业组织等多种形态。相对于这些传统的创新类型，商业模式创新有几个明显的特点：

第一，商业模式创新更注重从客户的角度，从根本上思考设计企业的行为，视角更为外向和开放，更多注重和涉及企业经济方面的因素。商业模式创新的出发点，是如何从根本上为客户创造增加价值。因此，它逻辑思考的起点是客户的需求，根据客户需求考虑如何有效满足它，这点明显不同于许多技术创新，用一种技术可能开发多种不同的用途。从技术创新的视角，常是从技术特性与功能开发出发，看新技术能用来干什么，去找新技术潜在的市场用途。商业模式创新即使涉及技术，也多是和技术的经济因素，与技术所蕴含的经济价值及经济可行性有关，而不是纯粹的技术特性。这也是本案例研究的基本观点，技术和市场的有效结合才是真正的商业模式创新。

第二，商业模式创新表现得更为系统和根本，它不是单一因素的变化。它常常涉及商业模式多个要素同时大的变化，需要企业组织的较大战略调整，是一种集成创新。商业模式创新往往伴随产品、工艺或者组织的创新，反之，则未必足以构成商业模式创新。如开发出新产品或者新的生产工艺就是通常认为的技术创新。但如今是服务为主导的时代，因此，商业模式创新也常体现为服务创新，表现为服务内容和方式以及组织形态等多方面的创新变化。这也是本案例研究的基本观点，节能服务企业，商业模式创新的本质是服务创新。与其说企业是卖产品，卖设备，卖工程，最重要的是卖服务。优秀的服务质量最终是企业制胜的法宝。

第三，从绩效结果看，商业模式创新如果提供一个全新的产品或服务方案，那么它可能开创了一个全新的可赢利产业领域，即便是企业提供传统的产品或服务，也可能给企业带来较好的赢利能力。传统的创新形态一般能带来企业管理效率的提高、产品成本降低，但是，这种创新形态容易被其他企业在较短期时期模仿。商业模式创新，虽然也表现为企业管理效率提高、产品成本降低，由于它更为系统和根本，涉及多个要素的同时变化，因此，它也更难以被竞争者模仿，常给企业带来战略性的竞争优势，而且优势常可以持续长久。本案例研究思路也是基于合成创新，组合营销，从技术到市场的紧密结合型创新。

新产品商业模式创新，我的理解应该在三个主要要素方面去细化分析，这就是新产品价值创造、营销策略、新产品盈利模式问题。

一、新产品价值创造

商业模式创新首先要研究新产品价值创造。价值创造理论认为，一个公司欲取得竞争优势，必须在创造价值方面比竞争对手做得更好。价值的创造体现在生产过程的各个具体活动中，价值链是分析一个企业组织各个组成环节在创造价值贡献大小的有用工具。同时，价值链也从根本上将公司作为价值创造活动的综合体来考虑，这些活动包括企业技术开发、原料供应、生产操作、营销与促销、后勤服务等。企业价值链中的每一活动既会增加消费者从公司产品中获得的收益，也会增加公司在生产、销售产品过程中的成本，在这些不同的活动中，影响创造的利益与发生的成本的力量是很不相同的，通过价值链的分析，就可以评价公司竞争优势来源于哪些活动环节。

商业模式创新要研究价值创造。企业商业模式价值创造包括社会价值创造、市场价值创造、消费者价值创造和企业价值创造。价值创造有多种表示形式，首先就是企业家的社会责任价值。国家要求全社会节约能源，绿色经营，低碳环保，经济可持续发展。这些概念就是企业的社会价值。企业家要积极践行国家社会责任，新产品开发中尽可能节约能源，低碳环保，保持可持续发展的态势。

市场价值创造。目前恒信诺金企业新产品的使用客户主要是高校浴室，可以集中说是能量回收项目。要把这项技术推广到新的区域、新的客户，例如在酒店、居民住宅小区应用这项技术，是解决新产品技术在分散使用的条件下，新产品应用的拓展。经济型酒店应该有节能服务的热水需求，大规模居民居住小区，特别是有集中管理供热水系统的小区，应该有这样的节能技术的需求。部队战士的洗浴室，体育健身中心的浴室，高速公路休息站等。这是一个以前没有的市场机会，如何在技术创新的基础上，加大管理创新力度，加大技术和市场的结合，推动商业模式创新。在协同创新的基础上，加大新产品开发战略上的市场创新。

消费者和客户价值创造，就是对于服务对象和消费者的价值实现。企业新产品如何解决客户的需求？商业模式创新里面很重要的内容是讲价值的需求，客户到底需求什么？我们服务的客户，在新产品中，感受到什么样的服务。与其他同类企业相比，公司新产品最大竞争力在新产品技术的节能效果，同时在新产品使用不受气候环境的影响，所以深受消费者的喜爱。消费者的喜爱来源于对新产品节能效果的认同，对新产品的质量和使用便利化的赞同，来源于对公司服务质量的赞许。恒信诺金企业新产品在消费方面优于其他相关产品，使消费者利益最大化，这就是消费者价值。要研究这些客户需求，客户需求的量确定了我们这个新技术扩展的程度和范围。要让更多的人，在企业新产品技术的实现中，能够体现到节能服务的价值满足。

企业价值创造，首先就是企业实现利润最大化。在企业盈利模式当中，最核心的指标就是企业新产品利润额和利润率的实现情况以及投资回报率。企业价值创造，原本就是指企业能够获取较好的利润。事实上，企业价值创造还包括企业社会资源整合、品牌重塑、社会关系构建、企业服务和管理的社会效益最大化。所以企业价值创造，它不仅仅是一个单一的利润最大化问题，而是企业系统的创造。企业从内到外，从硬技术到软技术，从技术到服务，从产品到营销，这是大系统的创造，就是企业的业务再造。创造一个企业价值最大化的空间，促使企业能够做大做强，持续发展。例如，整合资源是商业模式创新中企业创造价值的很重要的一个内容。要整合社会资源，比如说媒体资源。要有一个讲故事的场所。商业营销要学会讲故事，故事就是从节能减排、绿色环保、节约成本、价值创造、商业模式创新等一系列故事讲起。恒信诺金公司新产品创造价值，要讲好能源节约利用的故事，要加大宣传力度。企业通过广泛的媒体宣传，扩大了节能减排效用，提升了企业的知名度和美誉度，扩大了企业的社会影响，这就是企业价值的实现。又如，当新产品技术有了一定的发展以后，社会就会产生广泛的社会需求，就会有社会资本市场的追捧。资本市场总是追逐高新技术新产品，这为公司下一步发展的吸引社会资本、银行融资、股票上市等打下了良好的基础。企业要在这个过程中，加大新产品对资本市场的利用。所以，要注重新产品的社会资源整合，逐步放大新产品的功能，创造企业价值。

4P 营销策略理论，产生于 20 世纪 60 年代的美国，杰罗姆·麦卡锡（McCarthy）于 1960 年在其《基础营销》（*Basic Marketing*）一书中将这些要素一般地概括为 4 类：产品（Product）、价格（Price）、渠道（Place）、促销（Promotion），即著名的 4Ps。1967 年，菲利普·科特勒在其畅销书《营销管理：分析、规划与控制》第一版进一步确认了以 4Ps 为核心的营销组合方法，即：

产品（Product）：注重开发的功能，要求产品有独特的卖点，把产品的功能诉求放在第一位。

价格（Price）：根据不同的市场定位，制定不同的价格策略，产品的定价依据是企业的品牌战略，注重品牌的含金量。

分销（Place）：企业并不直接面对消费者，而是注重经销商的培育和销售网络的建立，企业与消费者的联系是通过分销商来进行的。

促销（Promotion）：企业注重销售行为的改变来刺激消费者，以短期的行为促成消费的增长，吸引其他品牌的消费者或导致提前消费，来促进销售的增长。

整合营销理论产生和流行于20世纪90年代，是由美国西北大学市场营销学教授唐·舒尔茨（Don Schultz）提出来的。整合营销就是根据企业的目标设计战略，并支配企业各种资源以达到其战略目标。整合营销倡导更加明确的消费者导向理念。

整合营销是以消费者为核心，重组企业行为和市场行为，综合协调地使用各种形式的传播方式，以统一的目标和统一的传播形象，传递一致的产品信息，实现与消费者的双向沟通，迅速树立产品品牌在消费者心目中的地位，建立产品品牌与消费者长期密切的关系，更有效地达到广告传播和产品行销的目的。

“定向营销”也称为“追求式营销”“目标对象锁定营销”，就是锁定某一个确定的消费群体对象，或者锁定某一个［职业］与行业的［群体］，对其进行集中式、有影响力的营销行为。

二、新产品营销创新

新产品4P营销创新的第一要素是新产品。具有高新技术和专利技术为依托的恒信诺金企业的新产品，在洗浴设备中具有独特的技术优势。该新产品能够克服其他热水洗浴设备的劣势，发挥新产品的长处。从现在产品只能在大规模集中洗浴浴室使用，逐步开发成为在分散的单人浴室间也可以使用。企业1∶1供需平衡是利用洗浴废水中热能制取等量热水的一种节能技术。该技术通过水—水换热器和热泵对洗浴废水中的热能进行逐级回收，使洗浴废水的排放温度只有3℃左右，最大限度地利用了洗浴废热水中的热能，从而达到从等量废水中制取等量热水的目标，实现了人们梦寐以求的洗浴热水1∶1，废热与热水供需平衡的理想状态。

新产品1∶1技术就是实现洗浴热水回收技术的市场价值。用面广量大的洗浴废水中的热能，制备洗浴热水并循环利用，还能达到供需平衡，可以持续不间断地为用户提供热水供应。在我国广大严寒地区，一般的空气源热泵和太阳能热水器都难以正常使用，而使用1∶1技术的新产品，实验结果表明，即使在零下30℃的哈尔滨，也能保证用户有足够的热水供应，而其能耗比国家推广的空气源热泵还低50%以上。节能又省钱，在同类产品中极具市场竞争力，为区域广阔的冬季寒冷地区的广大用户提供了节能又省钱的热水设备，极大地扩大了产品应用范围。

新产品 4P 营销创新的第二要素是产品价格。要通过商业模式创新，在合同能源管理方面取得重大突破，确定产品的价格。企业和消费者、客户之间取得利益均衡。真正达到：业主不花钱，消费者不多花钱，企业能赚钱。通过新产品技术在节能减排中获取企业利润和效益。新产品的前期投入成本比较大，市场开拓初期投入的人力、物力、财力都是需求很大的。如果投入资源跟不上，就可能导致新产品创新失败。在市场初期拓展方面，新产品开发大有希望，但是也充满了投入产出的风险。企业一定要把整个新产品开发过程想清楚。企业要有一份由财务人员参加和主导的、详细的新产品经济效益分析。对企业开发成本、投入费用以及人力资源投入、各项经费等，进行详细的认证，做有深度的新产品核算。要详细核算企业新产品开发的成本费用以及产出效益。这一份产出效益的表述，要让客户也是非常清楚的，算清楚、算明白新产品效益分析，对于新产品的市场推广具有重要的参考价值。可以认为，当一个客户对于产品的投入产出效益并不十分清楚，客户一定对这个新产品难以接受。所以产品效益的创新价值核算是非常重要的新产品推广说明书。企业新产品开发初期，资金量投入较大，需要资本市场的大力支持。能源节约服务的企业，一般都是时间上较为长期的投资项目，是一个先亏本、后受益的投资项目，我们不能急于求成。节能企业的未来收益较大，前期往往是创新成本较大。合同能源管理企业注重的是未来长期收益，企业的未来效益一般是非常可观的。这是一个未来发展空间越来越大的商业模式创新。公司应该充分研究和专业分析新的商业模式，认真分析每一个节能服务具体项目，细化到每一项成本，每一个项目的利润空间。公司一般不能运用相同的运营模式，可以采用不同的运营模式，适合不同的管理对象。找到适合自己企业的运营模式，往往就是最好的模式。公司应根据不同的项目条件，一事一议，一个项目一个方案，考虑设备初期投入成本，再考虑企业的产出，尤其注意调整新产品的定价策略和盈利模式策略。

新产品 4P 营销创新的第三要素是渠道。恒信诺金公司到了前所未有的大发展机遇时刻，是千载难逢的发展机会。关于营销模式的问题，一个是直销的模式。在全国先根据市场的难易度，选若干个省，建立恒信诺金公司省级直销处，这是直销的模式。第二个是直销加经销的模式。各省都可以发展自己的经销商。以公司为主体的新产品经销商，经销商只是销售工程和热水。第三种是加盟商模式。公司作为新产品总代理，如果发现加盟商有强大的经济实力，有很好的人脉资源，企业可以把一部分市场让给加盟商。企业只提供技术服务，收取技术服务费，市场开发和经营由加盟商去经营，加盟商赚到多的钱，公司和加盟商根据新产品的价值链合理分配所得利润。企业和加盟商的利润分配可以有多种方法实施。

新产品 4P 营销创新的第四要素是促销。企业新产品的促销主要靠业务能力精湛的营销队伍，这支队伍的能力大小决定了公司营销发展的力量。目前看来，公司新产品推广成了进一步发展的瓶颈。应该说，公司在奖励和激励政策上是到位的。但公司目前招聘的营销员工完成不了自己的任务。公司新营销员工没有资源，没有整合能力，没有营销的经验，所以营销队伍的能力很重要。企业要在营销队伍上下功夫。恒信诺金公司第一步的成功关键是有专业研发人员和教授团队支持。现在进入新发展期，企业新产品营销是短板。企业要吸引一批有志于节能环保的专业技术人员，成为低碳经济的支持者，加入企业的营销队伍。公司要注重实战培训，通过模拟培训、跟班培训，迅速提升企业新产品销售人员的市场营销能力。

企业促销计划要在各省分年度举办新产品发布会。要让大家看到企业新产品的优势、产品的技术特点以及产品巨大的市场空间，让更多人来加入企业营销队伍，成为企业产品的宣传员、推广员。一个好的新产品，如果能够有较好的市场效应，有好的销售宣传，可能有很多社会企业愿意加盟，而这些加盟商是企业新产品推广合作的很好形式。企业新产品促销，公司还需要积极加大网络营销，利用手机APP宣传公司新产品，充分利用现代新媒体技术传播和宣传新产品，扩大公司的影响力和美誉度。

定向营销创新。传统的营销是从产品的角度思考，一次关注一种产品或服务，满足一种顾客的需求，然后挖掘市场，尽可能多地找到在当前销售中有这种需求的顾客。而定向营销，不是一次关注一种需求，而是一次关注一位重要的顾客，尽可能多地满足这位顾客的全方位需求。它关注的中心是顾客。实行传统营销的公司的成功方向是赢得更多的顾客，而实行定向营销的公司的成功方向是更长久地留住顾客。恒信诺金公司新产品的营销方式，目前主要是定向营销上创新，或称追求式营销创新。这种方式是为了达到定向营销的目的，公司可以直接通过样板工程和示范工程推广新产品，让很多客户亲身体验到产品的价值和节能的效果。只有让客户亲身体验以后，新产品才比较容易推广。公司必须建立不同类别的，但数量并不多的样板工程。如加盟酒店有加盟酒店的样板，部队浴室有部队浴室的样板，高校有高校浴室的样板，企业有企业浴室的样板。目前建立这样的样本示范工程，让客户参观，亲身体验，感受到企业新产品的价值和节能效果。样板工程营销是具有清晰目标的定向营销，通过样板工程，听取用户各种需求和意见，追求客户满意度最大化的效果。

如果一个企业，一个单位，在使用恒信诺金企业新产品之前，就已经使用了空气能、太阳能等节能技术，公司如何把新产品热泵热水器技术替代原有的技术，这是企业营销的一大难关。如果这种替代能够实现，公司将会获得比较大的市场。在长江中下游地区，有很多热水供应浴室都已经使用空气能技术，或者是太阳能技术，甚至是电能技术和燃气技术。做好公司的定向营销，做好技术升级和换代的替代产品，把公司新产品技术和传统技术进行比较，做好样板工程。在样板工程比较中推广新产品，让客户看到新产品的技术领先水平，这样推广新产品的效应就会有现实感、感召力和影响力，市场营销创新的效果就能够成功。恒信诺金新产品的新技术，如果能够替代传统热水供应产品市场，将有一个巨大的发展空间。

服务营销创新。如何建立一个质量保障的服务体系？恒信诺金企业不单在卖产品，卖技术，卖工程，主要的是在卖服务。公司近年来逐步建立起一个有效的服务体系。公司成立以来，服务的高校已近百家，初步建立完善一系列管理制度和规范，有工程设计施工规范、安全管理规范、服务经营规范、日常浴室管理制度规范等。恒信诺金公司已经建立了一个联系广泛的客户群，通过客户来反映产品在使用中存在什么问题。公司需要及时发现可以改进的方面以及新技术改进的方向，让客户来吐槽新产品技术的问题，表彰一些在产品技术推广方面服务做得好的单位和个人。这些服务措施只有一个目的，就是全面提升企业的服务质量。好马配好鞍，好的新产品，一定要有一流的服务。企业现在已经服务多个高等学校浴室，要通过口口相传，把新技术推广到更多的高等学校浴室，企业的发展就有更大的发展空间。公司在现有商业模式创新上，进一步研究细化了服务流程，强化对服务对象的管理。进一步完善新产品技术手册，制定了新产品工程流程规范和管理规范，建立了一个服务能力超强的客户服务平台。建立了一套标准化、规范化的流程服务体系。这个流程服务体系，为所有的服务对象使用。这些服务质量的提升，将极大地有利于新产品的推广应用。

三、盈利模式——合同能源管理

企业商业模式创新在使用中一般都涉及企业如何盈利的问题。企业盈利模式的研究是管理学研究的重要内容之一。企业盈利模式，一般是指按照企业经营合作利益相关者划分的企业收入结构、成本结构以及相应的目标利润。

新产品盈利模式也需要在企业新产品开发中，对新产品经营要素进行价值识别和收入、支出、剩余的管理，在新产品经营要素中找出盈利机会，即探求新产品利润来源、研究新产品生产过程以及新产品产出方式。同时，新产品盈利模式也是企业通过自身以及相关利益者资源的整合，并形成的新产品实现价值创造、价值获取、利益分配的组织机制及商业架构。

一般在节能新产品的盈利模式中，习惯采用后付费的商业模式。即在节能设备的投资上，客户前期不花钱。节能设备的投入主要由节能服务企业投入，投入的设备产生明显的经济效益时，合作双方从节约的能源费用中分配利润。通常这类投入方式被称为合同能源管理模式。

合同能源管理，简称 EPC（Energy Performance Contracting），简称卖服务。企业能源合同管理模式的原理主要基于节能效益的共享和风险的分担。该模式通过专业化的能源服务公司与企业签订能源管理合同，为企业提供全面的能源管理和优化服务。首先，能源服务公司会对企业的能源使用情况进行全面的评估和分析，识别能源使用的瓶颈和潜在的节能机会。然后，根据企业的实际情况和需求，能源服务公司制定针对性的能源管理方案，包括设备升级、技术改造、运行优化等方面的措施。在实施这些节能措施的过程中，能源服务公司会承担大部分的技术风险和经济风险。企业无需投入大量的资金和人力资源，只需按照合同约定的方式支付服务费用，就可以享受到专业的能源管理和优化服务。能源服务公司会通过节能项目的实施，帮助企业实现能源消耗的降低和成本的节约。这些节能效益会根据合同约定的比例，由企业和能源服务公司共享。这种共享机制不仅使得企业能够直接感受到节能带来的经济效益，也激发了能源服务公司不断提升服务质量和技术水平的动力。能源合同管理模式一般还强调长期的合作关系和稳定性。通过签订合同，企业和能源服务公司之间建立了长期稳定的合作关系，共同致力于企业的能源管理和优化工作。这种合作模式有助于降低企业的能源管理成本，提高企业的能源利用效率，促进企业的可持续发展。

企业能源合同管理模式的原理是基于节能效益的共享和风险的分担，通过专业化的能源服务公司为企业提供全面的能源管理和优化服务，实现企业的能源消耗降低和成本节约。企业合同能源管理一般有四种模式：

第一，节能效益分享型。在项目期内，用户和节能服务公司双方分享节能效益的合同类型。项目建设施工完成后，经双方共同确认节能量后，由双方按合同预定比例，分享节能效益。项目合同结束后，节能设备所有权无偿移交给用户。

第二，能源费用托管型。用户委托节能服务公司出资进行能源系统的节能改造和运营管理，并按照双方约定，将该能源系统的能源费用交能源服务公司管理。系统节约的能源费用归节能服务公司的合同约定。项目合同结束后，节能服务公司改造的节能设备无偿移交给用户使用。

第三，节约能量保证型。由用户进行投资，节能服务公司向用户提供节能技术服务，并承诺保证项目节能效益的合同类型。项目实施完毕，经双方确认，达到承诺的节能效益。用户一次性或者分次向节能服务公司支付一定的技术服务费，如达不到承诺的节能效益，差额部分由节能服务公司负责承担节能效益的损失。

第四，融资租赁型。融资公司投资购买节能服务公司的节能设备和服务，并租赁给用户使用。根据协议，融资公司定期向用户收取租赁费用。节能服务公司负责对用户的能源系统进行改造。改造后，节能服务公司要求在合同期内，对节能数量进行保证，担保节能效果。项目合同结束后，节能设备由融资公司无偿转移给用户使用。

要进一步研究企业开发新产品的盈利模式。搞能源开发利用的企业，大部分都知道合同能源管理模式。企业新产品开发注意基本点是，如何做到学校不花钱，企业还盈利，学生洗澡不涨价，学校浴室经营不亏损？新产品要实现在节约的能源费用中创造企业利润，这是企业价值创造很重要的利润空间，这就是能源合同管理模式的关键之处。

企业新产品开发后实施中，如何合理获取企业最大化的利润，也是新产品开发战略中的重要一环。公司在产品销售和市场开拓的过程中，必须注意各种盈利模式的综合运用。不论是 BOT 模式，还是 BT 模式，还是卖工程模式，企业盈利模式和实现利润的手段可以不一样。能源节约的企业盈利模式，一般不是企业的短期利润实现模式，往往要从最大的企业市场效果出发，实现企业未来收益最大化。节能企业并不是以企业利润最大化为目标，可能更多地关注到社会效益与企业效益的兼顾与平衡。如果客户使用了 1∶1 热泵热水机，取得较大的节能社会效益，也就是企业经济效益最大化。节能企业在考虑企业利润的同时，注重企业的品牌价值，新产品的社会推广以及客户的长远需求。要从长远利益出发，从最大技能的效果出发，考虑企业的长远的盈利效果。也许从短期利益看，企业有些利润损失，节能服务企业一定要有长远的战略眼光，在商业模式创新的盈利模式上，不能求急求快，急于获取利润。而是要从长计议，考虑长远一点，考虑的视野宽一点，这样才能在商业模式创新方面取得明显的效果，为企业长期有效的科学发展，打下坚实的基础。

（本案例为根据恒信诺金企业的实际资料开发的企业商业模式创新示范案例。）

第四部分

施建军有关著作序言和评述

《内部审计学》书评[①]

施建军

无论在企业还是事业单位，我国内部审计工作经过多年来的发展，使国有资产保值增值和企事业单位风险控制工作，取得了显著成绩。内部审计表面上是解决企事业单位其内部经营合规性、合法性的审计问题，但究其本质而言，内部审计解决的问题是国有产权委托管理内部人控制问题，这是现代企业管理的一大难题。因为企事业单位在国有产权委托代理关系中，往往内部人权力不断膨胀，会将所有者的权利转化为企事业单位权利甚至个人利益，转化为内部人控制所有权。内部人控制，实际上会虚化国家所有者意志，在财产权利主张、财权分配以及财务利益支配中，权利主体会倾向于小单位利益，忽视国家主权权力和所有权利益要求，在有些时候，往往会出现国有资产被吞噬、国有产权利益被转移的怪现象。不难发现，一些企事业单位在国有资产处理、物资集中采购、重大财务决策、利益分配和薪酬管理等诸多利益空间上，内部人的权利往往大于国有产权所有者权利，导致出现国有资产权力管理失控，国家产权利益被掏空，国有经济财产权利受到损害的现象。体制上需要解决的问题是国有产权管理内部人控制问题，必须从体制机制上，从财务管理手段上，从会计核算要求上，全面审查和监控内部人控制的财务行为，以确保财产所有权的产权主体意识得到落实。从这个意义上说，内部审计不内部，本质上内部审计应该是国家利益和国家财产主权的代表，需要从国家产权主体要求，规范和制约企事业单位的财务行为和微观经济运行，确保国有产权利益的主张和国家产权意识的落实。我们必须重新审视内部审计工作的规范，从内部审计的程序，内部审计人员的设置等诸多方面，重新梳理国有产权代表要求，从而建立内部审计的理论范畴，这是本书提出的新思考框架。近年来，党和国家对审计以及内部审计提出了更高要求，给予了更大期望。中央审计委员会主任习近平主持召开中央审计委员会第一次

① 原文载于《中国审计报》（2023年5月）。

会议时，就在讲话中指出，要加强对内部审计工作的指导和监督，调动内部审计和社会审计的力量，增强审计监督合力。作为国家审计监督体系的重要组成部分，内部审计需要提高政治站位，适应经济社会环境变化，借鉴国内外先进经验，并结合本组织特点，不断提升工作水平。在这样的背景下，国家高度重视内部审计工作，企事业单位的内部审计工作也急需提高理论和实践工作水平。社会急需培育一大批内部审计的高级管理人才，要从理论方面全面提升内部审计水平。本着内部审计事业发展的客观需求，南京审计大学一批多年从事内部审计工作的教授们，集多年研究成果，收集了内部审计工作的实践经验，从理论角度系统创新研究，出版了这部全新的著作，可以说是我国内部审计研究的精彩力作，是推动我国内部审计事业进一步发展的好教材。

《内部审计学》一书与时俱进，反映了近年来国内外内部审计理论与实务的最新发展，全面论述了内部审计的基本理论，包括内部审计的主体、程序、方法以及质量管理、发展阶段等新的基本理论，又介绍了内部审计几大主要实务类型的具体操作，如业务活动审计、内部控制审计、风险管理与治理审计、经济责任审计等。《内部审计学》（第四版）理论实践相得益彰，古今中外兼收并蓄，字里行间洋溢着作者对审计教育事业的激情和使命，充满对内部审计问题的深邃思考。本书兼具系统性、实用性和思想性，是一本专业性与可读性俱佳的好书。

初读新书，感觉本书研究的特色还在于内控审计和财务风险控制。如何加强企事业单位财务风险的内部控制能力提升，进一步完善内部控制制度，按照权责一致、有效制衡的原则，定期评估企事业单位财务风险、检查财务管理漏洞，确保财务制度有效执行。企事业单位应设置独立内部审计部门，足额配备专职审计人员，切实加强内部审计专业化建设，加强内部审计管理。企事业单位应充分发挥内部审计的监督作用，重点加强经济责任审计和财务预决算、工程建设项目审计、项目采购审计，积极探索开展内控制度审计和绩效审计。企事业单位内部审计工作需按照“真实性，合法性，效益型，内控性，促进性”的原则有效推进。

2023 年 5 月 30 日

《我国高校财务治理体系建设》序言①

施建军

党的二十大以来，关于大学财务治理问题的研究与思考，一直深受教育财务界关心与探索。国家治理现代化的提出愈加深刻地影响着当前事业单位财务工作的宏观管理方向和微观治理能力。作为国家治理现代化的一个组成部分，现行大学的财务管理体制、财务制度体系、财务运行规则、会计核算、财务实施条例等，都是依据大学财务治理的要求提出来的，这也是新时期大学财务治理的制度性安排。教育部财务司从制度层面和实操层面，请国内一些专家，专门研究大学财务治理的理论和实践问题，提出了大学财务治理体系和治理能力提升的重要课题。我有幸参与其中的部分工作，发表过论文，开设了一些讲座，但囿于时间精力有限，没有系统完整全面深刻地分析思考大学财务治理这一重要命题。但大学财务治理这一概念，正在被越来越多的大学财务工作人员所理解和接受，可以发现，大学财务治理这一重要命题，仍然有许多内容需要大学财务界研究人员积极探索。北京工业大学从事财务管理工作多年的高级会计师龙英，花费三年以上的时间，在这一领域积极耕耘，从内涵到外延，从理念到实操，对大学治财务治理问题开展了卓有成效的研究，发表了一系列有独立思考的研究成果，创新性地提出了大学财务治理当中的一系列财产权利主权意识、产权委托代理问题和财务治理边界规则，将自己的理论思考集中起来，出版了这本专著，这是高等教育财务学术界又一部重要的学术成果。我有幸提前读到这本书，感到这本书对大学财务治理问题的理论和实践问题，特别是对现时高校财务工作，提出了许多建设性思考，值得推荐给读者。本书无论是对大学财务体制的制度设计，还是大学财务的宏观管理，特别是对大学财务人员微观财务工作，都具有较大理论指导价值。这是一本新时期大学财务工作的新思考、新理念、新制度的创新作品，是在这一领域作出积极探索的佳作。

① 《我国高校财务治理体系建设》，龙英著，北京，北京工业大学出版社，2024 年第一版。

国家治理体系和治理能力现代化是国家现代化的重要组成部分。中国式现代化，既有硬技术的现代化，也有软技术的现代化。从宏观到微观，从内容到手段，都深刻地反映出国家治理现代化思想的实现。从工业、农业、国防和科学技术现代化，到国家治理现代化的飞跃，是一次技术与管理相互结合，是现代管理和科学技术有效结合的革命性飞跃。中国式的现代化是中国特色社会主义的表现形式。全面推进国家治理体系和治理能力现代化，不是西方资本主义化，体现了党和国家对中国特色社会主义的道路自信、制度自信和文化自信。

本书研究的特色之一，大学财务治理现代化的本质是国家财务权利和财权边界特征的再确认，是国家财产主权的理性回归。财务治理不是一般的财务管理，体现了财产权利责任主体对于财产主权的管理与控制，反映了国家财产主权在委托单位权利和个人权利之间的科学配置。大学财务治理的核心本质就是加强国有公权的归属意识、责任意识和主人翁意识。国家产权意识就是国家公权意识的具体实现，是公有财产权的归属。受委托经营的国有资产产权主体，其产权主体意识是公有制的物资产权，不是国立大学自有资产。以国有财产为物质基础的管理者和受委托者体现了国家和大学之间的财产权利关系，是产权所有者委托财产给大学使用经营管理的委托代理关系，这是财务治理的核心概念。

本书研究的特色之二，是大学财务治理的难点问题，即大学财务治理解决的问题是委托产权管理者内部人控制问题，这是现代企业管理中的一大难题。因为在委托代理关系当中，内部人权力不断膨胀，将所有者的权利化为自己的权利，转化为内部人控制所有者权。内部人控制，实际上会虚化国家所有者的意志，在财产权利主张、财权分配以及财务利益的使用过程中，权利主体会倾向于小单位集体利益，忽视国家主权的权力主体的利益和要求。在有些时候，往往会出现国有资产被吞噬、利益被转移的怪现象。不难发现，一些大学在资产处理、集中采购、财务决策、利益分配和薪酬管理和分配等诸多利益空间上，内部人的权利往往大于外部产权所有者的权利，导致国有资产权力管理失控，国家产权利益被掏空，国有经济财产权利受到损害。需要解决的问题是国有产权管理的内部人控制问题，必须从体制机制上，从财务管理的手段上，从会计核算的要求上，全面审查和监控内部人控制的财务行为，以确保财产所有权的产权主体的意识得到落实。这也是财务治理的重要内容之一。

本书研究的特色之三，是大学财务治理的结构。财务治理结构是财务治理发挥效率和效能的重要载体，在整个财务治理中起着决定性作用。财务治理结构的核心是管理机构的设置、各管理机构职权的财务分配以及各机构间的相互协调。高校财务治理结构的现代化创新必须从顶层设计上对组织机构进行调整改革，明确财权配置——财务决策权、财务执行权、财务监督权，厘清相关机构和人员的权责利。坚持党委的领导核心地位是财务治理决策机构的根本。高校党委对学校工作实行全面领导，发挥把方向、管大局、作决策、保落实的重要作用。全面落实党委领导下的校长负责制，建立健全党委统一领导、党政齐抓共管、分工合作，部门各负其责、协调运行的财务领导体制。高校可结合实际设立由学校主要领导负责、相关领导和部门负责人参与的财经委员会、预算管理委员会、资产管理委员会、风险控制委员会等专业机构，统一领导和协调学校的财经工作。高校应按照“统一领导、集中管理”或“统一领导、分级管理”的财务管理体制，落实校长全面负责学校财务管理工作的主体责任，加强财务和会计机构的建设和管理，强化各级负责人的财务管理责任，按照校内管理层次分别建立校长、分管财务副校长（总会计师）、财务处长、二级单位负责人和基层财务人员等若干层次的各级责任制体系。

本书研究的特色之四，是大学财务的监督。大学财务治理的有效运行离不开切实有力的财务监督。实施多元化财务监督是维护高校多元化主体利益的必然要求。建立和完善以财务监督制度为核心的财务治理体系，强化大学财务监督机制的实施，是完善财务治理的重要手段。只有有效科学的财务监督，才能保证财务治理的务实运营，采用多种手段、多种方法、系统全面实施财务监督，充分提高财务监督的有效性。运用自查与巡查相结合，全面检查与专项检查结合，充分利用现代信息技术，专业技术和监督队伍，进行全方位、全过程的财务监督，不留死角，确保财政资金投入到位，投放正确，安全到位，财务资金支出合理、管理规范，资金效益明显提升的效果。落实和完善财务监督，包括机构外部监督和内部监督。大学外部监督包括有财政、税收、物价和市场监督等宏观部门的财务监督。内部监督主要是建立内部审计为手段的财务监督。内部审计必须作为扎紧制度笼子的关键举措来抓，有效地发挥财务会计监督职能，对于防范和制止违犯财经法规的行为，保护国家财产的安全完整，具有重要的意义。

本书研究的特色之五，是大学财务的风险控制。开办中国高等学校都存在一定的财务风险。这些风险来自于宏观决策错误的风险，过度负债的风险，产业关联风险，投资失败的风险，管理失误的风险，国有资产流失的风险以及国有产权管理监控不到位的风险等，出现这些风险并不可怕，重要的是如何加强对风险的内部控制能力的提升。高校应进一步完善内部控制制度，按照分事行权、分岗设权、分级授权的要求，科学合理设置机构和岗位权责，并要按照权责一致、有效制衡的原则，定期评估财务风险、检查管理漏洞，确保财务制度有效执行。严格执行财务审计监督的科学标准就是对国家财政投入的方针、政策、战略、投入意图，落实到位，强化财务制度和预算制度、管理制度等制度落实。审计监督资金投入的各个渠道都能到位。确保财务支出合理、资金管理不出问题。高校应设置独立内部审计部门，足额配备专职审计人员，切实加强内部审计专业化建设。高校应充分发挥内部审计的监督作用，将学校所有经济活动纳入审计范围，重点加强经济责任审计和财务预决算、工程建设项目审计，项目采购审计，积极探索开展内控制度审计和绩效审计。大学内部审计工作需按照“真实性，合法性，效益型，内控性，促进性”的原则推进。

本书的出版，对于中国大学财务治理工作，对于解决大学财务管理中一时难以理解和相当棘手的现实问题，给予了正确的理论揭示。本书既是一本科学的财务理论论著，也是一本有实践价值的工作指导书。本书的出版填补了大学财务治理这一研究领域的研究空白，系统完善了国家治理现代化整体战略的实施体系，值得一读。期望广大教育财务工作者在这本书中受益。

2023 年 5 月 1 日

《公立医院审计理论与实务》序言[①]

施建军

中央审计委员会提出我国国家审计事业发展的指导方向，“构建集中统一、全面覆盖、权威高效的审计监督体系，更好地发挥审计在党和国家监督体系中的重要作用”。随着国家审计事业的发展，审计监督体系的全覆盖，内部审计工作正在向纵深发展，审计工作无死角。无论是国家政府机关，还是事业单位和各类企业，毫无疑问，内部审计工作正在全面展开。正是新时代的审计工作要求，公立医院审计工作也得到快速发展，公立医院作为事业单位类型，其财产属于国有资产。经过多年来的发展，为了国有资产保值增值和企事业单位风险控制工作，公立医院内部审计工作也取得了长足的进步。一般来说，各种类型单位的内部审计，表面上是解决各类型企事业单位其内部经营合规性、合法性的审计监督问题，但究其本质，内部审计解决的问题是国有产权委托代理和内部人控制问题，这是现代企业管理的一大难题，也是国有产权管理中一个值得注意和需要研究的问题。不容置疑，作为国有财产监督和审计的公立医院，也需要加强内部审计工作。因为各种类型单位在国有产权委托代理关系中，往往由于内部人权力不断膨胀，会将所有者的权力，转化为内部单位权力甚至个人利益，转化为内部人控制所有权。内部人控制，实际上会虚化国家所有者意志，在财产权利主张、财权分配以及财务利益支配中，权利主体会倾向于内部单位利益，忽视国家权力和所有权利益要求，在有些时候，甚至会出现国有资产被吞噬、国有产权利益被转移的怪现象。不难发现，一些企事业单位在国有资产处理、物资集中采购、重大财务决策、利益分配和薪酬管理等诸多利益空间上，内部人的权力往往大于国有产权所有者权力，导致国有资产权力管理失控，国家产权利益被掏空，国有经济财产权利受到损害的现象。正是从这一意义上说，作为国有资产的“守夜人”，不仅在政府机构、企业组织、各类学校、包括公立医院，体制上

① 《公立医院审计理论与实务》，王林著，南京，东南大学出版社，2023 年第一版。

需要解决国有产权管理内部人控制问题，必须从体制机制上，从财务管理上，从会计核算上，全面审计和监控内部人控制的财务行为，以确保财产所有权的产权主体意识得到落实。可以说，内部审计并不内部，本质上应该是国家利益和国家财产主权的代表，需要从国家产权主体要求，规范和制约各种类型单位的财务行为和微观经济运行，确保国有产权利益的主张和国家产权意识的落实。

以王林博士为首的一群南京医科大学的“审计人”，心怀理想，瞭望天空，脚踏实地，扎根审计，从理论基础入手，积极探索审计工作的理论体系，理清国有产权的委托代理关系和公共产权监督管理的法理，解决公立医院为何加强审计工作的基本问题。一群“审计人”进一步总结实践经验，丰富的实践孕育了发展中的审计理论。通过经验归纳，提出了审前、审中、审后三阶段的审计内容和流程，回答公立医院审计是什么的问题。本书的创新点在于公立医院审计风险点矩阵的研究。这一创新解决了如何进行公立医院审计工作的问题。公立医院只要按照五个模块的路径，就可以实现医院审计的全覆盖，是一份实实在在的审计实务操作手册。作为中国教育审计学会的会长，我特别渴望不断涌现这样新的审计学术成果。对于一个成长和发展中而社会又急需的新学科——内部审计学，需要不同的探索与深度研究，在不同类型的单位开花结果。《公立医院审计理论与实务》一书作为内部审计的一个分支和不同类型，与时俱进，在公立医院内部审计理论与实务领域作出积极的探索，可喜可贺！本书全面论述了公立医院内部审计的基本理论，包括内部审计的理论基础，医院的研究性审计，审计法规的效力分析等，这些基础理论研究理论功底扎实。通过审计案例，系统阐述审前法规和对象研究、审中事项和过程研究、审后评价和整改研究，全面系统地回答了医院审计的全流程。通过矩阵形式归纳整理公立医院内部审计五大主要实务类型的具体操作，对医院内部控制审计、风险管理与治理审计、经济责任审计等，都进行理论总结。特别可贵的是结合自身的发展经历，提出审计能力建设，审计经验感悟和审计优化提升的新课题，促使广大“审计人”进一步思考如何提升审计能力，发展审计事业这一大课题。本书理论实践相得益彰，审计内外兼收并蓄，字里行间洋溢着作者对公立医院审计事业的激情和使命，充满对公立医院内部审计工作的深邃思考。本书兼具系统性、实用性和思想性，是一本专业性与可读性俱佳的好书。

近来，党和国家对审计以及内部审计提出了更高要求，给予了更大期望。中央审计委员会主任习近平在主持召开中央审计委员会第一次会议时，就在讲话中指出，要加强对内部审计工作的指导和监督，调动内部审计和社会审计的力量，增强审计监督合力。作为国家审计监督体系的重要组成部分，内部审计需要提高政治站位，适应经济社会环境变化，借鉴国内外先进经验，并结合本组织特点，不断提升工作水平。在这样的背景下，国家高度重视内部审计工作，公立医院内部审计工作也亟需提高理论和实践工作水平。要从理论方面全面提升内部审计水平，本着公立医院内部审计事业发展的客观需求，南京医科大学一批多年从事内部审计工作的同志，集多年研究成果，收集了公立医院内部审计工作的实践经验，从理论角度开展医院审计的创新研究，出版了这部全新的著作，可以说是我国公立医院内部审计研究的开篇，是一部推动我国公立医院内部审计事业发展的创新力作。

初读新书，感觉本书研究的特色还在于公立医院内控审计和财务风险控制。如何加强公立医院的财务风险的内部控制能力提升，进一步完善公立医院内部控制制度，按照权责一致、有效制衡的原则，定期评估公立医院财务风险、检查财务管理漏洞，确保财务制度有效执行。同时，公立医院也需要加强内部审计专业化建设，加强内部审计管理。充分发挥内部审计的监督作用，重点加强经济责任审计和财务预决算审计、工程项目审计、设备采购审计，积极探索开展内控制度审计和绩效审计。不同类型的单位内部审计工作，都需按照“真实性，合法性，效益型，内控性，促进性”的原则有效推进。

相信本书的出版，对于公立医院的内部审计工作，具有较高的理论指导价值，也是一本有丰富经验的实践指导用书。对于从事医疗卫生领域的审计工作人员，非常值得一读。

2023 年 10 月 18 日

《开放式创新网络与后发企业赶超能力的关系研究》序言[①]

施建军

当代中国新经济的发展是中国新经济三维空间的逐步形成。这是一个社会发展到成熟的或者高速的高质量发展阶段的三维模型。经济推动的第一维是实体经济。历史上很长时间的发展，随着生产力的不断进步，农业、工业、交通运输、社会的实体经济不断得到进步。这应该说是数千年的人类物质文明的继承和发展，它是生产力缓慢发展到高速发展的一个阶段特征。经济推动的第二维就是货币经济。这个大家应该是熟悉的。随着资本主义三百多年的发展，货币经济、货币现象，特别是虚拟经济以及网络条件下的货币金融保险等日益复杂的金融现象，成为经济发展的第二增长级。货币是因为实物交换的困难而产生的交换工具。所以货币的出现，最初是作为实体产品的交换工具。随着货币的发展，逐步演变成为一种虚拟经济形态，这种经济形态，体现出二维经济相互映射的特征。但是，随着近十年的经济发展，出现了经济推动的第三维，即网络经济和互联网 + 应用，这一维正在成为经济成长的新动力。网络经济是以互联网 +、移动手机终端，是以大数据、认知技术，甚至人工智能、卫星定位这样一些综合性的要素参与，还有云计算、云存储等数据优化技术支撑的网络经济范畴。这样一个三维经济形态逐步形成了互联、互动、互通的大经济发展格局，这个格局，我认为是新经济的框架。新经济的框架结构，这就是上述三维世界，逐步成熟形成一个立体化的经济结构。它不是一个面，甚至不是一条线，更不是一个点，它是一个立体结构。这个立体结构表示出三维新经济的格局正式形成。这样一个三维经济形态，互联、互动、互通，形成了两两交互，也就是说当网络和实物相通，就形成了快递网络，当网络和货币相联系，就出现了微信支付和支付宝等各种微支付手段，这是网络和货币连通的结果。所以，三维经济形态通

① 《开放式创新网络与后发企业赶超能力的关系研究》，崔海云著，北京：经济管理出版社，2020 年第一版。

过大系统之间的互联、互动、互通，形成了新经济发展的大格局。

这个新经济形态，它有三大基本特征：第一特征就是数据共享。我们正处在全球数据共享时代，任何一个信息，都是常常被公众信息分享，个人的隐私会越来越少，公众信息会越来越多。无数的信息，在互联网＋条件下，在现行经济条件下，它具有数据共享、无穷复制、数据容量大、数据传播快的特征，造成了各种数据，在不同范围里，在不同情况下，可以无数次地重复传播。过去信息常常是点对点传播，现在我们点一个微博，可能传播到几百万人甚至上千万人，这样大面积地受众传播，只要一个点击，传播一个信息，就完全可以无阻碍传播出去。所以，现在是一个全球数据共享时代。这个时代会提供很多新经济发展的机会，我们会看到很多重大人类科技发展的信息，过去传播面是极其小的，或者局部的，但是，今天的很多信息都是世界性的。现在的很多重大信息，包括国内外重大新闻，都是全球数据共享的。所以充分利用信息共享这个特征是我们发展企业的重要工具和手段。

其次是万物互联。这个特征，我们现在感觉还不强烈，我们现在的物联网还不够成熟，我们还有很多的物联网络是点对点，我们还有很多人不会使用物联网。实际上物联网将会影响到我们的生活，我们可能通过手机就可以控制自己家庭的空调，控制家内的电器开关，你可以订外卖，你可以去和外界沟通各种信息，各种资源，整个世界都在联系当中。这种联系是以物质产品服务为联系沟通的。比如说，我们有购物需求，就在网络下单，很快就有快递送回家。万物都在互联当中，这就是新经济的一种形态。现在完全不是传统的联络方式。在这样一个状况下，我们必须考虑到万物互联可能对企业和社会产生的影响，企业创新可以充分考虑网络创新系统的价值放大。

第三个特征就是价值创造。新经济很重要的一个条件就是价值创造不同。新经济的价值创造远远不同于传统的价值创造。大家知道，企业都是要创造价值的。但是，传统的企业就是价值点的创造，就是创造了一个点的价值。就像一个教授去上一门教学课，一个艺术家作了一个作品，一个医生治疗一个病人，都是价值点的创造。随着社会互联网技术的发展和应用，完全不是价值点的创造，它就是价值面的创造，甚至是价值系统的创造，是价值系统的放大。这是完全不同的概念。比如说，一个网店一天可以销售数千亿的产品，这就是 11 月 11 日的光棍节促销活动的结果。对于一个实体销售店，这几乎是不可能的事，这就是新经济的价值创造。理解新经济，一定要理解到每一个创造者的价值放大效应是完全不同的。这些人与人之间交互的互动系统，利用它来做一个营销网络，可以说是价值面或者价值系统的创造，这就是独角兽企业的价值创造行为。

新经济的发展，它给社会环境系统带来了极大的变化。经济动能在转化，经济效能在提高，经济发展质量被提升。推动新经济的发展新动能，就是创新。创新是一个激动人心的，能够促进企业发展的“精气神”的源动力。因为，只有在创造创新的过程中，才会有企业良好的发展未来。党中央国务院把创新提到了前所未有的战略高度，要求全党全国人民高度重视创新发展这一主题，不断推进理论创新、制度创新、技术创新和管理创新，提出必须把创新摆在国家发展全局的核心位置，让创新贯穿于党和国家经济工作的各方面，让创新在全社会蔚然成风。所以，创新实际上是一个大的社会环境需求，在当前新经济的条件下，全世界都在讲变革，都在追求变革中的发展。所以，我们要促进体制构架创新，塑造更多的创新驱动力，发挥先发优势的引领作用，推进后发企业成长。这就是我们在制度体制上怎么动员一切力量来促进企业创新发展。在新经济时代，我们提出了一个十分响亮的口号，就是“抓创新就是抓发展，谋创新就是谋未来”。这是一个全员创新的时代，每一个人，每一个企业组织，都渴望变革，创新必将成为时代发展的主旋律。

在新经济时代，企业的创新不仅需要内部研发，通过点创造实现，也需要网络协调创新合作，在价值系统创新方面，企业正在努力构建开放式的创新网络。开放式创新网络如何影响后发企业赶超能力，这是崔海云博士较长时间关注和研究的学术课题。围绕“开放式创新网络如何影响后发企业赶超能力的提升”这一基本问题展开学术规范研究，试图找寻出开放式创新网络作用于后发企业赶超能力的魔力。本书的研究充分考虑在网络经济条件下的开放式创新、网络创新、大系统创新、动能创新，具体而言，本论著重点研究关注：（1）开放式创新网络是否对后发企业的赶超能力具有良性促进效应；（2）开放式创新网络如何强化后发企业的赶超能力；（3）政府政策扶持如何影响后发企业赶超能力的提升。我们可以看到，国家的新发展理念是创新、绿色、开放、协调，共享发展，这正是崔海云博士论著的基本色彩，也是她的研究思想脉络，一些有价值的研究结论在本论著中研究得到。相信本书的出版，对于企业管理创新研究和一些企业中、高级管理人员的思路创新，将会有所帮助。

2019 年 3 月 18 日

《新技术时代高等教育的逆周期调节作用研究》序言[①]

施建军

人类的发展史本质上是人类体力活动越来越少，智力活动越来越多的文明进化过程。在这个进化历史中，人类不断地解放自己，解放人的体力，解放人的四肢，解放人的大脑，解放人的智能。人类的每一次解放都是一次巨大的科技革命。我们经历了蒸汽机革命、电气技术革命、电子技术革命、互联网技术革命，站在历史的高度，可以发现社会的每一次技术变革，都会带给社会巨大的影响和变化。我们正处在一个社会转型期中，从工业经济社会向数字经济社会转变的关口。社会进入了一个新的文明阶段。传统的经济形态正在向实体经济、货币经济、网络经济结合的方向转换，正在构建一个全新的、立体的、网络化的社会形态。实体货币网络经济三形态正朝着互联、互通、互动的方向发展。互联网、移动智能终端、大数据、云存储、认知技术、智能化、现代通信技术等新技术革命，带给社会人力资源和经济发展巨大的影响和变革。大家知道，在科技革命的推动下，经济活动发生了翻天覆地的变化。经济运行的方式方法不一样了，经济活动的范围不一样了，经济联系的形式不一样了，经济国际化的状态不一样了，企业经营的模式也不一样了。人们生活的方式也在发生变化。人们生活的形态都在发生革命性的变化。处在这样一个大转变的时期，人作为能动的主体，推动了技术的变革。技术的革命又推动了产业的变革，带来经济的发展。经济大规模的变革，又需要更多的掌握先进技术的人才。人、技术、经济这三者的关系是相辅相成的，三者关系是以人为核心的，所以，人力资本是第一要素。站在“世界百年未有之大变局”背景下，围绕技术创新为中间变量，展开对人力资本与经济波动关系的研究，具有十分重要的价值与意义。卢林博士站在历史的高度，思考在全球经济下行压力影响下，区域性经济矛盾日益凸显，

① 《新技术时代高等教育的逆周期调节作用研究》，卢林著，北京，对外经济贸易大学出版社，2023 年第一版。

世界经济亟待复苏，处于经济 U 期的人力资本动能作用机制，探究我国人力资本的反波动作用机理，归纳我国高等教育在经济 U 期的变化和支撑作用，提出新经济 U 期人力资本开发策略。毋庸置疑，这一内容研究，具有巨大的理论意义和实践价值。我们需要从一定的高度，从历史的角度，探讨经济波动的不同时期，深入研究人力资源的开发对策。把人的教育全过程以及终身教育结合起来，进行整体人力资源的开发研究。这一研究填补了我国人力资源研究领域的又一个空白，拓展了经济运行低速期，整体人力资源强势发展的对策研究。本著作参阅了国内外已有研究成果，在现有研究基础上，通过理论研究、实证研究、经验分析和描述性统计分析等方法对人力资本、技术创新和经济波动三者之间的关系展开深入研究，提出了相应的对策和研究成果。

本书的创新特色如下：1. 凝练经济 U 期人力资本动能作用机制，并使用两期世代交叠模型、“委托－代理”模型、三方博弈模型对相应的理论分析进行推演；使用三阶段马尔科夫区制转移模型对人力资本与经济波动的关系进行了细致的分析研究，提出“动态协同效应”“静态协同效应”“轮次因果效应”是人力资本能够在经济下行期发挥反波动作用重要因素的研究结论。2. 在机会成本假说基础上，构建以技术创新为中间变量，新的人力资本供需分析框架，分析人力资本与经济增长的关系，展开对人力资本反波动作用机理的深入探究，实证研究发现“教育与技术的赛跑效应”“发展阶段技术差异效应”和“雁阵区域技术差异效应”等规律，得到人力资本是在由技术创新驱动的经济波动的不同阶段和不同区域产生异质性作用重要原因的研究结论。3. 在世界技术长周期视角下，人力资本是跨越经济 U 期并实现经济赶超的先导因素，得到造成不同国家在技术周期中经济增长产生分化并进入不同收入水平国家组的研究结论。4. 在“人力资本—技术创新—经济增长 /U 型波动”三者之间的传导路径中，技术创新存在中介效应，且“技术慢跑阶段”的中介效应强于“技术快跑阶段”，中部地区的中介效应强于东部和西部地区，人力资本存在调节效应和门槛效应，但只在“技术慢跑阶段”产生了显著正向调节作用，并且人力资本门槛值在“技术快跑阶段”高于“技术慢跑阶段”；高等教育积累增速、技能偏向型结构调整和国际人才流动等成为经济 U 期人力资本反波动的政策支撑。

本书提出了人力资源和经济发展系统发展并相互推动的政策体系研究成果。在宏观层面上，提出制定差异化人力资源对策，赋能人力资本，助推经济发展。提出充分发挥科学技术的先导和引力作用，加大人力资本对技术创新的追赶力度，以技术和人力资本的加速赛跑助力国际国内经济双循环发展格局的建设。提出构建包括通用型人力资本、技术技能型人力资本、创新战略性人力资本在内的人力资本体系建设，加大人力资源的强度和质量的提升，加快高等教育改革和多种形式的职业培训等终身教育体系的建立，打造不同类型人力资本资源，助力经济社会高质量发展。通过推进各类人才结构的调整，助推在经济发展中人力资本的互为因果的效应。通过教育体系的调整，合理规划高等教育招生规模和结构，逐渐调整培养专业类型，增加应用性人力资本占比。通过技术变化、社会需求和专业就业市场的饱和度分析，合理调整各类人才的专业结构。在人力资本发展上积极增加新型科技型专业，如人工智能、大数据等新专业。要进一步激发企业技术创新能力，发挥科技创新主体作用，深化校企合作的技术创新机制，通过企业与高校的深度合作，推动企业技术开发能力的提升。加强高校智库建设，深化校企合作的技术创新机制。在微观层面上，进一步激发人的积极性、主动性和创造性，通过专业分流、专业辅修、职业规划、联合培养等多种途径，引导受教育者建立长远发展职业目标。按照德、智、体、美、劳等教育人才培养目标，全面提高人才培养质量，增强人力资源对结构性失业风险的对抗能力。进一步深化高等学校培养与企业需求的对接机制，打通知识能力供需双方的堵点，为企业技术升级提供应用型高技术人才。深入推动人力资源的终身教育体系，通过新技术赋能，打通人力资本价值增值和价值实现的通道。进一步推动平台建设，优化个体人力资源配置。建立新型人力资源评估体系，加强劳动力的流动，为经济发展需求的新职业发展提供人力资本支持。以新技术赋能个性化定制，在全社会大力推广“工匠”精神。在人力资源的个性化技术方面，通过高新技术等多种技术手段满足个性经济需要。

本书中的政策建议具有前瞻性、抽象理性思维和可操作实践价值，对于经济管理部门和教育管理部门工作的各类管理人员，都是值得借鉴的。相信本书的出版，对于人力资源开发、经济发展促进、科技创新推动三大领域的相关人员，都有帮助和启迪作用。祈望大家在阅读中体会到知识的价值和快乐！

2023 年 6 月 3 日

《消费社会生产力论》序言①

施建军

老友吴炳新先生送来他的创新力作《消费社会生产力论》一书的原稿，酌我写点读后感，我一直十分敬佩吴先生对消费经济学的倾心研究，也就有了先睹为快的兴趣。初阅新书，发现书中许多重大的学术观点，颇有耳目一新之感，对我是一个很大的智力冲浪，令我赞叹。八年前，他编写的《消费经济学》一书，是我写的序。出版后，对外经济贸易大学等一批高水平大学将其列为研究生教材。后被英国牛津出版社出版了英文本，又被美国休斯敦大学连续七年，作为他们国际研修班的教材。那时他已经过了古稀之年，但仍然笔耕不辍，每天进行创新性思考，现在近60万字的《消费社会生产力论》新作又即将问世，令我敬佩不已。

综观这部书稿，可以说这是一部专题论述消费社会生产力的创新之作。

众所周知，生产力是人们征服自然、改造自然的能力，是人类在生产实践中形成的改造和影响自然以使其适合社会需要的物质力量。生产力具有客观现实性和社会历史性。马克思主义认为，生产力的发展是社会发展的根本动力和最终决定力量，是人类社会生活和全部历史的基础。

生产力具有复杂的系统结构。其基本要素包括：一是劳动者。这就是人，生产力的主体要素。但不是所有的人都是劳动者。劳动者是具有一定生产经验、劳动技能和知识，能够运用一定劳动资料作用于劳动对象，从事生产实践活动的人。劳动者是生产力中最活跃的因素，人类智慧和能力的发展决定着对物质资源开发的深度和广度。二是劳动资料，也称劳动手段。人们解决社会同自然矛盾的实际能力如何，主要取决于生产工具的质量和数量，生产工具是区分社会经济时代的客观依据。三是劳动对象。一切自然物质都是可能的劳动对象。现实的劳动对象还包括生产深度

① 《消费社会生产力论》，吴炳新著，北京，中国民主法制出版社，2023年12月第一版。

加工的对象。劳动对象是现实生产的必要前提。毛泽东同志提出“社会主义革命的目的是为了解放生产力。”邓小平也认为“社会主义的首要任务是发展生产力”。他把发展社会生产力作为改革开放成败的标准，认为衡量改革得失成败的根本标准就是“三个有利于”，即“是否有利于发展社会主义社会的生产力，是否有利于增强社会主义国家的综合国力，是否有利于提高人民的生活水平”。“三个有利于”标准之所以是根本标准，不同于其他的次要标准，主要是因为，它以历史唯物主义作为理论根据，符合社会发展规律；它抓住了发展生产力这个关键，牢牢把握了解决中国问题的关键；它以国家和人民的根本利益为出发点，具有最广泛的社会基础。

党的十八大以来，习近平总书记在一系列重要讲话中对生产力理论有很多新阐释。他强调“生产力是推动社会进步的最活跃、最革命的要素。社会主义的根本任务是解放和发展社会生产力。”他提到，“物质生产是社会历史发展的决定性因素”。他从深入理解全面深化改革的重要性和紧迫性意义上提出：“只有把生产力和生产关系的矛盾运动同经济基础和上层建筑的矛盾运动结合起来观察，把社会基本矛盾作为一个整体来观察，才能全面把握整个社会的基本面貌和发展方向。”在十九大报告中习近平总书记再次强调，我们必须清醒地认识到社会主要矛盾的变化，是反映了一定时期社会矛盾运动的内涵和形式发生了变化，而这个矛盾永远是生产力和生产关系这一社会的基本矛盾。“中国特色社会主义进入新时代，我国社会生产力水平总体上显著提高，社会生产力在很多方面进入世界前列，更加突出的问题是发展不平衡、不充分，已经成为满足人民日益增长提高的美好生活需要的主要制约因素。创新完善宏观调控，发挥国家发展规划的战略导向作用，增强消费对经济发展的基础作用。因此，解放和发展社会生产力是社会主义的本质要求。”

由此可见，习近平总书记注重从社会经济运动整体上把握社会生产力的内涵，把握生产力和生产关系的矛盾运动，从而把握不断解放和发展生产力在整个社会发展中的基础动因和矛盾节点。解放和发展社会生产力要融于全面深化改革的整体之中，由此而获得解放和发展生产力的新的动力和新的作用。

改革开放后，尤其是党的十八大以来，面对新一轮科技革命和产业变革加速演进的新态势，习近平总书记又反复强调“创新是引领发展的第一动力”“必须把创新摆在国家发展全局的核心位置，不断推进理论创新、制度创新、科技创新、文化创新等各方面创新”等。他还多次强调，要持续增强经济增长动力，必须推动我国社会生产力水平实现整体跃升。习近平总书记关于社会生产力的重要论述丰富了马克思主义生产力理论的内涵，是对马克思主义生产力理论的重大创新发展。

人类社会发展到今天，已经进入了现代社会。在市场经济社会中，社会发展的根本问题仍然是生产力问题。在我国消费已成了国民经济发展的第一拉动力情况下，消费与消费转化为生产力的问题，不仅是现实问题，而且也是理论问题。研究消费转化为生产力的问题是理论学术界的重大任务。

多年来，吴炳新先生运用马克思主义的基本原理，不断对消费与生产力的作用进行研究。他运用追根溯源的方法，从远古社会到现代社会和未来社会，围绕着人类的三大消费实践，运用多学科对消费社会生产力进行全方位的研究。这部著作就是他几十年来研究成果之集大成。

《消费社会生产力论》专写消费社会生产力，并运用消费社会生产力理论，解读了中国经济持续高速发展的秘密，探讨和预测了未来中国经济发展的走向，论证了消费是中国经济持续高速发展的原动力，得出了一个重要结论，即国家主导经济和科学宏观市场调控促进了消费社会生产力的发展，并成为中国经济的第一推动力。在中国新常态下，消费社会生产力正在中国各个领域各个行业得到全面实现，因此发挥消费在推动经济发展中的基础性作用尤为重要。而消费一旦成为经济的主导力量，它就转化为消费社会生产力，无论从力度上还是强度上来说，都是巨大的。所以，研究中国的经济不能不研究中国的消费社会生产力。因为它在当今中国各个经济领域中已经和正在发生着巨大的历史推动作用。

从国际视角来看，由于消费社会的迅猛发展，消费在人类社会中的作用越来越明显。由消费形成的生产力即消费社会生产力，不仅对生产起着重要的促进或制约作用，而且也深刻影响着社会各个阶层的生活方式和消费方式，影响着社会分层和社会结构的特点和变化，最终也影响到国家发展和强盛。

改革开放后的中国，乃至21世纪以来的诸多国家的发展历史表明，一个国家的强大和人民生活的富裕，最终取决于这个国家的消费社会生产力的发达与否，起决定作用的是消费社会生产力。一个国家要立于不败之地，必须大力发展消费社会生产力。

吴炳新先生在研究消费一般理论的基础上，这次专论消费社会生产力，应该说是又一个理论创新。

消费社会生产力理论是消费综合理论系统的若干理论系统中的支柱性理论体系。消费综合理论系统的孕育、创立和发展是在中国改革开放的伟大实践中进行的。中国改革开放和现代化建设的实践是消费综合理论系统形成的现实基础。改革开放每采取一个重大措施，每前进一步，都积累了宝贵的实践经验，而消费综合理论系统，正是对这些经验的概括、抽象、总结和提升。

消费社会生产力理论是消费综合理论系统的支柱性理论体系。运用它，可以观察经济的发展，更为重要的是可以引导社会经济的发展。

改革开放与消费社会生产力理论的形成，实际上是一体化和相辅相成的历史进程。改革开放与消费社会生产力理论有着共同的历史起点：改革开放推动这个理论系统不断丰富、发展和完善；这个理论系统的形成为改革开放提供科学指导和理论支撑。

本书把消费社会生产力表现要素定为16项。从消费社会生产力16要素表现过程的一切关系，研究消费社会生产力发展动力规律，提高人类消费社会生产力快速持续发展，从而推动人类社会文明进步的不断发展。这就是研究消费社会生产力的目的。

要研究生产力，必须与生产关系的研究结合起来，因为生产力与生产关系是对立统一的矛盾整体。生产力的表现是在生产力与生产关系相结合的生产过程中，创造出消费产品，销售给消费者而实现消费，从而实现了商品的使用价值，产品不被消费者消费掉，就体现不了生产力。所以生产力是在消费社会的消费过程中体现的。

由于人类从来都不满足于现有的消费水平，不断地产生新的消费欲望。新的科学技术、新的生产工具是物质的生产力，作用于相应的新的劳动对象，决定了新的生产方式，新的生产方式又决定劳动者和劳动方式，决定了生产过程的生产关系形式。劳动者（包括脑力劳动者）是最活跃的生产力，而且是物质生产力的主宰者。物质生产力的表现过程是通过劳动者主宰而表现出来的，同时是通过生产关系与生产力相结合过程实现的。生产关系与生产力相结合的过程是生产关系适应生产力的过程（包括了工具、工艺流程的合理、先进性），劳动者素质适应新科学技术所需要的熟练水平、劳动者的劳动积极性和创造性、劳动者的效率，是在生产过程和商品交换消费过程中体现出来的。如果生产关系适应生产力的发展，生产就发展，经济就发展，消费水平就发展；如果生产关系不适应生产力的发展，就阻碍了生产力的发展，阻碍了消费的发展，阻碍了经济的发展。

亚当·斯密在《国富论》说到，社会除了产生资本生产方式的“劳动分工”的社会生产力之外，还有一种与“劳动分工”相反的，比“劳动分工”更高一层级的社会生产力在发挥作用，这个新的社会生产力，可以将它定义为“协同生产”。马克思也强调生产力是社会的生产力，生产关系也是社会的生产关系，他还指出社会生产力的发展是有历史阶段性的。

生产力是社会的生产力，生产关系是社会的生产关系，生产力和生产关系是在实现生产的过程及商品销售和交换过程中，最终到达消费者手中而被消费的，才表现出生产力的全部价值。也就是说，生产力表现的全过程构成了社会生产力表现的要素，没有这种表现要素就构不成社会生产力。

消费社会生产力实现的表现过程，是一个社会过程，也是一个经济过程，充满了人类消费与自然界的关系和矛盾，充满人的社会关系复杂性，充满了人与人消费和社会财富分配的矛盾，充满了商品流通交换过程与直接消费者的矛盾，体现在各生产要素之间。这一切矛盾的主要矛盾和主要矛盾方面是消费，是人类在消费过程中创造了这一切，并牵动和推动着这一切不断地圆周螺旋式地运动发展。

吴炳新先生研究消费与生产力、生产关系的关系，主要是从消费角度来研究消费牵动生产力与生产关系发展的规律。

我认识吴炳新先生的近二十几年是吴炳新先生学术大收获的时期。他先后出版了《消费论》(三卷)、《消费通论》《领导管理科学新论》《消费与管理——规律发现与运用》《吴炳新文集》《吴炳新文选》《消费经济学》等著作。在这些著述中，“消费社会生产力”是一个高频率出现的论点，有的是作为单独的章节来进行论述，可见其地位之重要。但这一次吴炳新先生专门以22章的宏幅巨篇，系统全面地论述消费社会生产力这一具有历史价值的研究课题，期望引起更多的社会关注。掩卷品味，发现本书有如下几个方面的重大创新：

创新之一是本书把消费社会生产力理论作为研究经济的一个重要出发点。

把消费社会生产力理论作为研究经济的一个重要出发点可以起到高屋建瓴的作用。作者对消费研究的视角是独特的，认为消费对整个经济发展的作用是巨大的，而消费之所以会起到如此大的作用，是因为消费对于形成生产力起着关键性的作用。没有消费，就不能形成生产力。没有消费社会生产力，人类就不能发展进步。没有消费，就没有人类存在。在企业层面上来说，没有消费社会生产力的形成，企业得不到发展，员工得不到更多福利；在社会层面上来说，没有消费社会生产力的发展，国家经济发展和人民生活的改善就会流于空谈，所以真正起决定作用的是消费社会生产力发展总规律。

创新之二是本书在研究消费社会生产力同时把消费链纳入研究范围。

消费社会生产力是通过消费链而形成和发展的。现代社会进入了链时代，没有一个孤立的产业和行业。现代经济已进入了消费链时代，任何一种消费品都不可能只单独一个行业一个部门来完成，它的后面一定涉及到一系列的相关行业和部门，从而由此形成了一个产业链、供应链和价值链。人类的消费，作为一个完整的过程，不是孤立的、单一的，每一个环节都是相互关联的，形成一个完整的链条。消费链是消费系统的“链”，消费是消费链的起点和终点。消费链是消费系统结构性的无形的链条，不管是纵向或横向的消费链，都是以某种消费形式为起点，又以某种消费形式为终点，辩证地螺旋式地向更高层次发展。可以说，每一个消费链的完成都是对消费社会生产力的一个贡献。

消费链必须关联到产业链和供应链。几乎每一条消费链的后面都有一个产业链和供应链，而产业链和供应链则会相应地产生价值链，于是消费链、产业链、供应链和价值链就形成了一个完成的链条。这就是现代经济联系的一个重要表现特征。本书把消费链当作是研究现代经济的一种重要的方法论，即消费链分析法。当前中国有一部分大中型企业都在将消费链分析法运用到企业的生产管理和营销方式上，产生了很好的效果。所以，运用消费链分析法，实际上是把消费社会生产力的发展落到了实处。

创新之三是本书运用多学科，采用多视角，对消费社会生产力进行全方位研究。

任何一种经济现象和社会现象都具有相当复杂的因素，尤其是在现代社会中，任何一种经济现象，都需要用多学科、多角度来进行研究。当然，研究消费社会生产力，只用一种学科绝对也是无法完成的。它不仅要从经济学、管理学、营销学的视角进行研究，还要从哲学、社会学、文化学、心理学、历史学的视角进行全方位研究，还需要融合自然科学、生命科学、环境科学、人工智能等多学科知识体系。消费社会生产力的研究还必须运用追根溯源的方法。从探源生命的诞生，到人类社会的形成，直到对现实社会经济的研究。只有这样，才能最终得出科学的结论：整个一部人类发展史，是因为消费而产生的动力，即消费社会生产力推动着人类生命的延伸和社会的发展。没有消费，没有消费社会生产力，人类社会的发展就会停顿，只能在原来的基础上循环生存。某种程度上说，消费社会生产力是人类社会发展的根本动力。

创新之四是本书强调研究消费社会生产力必须要研究人类的科学消费问题。

只有科学消费才能真正形成消费社会生产力，而不科学的消费，包括破坏性消费、浪费性消费是一种负能量，对于形成消费社会生产力起到一个负面作用。如生产消费领域中的掠夺性开采，生产过程中的大量“三废”排放等，都在起着负面作用。现在社会上出现了许多不合理、不健康、不理智的消费。许多人把奢侈消费、过度消费、无节制的欲望消费的行为作为人生的一种价值观。这种价值观使人们成了金钱和欲望的奴隶，成了没有精神和思想的躯壳，失去了对商品的理性判断能力，忽视和抛弃了商品本身的使用价值，而只关注商品作为一种“符号”价值，并从商品的这种“符号”价值中满足自己无度的欲望。

这就带来一个问题，中国人如何科学消费？什么是科学消费？应该树立什么样的消费观？所以构建科学消费观是十分必要的。消费者只有树立正确的科学消费观，才能知道什么是科学消费和怎样进行科学消费；知道怎样的消费才符合人的身心健康和全面发展要求；如何消费才能促进消费社会经济、精神、文化信息的进步发展；消费怎样才能达到人与自然和谐进步等。这些都是科学消费的前提，也是科学消费观的核心。有了科学的消费观，才能科学指导着人的消费方式、消费结构和消费行为。

创新之五是本书注重研究人类消费方式和消费内容的新变化。

人类消费方式和消费内容的新变化主要体现在消费升级和新消费方式上。消费社会生产力的发展是要通过一定的形式来实现的，这个形式就是人类的消费方式，而不断变化着的消费内容又是新消费方式变更的原因。随着消费经济社会的发展和信息技术的发展，人们的消费方式和消费内容发生了天翻地覆的变化。如信息消费、服务消费、精神文化消费、网络消费等。这些都是传统消费经济学所没有涉及或是很少涉及的，即是涉及也鲜见从深层次进行论述的。

以网络消费为例。互联网的发展使得网络消费越来越成为人们的一种重要消费方式。网络消费是指人们以互联网为工具手段而实现其自身需要的满足过程。人们通过电子商务进行的消费活动是通过互联网进行网上购物、网上支付、网络速递以及网络营销等商业活动进行的消费。电子信息技术的迅速发展和广泛应用给传统的商品交换方式带来强烈冲击，从而为消费者实现购物方式和消费方式的根本变革提供了可能性。

作为消费经济学的一个崭新的范畴，网络也是生产力，它是消费社会生产力的具体体现。网络生产力是相对于机器生产力而言的。机器生产力以机器作为物质技术基础和标志，而网络生产力则以网络作为其物质技术基础和标志。同机器生产力一样，网络生产力的构成要素也是劳动、劳动资料和劳动对象，不同的是，构成要素的质具有了新的内容，发生了新的变化，表现为劳动资料的网络化、劳动的网络化与劳动对象的网络化，呈现出技术传播的全球化、消费经济的数字化与虚拟化的特点。网络消费社会生产力的运动具有全球化、多层次性、多向度、虚拟化的特点。网络消费社会生产力将成为21世纪先进生产力的主体。

创新之六是本书把消费结构升级也纳入研究视野，预见未来消费新变化。

消费需求的变化必然带来消费结构的升级，如新型城镇化和乡村振兴战略加速推进，统筹城乡发展和城镇化质量不断提升，最大限度地提高居民的消费力和不断完善居民多元化的消费新需求等，都是加快消费结构升级的重要因素。在这种情况下，人们的消费范围会不断扩延，心理需求层次会不断提高，健康化、绿色化消费理念会不断加强，科技化、智能化、高端化、数字化消费会不断拓展，尤其是高端消费会呈现出明显的强劲趋势。

高端化消费需求不仅仅体现在物质层面上，也体现在物质与精神层面的统一、前瞻性的生活理念及消费功能多元化统一等方面，还体现在对健康、人文内涵、生态环境、私密性、服务质量等方面的特别关注。此外，高端人群对于社交、商务、时尚、休闲、娱乐等上层生活的需求也会越来越高。本书还专门论述人工智能和劳动者消费生产力的价值，全面阐述人工智能的开发以及对现行产业结构和产业链的影响，对大数据、云计算的未来消费进行了科学展望。可以相信，随着ChatGPT的运用和发展，人工智能在助推人的思维升级，促进消费提升，更好地体现人类生活和生命质量方面都有重要的价值。本书在这一理论中，作出前瞻性的研究，是难能可贵的。

吴炳新先生所创立的消费社会生产力理论具有重大的理论意义和实践指导价值。众所周知，消费的过程实际上是消费社会生产力的形成过程。一个国家的强大，主要是生产力的强大，而强大生产力的形成，又主要是由消费来形成。让消费转化为消费社会生产力，已成为各类有识之士的共识。近几年来，扩大内需成为拉动经济增长的关键力量。中国政府一直强调，要加快经济增长方式转型，必须扩大内需。今后国家和政府会更加高度地重视消费社会生产力的形成。由此也可以看出，关于消费社会生产力的观点，“是生产力实现过程的规律”，这一规律，揭示阐述了消费社会生产力的实现规律。

改革开放以来，我国在宏观调控经济方面，几乎所有的政策法规都是围绕发展消费社会生产力而制定和展开的。科学宏观调控是国家综合运用各种手段对国民经济进行的一种市场调节与把控，这是保证经济协调发展和发展消费社会生产力的必要条件，也是管理经济的重要职能。所以科学调控成为保障经济健康发展的最重要的战略举措。而科学宏观调控理论已经和正在不断被更多的人所认可，更在成为一种大规模的社会实践。从中国改革开放以来的七次大的宏观调控中也可以看出，科学宏观调控理论是怎样一步步转化经济宏观政策和社会实践的。从中央到地方，几乎每一次的大大小小的调控，都是科学宏观调控的三个手段和若干要素的不同组合，或者是法律法规手段，或者是政策手段，或者是行政手段，而在要素方面，或者是三个要素组合，或者是五个要素组合，或者是更多的不同要素组合，而这些不同的组合起到了不同的调控目的。每一次调控都会更大范围内整合社会资源，激发社会方方面面的积极性，释放社会发展的潜力，促进了消费社会生产力的发展。

以上是看了吴先生的新作以后所产生的想法，最大的感受是“消费社会生产力”的重大社会作用得到了强调，而这个理论呈现出系统化、学术化状态，这让我很兴奋也很感动。

我相信，随着中国改革开放的不断深入和世界经济的不断发展，消费社会生产力理论将会在更大范围、更大规模、更深程度上得到充分发展。我希望国内能有更多的学者加入这一课题研究中。吴炳新先生是“垦荒牛”，在这一领域作出开创性的创新研究，提出全新的理论著作。但是还是有许多理论和学术问题尚待于进一步深入研究，需要更多地开拓者继续为真理的研究和探索开辟新的道路。

吴炳新先生是我心目中的男神。他作为教授、博士、著名企业家，在物质世界创新三株产品，造福人民和百姓，实现自己“让相貌更年轻，让生命更长寿”的梦想。更难能可贵的是他在学术上孜孜不倦，勇于探索，理论功底深厚，研究视角新颖，社会阅历丰富，深谙消费真理。八十多高龄仍然笔耕不辍、奋发向上，产出高质量的学术著作，甚为敬佩。祝福他生命之树常青。

一些新书读后感，是为序。

施建军

2023 年 6 月 3 日

师道传承，母校精神永存

——在2023届厦门大学博士硕士毕业典礼上的讲话

亲爱的2023届母校全体博士、硕士毕业同学：

感谢母校的邀请，作为几十万名校友代表的一份子，在这个令人难忘而值得纪念的日子，给你们送上最热烈的祝贺和最衷心的祝福！祝贺你们顺利毕业！祝福你们扬帆启航！

我是近40年前经济学院毕业的学生，母校校友施建军，厦门大学经济学硕士、博士毕业。南京大学、对外经济贸易大学教授，博士生导师，享受国务院政府特殊津贴专家。曾任南京大学常务副校长，对外经济贸易大学校长。现兼任中国教育审计学会会长，中国企业管理研究会副会长，中国财经教育分会理事长。先后在《管理世界》《统计研究》等期刊上公开发表学术论文250多篇。出版学术著作、教材等30多部。主持研究国家社会科学基金重大项目、重点项目、国家和省级科研项目共30多项。获得省、部级以上的教学、科研奖励20余项。共培养了80多个博士毕业生，300多位硕士毕业生。被IET基金会和北大方正集团授予“中国大学杰出校长奖”。我一直在想，我之所以能获得一些微小的成就和荣誉，都是厦大的老师教得好。我骄傲，我自豪，因为我是厦大人。

刚被厦大录取时，我因母校美丽的校园所兴奋。后来我才发现，厦大不仅仅是一流的美丽校园，更有价值的是有一批大师和厦大精神传承。1982年我考入厦门大学经济系计划统计专业，我有幸和其他几位同学一起，成为这一批“大师＋团队”的优秀老师的硕士学生。后来又师承“中国国民核算之父”的大先生钱伯海教授攻读博士学位，这是我一生最正确的选择！当时的厦门大学经济统计学科是国家重点学科，真正的国家队。在这里，我们得到一流的培养。今天，我只提对我影响大的几点感想，与大家共勉。

一是永远保持旺盛的创新力，始终活跃在学术前沿，永远站在科技潮头，推动自己的学术创造力。学术生命在于开拓与创新力。我的老师们以统计学为基础，在国民经济核算理论与方法、商业统计、统计抽样理论、投资统计等诸多领域都有全国领先的成果。传承给我的是持续学术创新力。毕业后，我没有走原有的学科老路，而是走出自己的新路。在中国科技统计领域，我做出了有价值、有社会运用的统计学新成果。

二是真正做大学问家，要潜心治学，要坐冷板凳，不图名利，不浮华，不浮躁，不求学术一时的繁华，重视学术生命力与价值。我们从老师们身上，学会如何净化心灵，如何能放弃名利，追求真理，不是一时，是一世。无论什么时候，都遵循“坚持科学、追求真理”的信念，从不赶“时髦”，更不当“风派”。我的导师在国民核算领域所做的工作，是顶天立地的大事业，但他也花时间静下心来，细心去核算。我后来在科技统计领域，做的一些有价值的模型研究，都是老师的传承。我始终把做学问作为我的人生追求，即使担任了各种行政职务仍坚持教学科研，著书立说。

三是一生要勤奋、刻苦、拼搏。我印象很深的是这批老师他们认真做细活，勤奋出高产，活到老，干到老，母校统计学科大多是论文著述高产的教授，这些老师是我们学生的学习楷模。我的老师对我说“牛耕田会老，闲着也会老”。他惜时如金，尽可能地利用一切可以利用的时间著书立说。毕业后，我一直在努力向我的老师们学习，弘扬厦大精神，“自强不息，止于至善”，勤奋刻苦，踔厉奋发，到目前为止，也创造了千万字以上的有价值的著作和论文。

四是用爱心和善意对待每一个人，以满满的正能量做一个照亮他人的人。在厦大，老师们用广博的学识哺育学生，用高尚的品格感染学生。不仅是学生学业上的恩师，更是启明人生方向的导师。他们爱学生如爱子，对学生是一团火，处处事事积德行善，既教书又育人。毕业后，我也身体力行，努力做一个照亮他人的人。在厦大读书时，是老师照亮我一路前行，这种善意和爱心，传承与我，让我受益终身。这也是我成为中国杰出大学校长的重要基因。

今天，你们毕业啦。毕业就是告别！你们即将告别学习时的苦涩，告别图书馆中的文献寻觅，告别论文撰写找不到灵感的郁闷，告别实践数据求证过程中的求索；告别了挑灯夜战，告别了早睡不起。告别了芙蓉园，告别了白城海边，告别了几乎封闭三年静悄悄的中国最美的厦大校园。

人生在告别中长大，也在告别中留下记忆和永恒。记住：母校，厦门大学，把她珍藏在你们的精神世界里。有时间常回家看看。母校是我们永远的精神家园！记住：学校老师和你们的导师，师恩浩荡，终生难忘。是他们的渊博知识，为人师表的爱心传递，铸就你们研究的精彩和一生的骄傲！记住：你的同窗同学，你们在竞争与合作中一起成长，你们在风雨中一同走过，今生今世，你们都是永远的厦大人！

最后，衷心地祝愿 2023 届母校全体硕士博士毕业生鹏程万里，前程似锦！

2023 年 6 月 27 日

我的留学生培养经历与点滴体会

施建军

2009年6月，我来到对外经济贸易大学，担任校长和商学院教授，提出了国际化是对外经贸大学的立校之本、特色之源和发展之路的战略思想，坚定不移把学校国际化办学特色发扬光大。我提出发展留学生教育是国家战略。习近平总书记从人类命运共同体理念，高屋建瓴提出了国际化的战略价值和重大意义。留学生的国家战略目标就是培养更多在国际上友华爱华强华支华的国际朋友。通过留学生来中国学习，了解中国五千年的文化和文明，对中国文化有认同感，熟练掌握中国语言，成为在国际贸易和国际合作领域形成共识的未来合作伙伴。今天的留学生，未来的国际贸易、国际合作的人才。留学生教育，就像春天撒下了种子，秋天一定会收获一批精英人才，形成国际贸易领域未来合作的伙伴和朋友。

在对外经济贸易大学工作期间，我一方面担任校长工作，支持国际学院事业的发展，组建留学生国际校友会，支持留学生举办一年一度的国际文化节。另一方面，我同时参与学校留学生的培养工作和承担指导导师工作。通过一部分留学生的培养，了解掌握留学生的思想动态和学习状况，了解他们对于中国经济的分析和思考能力。我分别于2011年招收日本留学生宫泽肇（硕士）、泰国留学生杨丽丽（硕士），2014年招收俄罗斯留学生袁丽萌（硕士、博士），2015年招收美国留学生路易（博士），2017年招收泰国留学生林学文（硕士），2018年招收哈萨克斯坦留学生图克冉（硕士）。我一直担任他（她）们的论文指导导师，直到他（她）们硕士、博士毕业。在这个过程中，我体会到留学生的教与学与中国学生教与学的差异，体会到各国经济和管理模式、国际贸易的方式的差异，以及不同国家留学生进行文化交流和沟通的不同特点，体会到不同国家语言间的文化特征。

在留学生的专业教育中，我特别强调学生的提问能力和经济问题的分析解答能力。每次上课，我都会用提问的方法，对课程内容进行提问解答。希望留学生能够用自己独立的思考，提出问题，并不断提升对专业问题的分析和解答能力。留学生研究生教育必须加强学生自由独立的思考，更要强调学生批判精神和创新能力的培养，以提升留学生的科研创新能力。留学生能独立思考分析经济问题，能够开展实证研究，进行推理验证。在经济学的思维框架下，独立开展企业创新创业管理的研究。在学习过程中，我还特别注重加强留学生在经济问题分析上开展不同国别的比较研究。在国别经济和企业管理比较中发现不同国家的差异，在比较中发现真理，判别真伪，判别优劣。我要求留学生要基本完成科研训练的全过程，真正达到毕业论文的合格要求。我努力践行，并把绝大多数留学生训练到尽可能达到毕业合格的要求。路易同学经过 8 年的学习和拼搏，终于获得了中国的大学博士学位。

留学生教育一定要多样化，特别是启发式、实践式，要有丰富的社会实践。我在指导留学生的过程中，组织他（她）们参加丰富多彩的企业实践和考察，参与企业家沙龙，组织校友与留学生的互动与对话。丰富的企业管理实践，特别是企业考察，对留学生有直接的感性教育和理性的启发式思考。商业模式创新是在数字经济条件下一项全新的企业创新实践。在这个课程当中，我组织他（她）们参观和考察一些校友企业。对于新型的中国创新型企业的发展，留学生们有了切身的感受。袁丽萌同学在共享经济的商业模式创新研究中，总结和分析了 107 个共享经济企业的商业模式创新实践案例，作出了有价值的研究，获得中国大学博士学位。

留学生教育要融入中国社会，增加中国特色课程，如中国音乐，中国书法，中国历史，中国文化，增加文化对留学生的影响力。我也通过自己的书法作品和留学生进行对话，增强他们对书法的理解和文化的认同。留学生刚到中国，通常都会孤独想家，也面临着心灵成长。怎么样适合留学生的特点，创造出适合他们的学习方式，真正能够融入到中国社会？为了加强和留学生的沟通和友谊，我还组织我的留学生到南京中山陵文化考察和江苏安徽民营企业考察。特别是去了我的老家安徽无为，我们一起参观考察了无为福路希望小学。留学生用自己学习中文的经历，给希望小学的同学们做了一场精彩的示范报告，进行了大学生与小学生之间的互动和对话。留学生还积极学习希望精神，捐助希望小学同学们，带去了一些学习用品。通过这一特色项目的解析和观察，进一步了解中国希望工程和扶贫助困的战略意义。

留学生的语言不完全是跟老师学的，更多的要从社会交往和文化交流角度去学习。在学习中，要深刻理解中文语言的内涵以及文化的差异。我在日常各项活动中，不断注意提升留学生的语言交流能力。例如，我和留学生对话中文语义差异分析；夏天，能穿多少穿多少。冬天，能穿多少穿多少。这两句话表面上没什么差别，似乎字义上没什么差别，留学生理解困难。但是中文读音侧重点不一样，理解和意思完全不同。夏天能穿多少穿多少，着重是少字，这一句重音落脚点是少。在这里多成了少的修饰词。强调少，夏天越少越好。而冬季那个少是侧重整个词的意思，不能把两个字拆开放在句子中，就是能穿多少穿多少，意思是越多越好，强调的是多。类似这样的语言句子案例还有很多，例如：剩女产生的原因有两个：一是谁都看不上，二是谁都看不上。又有：人单身的缘由，原来是喜欢一个人，现在是喜欢一个人。我在日常与留学生的交往中，经常用这些生动的案例，告诉留学生语言差异和文化差异，指导学生学习好中文，特别是理解中文在不同场合下的具体含义，使留学生能够在不同场合和不同人交往中，使用好中文。可以自豪地说，我的留学生的中文水平都是“呱呱叫”，在专业领域完全可以进行无障碍中文交流。

对外经济贸易大学留学生教育已经走过了70年的历程，风风雨雨，道路并不平坦。但留学生教育是国际化中的一个浪花，必然是前途一片光明。我祝愿对外经济贸易大学国际学院事业兴旺，越办越好。

原对外经济贸易大学校长，商学院教授　施建军

2023年8月10日

安徽财经大学 65 周年校庆 · 校友风采——施建军：学术报国，躬耕逐梦

初见施建军教授，一种学者身上自然流露出的睿智沉稳扑面而来。一个多小时的谈话中，他笑容可掬、平易近人，令人如沐春风。生于 20 世纪 50 年代，1978 年踏入高校大门，施建军深感时间紧迫、责任重大，“百废待兴的中国急需我们去发展经济，我们这一代人注定是要付出很多。”他秉持初心、上下求索，敢于创新、不畏艰难，在热爱的道路上不断探索，做潜心育人的“大先生”，做科研路上的“逐梦人”。如今的他依然活跃在学术界，与时俱进、探求真理的脚步从未停歇，他正以攀登者的姿态奋勇前行。

要给学生一杯水，自己要有一桶水

因为那个特殊的年代，成绩优秀的施建军高中毕业后便留校，教高中物理课程。“高中生教高中生，对我来说简直是个挑战！”施建军至今还记得第一次去上课，写了厚厚十几页纸的教案，把每句话都写在上面，结果二十几分钟就讲完了。一节课有 45 分钟，剩下的时间不知道该讲什么了，“我当时就在想，要给学生一杯水，自己必须有一桶水。”也就是在那一次，更加激起了他对大学的渴望，坚定了上大学的信念。“我当时甚至都在想，不要学位了，只要能让我端个板凳坐在大学的课堂里听听课都行。”从那以后，施建军便利用空余时间海量阅读课外资料，苦练“内功”，增强知识和本领。

时间不会亏待每一个拼搏的人。恢复高考后，施建军顺利考上安徽财贸学院（简称，安财）计划统计专业，那一年他 23 岁。曾饱尝过“无书可读”痛苦的他，十分珍惜这次上大学的机会，恨不得把之前耽误的时间都补回来。在当时那个年代，物质生活比较匮乏，学校的条件也相对艰苦，从东北财经大学和上海财经大学等地援建安财的 50 多位学者成为他们宝贵的精神引路人，让他们在知识的海洋里尽情遨游。“那个时候，高水平财经类学术教材非常稀缺，80% 以上都是靠老师手刻讲义授课的。毫不夸张地讲，很多时候我们连下一周要上什么内容都不清楚。”他说，即

便是这样，整个班级学习氛围非常好，同学们两耳不闻窗外事，埋头苦读书。“我们班上有被称为‘拼命三郎’的，他们早上 5 点就不见人影，一直到晚上 12 点才回宿舍。”从小勤奋好学的施建军也不甘落后，一头扎进经济学的世界里，日复一日地勤奋努力，一刻也不曾懈怠。

“当时援建安财的老师太宝贵了，他们都是有真才实学的，对我的影响太大了。”一说起当时的任课老师，施建军如数家珍：“特别是华伯泉老师，他是我们的系主任兼几门专业课，数理统计、珠算、商业统计预测等专业课都是他教的。”在施建军的记忆里，华老师知识渊博，上课循循善诱、尽其所长，严谨、认真的教学风格对他影响深远。良师犹如黑夜里指路的明灯，照亮了前行之路。1982 年，施建军顺利考入厦门大学，攻读经济学硕士学位。每每回忆起这段历史，他总是感恩在母校习得的扎实的专业课基础，让他能在考试中脱颖而出，在科学研究的道路上越走越远。

人生最重要的决定，就是选择当老师

1985 年拿到厦门大学经济学硕士学位的施建军，放弃了到国家机关工作的机会，毅然选择到南京大学当老师。“当时身边很多人不理解，因为在我们那个年代，硕士算是社会稀缺资源，他们觉得无论我是从政还是从商，都会比当老师好。”施建军只是淡淡地笑了笑，说他遵从了本心，“因为我乐为人师，喜欢跟学生们在一起！”其实，也许在更早之前，在他给县城一所中学代课期间被评为县先进教师时，就埋下了伏笔。“那张证书给了我莫大的鼓励，这是对我教师经历的肯定，也是对我最初人生的肯定！我一直珍藏至今。”

在施建军看来，“站好三尺讲台，把课讲好，把学生培养好”是对自己大学教师身份坚守的底线。所以无论多忙多累，他都会认真备课，不断丰富教学内容、精进教学技能，及时把当下学术领域最新、最前沿的信息传递给学生。在平时，施建军也特别关注学生的身心健康，他特别欣赏陶行知先生一句名言：“千教万教教人求真，千学万学学做真人”，教育的本质是教人求真、学做真人，说白了就是实实在在求学问、坦坦荡荡去做人。“我特别喜欢教育学生要行得正、做大事、读好书、有抱负，将来能做一个‘大写’的人。”“施教授的课极为时尚，课程内容走在学术前沿。”“干货满满，令我受益匪浅！”“理论与实际相结合，不断拓宽我们的视野”……一直以来，施建军的课是公认被学生喜欢的，曾多次获评“我所喜爱的青年教师”等荣誉。

“有人喜欢钱，有人喜欢权，而我最大的收获是学生！”回顾前半生，施建军特别自豪地说。这么多年的教学，他教了很多学生，师生关系相处融洽，很多学生都跟他长期保持着联系。“每到教师节，学生发来的祝福短信都让我很感动，这是对我作为教师的褒奖，也是我一生受用不尽的财富！”

站在学术最前沿，觉得每天都很兴奋

一年讲师，两年副教授，五年教授，1992 年享受国务院政府特殊津贴……相较于常人，施建军的事业发展轨迹以至少 2.0 倍速前进，快速开启了开挂的人生。“当时就特别想跑得快，因为我清楚地知道社会急需人才来发展经济，需要我们这一代人努力、再努力！”对他而言，每天高节奏地工作十几个小时、“5+2”“白加黑”是常态，积极发扬“面壁十年图破壁”的精神，他曾开玩笑说自己像“一台永动机，仿佛不知疲倦”。正是这样的刻苦钻研，施建军用十年时间完成了 20 多本书、160 多篇专业文章、20 多项省部级课题，创立了统计学的新学科——科技统计。他一直坚持潜心科研、笔耕不辍，持续引领着学科的发展。

“站在学术的最前沿，我觉得每天都很兴奋！”与一般人觉得学术枯燥有所不同，施建军说科学研究给他带来快乐，很有成就感，脑袋里经常蹦出各种奇思妙想，然后付诸科学研究，他是乐在其中。即便后来兼任学校行政职务，他也会利用空余时间搞科研。在他看来，行政职务是临时的，学术研究才是老师立身之本，其产生的影响更深远。施建军规定每天要写到 1 000 ～ 3 000 字，“1 000 字是及格，2 000 字是良好，3 000 字是优秀。”他也坦言，有时候也很累，真想歇一歇，但是想要事业有所成就没有轻松的，所处的位置越高，影响力越大，工作节奏就越紧张，“我常常说，人生就像在跑步一样，你要设定目标，然后咬着牙坚持住，静待花开，你会收获到成功的喜悦，感受到奋斗的价值和意义。”

如今 69 岁的施建军依然活跃在学术界，奔波于各种学术论坛、学术会议，及时关注学术研究的前沿动态，“我会给自己定一个小目标，每年要发表 10 篇学术论文。”他笑着告诉记者，过去这些年基本是达标了。在刚刚结束的新质生产力与财经教育数字化发展暨首届中国高等财经教育校长专题论坛上，施建军作了开幕致辞，分享了他关于新质生产力最新研究成果。他说，只要心中有目标，脚踏实地，就一直在前进的路上。

大学是个永恒的事业，要跑好这一棒

有这样一位大学校长，曾有个著名论断：“一个校长搞不到发展资源，就是对大学最大的失职”，在任常务副校长和校长期间，他和他的学校团队至少为两所大学募得捐款 10 多亿元。他曾用一年多时间走访国外 100 所大学，专门研究世界高水平大学的校园设计与规划。任职一年就写了本近 30 万字的书《跑好这一棒——我的办学理念与思考》，用书跟师生“沟通”他的办学理念与思考，内容大多来自他各种场合的即兴演讲，几次重印依然脱销……他，就是被 IET 基金会和北大方正集团授予“中国大学杰出校长奖”的施建军。

与他潜心科研的“低调”有所不同，2009 年 6 月被任命为对外经济贸易大学校长后，施建军非常“高调”，他四处募集资金为学校谋发展，各种场合活动的即兴演讲更是自带流量，常常敢言敢道、妙语连珠，“校长代表的是大学的形象，校长也要发声，酒香也怕巷子深！”从南京大学到对外经济贸易大学、从南苑到惠园，他深感责任重大、使命光荣，“大学的事业是永恒事业，是百年基业，而对于每位大学校长而言，犹如在进行一场短跑接力赛。从我而言，要接好我这一棒、跑好我这一棒，用我有限的任期对无限的事业负责！”在他的带领下，对外经济贸易大学发展进入快车道，向着“贸大梦”阔步前行。

有人说，人走不到的地方，可以看得见；看不到的地方，可以想得到。时隔五年，上一本书的姊妹篇《追梦·圆梦——我的办学理念与思考》正式出版。他说，办好一所高水平的现代化大学，仅靠一代人奋斗是不够的，需要数代人的共同努力。在书中，施建军尽数分享了贸大的发展经历和追梦、圆梦的心路历程，鼓励每一个人都要敢于有梦、勇于追梦、勤于圆梦，争做脚踏实地的追梦人。

潜心科研结硕果，躬耕杏坛育繁花。半个多世纪以来，施建军对科学研究和对教育教学的强烈热爱，指引他不断地攀登一座座高峰，历尽千帆，仍在追梦路上。

（撰稿：金义旻）

附 录

施建军教授在对外经济贸易大学期间的学术成果一览

著作类				
序号	著作名称	作者	出版社	出版年份
[1]	《中国服务外包企业创新能力研究》	施建军；王永贵著	对外经济贸易大学出版社	2021
[2]	《追梦·圆梦——我的办学理念和思考》	施建军著	对外经济贸易大学出版社	2014
[3]	《跑好这一棒——我的办学理念和思考》（中英文）	施建军著	对外经济贸易大学出版社	2010
[4]	《为更多人创造价值——紫荆花的绿色黄麻普惠创新之路》	施建军；张文红；林健著	对外经济贸易大学出版社	2010

期刊会议类					
序号	论文名称	作者	期刊名称和发表年份	被引量	被下载量
[1]	数字技术驱动制造企业高质量发展战略研究——基于三一重工、特斯拉和酷特智能的多案例研究	栗晓云；夏传信；施建军	技术经济，2023（05）	6	2503
[2]	资本市场开放对企业创新的影响及对策	路易；施建军	中国外资，2023（03）	1	375
[3]	人力资本与经济波动关系研究——逆周期调节中人力资本的作用分析	卢林；苏丽锋；施建军	教育经济评论，2022（05）	2	455

（续表）

期刊会议类					
序号	论文名称	作者	期刊名称和发表年份	被引量	被下载量
［4］	企业工匠精神的测量与培育研究	刘莹；蒋春燕；施建军	河海大学学报（哲学社会科学版），2022（04）	2	918
［5］	政府补助与企业创新能力：一个新的实证发现	施建军；栗晓云	经济管理，2021（03）	213	7265
［6］	关于高校财务治理现代化问题的思考	施建军；龙英	教育财会研究，2020（06）	12	483
［7］	团队社会资本与新产品开发绩效关系研究——以团队效能感为中介变量	孟源；施建军	学海，2020（03）	15	614
［8］	科技人才集聚、产业集聚和区域创新能力——基于京津冀、长三角、珠三角地区的实证分析	赵青霞；夏传信；施建军	科技管理研究，2019（24）	134	5702
［9］	知识相关性对创新绩效影响的实证研究——企业技术并购视角	茅迪；施建军；陈效林	科技进步与对策，2019（15）	57	1702
［10］	董事会社会资本与企业风险——基于我国制造业上市企业的经验证据	吴颍宣；施建军；程学生	华东经济管理，2019（05）	5	721
［11］	中国开放型经济面临的挑战与创新	施建军；夏传信；赵青霞；卢林	管理世界，2018（12）	46	4552
［12］	抗令创新与团队创新绩效关系研究——建言行为和工作自主性的调节作用	吴颍宣；程学生；杨睿；施建军	科学学与科学技术管理，2018（12）	56	1698
［13］	技术多元化、行业竞争互动与双元创新能力	张庆垒；施建军；刘春林；汤恩义	外国经济与管理，2018（09）	89	3135
［14］	股票市场超额回报、参考机制与企业并购——来自制造业上市公司的经验证据	吴超；施建军	南京审计大学学报，2018（04）	18	573

（续表）

期刊会议类					
序号	论文名称	作者	期刊名称和发表年份	被引量	被下载量
[15]	绩效下滑、董事网络与企业风险承担	吴超；施建军	经济与管理研究，2018（07）	32	1152
[16]	异质性数据下广义线性模型的Maximin似然比估计及应用	秦磊；夏传信；施建军	统计研究，2018（06）	4	407
[17]	董事会社会资本、外部环境与企业风险	吴颖宣；施建军	山西财经大学学报，2018（08）	27	1074
[18]	结构洞特征、独立董事治理与企业风险承担	吴超；施建军	商业经济与管理，2018（05）	34	1361
[19]	心理契约违背、情感承诺与降低审计质量行为	张竹林；施建军	经济问题，2017（10）	14	780
[20]	大学生个体特质与创业意愿关系实证研究	孟源；施建军	中国高校科技，2017（10）	17	679
[21]	自我监控人格研究述评与展望	吴颖宣；施建军；贺凤娟	外国经济与管理，2017（04）	18	1784
[22]	民营企业高管政治身份、金融制度环境与企业价值	施建军；陈辉宇；童霞	现代管理科学，2017（03）	7	332
[23]	正确认识和发挥汇率在我国经济跨越发展中的作用	丁志杰；赵家悦；施建军	管理世界，2017（02）	10	1568
[24]	以财务价值创造构建商业新模式	施建军	国企管理，2016（13）	1	11
[25]	国家审计人员心理契约对知识共享意愿的影响研究：情感信任的调节作用	张竹林；陈效林；施建军	现代管理科学，2016（06）	8	338
[26]	中层管理者研究现状及未来展望	吴颖宣；施建军；丁雪	学海，2016（03）	29	682
[27]	结构洞、输出型开放式创新与企业技术能力	崔海云；施建军	贵州财经大学学报，2016（03）	6	258
[28]	技术多元化与企业绩效关系	张庆垒；郑莹；任华亮；施建军	中国科技论坛，2016（05）	16	428

（续表）

期刊会议类					
序号	论文名称	作者	期刊名称和发表年份	被引量	被下载量
[29]	后发优势、赶超路径与后发企业赶超战略——基于多维视角的研究综述	崔海云；施建军	管理现代化，2016（02）	10	646
[30]	结构洞、内向型开放式创新与企业技术能力的关系研究	崔海云；施建军	现代管理科学，2016（04）	6	327
[31]	科技金融激励企业创新发展的优化路径	张超；施建军	学习月刊，2016（07）	1	211
[32]	全资子公司、合资两种ODI模式选择问题——对中国跨国公司样本的实证分析	邓宏；王丽；施建军	南京社会科学，2016（03）	9	488
[33]	结构洞、强联系及其创新驱动机制：一个文献综述	崔海云；夏传信；孟源；施建军	国际商务（对外经济贸易大学学报），2016（02）	8	1294
[34]	结构洞、强联系与企业技术能力关系研究	崔海云；施建军	企业经济，2016（02）	6	239
[35]	颠覆式创新：一个文献综述	王丽；施建军；邓宏；夏传信	现代管理科学，2016（02）	9	2411
[36]	结构洞、外向型开放式创新与企业市场能力的关系研究	崔海云；施建军	贵州社会科学，2016（02）	10	495
[37]	论开放式创新对企业创新绩效的影响——基于多维视角的研究综述	崔海云；施建军	商业经济研究，2016（02）	4	643
[38]	技术多元化、冗余资源与企业绩效关系研究	张庆垒；施建军；刘春林	科研管理，2015（11）	92	2707
[39]	高管团队信任对创新方式选择问题研究	施建军；王丽；邓宏	南京社会科学，2015（08）	6	474
[40]	推进依法治校依章管理大学	施建军	北京教育（高教），2015（Z1）		102
[41]	企业生态创新与经济绩效曲线关系研究	杨静；施建军	科技进步与对策，2015（13）	34	826

（续表）

期刊会议类					
序号	论文名称	作者	期刊名称和发表年份	被引量	被下载量
[42]	简政放权背景下的市场监管模式创新——基于“互联网+信用+大数据”模式的工商监管	施建军	中国工商管理研究，2015（06）	63	1596
[43]	学习理论视角下的企业生态创新与绩效关系研究	杨静；施建军；刘秋华	管理学报，2015（06）	54	1404
[44]	职业成功的“人力资本—社会资本”理论研究	施建军；邓宏	现代管理科学，2015（04）	9	439
[45]	企业绿色创新战略的价值研究	杨静；刘秋华；施建军	科研管理，2015（01）	206	4728
[46]	大数据时代的市场监管模式创新	施建军	第三届工商行政管理创新发展高层研讨会，2014	40	749
[47]	创新能否抬高企业表现曲线——基于上交所A股医药制造行业的实证研究	孟源；王丽；施建军	国际商务（对外经济贸易大学学报），2014（06）	9	297
[48]	动荡环境下技术多元化与企业绩效关系	张庆垒；刘春林；施建军	管理学报，2014（12）	54	1229
[49]	大数据时代的市场监管模式创新	施建军	中国工商管理研究，2014（11）	40	749
[50]	技术多元化与企业绩效关系的实证研究——行业竞争互动的调节作用	张庆垒；刘春林；施建军	科学学与科学技术管理，2014（09）	68	1645
[51]	关于开放式创新能力及其对创新绩效影响测量的概念性框架	王丽；施建军	现代管理科学，2014（05）	6	389
[52]	并行工程与新产品开发绩效关系研究两大流派的划分与评述——基于动态能力理论的整合性框架	施建军，王丽；孟源	国际商务（对外经济贸易大学学报），2014（02）	5	359
[53]	企业战略转型的思维突破与路径依赖超越	徐礼伯；施建军；张雪平	江海学刊，2014（02）	49	926

（续表）

期刊会议类					
序号	论文名称	作者	期刊名称和发表年份	被引量	被下载量
[54]	服务创新、顾客体验价值与休闲农业企业绩效	崔海云；施建军	南京社会科学，2013（11）	32	994
[55]	协同创新、承诺与农业龙头企业绩效关系的实证研究——基于京津冀地区农业龙头企业的调研	崔海云；施建军	现代管理科学，2013（11）	13	443
[56]	创新驿站运行机制与发展策略研究综述——基于经济学与管理学的多维视角	崔海云；施建军；孟源	管理现代化，2013（05）	6	254
[57]	开放式创新、政府扶持与农业龙头企业绩效的关系研究	崔海云；施建军	农业经济问题，2013（09）	55	1853
[58]	社会资本与联盟动态稳定：基于互依平衡的实证研究	徐礼伯；施建军；张雪平	科技管理研究，2013（18）	10	167
[59]	关于财务监督的思考	施建军	教育财会研究，2013（04）	3	142
[60]	基于多零售商和不确定需求的制造商退货政策研究	张福利；施建军；徐小林	预测，2013（04）	4	385
[61]	绿色战略如何影响企业绩效——基于转型经济情境的研究	杨静；施建军；李曼；刘健	科学学与科学技术管理，2013（07）	67	2317
[62]	绿色创新、消费者偏好与有机食品企业绩效的关系研究——基于北京市和南京市的调研	施建军；崔海云	江淮论坛，2013（04）	13	954
[63]	控制权、规模与并购绩效——基于沪深制造业上市公司的实证研究	于成永；施建军；方红	国际贸易问题，2013（05）	82	2003
[64]	创造可持续发展价值——企业绿色普惠战略的构建	杨静；张文红；施建军	中国人口·资源与环境，2013（02）	9	617
[65]	基于时期取向张力视角的联盟稳定性研究	徐礼伯；施建军；张雪平	江苏社会科学，2013（01）	4	211

（续表）

期刊会议类					
序号	论文名称	作者	期刊名称和发表年份	被引量	被下载量
[66]	工作安全感对员工情感承诺的影响机制研究	金涛；施建军；徐燕	现代管理科学，2013（02）	14	1054
[67]	企业环保响应：基于利益相关者视角	陈效林；施建军	现代管理科学，2012（12）	12	469
[68]	企业内部审计需求动机研究：文献综述与未来发展	李曼；施建军	财贸研究，2012（06）	31	1348
[69]	绿色创新战略中的利益相关者管理——基于江苏紫荆花公司的案例研究	施建军；张文红；杨静；孟源	中国工业经济，2012（11）	49	3893
[70]	服务外包企业协同创新研究	金涛；施建军	山东社会科学，2012（11）	10	374
[71]	社会网络视角下企业绿色战略利益相关者识别研究	杨静；施建军	管理学报，2012（11）	30	1388
[72]	中国企业国际化经营的风险识别与防范	施建军；范黎波	人民论坛·学术前沿，2012（13）	12	695
[73]	控制权私利下并购成功悖论形成机制研究	于成永；施建军	国际贸易问题，2012（09）	11	528
[74]	制造业服务创新应从价值路径研究	李曼；陆贵龙；施建军	经济与管理，2012（09）	9	433
[75]	服务创新中的整合研究方法：前沿探析和未来发展	张文红；李曼；施建军	华东经济管理，2012（08）	12	508
[76]	知识型企业的跨文化人力资源管理解析	金涛；施建军	现代管理科学，2012（06）	4	306
[77]	绿色战略动因与权变因素研究——基于转型经济情境	张台秋；杨静；施建军	生态经济，2012（06）	23	848
[78]	技术并购、创新与企业绩效：机制和路径	于成永；施建军	经济问题探索，2012（06）	86	2235
[79]	无所有权理念：内涵、价值与启示	徐礼伯；施建军	企业经济，2012（02）		98

（续表）

期刊会议类					
序号	论文名称	作者	期刊名称和发表年份	被引量	被下载量
[80]	以科教融合为主导创新人才培养模式	施建军	中国高校科技，2012（Z1）	20	623
[81]	独占机制、跨国并购边界与企业绩效——基于诺西并购摩托罗拉案例的研究	于成永；施建军	国际贸易问题，2012（02）	10	1498
[82]	内部审计业务分布影响因素分析	李曼；陆贵龙；施建军	财会研究，2012（02）	5	221
[83]	住房按揭贷款逾期风险及其管理探析	丁正斌；施建军	审计与经济研究，2012（01）	25	769
[84]	基于整合研究方法的“内部审计创新”路径研究	李曼；陆贵龙；施建军	现代管理科学，2011（12）	4	263
[85]	基于内外部因素的银行信用风险压力测试研究	施建军；周源	中央财经大学学报，2011（10）	13	692
[86]	企业战略联盟稳定性研究综述	徐礼伯；施建军；吴琼	学海，2011（05）	18	913
[87]	创新中的组织搜索：概念的重新架构	张文红；赵亚普；施建军	管理学报，2011（09）	57	1058
[88]	产业升级视角下外部学习、技术并购边界与创新	于成永；施建军	国际贸易问题，2011（06）	29	1372
[89]	价值观趋同有益吗？——大五人格对周边绩效的影响研究	杨静；施建军；张文红	现代管理科学，2011（06）	9	567
[90]	打造南京组合港促进都市圈产业整合与发展	乔均；施建军	江淮论坛，2011（03）	1	291
[91]	实施“本土国际化”战略　培养具有国际竞争力的复合型精英人才	施建军；王丽娟；韩淑伟	中国大学教学，2011（05）	23	939
[92]	江苏省高新技术企业创新能力研究	张琳；郭秋霞；施建军	科技与经济，2011（02）	20	427

（续表）

期刊会议类					
序号	论文名称	作者	期刊名称和发表年份	被引量	被下载量
[93]	简评《外资并购与中国经济福利》	施建军	国际贸易问题，2011（04）	1	282
[94]	博士生培养质量与高校科研水平	施建军	中国高校科技与产业化，2011（03）		193
[95]	人才培养要因材施教	陈雨露；施建军；夏建国	教育与职业，2011（07）	7	345
[96]	网络组织演化中的企业创新合作博弈分析	张琳；施建军	南京社会科学，2011（02）	11	756
[97]	财政支出绩效评价研究——基于江苏省公安数据	赵学群；施建军	财会通讯，2010（33）	10	375
[98]	自主创新的内外溢出效应及其区域比较	刘和东；施建军	科研管理，2010（06）	11	684
[99]	道德理论在审计领域的应用：国外实证研究述评	剧杰；施建军；殷丽丽	审计与经济研究，2010（06）	9	507
[100]	自主创新、技术转移与经济增长的动态均衡研究	刘和东；施建军	数理统计与管理，2010（05）	26	1099
[101]	江苏省民营科技企业技术创新现状分析与模式选择	张琳；程晨；施建军	江苏社会科学，2010（04）	4	277
[102]	外部审计师评价内部审计工作研究评述	黄剧杰；施建军；陈艳娇	中国注册会计师，2010（08）	4	322
[103]	后萨班斯法案时代的内部审计探析	剧杰；施建军；时现	南京审计学院学报，2010（03）	17	666
[104]	垄断市场中双寡头企业的市场行为研究——从产品纵向差异的角度分析	张福利；施建军	审计与经济研究，2010（04）	20	474
[105]	单边专用性投资如何能改善零供关系？——契约的保障作用研究	许景；王国才；施建军	现代管理科学，2010（07）	7	254
[106]	以绿色大学理念创建低碳校园	施建军	中国高等教育，2010（12）	38	1533

（续表）

期刊会议类					
序号	论文名称	作者	期刊名称和发表年份	被引量	被下载量
［107］	企业创新技术转让价格的信号博弈分析	张琳；刘雅静；施建军	广西师范大学学报（哲学社会科学版），2010（03）	3	215
［108］	国际联盟中知识获取：知识保护、吸收能力与议价权力	陈效林；施建军；张文红	科学学与科学技术管理，2010（06）	25	759
［109］	国际联盟中的学习与当地知识保护：改变知识模糊性	陈效林；施建军；张文红	现代经济探讨，2010（05）	6	187
［110］	区域经济发展与现代大学的创新驱动	施建军；吴琼	中国高等教育，2010（08）	7	455
［111］	基于中小企业角度：非股权战略联盟中不合作行为的成因与对策	徐礼伯；施建军	技术经济与管理研究，2010（02）	12	266
［112］	联盟动态稳定：基于互依平衡的理论研究	徐礼伯；施建军	中国工业经济，2010（03）	84	1451
［113］	联盟学习中的跨边界人员选择	陈效林；施建军；张文红	中国人力资源开发，2010（03）	2	242
［114］	对安徽参与泛长三角分工与合作的思考	施建军	江淮论坛，2010（01）	4	195
［115］	在变革中领导：变革型领导理论述评	吴琼；施建军	南京社会科学，2010（02）	62	3093
［116］	联盟中知识获取与保护：联盟经验的作用	陈效林；施建军	现代管理科学，2010（02）	4	245
［117］	CFO变更与盈余管理——来自中国沪市A股公司的经验证据	苏文兵；施建军；杨惠	经济与管理研究，2010（02）	70	1563
［118］	国际联盟中的知识获取：中国企业联盟经验和合作技能的作用	陈效林；施建军；张文红	华东经济管理，2010（01）	14	318
［119］	企业技术创新评价体系：文献综述及概念框架	张思磊；施建军	科技进步与对策，2010（02）	29	2443

（续表）

期刊会议类					
序号	论文名称	作者	期刊名称和发表年份	被引量	被下载量
[120]	谈怎样成为卓越的首席审计执行官	剧杰；施建军；殷丽丽	财会月刊，2010（03）	3	238
[121]	双寡头一方垄断中间产品市场的纵向差异策略	张福利；施建军；陈效林	管理科学学报，2010（01）	34	1093
[122]	认清高等教育发展特征　深化本科教学改革	施建军	中国大学教学，2010（01）	13	431
[123]	下游产品存在纵向差异的上下游厂商价格决策研究	张福利；施建军；刘春林	预测，2009（06）	4	302
[124]	企业家资源——社会资本理论综述	吴琼；施建军	学海，2009（06）	16	1154
[125]	生产性服务业与制造业互动发展研究评述	乔均；施建军	经济学动态，2009（11）	41	1586
[126]	社会资本与"经济人"是补充还是替代	徐礼伯；施建军	现代经济探讨，2009（11）	10	239
[127]	区域创新及其影响因素的空间计量分析	刘和东；施建军	科技管理研究，2009（10）	31	851
[128]	从"高薪门"论争看企业绩效管理难题与对策	于成永；施建军	现代管理科学，2009（10）		276
[129]	自主创新、技术转移与经济增长关系的实证检验	刘和东；施建军	统计与决策，2009（15）	18	650
[130]	金融机构房地产贷款的压力测试：以江苏省为例	周源；施建军	上海金融，2009（07）	27	824
[131]	大学技术转移与中国经济增长关系的实证研究	刘和东；施建军	科技管理研究，2009（07）	10	343
[132]	知识管理中的主动遗忘管理——员工情绪及主管行为的影响	金智慧；施建军	科技进步与对策，2009（13）	4	384
[133]	转型经济条件下中国需要什么样素质的民营企业家	徐礼伯；施建军	现代管理科学，2009（07）	5	261

（续表）

期刊会议类					
序号	论文名称	作者	期刊名称和发表年份	被引量	被下载量
[134]	税收逃逸影响因素的博弈分析	刘和东；施建军	统计与决策，2009（13）	4	235
[135]	知识管理中的主动遗忘管理与吸纳能力关系研究	金智慧；施建军	科技进步与对策，2009（12）	5	238
[136]	FDI 技术溢出的渠道、影响因素分析	刘和东；施建军	科技管理研究，2009（06）	23	508
[137]	科技项目评估中的信用缺失及有效治理	刘和东；施建军	经济纵横，2009（05）	3	244
[138]	构建企业管理者非权力性影响力的层次模型	吴琼；施建军	现代管理科学，2009（05）	5	329
[139]	江苏高新技术企业技术创新模式选择的博弈分析	张琳；王红梅；施建军	南京社会科学，2009（03）	7	468
[140]	中国外商直接投资溢出效应区域比较	刘和东；施建军	亚太经济，2009（02）	9	293
[141]	基于创新网络的企业研发合作博弈分析	张琳；程晨；施建军	现代管理科学，2009（03）	4	603
[142]	供应链企业间的委托代理问题及其治理	刘和东；施建军	现代管理科学，2009（02）	5	575
[143]	夹缝求生：多组织承诺困境和忠诚冲突	李虎；董必荣；施建军	中央财经大学学报，2009（01）		329
[144]	外部学习、技术创新与企业绩效：机制和路径——基于苏浙沪等地制造企业的实证研究	于成永；施建军	经济管理，2009（01）	54	1780

后 记 AFTERWORD

光阴似箭，日月如梭。来对外经济贸易大学（简称，贸大）工作，一晃15年时间过去了。其中，7年多的校长生涯，7年多的教授学术生活。我知道，对外经济贸易大学的事业是无限的，但我的任期是有限的。要让有限的任期对无限的事业负责。实际上，每位校长犹如参加一场短跑接力赛，都在努力跑好自己这一棒，为实现建成国内外知名的高水平大学的奋斗目标尽心尽力！

跑好这一棒，它不仅是我初任贸大时的心声，也是我努力的决心和梦想，更是发自内心的自我激励。我深知，办好一所高水平的现代化大学，仅靠一代人的奋斗是不够的，需要数代贸大人的共同努力。在我的校长任期里，自己努力奋斗的每一步，都是实现全体贸大人追梦和圆梦的心路历程。我是踏着科学发展观的学习和实践活动的步伐来到贸大的。当时学校确立了以科学发展为统领，坚持内涵发展、特色发展和现代化发展之路；提出了人才强校、国际化和体制机制创新的三大发展战略；提出了国际化是我校办学的立校之本、特色之源和发展之路。学校确立了以学科建设为龙头，队伍建设为核心，人才培养为中心，科学研究是关键，办学效益是检验的办学思路。七年来，学校的事业发展迅速，出现了政通人和、科学发展的良好局面。校园的软、硬件都得到很大的改善。学校发展总体规划编制完成，为学校发展指引了航向。学科建设实现了跨越式发展，“211工程”建设稳步推进，成果丰硕。研究生院、思政部、艺术部、国际关系学院、统计学院相继成立。教育部与商务部两部共建贸大意义更加重大。

2009年到2016年间，经过持续的投入与建设，学校的学科门类达到经、管、法、文、理5个门类，一级学科博士学位授权点从1个扩大到5个，二级学科博士学位授权点从14个扩大到30个；一级学科硕士学位授权点从3个扩大到8个，二级学科硕士学位授权点从37个增加到50个，专业硕士学位授权点从2个增加到10个。学校积极推进国家、北京市、学校三级重点学科体系建设，初步形成以国际贸易学、国际法学等 2 个国家重点学科为领军，应用经济学等 9 个北京市重点学科（重点支持学科），19 个校级重点学科和 9 个校级重点培育学科相互支撑、相互促进的发展格局，学科建设水平不断提高，综合实力不断增强，国际化特色鲜明的高水平学科体系已构建成型，建设成效不断显现。在北京市重点学科评估中，学校均以优良成绩通过验收。其中，法与经济学、应用经济学、世界经济、企业管理 4 个学科获得了优秀评价，低碳经济学和民商法学 2 个学科获得了良好评价。全国第四轮学科评估于 2016 年在 95 个一级学科范围内开展，共有 513 家单位的 7 449 个学科参评。我校符合参评条件的 8 个一级学科全部参评，取得 4A 和 4B 的好成绩。在此轮评估中，应用经济学参评高校 155 所，我校评估结果为 A；工商管理参评高校 240 所，我校评估结果为 A。法学与外国语言文学评估结果为 A–，统计学评估结果为 B+，理论经济学、政治学和公共管理评估结果为 B。我校 A 类学科数位居教育部财经高校第一。随着学科点的快速增长，学校的发展瓶颈基本被打破，科学合理的学科布局和学科结构基本形成，人才培养、科学研究和服务社会的高端平台更加坚实和宽阔，为学校今后的发展奠定了坚实基础。

2009 年至 2016 年间，人才强校工程得到有效的贯彻落实。高层次人才引进和培养工作有了新的进展。人才总量增加，结构得到进一步优化，青年拔尖人才脱颖而出，教师队伍结构进一步优化。学校共引进专职教师 300 余人，专任教师队伍达到 1 100 多人，专任教师占教职员工的比例从 51.1% 提高至 60% 以上；具有博士学历的专任教师达到 650 人以上，占专任教师比例达 65% 左右，45 岁以下中青年教师达到 700 多人，占专任教师的比例超过 70%，中青年教师已成为专任教师的主体。学校利用“千人计划”创新人才项目和“长江学者”讲座教授项目引进海外高层次人才，实现我校长江学者零的突破。学校多人入选教育部“新世纪优秀人才支持计划”，获“霍英东教育基金青年教师奖”和“青年教师基金资助”，享受国务院政府特殊津贴，获“北京市教学名师”称号。

2009 年至 2016 年间，学校立足国际化办学传统，提出了国际化人才的“本土国际化”办学理念，明确“本土国际化”人才培养目标。通过“教育教学思想大讨论”，学校确立了在发展道路上走以质量提升为核心的内涵式发展道路；在发展特色上，根据办学传统、区位优势和资源条件，确立了国际化和复合型人才培养目标；在质量标准上，明确市场导向和学术导向的“双导向”标准。学校教学质量工程建设成效明显。学生国际竞争能力在各种国际著名比赛得到体现，“挑战杯”中国大学生创业计划竞赛、数学建模竞赛、欧莱雅“Brandstorm 校园市场策划大赛”等各项竞赛中捷报频传。学校更加受到社会的广泛认可，国内外的办学声誉不断提升。招生、就业继续保持全国领先地位。在《中国高校通用就业力排行榜》通用就业力总排名中，学校名列前茅。学校科研事业硕果累累。学校始终以服务求支持，以贡献谋发展，以创新和质量为导向，科研成果显著增长。国家自然科学基金、国家社科基金重点项目都实现了零的突破。根据网络公开数据显示，2009 年至 2016 年间，我校国家与教育部项目立项总数连续数年位居全国同类院校首位。学校的科研水平与质量也不断提升。

学校更加国际化了，贸大不断听到来自国际上政界、商界、学界不同的声音。在贸大，近 3 000 人的国际学生在学校攻读学位，是我校一道靓丽的风景线。贸大学子也有了更多的机会参与到国际合作交流中去。每年大约有数百名教师和学生赴海外进修、实习或参加国际竞赛。国际文化节精彩纷呈。十所孔子学院，国际化"三巡"工作，充分展示了贸大学子的风采。这些无不彰显了学校国际化的办学特色。

"六十载岁月代序，一甲子春秋轮回"，60 年校庆的圆满落幕为贸大 60 华章谱写了精彩的瞬间。惠园越来越美丽了：绿色校园成就斐然，学校先后被评为"全国首批节约型校园建设先进试点高校""北京市'节约型学校'建设优秀高校"和"全国高校节能管理先进院校"。2012 年被人力资源和社会保障部等四部委评为"'十一五'全国节能先进集体"，是全国唯一获此殊荣的高校。

2009 年至 2016 年间，学校南大门建成，开水进学生楼房，空调进学生宿舍。学校教师办公条件明显改善。综合体育馆、国际交流大厦顺利建成。求索教学综合楼新建工程有序进行。校园"无线网"实现全覆盖。智能化校园建设进入新阶段。学校的资产数量和质量大幅提升。学校科学决策购置了昌平的 188 套住宅和通州 50 套住宅，极大地改善了青年教师的临时周转房，资产增值效果明显。学校办学条件不断改善。教职员工的收入逐年稳定增长。特别是学校校友会、基金会和校董会的发展，取得了骄人的成就，在财力上对促进学校事业发展起到了有力的保障作用。

15 年的贸大生活中，我一方面努力做好校长工作，一方面积极开展自己专业的教学和科研，始终坚持以当好一名好教师为荣。坚持给博士生和 EMBA 学生上课，带头获得国家社会科学重点、重大项目课题各一项，完成科研项目共十项，为学校科研工作带了一个好头。在贸大 15 年期间，我个人撰写专著 3 本，自己独立撰写和指导博士学生一起，公开发表学术论文 140 多篇。在学术上做了一点自己的努力和贡献。15 年的创新探索和追梦实践，让我圆了一个个贸大梦。梦想是现实的前奏，只要有梦想，就会有希望；有希望，去努力，才会有光明的前途！梦想是未来的蓝图，是对未来奋斗目标的追求。每一个人都要心中有理想，有目标，脚踏实地，做个理性的追梦人。

自 1975 年初我到安徽繁昌中学担任物理课代课教师，开始从事教育工作，到 2024 年，已近 50 个年头了，特别是在南京大学和对外经济贸易大学从事高等教育工作已 40 年，在繁忙的行政工作中，我始终不忘自己是一名普通的人民教师。当好老师的基本职责就是坚持在教学第一线，给学生上好课；利用假期和一切业余时间，坚持做一部分科研工作；运用自己的能力和专业知识，为社会、为国家建言献策，当好智囊，同时也为企业发展做好科学诊断，当好参谋。在教书育人的过程中，我个人始终认为，坚持以科研促进教学，教学运用科研成果，特别是对于博士学生培养，通过导师的指导和学生创新探索，在知识的海洋里探索未知的世界，既能完成博士论文的过程训练，也能奉献一批有质量的科研成果。在南京大学和对外经济贸易大学的两个工作岗位上，40 年的教授生涯，一共培养了 9 名博士后，招收和培养博士生 77 人。招收和培养了 348 名硕士研究生。他们大多在攻读博士和硕士学位阶段完成了自己的博士、硕士论文，发表了一定量的论文，获取了学位。目前我的学生们正在教学、科研、政府部门和企业管理等多种岗位上为国家效力。为庆祝从教 50 周年和从事高等教育 40 周年，我决定出版一本自己研究以及和部分学生合作研究成果的论文精选集。因为以论文集的形式表达师生情和“施”生缘，是一个很好的庆祝方式。

我个人认为，人来到这个世界上，应该努力做自己有能力做到的事情，就是凭自己的能力征服和改造自然和社会。同时，应该努力避免做自己能力所做不到的事情，就是那些违反客观规律和社会规律的事。问题的关键在于我们的认知能力受限，就是上述两者之间的界限，经常分不清楚。谨慎而科学地选择能与不能，往往是人成功的关键。我想用这一段自己的体会，和作者们共勉，也作为本书的后记小结。

南京大学，对外经济贸易大学教授，施建军

2024 年 6 月 10 日